Spécialités
de l'Asie du Sud-Est

Spécialités de l'Asie du Sud-Est

Un voyage culinaire

Rosalind Mowe (éditrice)
Günter Beer (photographie)
Peter Feierabend (conception)
Martina Schlagenhaufer (rédaction)
Michael Ditter (coordination)

Culinaria

KÖNEMANN

Abréviations et quantités

1 g	= 1 gramme = $^1/_{1000}$ de kilogramme
1 kg	= 1 kilogramme = 1000 grammes
1 l	= 1 litre = 1000 millilitres
1 cl	= 1 centilitre = $^1/_{100}$ litre
1 ml	= 1 millilitre = $^1/_{1000}$ litre
1 cuil. à soupe	= 15 à 20 grammes d'ingrédients secs (selon la densité)
	= 15 millilitres d'ingrédients liquides
1 cuil. à café	= 3 à 5 grammes d'ingrédients secs (selon la densité)
	= 5 millilitres d'ingrédients liquides
1 tasse	= 250 millilitres d'ingrédients liquides et le volume équivalent d'ingrédients secs

Les quantités dans les recettes

Sauf indication contraire, les recettes sont calculées pour quatre personnes (pour les boissons, la quantité est indiquée pour une personne). Néanmoins, il faut tenir compte du fait qu'un repas asiatique se compose souvent de plusieurs petits plats différents servis avec du riz, et non de plats principaux comme au sens occidental. Les quantités indiquées dans les recettes peuvent donc paraître parfois insuffisantes.

Indications concernant certaines préparations

Lait de coco

Il s'agit du liquide obtenu à partir de la noix de coco râpée. Une première pression sans eau ou avec un peu d'eau donne un lait épais. En mélangeant la même chair râpée avec de l'eau, puis en pressant à nouveau, on obtient un lait plus liquide. Lorsque les deux qualités de lait sont requises dans une recette, on utilise d'abord le lait le plus liquide puis, seulement à la fin de la cuisson, on ajoute le lait épais. Une noix de coco râpée avec sa peau marron donne environ 500 g de pulpe râpée (sans peau, cela fait environ 50 g de moins).

Jus de tamarin

La pulpe de la gousse de tamarin est vendue dans les magasins d'alimentation asiatique sous forme de bloc pressé. On fait fondre la quantité indiquée dans la recette dans de l'eau bouillante, puis on la presse ; le liquide acidulé obtenu est employé comme assaisonnement.

Copyright © 1998 Könemann Verlagsgesellschaft mbH
Bonner Str. 126, D-50968 Cologne

Assistant de photographie :	Markus Bassler, Barcelone
Photographies en studio :	Arena Studios Pte. Ltd, Singapour
	Klaus Arras Fotodesign, Cologne
Foodstyling :	Fanny Seah, Singapour
Carte p. 11/12 :	Astrid Fischer-Leitl, Munich
Traduction des titres en chinois :	Dr Boesken & Partner, Ostasien Service, Hambourg
Correction :	Sabine Bleßmann, Cologne
Index :	Regine Emert, Cologne
Reproductions :	CLG Fotolito, San Martino Buon Albergo

Titre original : *Südostasiatische Spezialitäten*

Copyright © 1999 pour l'édition française :
Könemann Verlagsgesellschaft mbH

Traduction de l'allemand :	Dominique Brunet, Anne Collas, Marlies Gerner, Magali Guenette
Réalisation :	Little Big Man, Paris : Céline Chesnet
Responsable de l'édition :	Aggi Becker
Assistante éditoriale :	Frédérique Barroso
Lecture :	France Varry
Chef de Fabrication :	Detlev Schaper
Impression et reliure :	Neue Stalling, Oldenbourg

Imprimé en Allemagne
ISBN 3-89508-910-9

10 9 8 7 6 5 4 3 2 1

Sommaire

Lain padang lain
belalang,
lain lubuk lain
ikannya.

Autres champs, autres
insectes – autres océans,
autres poissons.

(Proverbe indonésien)

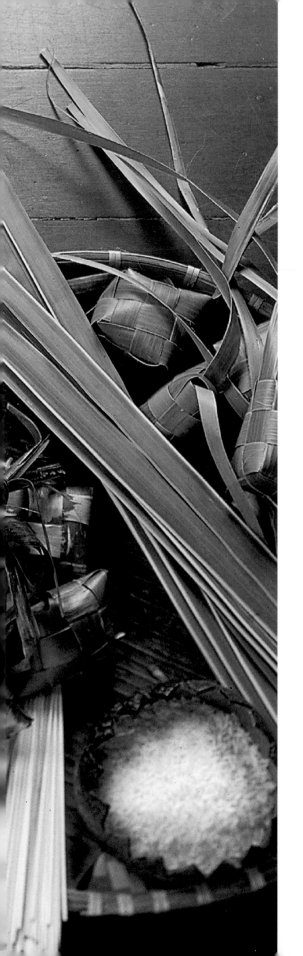

« Autres pays, autres mœurs » – qu'ils s'agisse de la version indonésienne ou française de ce proverbe – cette vérité toute simple prit corps à l'instant même où, en Malaisie, dans un village de la tribu *Orang Asli*, on nous souhaita la bienvenue en nous servant un thé bien infusé… dans de simples boîtes de conserves ! Leur patine révélait manifestement qu'il s'agissait des tasses les plus fréquemment utilisées. Nous avons alors compris pourquoi le père Anthony, à qui nous devions cette adresse, nous avait fait promettre juste avant notre départ, d'accepter tout ce que l'on nous offrirait afin de ne jamais blesser nos hôtes.

Ce n'était pas la première fois qu'à l'occasion de nos voyages de Singapour à Sumatra, Java, Bali, ainsi qu'à l'est et l'ouest de la Malaisie, le photographe, son assistant et moi-même faisions l'expérience de l'hospitalité désintéressée de la population dès que celle-ci avait connaissance du but de notre visite. De telles impressions nous aidèrent à surmonter les difficultés rencontrées par ailleurs – profusion d'insectes, sanitaires rudimentaires, trafiquants d'hommes ou encore l'obstination de certains guides à ne pas vouloir nous comprendre et à refuser de quitter les sentiers battus des touristes.

Singapour, la Malaisie et l'Indonésie ne se résument pas à des îles paradisiaques invitant à un voyage culinaire. Elles offrent bien plus l'occasion d'explorer, du point de vue le plus quotidien, l'équilibre délicat que constitue la coexistence plus ou moins forcée de différentes cultures pendant plusieurs siècles (les troubles du printemps 1998 à Java ont bien montré combien cette harmonie est fragile). D'ailleurs, ce furent d'abord les plantes aromatiques, si précieuses pour l'Occident, qui suscitèrent l'intérêt et la convoitise des nations rivales, et qui exposèrent les habitants des îles au joug des puissances coloniales. Avec les seigneurs coloniaux arrivèrent les colons, les commerçants et les travailleurs étrangers de différentes nationalités. Aujourd'hui, il n'existe guère de région plus intrinsèquement liée à la cuisine, présentant une telle variété culinaire et dont l'influence dans le monde soit aussi sensible.

Rosalind Mowe

ÎLES MARIANNES

N

0   250   500 km

SAMAR

ÎLES CAROLINES

PALAU

OCÉAN

PACIFIQUE

MINDANAO

TALAUD

SANGIR

MOROTAI

s

HALMAHERA
(JAILOLO GILOLO)

• Manado

ontalo

WAIGEO

BIAK

BACAN

• Sorong

Teba   Apauwor
•   •

ÎLES SULA

OBI

MISOOL

YAPEN

• Jayapura

ELENG

BURU

CÉRAM

Babo
•

Sepik

ARCHIPEL
BISMARCK

NOUVELLE-
GUINÉE

• Ambon

I   E

Digul

PAPOUASIE
NOUVELLE-GUINÉE

KAI

ÎLES
ARU

Agats
•

Fly

au

WETAR

TANIMBAR

ALOR

• Port Moresby

TIMOR

• Kupang

PRESQU'ÎLE
DU CAP YORK

• Darwin

AUSTRALIE

Singapour

新
加
坡

食不厭精，膾不厭細。
食饐而餲魚餒而肉敗，不食。
色惡不食，臭惡不食。
失飪不食，不時不食。
割不正不食，不得其醬不食。

Nourris-toi bien de mets
préparés avec soin.
Garde-toi d'aliments avariés
ou mal préparés.
Ne mange jamais entre les repas.
Veille à ce que les ingrédients
soient coupés convenablement
et que les sauces soient
en harmonie avec eux.

(Confucius)

Ci-contre : le quartier d'affaires
sur *Singapore River* est en perpétuelle
ébullition.

Double page précédente : un cuisinier
de l'hôtel *Raffles* devant son canard laqué.

« *Ni chi bao le ma?* » Cette question, qui signifie « Avez-vous déjà mangé ? », est l'une des premières paroles échangées lorsque l'on se rencontre à Singapour. En effet, on parle ici bien plus volontiers de repas que du temps qu'il fait. Et comme on peut déguster à Singapour les mets les plus variés presque à toute heure, manger est pour ainsi dire considéré comme un sport national – pas officiellement, bien sûr. Il se pourrait que ce culte de la nourriture soit une réminiscence de l'époque des premiers immigrants, lorsque survivre était difficile et trouver de quoi se nourrir s'apparentait à un rude parcours. Outre leur culture, les colons de Chine, d'Inde, d'Indonésie et d'Arabie, que des raisons économiques avaient généralement conduits à Singapour, apportèrent aussi leurs recettes régionales. Mais ils étaient également curieux de savoir ce que l'on mangeait ailleurs. Ainsi, Chinois, Malais et Indiens, qui représentaient les groupes de colons les plus importants, donnèrent à leur cuisine une saveur typiquement singapourienne. Les Européens, notamment les Anglais et les Portugais, mais aussi les Hollandais, laissèrent eux aussi des traces dans la cuisine locale.

À l'origine, il n'existait guère de restaurants dans le comptoir marchand britannique, fondé en 1819 sur la voie maritime de la route des épices par Sir Stamford Raffles. Il était d'usage de manger à la maison, mais on recourait volontiers aux services des nombreux marchands ambulants qui vendaient leurs plats dans des paniers suspendus à des tiges de bambou qu'ils portaient sur leurs épaules, ou bien dans une charrette à bras. Les marchands des rues transportaient de véritables cuisines miniatures dans leurs paniers ou leurs charrettes, et certains proposaient même de petits tabourets en bois aux clients désireux de déguster sur place. Ils vendaient à la criée ou engageaient des commis qui les précédaient pour annoncer leur arrivée en frappant deux cannes de bambou l'une contre l'autre. Il existait également des éventaires de nourriture en plein air, des *coffee shops* où l'air était agréablement rafraîchi par des ventilateurs.

Aujourd'hui, des *hawkers* (marchands ambulants possédant une autorisation officielle) proposent un grand choix de plats dans des *eating houses* (restaurants), des *coffee shops* et d'innombrables rôtisseries.

La cuisine chinoise à Singapour

新
加
坡
的
中
餐

Généralement, les Chinois prennent leurs repas en commun. On se partage toujours les plats, qu'il s'agisse d'une sortie au restaurant ou d'un repas en famille. En fonction du nombre de personnes, trois ou plusieurs plats de viande ou de volaille, de poisson et de légumes, ainsi qu'une soupe accompagnent un bol de riz. Chacun se sert et compose son repas selon ses désirs. Manger seul un plat entier ne correspond pas aux habitudes chinoises.

Dans la cuisine chinoise, on apprécie énormément le poulet, le canard, le porc, ainsi que toutes sortes de viandes rôties. Les fruits de mer sont également très recherchés et la soupe jouit d'un statut tout particulier. Le riz demeure toutefois l'aliment principal. Les nouilles, sous toutes les formes et préparées de multiples façons, servent d'en-cas rapides, de même que les ravioles omniprésentes, faites de farine de blé, cuites à l'étuvée et garnies des farces les plus diverses. Soucieux de leur santé, les Chinois cherchent toujours à sauvegarder ou à rétablir l'harmonie de leurs forces corporelles (*yin* et *yang*) et en tiennent compte lors du choix de leurs repas.

Cuire à l'étuvée, remuer vivement dans la poêle, braiser, frire et griller font partie des techniques de cuisson les plus répandues. Sauces, pâtes de graines de soja et huiles diverses permettent de donner aux plats une note particulière. Enfin, le thé chinois est considéré comme le complément idéal.

Dans de nombreuses familles chinoises, les assiettes, les cuillères et les fourchettes ont aujourd'hui remplacé les bols et les baguettes. En revanche, on n'utilise pas de couteaux, puisqu'ils sont tout à fait inutiles. Les cuillères et les fourchettes servent à découper la viande ou le poisson. La sauce de piments et des piments coupés en fines rondelles servis dans de petites coupes permettent de relever les plats si on les trouve trop fades, car les Chinois ne sont pas restés insensibles aux plats malais et indiens pour le moins épicés.

À droite : des *shao mai* – bouchées farcies de viande de porc, de crevettes et de champignons hachés – cuits à l'étuvée et garnis de caviar de crabe.

Le cœur en fête

Dim sum

L'une des légendes circulant autour de l'origine des *dim sum* attribue leur création aux humeurs de la souveraine Tzu Hsi († 1908) qui fut la cinquième concubine et la mère du fils unique de l'empereur Hsien Feng. Lasse de ses repas, elle chargea ses serviteurs de lui préparer quelque chose d'exceptionnel : c'est ainsi que ceux-ci inventèrent les *dim sum* pour « lui mettre le cœur en fête ».

Les *dim sum* sont servis au petit-déjeuner ou à midi. Ces bouchées farcies ou ravioles sont soit cuites à l'étuvée dans de petits paniers de bambou, soit frites ou grillées dans un *wok*. Relevées ou sucrées, elles sont servies avec beaucoup de thé chaud. Des lieux où l'on sert des *dim sum* se dégage toujours une atmosphère très détendue. Une serveuse poussant une table roulante où est exposé un grand choix de ces mets exquis circule dans le restaurant ; il suffit de l'arrêter pour goûter l'un ou l'autre d'entre eux. On se sert à volonté et la serveuse note au fur et à mesure ce que l'on consomme. Hélas, les restaurants ont aujourd'hui tendance à supprimer ces tables roulantes et proposent désormais des menus établis.

Les pâtes enveloppant les ravioles et bouchées peuvent être de natures diverses :

• La pâte *wonton* est composée de farine de blé, d'un œuf et d'eau.
• La pâte des rouleaux de printemps est à base de farine de blé, d'eau et de sel.
• La pâte la plus simple est à base de farine de blé, d'eau bouillante ou froide.
• La pâte à pain utilisée pour les ravioles est réalisée à partir de farine, de levure, d'eau et de sucre.
• La « pâte cristal » est une pâte translucide à base de farine, de saindoux, de fécule et d'eau bouillante.

Divers ingrédients, employés seuls ou mélangés, peuvent servir de farce, tels que la viande de porc hachée et grillée, les crevettes, la chair de crabe, les pousses de bambou, les petits pois, la ciboulette, les oignons nouveaux, les champignons ou encore les rhizomes de gingembre.

Pour revenir à Tzu Hsi, il semblerait que ces chefs-d'œuvre de l'art culinaire aient en effet contribué à améliorer son humeur. Elle régna en fait sur la Chine pendant trente-neuf ans – son fils mourut sans héritier et son neveu adoptif, qu'elle proclama alors empereur, n'avait que quelques années. Elle était célèbre pour sa beauté, sa force de caractère, son charme, son élégance suprême et ses manières raffinées.

Ci-dessus : les paniers de bambou superposés sont utilisés 24 heures sur 24, et leur contenu toujours différent trouve preneur à tout moment. Ici, ils contiennent des *cha shao bao*, c'est-à-dire des bouchées farcies de viande hachée de porc, cuites à l'étuvée et assaisonnées de sauce d'huîtres et de sauce de soja.

點心

Shao mai: bouchées cuites à l'étuvée farcies de viande de porc, de crevettes, de champignons et garnies de caviar de crabe.

Zha nai huang bao: boulettes frites farcies de pâte de lotus, sur garniture composée d'une fine omelette et de concombre.

Chao shao bao: viande de porc hachée et grillée, assaisonnée de sauce d'huîtres et de soja, dans une pâte cuite à l'étuvée.

Chun juan: petits rouleaux de printemps farcis de carottes râpées, de navets et de champignons.

Xiao long bao: petites bouchées Sichuan cuites à l'étuvée, farcies de viande de porc et garnies d'un petit pois.

Cha shao su: viande de porc hachée et grillée dans une pâte pour pâté, glacée de miel et cuite au four.

Xia jiao: boulettes de pâte de riz cuites à l'étuvée, farcies de crevettes fraîches et de pousses de bambou hachées.

Jiu huang zhu juan: petites crêpes frites farcies de crevettes et de ciboulette, sur une feuille de bananier.

Pi dan zhou: bouillie de riz avec huîtres, œuf et porc haché, garnie d'un quart d'œuf de cent ans, de vert d'oignon et de *crackers*.

Guo tie: ravioles cuites à l'étuvée puis frites, farcies de porc haché, de chou chinois, de vert d'oignon et de gingembre.

Ma ti tiao: petites crêpes frites avec une farce végétarienne à base de châtaignes d'eau.

Zha yun tun: viande de porc finement hachée et crevettes, enveloppées dans une pâte *wonton*, puis frite.

Jin xu qu yu dai: coquilles Saint-Jacques séchées, coupées en lamelles très fines, puis frites.

Xiao mang xa tong: rouleaux frits farcis de crème aux crevettes et à la mangue puis roulés dans des graines de sésame.

Zha sheng hao: huîtres frites, servies de façon très simple mais spectaculaire dans leur coquille.

Luo bo gao: sorte de pudding de navets râpés coupé en tranches, frites à la poêle.

Ming xia jiao: ravioles cuites à l'étuvée, puis frites, farcies de crevettes fraîches et de châtaignes d'eau hachées.

Zhu rou su: petits pâtés frits, farcis de porc haché, de crevettes, de champignons parfumés et de ciboulette.

Jiu cai jiao: ravioles de pâte de riz cuites à l'étuvée, farcies de porc haché, de crevettes, de châtaignes d'eau et de ciboulette.

Dai zhi hao mai: bouchées de pâte de riz à l'étuvée, farcies de crevettes, garnies de Saint-Jacques et de caviar de crabe.

Suan tian xia bing: boulettes de farine de maïs frites, farcies de porc haché et de crevettes, dans une sauce aigre-douce.

Fen chang: petites crêpes de pâte de riz cuites à l'étuvée, farcies de porc grillé, de crevettes ou de moules.

Zhi bao ji: blanc de poulet frit dans une pâte fine et transparente, mariné dans un mélange de sauce d'huîtres et de soja.

Niang dou fu: *tofu* recouvert d'une pâte de viande de porc, de crevettes, de poisson et de champignons, frit à la poêle.

Lian rong bao: boulettes cuites à l'étuvée, farcies de pâte de lotus et garnies d'un jaune d'œuf salé.

Nuo mi ji: riz gluant avec poulet, saucisses et champignons parfumés, entouré d'une feuille de lotus et cuit à l'étuvée.

Feng zhua: cuisses de poulet marinées et braisées dans une sauce d'huîtres, saupoudrées de graines de sésame.

Niang la jiao: poivrons coupés en quatre et piments coupés en deux, farcis de poisson, puis grillés.

Nuo mi ci: boulettes de riz gluant garnies de noix de coco râpée, farcies d'une pâte de cacahuètes, sésame, sucre et beurre.

Dan ta: tartelettes de pâte feuilletée avec une farce jaune d'or à base de crème aux œufs sucrée.

Mang guo bu ding: gelée de mangue et de crème fraîche, servie très froide dans du sirop de mangue.

Longyan dou fu: gelée d'amandes au lait, garnie de longanes (yeux de dragon) cuites dans leur jus, servie très froide.

咖啡店的早點 Breakfast dans un *coffee shop*

Les *coffee shops* des années 30, 40 et 50 existant encore de nos jours sont assez peu nombreux. Autrefois, ils faisaient partie intégrante du décor de la ville, et on en trouvait pratiquement à chaque croisement de rue, car c'est aux carrefours que l'air circule le mieux. Leur clientèle était essentiellement constituée d'hommes, venus de Chine sans leur famille. Ils avaient l'habitude de venir là tôt le matin, parfois même encore en pyjama, pour prendre leur petit-déjeuner. Un garçon était chargé de prendre la commande, puis il la transmettait en criant pour que le personnel de cuisine puisse l'entendre. Le nombre de plats proposés était assez restreint et comprenait :
• du pain grillé, tartiné de graisse végétale et saupoudré de gros sucre ;

Il n'est pas rare de voir le propriétaire ou un membre de sa famille mettre la main à la pâte pour préparer le petit-déjeuner d'un client.

La cuisine d'un *coffee shop* est presque toujours ouverte sur la salle, ce qui permet d'assister à la préparation de son petit-déjeuner.

• une tranche de pain recouverte de *egg jam* (« confiture d'œufs »), une crème à base d'œufs, de sucre et de lait de coco ;
• des œufs à la coque ou des œufs durs. Les clients buvaient généralement du café très fort agrémenté de sucre et de lait concentré, mais se voyaient également proposer du thé et des boissons maltées à base d'eau ou de lait. Toutes les boissons étaient servies dans de grosses tasses de porcelaine. Il était assez courant de voir un client verser son café brûlant dans la soucoupe pour le refroidir et le boire ensuite dans celle-ci. Et sous chaque table se trouvait toujours un crachoir, car cracher faisait partie des usages.

Peu à peu, des emplacements dans les *coffee shops* furent loués pour aménager des rôtisseries proposant, entre autres, des nouilles, du poisson, du *porridge* de porc ou de volaille. Le choix des plats proposés au petit-déjeuner devint ainsi plus vaste.

Egg jam

Cette « confiture d'œufs » n'a rien de commun avec la confiture à base de fruits habituelle. Il s'agit plutôt d'une crème composée d'œufs, de sucre et du lait d'une grosse noix de coco râpée. À titre indicatif, on utilise dix œufs pour 450 g de sucre cristallisé. Pour aromatiser, on ajoute quelques feuilles de pandanus (ou éventuellement une gousse de vanille). Pour dissoudre le sucre et bien lier les ingrédients, on remue vigoureusement ce mélange au bain-marie pendant 20 à 25 mn. On verse ensuite cette crème à travers une passoire dans une jatte ou une casserole, puis on laisse cuire la crème à couvert pendant 4 heures au bain-marie. La « confiture d'œufs » se conserve plusieurs jours au réfrigérateur.

La tranche de pain grillé garnie de *egg jam* constitue, aujourd'hui encore, un élément indispensable du petit-déjeuner au *coffee shop*.

Ici, pas de grille-pain moderne ni de cafetière électrique. Pourtant, tout fonctionne parfaitement bien et les clients repartent heureux et repus.

Aujourd'hui, de nombreuses personnes prennent leur petit-déjeuner dans les centres de restauration avoisinant les marchés. Ces centres sont particulièrement pratiques pour les ménagères. Après avoir fait leur marché, elles achètent leur petit-

En haut : pour un petit-déjeuner typique de *coffee shop*, on verse café et eau chaude dans une tasse contenant déjà du lait et du sucre.
À gauche : l'immobilité n'est de mise que sur la photo : il faut remuer la « confiture d'œufs » avec vigueur.

déjeuner et le rapportent à la maison pour le consommer. Les Chinois de Singapour apprécient particulièrement, au petit-déjeuner :
• *Yu tiao* : longs morceaux de pâte, roulés puis frits.
• *Chye tau kwei* : « gâteau de carottes grillé » qui, contrairement à ce que laisse entendre son nom, se compose de radis râpés et de farine de riz, d'abord cuits à l'étuvée. On le coupe ensuite en morceaux que l'on fait frire avec de l'ail finement émincé et un œuf. Ce mets est servi bien crous-

tillant avec une sauce sucrée. Il existe différentes variantes de ce genre de gâteau, qui sont toutes très appréciées.
• *Chu cheong fern* : galettes de pâte de riz cuites à l'étuvée, pliées et coupées en lanières, assaisonnées de sauce de soja, de sauce de chili et d'huile de sésame, et garnies d'oignons nouveaux finement émincés et de graines de sésame grillées.
• *Chee kwei* : gâteaux de riz cuits à l'étuvée, farcis de viande de porc piquante hachée, puis garnis de légumes marinés.

Thé de Chine

Conformément à la tradition chinoise, aussi bien au travail qu'à la maison, il y a toujours quelque part un thé en train d'infuser. Plutôt qu'une boisson fraîche, on propose aux visiteurs du thé gardé au chaud dans des paniers de jonc. Dans les clubs et les maisons de thé, ce sont principalement les hommes qui se rencontrent pour discuter des événements du jour et de politique ou bien pour lire, tout en sirotant tranquillement leur thé. De petits amuse-gueule accompagnent cette boisson que l'on consomme sans lait ni sucre.

Chez les Chinois, boire du thé est véritablement un rituel de société. Ils le savourent par petites gorgées et n'apprécient pas seulement son goût, mais également sa couleur et son parfum, exactement comme on le fait en Occident pour le vin. Les thés les plus exquis sont servis dans des « tasses à arôme ». On le verse ensuite soi-même dans une autre tasse pour pouvoir humer le parfum de la tasse vide.

Lors des mariages chinois, la cérémonie du thé est d'une grande importance. Avant d'être accueillie dans la famille de son époux, la mariée doit offrir une tasse de thé à son beau-père et à sa belle-mère, puis aux frères et sœurs aînés et aux autres parents. En retour, elle reçoit de chacun un *hong bao* – un petit paquet rouge contenant de l'argent. Son époux doit accomplir le même rituel. Cette cérémonie a également lieu dans la maison de la mariée. On la réitère à l'occasion des anniversaires et pour le jour de l'An.

Les marchands conservent le thé dans des récipients en étain et les thés anciens très précieux dans des récipients en argile. Chez soi, on le conserve dans des sachets hermétiquement fermés dans le compartiment à légumes du réfrigérateur.

Les saisons du thé

Au printemps : le thé, riche en arômes, a du corps.
En été : le thé de cette saison est moins apprécié, car la teneur en tanin de la plante est alors plus importante, ce qui le rend amer. En boire plusieurs tasses stimule l'appétit.
En automne : le parfum du thé est plus prononcé et sa saveur plus durable, mais il est aussi plus amer que celui du printemps ou de l'hiver.
En hiver : ce thé est plus rare, car la récolte est limitée. Dans de nombreuses exploitations, on renonce même à cette récolte afin de ne pas porter préjudice à celle du printemps. Les plantes sont en pleine période de croissance et l'arôme du thé est plus délicat.

Le récipient recueillant l'eau chaude fait partie du service à thé traditionnel.

Dans les magasins de thé, le marchand pèse la quantité désirée avant de l'emballer.

On prépare la théière en y versant de l'eau chaude. Cette opération rince aussi les feuilles du thé fermenté.

Dans la théière ainsi réchauffée, on verse ensuite la quantité de thé nécessaire et l'eau bouillante.

Afin que la saveur du thé soit homogène, on remplit les bols en plusieurs fois.

Ustensiles pour la préparation du thé

Une bonne théière est nécessairement soit en porcelaine soit en argile. La ville de Yixing est réputée pour ses théières en argile faites à la main. Lors de la cuisson, l'argile sableux de la région de Yixing vire au vert ou au brun rougeâtre. Il est préférable de faire infuser les thés aux arômes fleuris dans des théières en porcelaine, car leur parfum tenace peut gâcher l'arôme d'autres sortes de thé.

Les grandes tasses à thé sont pourvues de soucoupes et de couvercles. Elles servent aussi bien à faire infuser les feuilles qu'à boire le thé. On déplace alors légèrement le couvercle pour ne laisser qu'une petite fente afin d'éviter d'avaler les feuilles. Ces tasses possèdent des anses.

Les petits bols en porcelaine ou en argile sont parfaits pour boire le thé. Le peuple du Chaozhou utilise d'ailleurs des tasses de la taille d'un dé à coudre et le thé infuse dans de petites théières en argile. Ces petits services à thé sont connus sous le nom de *gong fu*, car l'art de la préparation du thé avec cette vaisselle minuscule demande énormément de temps et d'adresse, presque comparable à l'apprentissage de l'art martial du *gong fu*. Il faut toujours disposer d'un pichet ou d'un bol pour l'eau ayant déjà servi. Un autre pichet est nécessaire pour le thé restant dans la théière. En principe, on ne laisse jamais le thé continuer à infuser dans la théière après le service.

Il existe des ustensiles en bambou conçus pour enlever d'éventuelles impuretés sur les feuilles de thé. En effet, les tiges dures et les vieilles feuilles rendent le thé amer.

La préparation traditionnelle du thé

- Portez l'eau à ébullition.
- Déposez les feuilles de thé dans la théière, remplissez celle-ci à moitié avec de l'eau bouillante puis videz-la. Ce procédé sert à rincer les feuilles, mais il n'est indispensable que si vous utilisez du thé fermenté.
- Remplissez à nouveau la théière d'eau chaude, mettez le couvercle et versez de l'eau chaude sur la théière. Le thé est prêt lorsque la théière est sèche. On peut également régler un minuteur à 3 minutes environ.
- Versez de l'eau chaude également sur chacune des tasses.
- Disposez les tasses l'une à côté de l'autre en rangée ou en cercle, puis servez le thé en passant d'une tasse à l'autre et en remplissant chacune d'elles en plusieurs fois afin que le thé soit aussi fort dans chacune.
- Versez encore de l'eau chaude dans la théière, sans ajouter de feuilles de thé. Selon la sorte de thé, on peut éventuellement répéter ce procédé deux fois.

Il faut toujours vider le thé restant dans la théière avant de verser l'eau pour l'infusion suivante.

Pour améliorer la « patine » des théières en argile, on peut laisser pendant quelque temps les feuilles et le thé restant dans la théière.

Spécialités de thé

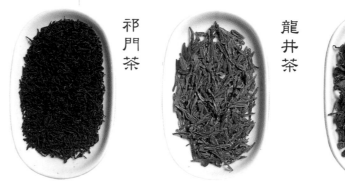

祁門茶

Keemun (qihong) : c'est le thé noir le plus exquis qui soit. Il contient peu de tanin et sa saveur est fine et douce. Ce thé se marie bien avec les desserts relevés ou sucrés.

龍井茶

Lung ching (longjing) : littéralement le « thé du puits du dragon ». C'est un thé vert qui désaltère agréablement quand il fait chaud. Ce thé fin possède un arrière-goût unique.

鐵觀音茶

Ti kwan yin (tie guanyin) : c'est le plus célèbre des thés Oolong. Comme il est semi-fermenté, il possède à la fois le corps du thé noir et la saveur du thé vert.

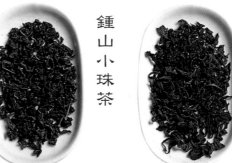

鍾山小珠茶

Zhengshan xiaozhong (lapsang souchong) : c'est un thé fumé, c'est-à-dire un thé noir, fumé, grillé à la poêle, roulé, fermenté, puis grillé et roulé encore une fois.

寶珠茶

Baozhong (pouchong) : c'est un thé légèrement fermenté, utilisé parfois comme base pour le thé au jasmin. Il est vendu enveloppé dans des paquets en papier de chiffons.

壽梅茶

Sau mei : ce thé vert – dont le nom signifie « sourcil », une allusion à ses longues feuilles – est très apprécié des Cantonais qui le servent pour accompagner les *dim sum*.

白毛珠茶

Bai mo dan : ce thé vert très clair est obtenu en frottant les bourgeons foliaires jusqu'à ce qu'ils deviennent fibreux et duveteux, avant de les rassembler en boules.

龍珠茶

Loong chu : ce thé vert très doux est obtenu de la même façon que le *bai mo dan*. Une petite boule suffit pour quatre tasses. L'eau pour l'infusion doit atteindre 80°C.

茶磚

Brique de thé : les nomades chinois apprécient beaucoup ce thé facile à transporter. On presse les feuilles brisées de diverses sortes de thé pour obtenir des formes différentes.

Hei zao (en mandarin): les dattes noires (cantonais: *hak choe*) auraient un effet sédatif et produiraient un effet positif sur la formation des globules sanguins.

Hong zao (mand.): les dattes rouges (canton.: *hung choe*) seraient elles aussi bonnes pour la formation des globules et détendraient les muscles.

Yuan rou (mand.): les longanes séchés (canton.: *longan yok*) ont la réputation de favoriser le sommeil et la formation des globules sanguins.

Mi zao (mand.): les jujubes sucrés (canton.: *mut choe*) sont couramment employés pour leur effet positif sur les poumons.

Gao li shen (mand.): le ginseng coréen (canton.: *ko lai sum*), administré pur ou avec d'autres produits, serait revitalisant et renforcerait le système immunitaire.

Pao shen (mand.): le ginseng américain (canton.: *pao sum*), consommé chaque semaine avec des herbes dans une soupe de volaille ou de porc, serait tonifiant.

Les herbes médicinales 草藥

La médecine naturelle chinoise a une longue tradition. Des méthodes de diagnostic et des préparations à base d'herbes sont répertoriées depuis l'an 500 av. J.-C. La désignation « herbes » est trompeuse, car on utilise également des écorces, des racines, des graines, des feuilles et des champignons. Les Chinois partent du principe que la santé réside en une harmonie parfaite entre le *yin* et le *yang*. Il ne s'agit de rien d'autre, en cas de maladie, que de rétablir cet équilibre. Ainsi il existe, selon eux, un lien étroit entre l'alimentation et les remèdes, auxquels sont attribués les qualités de « chaud », « froid » ou « neutre ». Lorsque l'équilibre entre le *yin* et le *yang* est perturbé, le thérapeute cherche à en trouver la cause en observant son patient : son teint, ses yeux, sa langue, sa respiration et son pouls. Il établit son diagnostic, rédige l'ordonnance et envoie son patient chez l'herboriste qui compose alors les remèdes. Il est impératif de peser les ingrédients avec grande précision, de verser la quantité d'eau bouillante exacte sur le mélange, de laisser infuser pendant une durée bien déterminée, et enfin de boire l'infusion au moment indiqué. Les décoctions et les pilules des substances réduites en poudre sont aussi très employées. En Occident, on connaît mal ces remèdes. Prenez donc toujours conseil auprès d'un spécialiste.

Ju zi (mand.): les lyciets de Barbarie (*Lycium barbarum*, canton.: *kei chee*) feraient baisser la tension et le cholestérol et seraient bons pour le foie et les reins.

Ci shi (mand.): les graines d'euryale (*Euryale ferox*, canton.: *see sut*), qui s'ouvrent en fleurs à la cuisson, seraient diurétiques et bonnes pour la rate.

Corne de cerf: de très fines tranches de corne de cerf que l'on fait cuire dans un potage fortifieraient et stimuleraient l'organisme.

Bai her (mand.): les écailles séchées de bourgeons de lys (*Lilium brownii*, canton.: *bak hup*), bons pour les poumons, calmeraient la toux.

Lian zi (mand.): les graines de lotus sacré (*Nelumbo nucifera*, canton.: *lin chee*) seraient efficaces contre la diarrhée et l'insomnie.

Lin yeung (mand.): la corne d'antilope (canton.: *lin yang*) ferait baisser la fièvre ; on en administre aux enfants 2 g cuits avec du sucre.

Dang shen (mand.) : les racines de la co-donopside (*Codonopsis pilosula*) fortifie-raient l'organisme, en particulier chez la femme (canton. : *dong sum*).

Peiqi (mand.) : l'astragale (*Astragalus membranaceus*, canton. : *puk kay*) entre dans de nombreuses préparations, car elle donnerait de l'énergie vitale.

Dang gui (mand.) : l'angélique (*Angelica sinensis*, canton. : *dong kwai*) est indiquée en cas de règles douloureuses, après l'accouchement et à la ménopause.

Yu zhu (mand.) : les rhizomes du sceau de Salomon officinal (*Polygonatum officinale*, canton. : *yok chok*) calmeraient entre autres la toux.

Fu shen (mand.) : *Wolfiporia cocos* (canton. : *fook sun*), un champignon poussant sur les racines de certains arbres, aurait un effet diurétique et sédatif.

Huai shan (mand.) : les tubercules de l'igname (*Dioscorea opposita*, canton. : *wai san*) stimuleraient l'appétit, agiraient contre la diarrhée, la toux et l'asthme.

Dong chong sia cao (mand.) : ce champignon fortifiant (*Cordyceps sinensis*, canton. : *dong chong chou*) renforcerait reins et poumons et remédierait aux sueurs nocturnes.

Les « perles de poussière », moulues et mélangées avec de l'eau, font un breu-vage qui donnerait une belle peau et flui-difierait également les mucosités.

Remèdes exotiques

Hippocampes

Les hippocampes (*hai ma*) séchés proviennent des provinces chinoises de Canton (Guandong) et de Fujian, ainsi que de l'Indonésie. Une décoction d'hippocampes entiers avec une ou deux herbes rafraîchirait le corps et éliminerait les toxines. Cette décoction aurait aussi la faculté de remédier aux éruptions cutanées ou aux petits boutons. Elle serait également bonne pour les reins.

海馬

Scorpions

Ces scorpions de type très particulier (*xie zi*) sont élevés dans la province de Shandong, d'où on les exporte. Ils ont la réputation de remédier aux spasmes nerveux, aux crampes musculaires et aux furoncles.

壁虎

Geckos

(*Bi hu*) On les achète toujours par paires – un mâle et une femelle. Ces reptiles sont séchés et embrochés pour maintenir leur corps à plat. On les cuit à l'étuvée dans un bouillon de poule avant de leur couper la tête destinée à d'autres emplois. Les hommes boiront volontiers un bol de cette soupe à condition que la queue reste intacte car elle a la réputation de fortifier. Ce détail est en revanche sans importance pour les femmes qui en boivent pour éclaircir leur teint. Réduits en poudre, les geckos sont employés comme médicament que l'on administre aux enfants souffrant d'asthme. On peut également faire tremper les geckos pendant un certain temps dans du vin de riz avant de le consommer.

猴頭蘑

Champignon tête de singe

(*Hou tou mo*) Ces légumes extrêmement nourrissants poussent toujours par paires dans la montagne du Sichuan. Ils constitueraient d'efficaces prophylactiques contre le cancers – notamment de l'estomac – et stimuleraient la circulation sanguine.

雪蛙腺

Hasma
Les glandes séchées de cette grenouille très particulière (*xue wa xian*) sont importées du nord-est de la Chine. Cuites dans un potage sucré, elles fortifieraient les poumons. Là où vit cette grenouille, les hivers sont très rudes plusieurs mois durant. Pour survivre, les mâles doivent hiberner en compagnie des femelles. Pendant l'hibernation, les animaux collent leur gueule l'une à l'autre et la femelle transmet au mâle une sécrétion glandulaire qui l'empêche de mourir de froid.

人参

羚羊角

Corne d'antilope
Contrairement à la corne de cerf, la corne d'antilope (*ling yang jiao*) a la réputation de rafraîchir l'organisme. C'est la raison pour laquelle on l'utilise pour faire baisser une forte fièvre. Pour ce faire, on utilise 2 g de corne d'antilope finement râpée que l'on fait cuire à l'étuvée avec un peu de sucre dans un panier double. Ce remède est administré même aux enfants en bas âge. Pour obtenir des « copeaux » blancs très fins, on commence par lisser et ôter la couche extérieure foncée et inégale de la corne en la frottant avec une pierre. Puis, avec une lame en acier spécial, on racle des couches fines comme du papier.

Ginseng
Le ginseng (*ren shen*) qui pousse en Chine, en Amérique, au Canada et en Corée, est un remède universel très coûteux – particulièrement le ginseng sauvage. Même cultivée, cette plante a un coût de revient important en raison de sa longue période de croissance (5 à 6 ans). Toutefois, les tentatives menées à l'institut polytechnique de Singapour pour réduire la période de maturation à quatre semaines ont récemment été couronnées de succès. Avant de consommer du ginseng, on dit qu'il faut mettre l'organisme dans un état « neutre », par exemple en buvant des boissons à base d'orge. Pour que l'effet soit optimal, il est conseillé de ne pas boire de thé et de ne consommer ni amarante, ni poisson, ni haricots ou radis trois jours avant et trois jours après l'absorption de ginseng. L'effet de cette plante dure vingt-quatre heures. Pour la cuisson, il faut utiliser des récipients en terre cuite ou en argile, ainsi que des cuillères en porcelaine, mais éviter tout ustensile en métal. Le ginseng sauvage chinois (qui existe à présent également en culture) ne s'obtient que sur prescription médicale. On dit qu'il stabilise la circulation sanguine et qu'il calme les sens et l'esprit. Le ginseng américain pousse dans les régions tempérées des États-Unis et du Canada. Il rafraîchirait l'organisme. Le meilleur provient des forêts du Vermont et de l'État de New York. Le ginseng coréen est réputé fortifier les personnes âgées et affaiblies. Il régulerait les liquides organiques et la chaleur corporelle, fortifierait le cœur et améliorerait les performances intellectuelles.

虎骨膏

Baume du tigre
(*Hu gu gao*) Le baume du tigre est une invention des frères Aw Boon Haw et Aw Boon Par, fils d'un herboriste chinois. Ce produit a conquis le marché de Singapour en 1926. Son nom ne fait bien sûr référence à aucun de ses ingrédients – il ne contient en effet que du menthol, du camphre, des clous de girofle, de l'huile de menthe poivrée et de cajeput. Mais en chinois, *haw* signifie « tigre » et c'est probablement ce qui explique cette mystérieuse appellation. Associé à un emballage suranné et à une commercialisation efficace, ce nom évocateur a sans doute fortement contribué à rendre ce produit célèbre dans le monde entier. Le baume du tigre a la réputation de soulager toutes sortes de maux : rhumatismes, lumbagos, piqûres d'insectes, douleurs musculaires, maux de tête, etc. Il existe en deux concentrations. Le baume de couleur rouge est plus fort que le blanc.

Les meilleurs potages aux herbes

Potage aux six herbes
Viande de porc ou de poulet cuite à l'étuvée
avec :
- *Yu zhu* (rhizome de sceau de Salomon officinal / *Polygonum officinale*)
- *Huai shan* (tubercules d'igname / *Dioscorea opposita*)
- *Dang shen* (racines de codonopside / *Codonopsis pilosula*)
- *Lian zi* (graines de lotus sacré / *Nelumbo nucifera*)
- *Ci shi* (graines d'euryale / *Euryale ferox*)
- *Yuan rou* (longanes séchés)

Potage aux quatre herbes
Viande de porc ou de volaille cuite à l'étuvée
avec :
- *Huai shan* (tubercules d'igname / *Dioscorea opposita*)
- *Fu shen* (champignon / *Wolfiporia cocos*)
- *Ci shi* (graines d'euryale / *Euryale ferox*)
- *Lian zi* (graines de lotus sacré / *Nelumbo nucifera*)

Joindre l'utile à l'agréable

Les bienfaits de la soupe

Selon la tradition asiatique, l'homme est malade lorsque dans son organisme l'harmonie entre le *yin* et le *yang* est rompue, et il guérira sitôt cette harmonie rétablie. Il s'agit par conséquent d'ôter de son organisme ce qui est en excédent et d'ajouter ce qui manque, ou bien de neutraliser une valeur en la combinant avec son contraire. Cette technique semble élémentaire, mais c'est une véritable science, car en pratique cela signifie que toute substance médicinale et chaque aliment possède des caractéristiques particulières qu'il s'agit de bien connaître. Viande, fruits de mer, légumes, herbes : tous les aliments sont chacun définis comme « chauds », « froids », ou « neutres ». Le poulet, le mouton et le bœuf sont par exemple des viandes dites « chaudes » ; aussi, lorsque le système cor-

porel est en état de chaleur, il faut rétablir l'équilibre en faisant cuire ces viandes avec des herbes ou des légumes dits « froids ». Le canard, la grenouille et le lapin sont des aliments dits « froids », et le porc est considéré comme « neutre ». L'ail et le gingembre (aliments « chauds »), cuits avec du chou ou du chou-fleur (« froids ») ont alors l'effet « neutre » désiré.

L'« humidité » constitue une autre valeur dans la classification des aliments et des remèdes. Un excédent d'« humidité » nuit à la santé. C'est la raison pour laquelle les huîtres, les crevettes, le maïs, la mangue ou la noix de coco qui produisent de l'« humidité », sont « neutralisés » à l'aide de pommes de terre, de carottes, de pommes, de lait ou de miel.

Les différents remèdes sont cuits selon une élaboration subtile avec de la viande, des fruits de mer, des fruits frais ou séchés, ainsi que des légumes, dans des soupes, veloutés ou bouillons. Ces potages ont de multiples indications. Ils permettraient de revitaliser, rajeunir et fortifier les organes et de les soutenir dans leur fonction. Ils ont la réputation d'améliorer la circulation sanguine, de réguler les liquides organiques et

la chaleur corporelle, de rétablir la sérénité et d'améliorer le teint. La plupart des préparations se composent d'un bouillon dont on retire quelques herbes avant de le boire. La viande qui lui a donné son goût est servie à part, accompagnée de sauce de soja. Les Chinois pensent que consommer un organe animal renforce l'organe correspondant dans le corps humain, et c'est pourquoi ils utilisent presque tout. Comme pour les infusions, on ne ressent l'effet de ces soupes que si l'on en consomme régulièrement. Aussi font-elles partie intégrante des repas. Certains de ces potages se boivent juste avant d'aller se coucher, lorsque le corps est détendu et à même de mettre pleinement à profit les aliments.

On les prépare soit dans des marmites en argile où les ingrédients cuisent pendant trois à quatre heures, soit dans de grandes marmites à vapeur, composées d'un récipient inférieur rempli d'eau et d'un récipient supérieur qui contient la soupe. Celle-ci cuit avec les plus grands ménagements dans une sorte de bain-marie ; ainsi les Chinois savourent-ils leur soupe avec le sentiment d'avoir préservé l'essence de tous les ingrédients.

Remèdes pour la soupe au poulet noir (dans les herboristeries chinoises, la quantité des ingrédients pour un poulet est pesée avec précision) :
1 *Yuan rou* (longanes séchés)
2 *Yi mi* (orge mondé)
3 *Huang jing* (rhizomes de l'arbre au poivre)
4 *Ju zi* (lyciets de Barbarie)
5 *He hou wu* (rhizome de renouée)
6 *Dang shen* (racines de codonopside)
7 *Lian zi* (graines de lotus sacré)

La soupe au poulet noir (*Hai ji tang*) se prépare en effet avec un poulet noir, considéré comme un aliment particulièrement « chaud » et fortifiant. La viande et tous ses ingrédients (voir photo ci-dessus) sont cuits dans l'eau à la vapeur pendant deux heures. Le bouillon se consomme chaud et la viande est servie à part avec de la sauce de soja claire.

湯 Les soupes

Dans les restaurants, la soupe au melon d'hiver est servie dans un melon richement décoré de figures ou d'idéogrammes chinois. Déguster ce mets constitue un véritable événement : en effet, cette soupe demande une telle préparation qu'il faut la commander à l'avance. Vous pouvez naturellement essayer de la réaliser vous-même, mais parvenir à la présenter avec autant d'art paraît quasiment impossible.

Si vous désirez vous lancer dans cette expérience, choisissez un melon d'au moins 30 cm de long, de façon à ce qu'il contienne suffisamment de chair. Le volume de la soupe étant fonction de la taille du melon, les quantités indiquées dans la recette ci-contre ne sont données qu'à titre indicatif. Pour la même raison, nous avons choisi la « tasse » comme mesure, en en définissant une contenance de 250 ml.

Il est déconseillé de faire cuire cette soupe dans une marmite ordinaire, car les cinq heures de cuisson des divers ingrédients à l'intérieur du melon ne sont naturellement pas sans incidence sur la soupe prête à servir – moins au niveau de sa saveur que sur ses vertus curatives qui consisteraient essentiellement en une élimination générale des toxines du corps.

Dong gua tang
Soupe au melon d'hiver

Melon d'hiver (ou bénincase) d'environ 30 cm de long
Bouillon de poule en quantité suffisante pour y faire cuire le melon une première fois
1/4 de tasse de champignons d'hiver
1/4 de tasse de pousses de bambou coupées en allumettes
1/4 de tasse de filet de poitrine de poulet coupé en dés
1/4 de tasse de lard légèrement fumé et coupé en dés
1 tranche de gingembre frais
2 ou 3 oignons nouveaux émincés
1 cuil. à soupe de vin chinois
1/4 de tasse de graines de lotus, mises à tremper pour les ramollir et débarrassées de leur partie centrale verte amère
1/4 de tasse d'ormeaux coupés en dés
Sel

Ôtez la couche de cire recouvrant éventuellement le melon. Coupez le quart supérieur du melon réservez-le : il servira par la suite de couvercle. Ôtez à la cuillère les graines et la chair du melon. Jetez les graines et coupez en dés une partie de la chair pour la garniture. Faites cuire le melon évidé pendant 15 minutes dans le bouillon de poule.

Faites tremper les champignons d'hiver dans l'eau pendant 30 minutes, puis pressez-les pour faire sortir l'eau et coupez-les en petits morceaux. Disposez dans le melon les champignons, les pousses de bambou, le filet de poitrine de poulet et le lard coupé en dés avec la chair du melon, le gingembre, les oignons nouveaux, le vin et les graines de lotus. Arrosez tous ces ingrédients avec du bouillon jusqu'à ce qu'il soient recouverts, mais sans pour autant remplir le melon jusqu'au bord. Fermez le melon avec son couvercle et faites-le cuire à l'étuvée pendant environ 5 heures ou jusqu'à ce que le melon soit cuit et transparent. Rajoutez les ormeaux et le sel 10 minutes avant la fin de la cuisson. Les melons de petite taille que l'on trouve parfois sont idéaux pour un buffet de réception.

Cai tang
Potage de légumes

1 l de bouillon de poule
150 g de chou chinois, chaque feuille étant coupée en lanières de 3 cm ou
200 g de légumes chinois à feuilles (par exemple chou chinois en fleur) coupés en morceaux de 4 à 5 cm
1 carotte moyenne, pelée et coupée en tranches obliques de 2 cm d'épaisseur
3 oignons nouveaux coupés en morceaux de 3 cm de long
1 cuil. à soupe de sauce de soja
Sel
Poivre

Portez à ébullition le bouillon de poule, puis ajoutez légumes et oignons nouveaux. Portez à nouveau brièvement à ébullition. Versez la sauce de soja, salez, poivrez, remuez et servez chaud.

Pour varier, vous pouvez ajouter 8 crevettes moyennes lorsque les légumes sont à moitié cuits, ou encore des tranches de poisson marinées dans un peu de sauce de soja ainsi que du vin de cuisine chinois (qui peut être remplacé par du xérès sec) juste avant que les légumes ne soient cuits. Veillez à ce que le poisson ne cuise pas trop longtemps.

西洋菜豬骨湯

Xi yang cai zhu gu tang
(soupe de travers de porc avec cresson de fontaine)

菜湯

Cai tang
(potage de légumes)

Ji shang tang
Bouillon de poule

| 1 grande poule ou 2 kg de carcasse, de cous et d'ailes de poulet |
| 3 l d'eau |
| 2 rhizomes mûrs de gingembre, pelés et coupés en tranches de 1 cm d'épaisseur |
| 1 oignon nouveau, coupé en morceaux de 2 cm de long |

Dans une grande marmite, portez à ébullition la poule ou la carcasse avec le gingembre et l'oignon recouverts d'eau. Écumez puis baissez le feu et faites frémir le bouillon pendant 2 heures. Versez ensuite le tout dans une passoire.

Xi yang cai zhu gu tang
Soupe de travers de porc avec cresson de fontaine

| 600 g de travers de porc dégraissé et coupé en morceaux de 4 à 5 cm |
| 125 cl d'eau |
| 400 g de cresson de fontaine |
| 2 cuil. à soupe de sauce de soja claire |
| 1 cuil. à café de sel |
| Poivre |
| 20 g de lyciets de Barbarie |

Ôtez les racines et les tiges du cresson de fontaine, puis lavez-le et laissez-le égoutter.
Mettez le travers de porc dans une marmite puis versez l'eau. Portez à ébullition puis réduisez le feu et laisser frémir à feu doux pendant 30 minutes. Lorsque le travers est presque cuit, ajoutez le cresson de fontaine, la sauce de soja, le sel, le poivre et les lyciets de Barbarie. Portez à ébullition pendant encore 10 minutes, puis servez chaud.

Huang gua tang
Potage au concombre jaune

| 1 concombre jaune moyen, bien brossé, avec la peau et coupé en gros dés |
| 500 g d'os à moelle de porc sans gras |
| 3 jujubes |
| 150 cl d'eau |

Mélangez tous les ingrédients dans une grande marmite et portez-les à ébullition. Réduisez le feu et laissez frémir à feu doux pendant 2 heures. Ôtez les os, salez, puis servez chaud.

Shu mi tang
Potage au maïs

| 2 grands épis de maïs frais ou 1 boîte de jeunes épis de maïs (255 g) |
| 2 blancs d'œuf |
| 5 cuil. à café de lait |
| 65 cl de bouillon de poule |
| 1 cuil. à café de sel |
| 2 1/2 cuil. à café de farine de maïs, mélangée à 5 cuil. à café d'eau froide ou de bouillon de poule |

| Pour la garniture |
| 2 cuil. à soupe d'oignons émincés grillés ou 2 cuil. à soupe de lard de poitrine grillé coupé en petits dés |

Égrenez les épis de maïs ou versez les jeunes épis de maïs dans une passoire et laissez égoutter. Dans une jatte, battez les blancs d'œuf, puis ajoutez le lait et continuez à battre.
Portez le bouillon de poule à ébullition, ajoutez le maïs et le sel. Portez à nouveau à ébullition en remuant constamment et liez le tout avec le mélange de farine de maïs. Ôtez la marmite du feu et faites glisser les blancs d'œuf battus dans la soupe. Remuez encore puis servez chaud, garni avec les oignons émincés grillés ou le lard de poitrine grillé.

玉米湯

Shu mi tang (potage au maïs)

麵條 Les nouilles

À Singapour, on mange des nouilles à tout moment de la journée et aussi bien lors des repas les plus simples que pour un somptueux festin. Il existe des nouilles de farine de blé ou de farine de riz, fraîches ou séchées, et de différentes épaisseurs. Les nouilles de farine de blé sont préparées avec ou sans œufs. Les fameux vermicelles sont à base de haricots *mungo*. Dans la cuisine chinoise, les nouilles faites à la main sont réservées aux grands repas de fête, mais celles fabriquées industriellement sont ici d'excellente qualité. Les nouilles peuvent se cuisiner de multiples façons. On les sert cuites à la poêle, dans les potages, en accompagnement de plats de viande, dans une sauce de soja claire ou un assaisonnement à l'huile de sésame. Poulet, canard ou porc rôtis, poisson, crevettes, légumes, pousses de soja et champignons constituent les garnitures les plus appréciées d'un plat de nouilles.

Coupées, enroulées ou trempées

Pour préparer une pâte de nouilles, il faut une farine à teneur élevée en protéines à laquelle on ajoute de l'eau, du carbonate de potasse, du sel et des œufs. Selon le plat auquel elles sont destinées, les nouilles sont confectionnées en pétrissant différentes proportions de ces ingrédients pour obtenir une pâte ferme, mais suffisamment élastique. Celle-ci est ensuite étendue de façon homogène au rouleau à pâtisserie, puis coupée en lanières plus ou moins fines. Les nouilles sont cuites à l'étuvée ; mais les nouilles séchées sont en plus passées au four pour en exprimer l'excédent de liquide. Les *won ton* sont réalisés en coupant la pâte en larges lanières avant d'en faire des carrés ou des ronds pour les boulettes.

Pour préparer des nouilles *yee fu*, on fait cuire des nouilles fraîches, puis on les égoutte soigneusement avant de les frire dans des cylindres métalliques perforés (chaque cylindre contient environ 600 g de nouilles) que l'on plonge 1 minute dans de l'huile bouillante. On obtient ainsi des sortes de gâteaux ronds utilisés pour la préparation de *sub gum mee*. Il faut alors asperger d'un peu d'eau le « gâteau de nouilles » avant de le faire frire en le remuant pour séparer les lanières. Pendant ce temps, on fait cuire les légumes et les fruits de mer ou la viande dans une sauce épaissie à la fécule de maïs.

Fujian mian : nouilles jaunes fraîches aux œufs, à base de farine de blé que l'on consomme sautées ou dans des soupes.

Sheng mian : fines nouilles fraîches aux œufs à base de farine de blé, pour les soupes, ou avec de la sauce de soja ou de l'huile de sésame.

Yi mian : fines nouilles séchées aux œufs, à base de farine de blé et qui s'emploient de la même façon que les *sheng mian*.

Kuo mian : nouilles plates fraîches aux œufs, à base de farine de blé, que l'on consomme dans les soupes ou accompagnées d'une sauce.

Dong fen : vermicelles translucides à base de farine de haricots *mungo*, pour soupes et légumes ; ils deviennent transparents à la cuisson.

Mi fen : vermicelles séchés à base de farine de riz que l'on consomme aussi bien dans les soupes, frits ou avec une sauce consistante.

Gan mian : fines nouilles séchées à base de blé et d'œufs, pour les soupes et à faire sauter à la poêle.

Yun tun pi : pâte en carrés pour les *won ton* que l'on fait cuire dans un bouillon ou que l'on fait frire.

Yun tun pi : pâte coupée en disques que l'on utilise pour les ravioles à l'étuvée, comme les *shao mai*.

Xia mian
Soupe aux nouilles et aux crevettes

Pour le bouillon :

3,5 l d'eau
500 g de travers de porc dégraissé
250 g d'épaule de porc
2 cuil. à soupe de sel
Poivre

Pour la garniture aux crevettes :

600 g de grosses crevettes
1 gousse d'ail, pelée et hachée
3 cuil. à soupe d'huile
50 cl d'eau
1 cuil. à soupe de sauce de soja épaisse
1 cuil. à café de sucre

Pour la garniture aux nouilles :

800 g de nouilles (*fujian mian*)
400 g de pousses de soja sans racines
250 g de liserons d'eau grossièrement hachés

Pour l'accompagnement :

3 cuil. à soupe d'oignons finement émincés frits
150 g de lard gras en dés, frits à la poêle
2 ou 3 piments rouges frais, coupés en rondelles
Sauce de soja claire

Préparez le bouillon : dans une grande marmite, portez l'eau à ébullition puis ajoutez le travers et l'épaule de porc. Salez et poivrez. Faites bouillir à nouveau, puis réduisez le feu et laissez frémir jusqu'à ce que la viande soit tendre. Ôter l'épaule de porc, coupez-la en tranches fines et réservez-les. Filtrez le bouillon à travers un linge.

Préparez ensuite la garniture aux crevettes : lavez les crevettes et coupez-en les têtes. Faites chauffer l'huile dans une poêle puis faites-y revenir l'ail. Faites ensuite frire les têtes de crevettes jusqu'à ce qu'elles soient roses, puis broyez-les grossièrement. Portez 50 cl d'eau à ébullition dans une marmite et plongez-y les queues de crevettes. Lorsqu'elles sont cuites, sortez-les de l'eau que vous réserverez. Laissez-les refroidir, puis décortiquez-les et coupez-les en deux avant de les réserver.

Mettez les têtes de crevettes broyées, la sauce de soja épaisse et le sucre dans une marmite remplie de l'eau de cuisson des crevettes. Laissez bouillir pendant 5 minutes, puis filtrez à travers une passoire et ajoutez ce liquide au bouillon que vous aurez préalablement réchauffé.

Préparez la garniture aux nouilles : faites blanchir les pousses de soja et les liserons d'eau. Plongez les nouilles brièvement dans de l'eau bouillante.

Pour servir, disposez des portions de nouilles, pousses de soja, liserons d'eau, viande de porc et crevettes dans de grands bols que vous remplirez de bouillon chaud. Décorez avec les oignons et les dés de lard grillés. Servez à part les rondelles de piment et la sauce de soja claire.

蝦仁麵

雞蛋 Les œufs

Dans la cuisine chinoise, les œufs constituent un ingrédient important pour toutes sortes de plats préparés à la poêle ou cuits au four. Mais l'œuf peut aussi être consommé pour lui-même et, dans ce cas, véhicule souvent une forte valeur symbolique. En effet, chez les Chinois, l'œuf promet bonheur et fécondité. De plus, sa forme arrondie et son aspect parfaitement lisse évoquent le bien-être et l'accomplissement. On consomme aussi bien des œufs de poule, de cane, d'oie, de pigeon ou de caille. Bien sûr, plus ils sont difficiles à trouver, plus ils sont prisés. Lorsque l'œuf est consommé seul, tout l'art consiste à adapter la valeur culinaire de cet aliment à sa signification symbolique. Dans ce domaine, les Chinois ont fait preuve de beaucoup d'imagination, et l'on retrouve à Singapour les mille et une préparations qui font de cet aliment de base un mets d'exception. Ainsi, de simples œufs de poule peuvent être marbrés, fumés ou colorés en rouge. La sauce aux œufs, préparée à la vapeur avec du jus de gingembre et du sucre candi, a la réputation de calmer et de fortifier les poumons.

Cha ye dan: pour obtenir des œufs marbrés, on tapote la coquille des œufs durs, ce qui fait apparaître un réseau de fissures. On fait ensuite bouillir de l'eau avec de la sauce de soja, des feuilles de thé noir et de l'anis étoilé, puis on y plonge les œufs pendant quelques instants afin que l'arôme et la couleur puissent pénétrer ces fissures. Il suffit alors de retirer la coquille pour découvrir ces œufs marbrés. On peut les déguster aussi bien entre les repas qu'en entrée ou en garniture d'une assiette froide.

Lu dan: les œufs fumés doivent leur couleur et leur arôme à une marinade réalisée à partir de sauce de soja, d'huile de sésame, de sucre et de sel. Celle-ci doit rissoler dans une poêle, à feu doux, sans autre corps gras, pendant un certain temps. On plonge ensuite les œufs dans cette marinade durant plusieurs heures. Le centre du jaune d'un œuf de poule *lu dan* cuit à point doit être encore un peu mou. À Singapour, les œufs fumés sont consommés aux mêmes occasions que les œufs marbrés.

Hong ji dan: pour les Chinois, le rouge est la couleur de la joie. Aussi offre-t-on ces œufs colorés aux parents d'un nouveau-né âgé d'un mois. Ces œufs durs sont également donnés en offrande aux divinités pour leur demander une faveur, et les femmes apportent au temple un œuf rouge généralement dans l'espoir de donner naissance à un garçon. Cependant, les parents superstitieux ne donnent jamais d'œufs rouges aux enfants qui doivent passer un examen, car le cercle rouge symbolise le zéro, la plus mauvaise note.

Xian dan: ces œufs de cane salés ne se conservent pas aussi longtemps que les œufs de poule; en revanche, leur coquille étant plus solide, on peut les soumettre à des modes de conservation plus rudes. L'une d'elles consiste à rouler les œufs crus dans du sel et à les recouvrir d'une couche de fine terre noire brûlée. Avant de faire cuire des œufs ainsi conservés, il faudra bien entendu enlever la terre, puis bien les laver. L'œuf cuit est servi avec du riz ou du porridge. Le blanc d'œuf est assez salé, mais on ne le mange pas tel quel, il sert plutôt de condiment. Les jaunes sont utilisés pour les gâteaux de lune. Les œufs crus salés sont battus, puis mélangés avec de la viande de porc hachée et enfin cuits à la vapeur.

Pi dan: les œufs de cent ans sont des œufs de cane que l'on conserve pendant deux à quatre mois dans un mélange de chaux, de cendres, de sel et de glumes de riz. À la fin de cette période, le blanc d'œuf est devenu d'un noir translucide et ressemble à une gelée ferme au toucher; la couleur du jaune a viré au gris vert. Lorsque l'œuf est « mûr », on enlève la couche de cendres, puis on le lave, on ôte sa coquille, on le coupe en tranches et on le sert avec du gingembre mariné en entrée ou comme garniture d'une assiette froide. Il sert également à relever le *porridge* de riz. Dans le célèbre plat cantonais aux trois œufs, il est cuit à l'étuvée avec un œuf de poule battu et un œuf de cane salé.

An chun: les petits œufs de caille si frêles avec leur jolie coquille mouchetée sont utilisés durs dans les potages relevés ou sucrés. Grâce à leur petite taille, ils constituent aussi une garniture très appréciée lorsque l'on sert une assiette froide. En effet, on les préfère aux œufs de poule en raison de leur effet décoratif. Les œufs de caille préparés de la même façon que les œufs de cent ans sont considérés comme des mets de choix.

Les œufs de thé sont cuits dans un mélange d'eau, de sauce de soja et de thé noir.

Comment choisir les œufs de poule ?

Lorsque des Singapouriens achètent des œufs, leur premier critère de qualité est la coquille. Sa couleur est sans importance, mais elle doit être intacte et – cela peut paraître surprenant – propre. Tandis qu'en Occident, restes de paille et autres petites saletés donnent l'illusion d'œufs pondus par d'heureuses poules courant en liberté, à Singapour on considère leur propreté comme le signe qu'ils ont été manipulés avec une infinie précaution. La fraîcheur des œufs ne se révèle malheureusement que lorsqu'on les casse : les œufs frais présentent un jaune bombé et un blanc visqueux, ferme et non liquide.

Comment conserver les œufs de poule ?

Les œufs frais, rangés immédiatement au réfrigérateur dans leur emballage d'origine, se conservent pendant 4 à 5 semaines, à condition d'éviter des variations constantes de température qui se répercutent sur la consistance du blanc d'œuf. Si, pour une recette, vous n'utilisez que les jaunes, les blancs se conserveront environ quatre jours dans une boîte hermétique au réfrigérateur ; en revanche, le moyen le plus sûr de conserver des jaunes d'œufs est de les mettre dans une boîte hermétique posée dans de l'eau, mais il ne faut jamais les garder plus d'un à deux jours.

Poh piah

Les rouleaux de printemps

Le rouleau de printemps est devenu en Occident le plat incarnant le mieux la cuisine chinoise; en Chine, ils fait partie des aliments standards vendus aujourd'hui au rayon des surgelés de n'importe quel supermarché. Avant d'en arriver là, le rouleau de printemps a parcouru un long chemin. Il serait né dans la province chinoise de Fujian sur la côte sud-est de la Chine, en face de Taïwan. Les émigrants, partis conquérir l'Asie du Sud-Est en passant par Taïwan, ont pour ainsi dire emporté le rouleau de printemps dans leurs bagages. On le consommait traditionnellement au moment où les marchés regorgeaient de légumes frais, d'où leur nom. En effet, après la saison des légumes d'hiver ou en conserves, on appréciait particulièrement de pouvoir retrouver la fraîcheur des ingrédients utilisés dans le rouleau de printemps. Avant d'arriver en Occident, ce mets a non seulement changé d'aspect, mais également de contenu, et les ingrédients de la farce ont été adaptés aux réalités et aux préférences régionales. Seul le caractère végétarien de la farce, dont la viande ne constituait pas l'élément essentiel, a été maintenu.
Quant à la pâte qui entoure le rouleau, il s'agit en fait d'une crêpe très fine à base de farine de blé et d'eau, légèrement salée et préparée, selon les préférences de chacun, avec ou sans œuf. On pétrit ces ingrédients jusqu'à obtenir une pâte bien souple et malléable, sans pour autant qu'elle ne devienne coulante; elle doit être suffisamment flexible, mais sèche. On roule rapidement la boule de pâte ainsi obtenue dans une poêle chaude, mais il faut l'ôter rapidement, afin de n'en laisser adhérer qu'une fine couche. Cette technique nécessite bien sûr une certaine habileté et surtout beaucoup de rapidité. Avec un peu d'exercice, on peut travailler avec trois poêles en même temps. La première crêpe sera prête au moment où la troisième viendra juste d'être étalée sur la poêle. Si cette technique vous paraît trop compliquée, vous pouvez également réaliser de fines crêpes avec une pâte composée de six œufs, 250 g de farine, 33 cl d'eau et un peu de sel. Celle-ci devra être suffisamment liquide pour être versée dans la poêle.
La farce est composée de trois éléments: un mélange de base constitué de légumes et de viande, des épices et enfin la garniture individuelle. Pour le mélange de base, on fait cuire des pousses de bambou râpées et des haricots *yam* avec des crevettes, de la viande de porc hachée, de l'ail et de la pâte de soja fermentée dans un bouillon de crevettes et de viande de porc. D'autre part, on répartit sur la crêpe de la sauce sucrée, des pâtes de piments et d'ail, ainsi que des échalotes et de l'ail coupés en dés et rissolés. Une feuille de salade posée sur la crêpe ou un morceau de pâte servant de base à la farce permettent de rendre le rouleau plus solide. Pour la garniture, on peut utiliser au choix des pousses de bambou blanchies, du concombre râpé, de l'omelette finement coupée, de la chair de crabe, des crevettes cuites, de la saucisse chinoise coupée en tranches ou cuite, de petits morceaux de sole et des feuilles de coriandre.

Pie tee

Pour réaliser ces bouchées frites croustillantes, on pétrit une pâte fine à base de farine de riz et de tapioca, d'œufs et d'eau. Pendant que la pâte repose, on fait chauffer dans de l'huile chaude des moules en métal prévus à cet effet, en forme de coupe et pourvus d'un manche. Pour faire frire les bouchées, on trempe les moules dans la pâte et immédiatement après dans l'huile chaude. Dès que les bouchées sont cuites et présentent une teinte légèrement brunie, elles se détachent toutes seules des moules. On enlève alors les bouchées de l'huile et on les égoutte soigneusement. Lorsqu'elles ont toutes refroidi, on peut les conserver pendant un certain temps dans une boîte hermétique avant de les déguster. La farce dont on remplit les *pie tee* est très comparable à celle que l'on trouve dans les rouleaux de printemps. Leur garniture se compose généralement de crevettes, de lanières d'omelette finement coupée et de feuilles de coriandre. On assaisonne ces bouchées avec un peu de sauce au piment et de l'ail.

Pour faire frire la pâte des rouleaux de printemps sans la laisser brûler, il faut un peu d'expérience. On arrive alors à travailler avec plusieurs poêles en même temps.

Les crêpes extrêmement fines fabriquées par les professionnels pour les rouleaux de printemps sont vendues au poids.

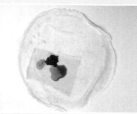

Pour réaliser un rouleau de printemps, on étale une crêpe sur laquelle on dispose un rectangle de pâte.

Sur ce rectangle de pâte qui sert de base, on dispose un peu de pâte de piment et d'ail, et de la sauce sucrée.

On étale et on mélange sur le rectangle de pâte les trois ingrédients qui constituent cet assaisonnement.

Sur cet assaisonnement bien étalé, on dispose ensuite le mélange de légumes et de viande.

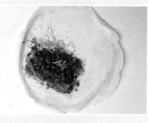

Par dessus la viande, on dispose la garniture de son choix. Il s'agit ici de pousses de bambou blanchies…

… auxquelles on ajoute des lamelles d'omelette finement coupée, …

… des échalotes hachées menu et grillées, de l'ail …

… et pour couronner le tout, des feuilles de coriandre fraîches.

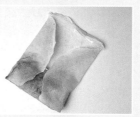

On rabat alors le côté inférieur de la crêpe sur la farce.

On replie d'abord le côté gauche, puis le côté droit vers le centre…

… ce qui permet d'obtenir un rectangle de pâte fourré de farce.

Enfin, on roule le tout en partant du côté le plus étroit.

Avec un couteau bien aiguisé, on coupe le rouleau en tranches.

黃豆 Le soja

Les produits issus de ce haricot aux multiples qualités sont aujourd'hui omniprésents. Le soja nous est familier sous forme de pousses, de sauces, de *tofu* ou de *tempeh*. Mais il est également présent – et souvent sans que l'on n'en ait conscience – sous forme de protéine végétale, d'émulsifiant, de lécithine ou d'huile végétale, et entre dans la composition de nombreuses pâtes à tartiner, produits laitiers, conserves de poisson ou sucreries. En Chine, le soja est connu depuis presque 5 000 ans. Il s'est rapidement répandu dans tous les pays asiatiques, notamment dans des régions où viande et produits laitiers étaient des denrées rares. C'est seulement vers la fin du XIXᵉ siècle que ce précieux produit riche en protéines arriva en Europe et en Amérique. Cette plante arbustive annuelle de 80 cm de haut exige un sol et un climat similaires à ceux nécessaires à la culture du maïs et de la vigne : des températures élevées et des précipitations moyennes en été et en automne. La majeure partie de la production mondiale de soja s'effectue entre le 25ᵉ et le 45ᵉ parallèle, à environ 1 000 m d'altitude. Les États-Unis, le Canada et le Brésil ont aujourd'hui ravi à la Chine sa place de leader dans la culture du soja ; dans les nations industrialisées occidentales, celle-ci est entièrement mécanisée. Le soja est souvent cultivé selon le mode de la monoculture, avec tous les inconvénients que cela comporte, tels que l'utilisation d'engrais chimiques et de pesticides. Les recherches les plus récentes tiennent compte de cette désastreuse situation et favorisent l'apparition d'espèces de soja génétiquement modifiées.

Malgré son inestimable valeur nutritive, le soja mûr est rarement servi comme légume, car on préfère ses germes frais. La majeure partie des récoltes sert à l'élaboration de produits dérivés du soja. Des champignons et des bactéries, par exemple, permettent de fabriquer du *tofu* et du *tempeh*, produits comptant parmi les aliments de base en Asie du Sud-Est et également de plus en plus appréciés dans les pays occidentaux. Le lait de soja, préparé à partir de graines gonflées, cuites et mélangées à de l'eau, ressemble au lait de vache ; grâce à sa valeur nutritive, il peut en effet se substituer au lait, et on le boit volontiers chaud ou froid, avec ou sans sucre. On peut en outre broyer les graines pour en faire de la farine, ou bien les presser pour en tirer de l'huile. Et puis, que serait la cuisine asiatique sans sauce de soja !

Pousses de soja

Les haricots de soja noirs sont importés de Thaïlande et de Myanmar (Birmanie). On en lave les graines et on les répartit dans de profondes terrines au fond tapissé de caillebotis et recouvertes de bâches perforées. À intervalles réguliers de quatre heures, on asperge les graines d'eau fraîche. Dès le deuxième jour, elles commencent à germer. Pendant la période de croissance, les germes restent couverts : exposés aux rayons du soleil et à l'air, ils verdiraient et demeureraient grêles. Le quatrième jour, la croissance des germes est déjà terminée à 90 %, et le sixième jour, les pousses ont atteint la taille requise. Avant de mettre en vente les terrines de pousses de soja, on coupe la couche supérieure de feuilles vertes. Celles-ci servent de nourriture aux poules et aux canards. Une terrine donne environ 70 kg de pousses, et le rendement journalier d'une entreprise moyenne s'élève à 60 terrines.

Les pousses de soja de bonne qualité sont courtes, propres, croquantes, blanches, et dépourvues de feuilles. Il ne faut jamais les consommer crues, mais il ne faut pas non plus les faire cuire trop longtemps. Les pousses de soja, sautées à la poêle avec des oignons nouveaux et du gingembre, constituent une garniture très appréciée, mais elles sont également souvent utilisées dans les potages.

Il ne faut pas confondre les pousses de soja avec les pousses de haricot *mungo*, utilisées dans les rouleaux de printemps ou parfois aussi servies avec des nouilles sautées. Ces deux espèces de pousses de haricots se conservent pendant quelques jours dans un récipient hermétiquement fermé rempli d'un peu d'eau et placé dans le compartiment à légumes du réfrigérateur.

Dou ban jiang

Les graines de soja salées constituent un condiment très apprécié. On les consomme écrasées, soit sans assaisonnement, soit avec des piments également écrasés et mélangés à de l'ail. Pour préparer ce condiment, on laisse fermenter pendant 45 jours dans d'énormes jarres des graines de soja cuites, du sel, de la farine de blé et des cultures de moisissures. Après fermentation, il faut retirer la couche supérieure de graines devenues trop foncées. On met ensuite en bocaux puis on pasteurise les graines de couleur brun clair prêtes à être commercialisées.

Dou chi

C'est à partir de haricots de soja noirs et selon un procédé similaire que l'on prépare cet autre condiment très épicé. Les haricots noirs sont séchés puis mélangés avec de la farine de blé, du sel et des cultures de moisissures. Le tout doit reposer pendant quatre jours. On rince alors l'excédent de moisissure, on égoutte les haricots et on les conserve pendant 45 jours dans des jarres. Une fois la fermentation terminée, leur arôme est très intense. Il est donc conseillé de les rincer avant de les utiliser. Ils servent ensuite à relever les plats de poissons et de viande de bœuf.

De la graine de soja au *tofu* (de haut en bas et de gauche à droite) : graines de soja fraîches, graines de soja ayant trempé, graines moulues, lait de soja, « débris » avant la pression.

Des protéines végétales

Le *tofu*

Diverses sortes de soja servent à fabriquer le *tofu*, ou fromage de soja. Il sera choisi pour sa teneur particulièrement élevée en protéines et pour ses propriétés susceptibles de donner au produit final une couleur appétissante et un arôme agréable. Le fourrage pour les animaux et l'huile de soja, par exemple, sont issus d'autres sortes de soja. À Singapour, le *tofu* est fabriqué essentiellement à base de soja importé du Canada. Le procédé de fabrication commence par le lavage des graines de soja crues. Celles-ci sont ensuite mises à tremper dans une eau à 32°C pendant trois à quatre heures. Le trempage ne doit pas durer trop longtemps, car les graines pourraient commencer à fermenter. Cette opération facilite les étapes suivantes de la production, notamment l'extraction du lait.

Avant de les réduire en bouillie dans un moulin, on ajoute de l'eau et de l'huile aux graines trempées. Le broyage s'effectue à une température moins élevée: en effet, trop de chaleur nuirait à la qualité du produit final. Cette forme de broyage favorise l'homogénéité du *tofu*. Quant à l'huile, elle sert à réduire la formation d'écume.

On fait ensuite cuire cette bouillie à 104°C pendant 30 minutes. Puis on sépare le lait (80 %) des substances solides (20 %) qui peuvent encore être utilisées comme fourrage pour les animaux. Sur le lait brûlant se forme une peau que l'on retire pour la faire sécher sur une baguette. Celle-ci est ensuite commercialisée sous forme de bâtonnets de *tofu* (*fu chok*).

Si on poursuit le traitement du lait de soja à haute température, on obtient un *tofu* de consistance ferme. En revanche, si on laisse d'abord refroidir le lait, on obtient un *tofu* à consistance plus souple. L'étape suivante consiste à mélanger au lait un agent coagulant dont l'effet est identique à celui de la présure que l'on ajoute au lait de vache pour le faire cailler et obtenir du fromage. Il s'agit généralement de chlorure ou de sulfate de calcium, c'est à dire des substances qui ont la propriété de provoquer la floculation (formation de flocons) du lait de soja. Comme lors de la fabrication de fromage, cette masse est mécaniquement «brisée», puis versée dans de grands moules divisés en compartiments et tapissés d'un linge. Les flocons de soja sont alors pressés dans les moules afin d'en exprimer l'excédent d'eau et d'obtenir la consistance désirée. Après 25 minutes de pression, on ôte le *tofu* des moules pour le faire sécher pendant encore cinq à dix minutes à l'air libre. On coupe alors en morceaux rectangulaires le *tofu gonn* très sec et plat, puis on le conserve au frais.

Afin d'obtenir une qualité de *tofu* plus épaisse et moins sèche, on le coupe en morceaux d'environ 7,5 cm de long; un dernier et bref trempage permet d'en éliminer les agents coagulants excédentaires. Les blocs de *tofu* sont ensuite emballés et commercialisés.

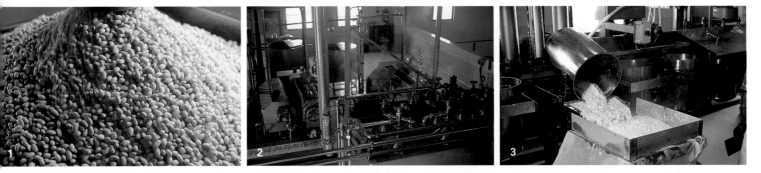

1 Les graines de soja sont préparées avant d'arriver au moulin. Le trempage ne doit pas durer trop longtemps, car les graines pourraient commencer à fermenter.
2 Sur des tapis roulants, la bouillie de graines arrive dans d'énormes marmites en acier spécial, où on la chauffe à 104°C.
3 On ajoute un agent coagulant au lait de soja brûlant, qui forme bientôt des flocons (pour les fromages à base de lait animal, on parle de lait caillé).

4 Après avoir brisé le lait de soja «caillé», on réduit les mottes en morceaux réguliers avant de les placer dans des moules compartimentés et tapissés de linges.
5 On replie ensuite soigneusement les linges. L'étape suivante consiste à presser cette masse jusqu'à obtention de la consistance désirée.
6 Au bout d'environ 25 minutes, la masse a perdu suffisamment de liquide, et on coupe alors le *tofu* pressé à consistance ferme en morceaux rectangulaires.

Sur le lait de soja chaud se forme une peau dont on tire les *fu pei* et les *fu chok*.

Produits dérivés du lait de soja

Fu pei (feuilles de *tofu* séchées)
On retire la peau qui se forme sur le lait de soja frémissant pour la déposer sur un plateau. En refroidissant, cette peau sèche et se solidifie. On répète ce procédé avec le lait de soja jusqu'à ce que plus aucune peau ne se forme. Les « feuilles » de *tofu* servent à envelopper de petits rouleaux de viande ou de poisson à griller.

Fu chok (bâtonnets de *tofu* séchés)
Le *fu chok* est lui aussi réalisé à partir de la peau du lait de soja. Cette fois, il ne s'agit pas seulement de la faire sécher à plat, mais de la draper en plis sur une baguette pour qu'elle se dessèche entièrement. Elle devient alors si cassante qu'elle doit être détrempée avant de subir un traitement final. Les petits morceaux de *fu chok* sont un ingrédient apprécié dans les plats cuits ou braisés.

Tim chok (morceaux de *tofu* sucrés)
On fait sécher la couche très épaisse restant après la fabrication de *fu pei* ou de *fu chok*, puis on la coupe en rectangles de 10 x 5 cm. Ceux-ci sont ensuite emballés pour être commercialisés. Légèrement sucrés, ils sont ajoutés à d'autres ingrédients, notamment aux légumes. Il faut alors les faire tremper avant de les utiliser. On peut également les congeler ou bien les utiliser en garniture sur des nouilles de riz sèches et grillées.

Tofu fa (friandise de *tofu* mou)
Ce *tofu* est fabriqué à partir de lait de soja très délayé, en ajoutant une petite quantité de coagulant et de farine de tapioca qui lui donnent sa consistance molle. On sert ce *tofu* chaud ou froid avec un sirop d'essence d'amandes.

Tofu mariné
On fait mariner de petits dés de *tofu* pressé dans du vin mélangé à des épices. Le *nan ru* (*tofu* mariné rouge) peut être utilisé comme condiment, mais il est également servi pour stimuler l'appétit, sous forme de garniture pour accompagner du riz ou du *porridge* de riz. Le *fu ru* (*tofu* mariné blanc) est une garniture dont on peut affiner l'arôme en ajoutant quelques gouttes d'huile de sésame.

On retire les morceaux de *tofu* des moules compartimentés pour les faire sécher encore quelques minutes à l'air libre, jusqu'à ce qu'ils soient suffisamment fermes.

Le *tofu* pour tous les goûts

豆腐的各種烹調法

Le goût du *tofu* pur est plutôt neutre, mais c'est justement ce qui fait son intérêt car, combiné avec différents ingrédients et condiments, sa saveur est toujours nouvelle et différente.

Le *tofu* mou est une garniture idéale pour les potages. On peut le cuire à l'étuvée et même le faire frire, de sorte qu'il devient croustillant à l'extérieur, mais tendre et fondant à l'intérieur. L'un des plats les plus simples et les plus nutritifs qu'on apprécie particulièrement à Singapour est réalisé en incisant plusieurs fois un morceau de *tofu* mou pour verser par dessus quelques gouttes de sauce de soja et d'huile de sésame. On y dispose ensuite des oignons nouveaux finement émincés. Puis on laisse ces ingrédients brièvement aromatiser le *tofu* avant de le faire cuire à l'étuvée. On le sert ensuite garni d'oignons émincés frits.

Le *tofu* ferme se prête bien aux préparations à la poêle. On peut le frire et même le farcir en l'incisant pour former une petite poche. Le tofu est suffisamment solide pour accueillir une farce de viande hachée ou de poisson. Des cubes farcis de *tofu* servent de garniture dans les potages. On peut aussi les faire frire et les déguster en en-cas entre les repas. D'autres préfèrent le *tofu* farci préparé de la façon suivante : on fait d'abord frire un morceau entier de *tofu*. On le coupe ensuite en deux parties dans le sens de la diagonale, que l'on incise pour faire des poches farcies ensuite de légumes crus râpés ou blanchis, tels que pousses de sojas, concombres, laitue ou carottes. Ce mets est dégusté avec une sauce au piment douce ou piquante.

Niang dou fu
Tofu farci

4 morceaux de *tofu* blanc ferme
Farine de maïs
Huile de friture

Pour la farce :

250 g de viande de porc hachée
12 à 16 petites crevettes décortiquées et finement coupées
1 œuf battu
4 cuil. à café de sauce de soja claire
2 cuil. à café de sucre
2 cuil. à café d'huile de sésame
4 cuil. à café de farine de maïs
Poivre

Préparez la farce : mélangez tous les ingrédients et divisez la masse en 16 portions égales.
Coupez en quatre chacun des quatre morceaux de tofu. Ménagez une profonde incision dans un des côtés pour former une poche. Saupoudrez celle-ci de farine de maïs et remplissez de farce avec précaution. Faites ensuite chauffer l'huile puis faites frire quatre poches de *tofu* à la fois. Égouttez et servez avec de la sauce au piment.

Xia ren dou fu
Tofu sauté aux grosses crevettes

2 cubes de *tofu* ferme, coupés chacun en 16 morceaux
150 à 200 g de grosses crevettes décortiquées, marinées avec du sel et du poivre
1 gousse d'ail, épluchée et hachée
1 1/2 cuil. à soupe de sauce de soja claire
1 piment rouge coupé en rondelles
Sel
Poivre
2 cuil. à soupe d'huile

Faites chauffer 1 cuil. à soupe d'huile pour y faire frire la moitié de l'ail. Lorsqu'il a bruni, ajoutez les crevettes et faites-les griller jusqu'à ce qu'elles deviennent roses. Ôtez-les alors de la poêle et réservez-les.
Faites chauffer le reste de l'huile et faites-y frire le reste de l'ail. Lorsqu'il a bruni, ajoutez le *tofu* et faites-le légèrement brunir. Remettez les crevettes dans la poêle et assaisonnez le tout avec de la sauce de soja, du poivre et du sel. Remuez, ajoutez le piment coupé et servez.

Hong shao dou fu
Tofu braisé

450 g de *tofu* mou, coupé en dés de 3 cm
3 cuil. à café d'ail finement haché
2 cuil. à café de rhizome de gingembre finement haché
1 oignon nouveau, coupé en morceaux de 3 cm
120 à 150 g de petits champignons de Paris
2 cuil. à café de sauce d'huîtres
1 cuil. à soupe de sauce de soja épaisse
1 cuil. à soupe de vin de riz
3 cuil. à soupe d'eau ou de bouillon de poule
Sel
Poivre
Huile de sésame
Huile de friture

Dans une poêle à hauts bords, faites chauffer l'huile de friture à feu vif puis faites-y frire les dés de *tofu* jusqu'à ce qu'ils soient croustillants à l'extérieur et bien moelleux à l'intérieur. Égouttez-les et réservez-les.
Gardez un peu d'huile dans la poêle, faites cuire l'ail, le gingembre et l'oignon nouveau à l'étuvée. Ajoutez les champignons, remuez brièvement et assaisonnez avec de la sauce d'huîtres, de la sauce de soja, du vin, du bouillon de poule, du sel et du poivre.
Réduisez le feu et ajoutez les dés de *tofu* frits. Couvrez et laissez mijoter pendant 10 minutes environ. Versez quelques gouttes d'huile de sésame avant de servir.

Xia ren dou fu (*tofu* sauté aux grosses crevettes)

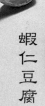

蝦仁豆腐

Sui rou zheng dou fu
Tofu mou au hachis de porc cuit à la vapeur

2 cubes (600 g) de *tofu* mou
2 gousses d'ail épluchées et hachées
2 cuil. à café de pâte de haricots de soja fermentés
200 g de viande de porc hachée
2 œufs légèrement battus
Sel
Poivre
1 cuil. à soupe d'oignons nouveaux hachés
1 cuil. à soupe de feuilles de coriandre hachées
2 cuil. à soupe d'huile

Cassez le *tofu* mou en plusieurs morceaux et égouttez-le dans une passoire. Dans une marmite à vapeur, portez de l'eau à ébullition. Dans une poêle, faites chauffer de l'huile pour y faire frire l'ail haché. Lorsqu'il est légèrement bruni, ajoutez la pâte de soja et laissez cuire brièvement à feu doux. Ajoutez la viande hachée, remuez et salez. Dès que la viande hachée est légèrement dorée, ajoutez le *tofu* et mélangez avec les autres ingrédients. Ajoutez d'abord la moitié des œufs battus, remuez pour bien mélanger puis versez le reste en quantité nécessaire pour lier les ingrédients. Salez et poivrez. Versez le mélange dans un plat de 5 à 6 cm de profondeur et saupoudrez le tout avec les oignons nouveaux et les feuilles de coriandre. Posez le plat dans la marmite à vapeur et faites cuire à l'étuvée pendant environ 8 à 10 minutes, jusqu'à ce que le mélange se fige.
Attention : la pâte de soja est naturellement salée. Veillez donc à ne pas trop ajouter de sel à la préparation.

Dou hua
Dessert sucré au *tofu*

300 g de graines de soja
3 l d'eau
1 cuil. à café de sulfate de calcium hydraté (poudre de gypse) tamisé
45 g de farine de maïs

Pour le sirop :
420 g de sucre
25 cl d'eau
Arôme d'amandes selon le goût

Lavez les graines de soja puis laissez-les tremper pendant 12 heures. Égouttez-les et passez au mixer la moitié des graines avec 40 cl d'eau. Pressez le mélange dans un linge jusqu'à ce que la bouillie soit sèche. Remettez celle-ci dans le mixer avec un peu d'eau et pressez encore. Recommencez cette opération avec les graines restantes. À travers un linge, faites couler le lait de soja ainsi obtenu dans une grosse marmite. Ajoutez l'eau restante et portez à ébullition à feu moyen en remuant constamment. Écumer régulièrement. Mettez le sulfate de calcium hydraté (poudre de gypse) et la farine de maïs dans 12,5 cl d'eau chaude et remuez jusqu'à ce que tout soit bien dissous. Versez alors ce mélange dans une marmite ou dans un grand récipient résistant à la chaleur. Dès que le lait de soja se met à bouillir, versez-le dans le mélange de farine de maïs. Ôtez rapidement toutes les bulles de la surface, couvrez le plat avec une serviette, mettez un couvercle par-dessus et laissez le lait de soja se figer pendant 40 à 50 minutes. On obtient ainsi une gelée laiteuse.
Préparez le sirop : portez à ébullition l'eau et le sucre et remuez jusqu'à ce que le sucre soit dissous. Si le sirop devient trop épais, allongez-le un peu avec l'arôme d'amandes.
Pour servir, remplissez des petites coupes avec un peu de *tofu* et garnissez de 2 cuil. à soupe de sirop. Ce dessert se déguste chaud ou froid et peut également être servi en-cas.

Zha fu pi juan
Rouleaux de feuilles de *tofu* frits

1 feuille de *tofu*
5 à 6 champignons parfumés
150 g de viande de porc maigre
1 cuil. à café de sauce de soja claire
2 cuil. à café d'huile de sésame
Poivre
150 g de crevettes décortiquées et coupées en trois
2 cuil. à soupe d'huile de friture
1 échalote épluchée et émincée
120 g de carottes râpées et blanchies
3 cuil. à soupe d'eau
1 cuil. à café de vin de cuisine
1 cuil. à café de sucre
Sel
1 cuil. à café de farine de maïs, mélangée à 2 à 3 cuil. à soupe d'eau

Faites tremper les champignons dans de l'eau chaude pendant 1 heure, puis égouttez-les. Retirez les pieds trop durs et coupez les chapeaux en fines lamelles.
Coupez la viande de porc en tranches fines et laissez mariner pendant 20 minutes avec un peu de sauce de soja claire, de l'huile de sésame et du poivre.
Mettez les crevettes dans une poêle avec un peu d'huile de friture, puis faites-les revenir en remuant jusqu'à ce qu'elles soient roses. Égouttez-les puis réservez-les.
Dans une poêle, faites revenir les tranches de viande de porc marinées avec un peu d'huile de friture jusqu'à ce qu'elles soient tout juste cuites. Réservez-les. Faites chauffer à nouveau la poêle, ajoutez 1 cuil. à soupe d'huile et dès que l'huile est chaude, faites-y revenir l'échalote émincée jusqu'à ce qu'elle déploie tout son arôme. Ajoutez tous les ingrédients déjà cuits, ainsi que les carottes et les champignons. Faites cuire pendant 1 minute, ajoutez l'eau, le vin de cuisine, le sucre, le sel, puis remuez. Liez avec la farine de maïs préparée en remuant constamment. Mettez sur une assiette et laissez refroidir. La farce ne doit être que légèrement humide.
Tamponnez la feuille de *tofu* avec un linge mouillé jusqu'à ce qu'elle soit assez souple pour être étalée, puis coupée en 6 à 8 triangles.
Partagez la farce refroidie en 6 à 8 portions. Poser une portion de farce sur le bord d'un triangle. Rabattez le côté sur la farce pour l'en recouvrir, puis repliez les deux autres côtés et finissez de rouler.
Faites chauffer 1 cuil. à soupe d'huile dans une poêle et faites-y griller les rouleaux. Ajoutez éventuellement de l'huile. Vous pouvez aussi faire frire les rouleaux dans une friteuse.
Servez avec une sauce sucrée ou au piment.

Zha fu pi juan (rouleaux de feuille de *tofu* grillés)

炸
腐
皮
卷

La sauce de soja

醬
油

La salubrité des éléments de base de certaines sauces aromatiques utilisées en Europe occidentale devrait naturellement être irréprochable, car il existe des réglementations sanitaires qu'il est cependant préférable de ne pas examiner de trop près. En effet, comment imaginer que la sauce que l'on est en train de verser dans son potage se compose de résidus provenant du traitement de la viande et du poisson, de farines de sang et d'extraits de bouillon d'os. Ce charmant pot-au-feu a probablement bouilli avec de l'acide chlorhydrique que l'on a ensuite neutralisé à l'aide de soude caustique ou de carbonate de sodium, ce qui donne à la sauce son goût salé. Or, la fabrication de la véritable sauce de soja s'effectue normalement avec des cultures de moisissures (*Aspergillus soyae* ou *Aspergillus oryzae*). Mais cette méthode exige beaucoup de temps. Aussi, outre la sauce de soja fermentée, trouve-t-on également dans le commerce des produits fabriqués de façon plus rapide à l'aide d'acide chlorhydrique (*hydrolyse*).

La méthode enzymatique traditionnelle consiste à laver les graines de soja, à les faire tremper puis cuire sous pression pendant 45 minutes dans des cuves d'acier. On les mélange ensuite avec de la farine de blé et des cultures de champignons. Ce mélange repose sur des bancs de culture, à un certain degré de température et d'humidité. Vingt-quatre heures plus tard, on retourne les graines. Au bout de quatre jours, elles deviennent verdâtres en raison de la formation de moisissures. On les transvase alors dans des cuves en fibres de verre, on les couvre de saumure et on les laisse fermenter pendant trois mois. On extrait une première sauce de soja brute. Après y avoir ajouté de la saumure, on laisse reposer ce mélange encore un mois, avant d'extraire la sauce de soja pour la seconde fois. Enfin, on réitère ce procédé une dernière fois.

C'est à ce stade que l'on établit la distinction entre sauce de soja claire ou épaisse. La première, plus salée, est mélangée à un agent conservateur, pasteurisée et stockée dans des cuves de décantation pendant sept jours, puis mise en bouteilles. Après extraction, la sauce épaisse est, elle aussi, mélangée à un agent conservateur et à du caramel. On la laisse encore reposer pendant un mois avant de la pasteuriser et de la mettre en bouteilles.

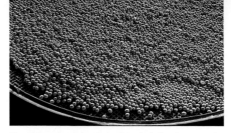

Que l'on prépare la sauce de soja à l'ancienne ou industriellement, il faut faire tremper les graines, préalablement lavées, sur de grandes plaques rondes en bambou à cannage serré.

Quarante-cinq minutes suffisent pour faire bouillir les graines dans des cuves à cuisson rapide de 2 000 kg.

Les graines glissent ensuite dans une mélangeuse dans laquelle on ajoute la farine de blé et les cultures de moisissures.

Les graines farinées reposent pendant quatre jours : les cultures de moisissures peuvent alors agir.
Les graines fermentent dans la saumure ; séparées de la sauce, elles sont vendues sous le nom de « Salted Beans ».

Jiang you ji
Poulet à la sauce de soja

1 poulet (2 kg) vidé
2 cuil. à soupe d'huile
1 oignon nouveau coupé en trois morceaux
2 tranches de gingembre de 5 mm d'épaisseur
1 cuil. à soupe de vin de riz
12,5 cl de sauce de soja claire
4 cuil. à soupe de sauce de soja épaisse
1/4 de cuil. à café de poudre aux cinq épices
12,5 cl d'eau
1 cuil. à café de sucre

Pour la marinade :

1 cuil. à soupe de vin de riz
1 cuil. à café de gingembre finement haché
2 cuil. à café de sauce de soja claire
Poivre

Lavez soigneusement le poulet vidé et séchez-le bien. Préparez la marinade : mélangez-en tous les ingrédients puis badigeonnez-en le poulet et laissez pénétrer pendant 30 minutes.
Faites chauffer l'huile dans une marmite et faites revenir l'oignon nouveau et le gingembre jusqu'à ce que ce dernier soit brun clair. Ajoutez le reste des ingrédients et faites cuire. Ajoutez le poulet et portez le bouillon à ébullition. Retournez le poulet plusieurs fois, tout en continuant à l'arroser du bouillon chaud.
Couvrez la marmite pour braiser le poulet de chaque côté pendant 10 minutes. Sortez alors le poulet de la marmite, laissez-le refroidir, puis coupez-le en morceaux. Nappez de sauce les morceaux de viande avant de servir.

Hong shao niu nan
Épaule de bœuf braisée
(pour 4 à 6 personnes)

1 kg d'épaule de bœuf
3 cuil. à soupe d'huile
1 tranche de gingembre (2 cm d'épaisseur) broyée
1 gousse d'ail épluchée et broyée
1 oignon nouveau coupé en 3 morceaux
2 cuil. à café de sucre
2 segments d'anis étoilé
1/2 cuil. à café de poivre du Japon
Sel
Poivre
5 cuil. à soupe de sauce de soja épaisse
3 cuil. à soupe de vin de riz
1 1/2 cuil. à soupe de vinaigre doux
2 cuil. à café d'huile de sésame

Faites chauffer l'huile dans une poêle puis faites-y griller le gingembre avec l'ail et les morceaux d'oignon nouveau. Retirez-les de l'huile et réservez-les.
Saisissez bien l'épaule de bœuf sur tous les côtés dans l'huile ainsi aromatisée, afin que tous les pores se ferment. Ajoutez ensuite dans la poêle les autres ingrédients secs et laissez-les mijoter quelques minutes avant de les attiédir avec les ingrédients liquides.
Mettez la viande et tous les ingrédients dans une cocotte et couvrez d'eau au raz de la viande. Portez à ébullition et écumez la surface avec une écumoire. Réduisez le feu et laissez frémir pendant 3 heures. Dès que la viande est tendre et a bien pris la saveur du bouillon, retirez-la pour la couper en tranches fines. Disposez celles-ci sur un plat et arrosez-les de sauce avant de servir.

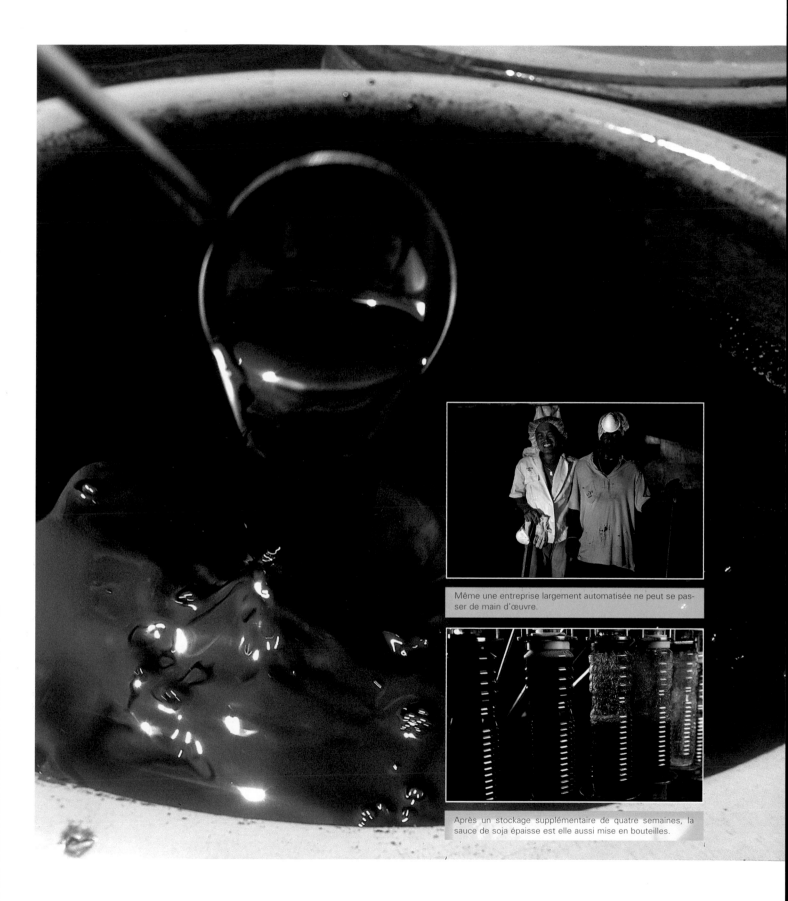

Même une entreprise largement automatisée ne peut se passer de main d'œuvre.

Après un stockage supplémentaire de quatre semaines, la sauce de soja épaisse est elle aussi mise en bouteilles.

蠔 La sauce
油 d'huîtres

Rivale de la sauce de soja, la sauce d'huîtres est servie avec les légumes, la viande, les nouilles et les champignons. Dans les plats braisés, son arôme particulier s'épanouit pleinement. L'extrait, importé de Chine ou du Japon et obtenu en faisant bouillir les huîtres dans un mélange de sucre, de sel, de farine de blé, de fécule de maïs, de caramel et d'eau filtrée pour des raisons de qualité, est battu pendant 20 minutes. On fait ensuite bouillir ce mélange environ une heure. La sauce ainsi obtenue est d'un marron foncé intense et sa consistance veloutée. Elle est alors filtrée puis mise encore chaude en bouteilles stérilisées et fermées sous vide pour éviter au maximum tout risque de contamination bactérienne.

La sauce d'huîtres est obtenue en mélangeant fécule de maïs, sucre, sel, farine de blé, extrait d'huîtres et caramel (de gauche à droite et de haut en bas), ingrédients que l'on fait bouillir avec de l'eau.

On ajoute du caramel, on remue et on fait bouillir le mélange pendant une heure : c'est ainsi que la sauce acquiert sa consistance veloutée.

La mise en bouteilles est entièrement automatique, ce qui permet de conditionner quotidiennement des milliers de litres de sauce d'huîtres.

芝麻 Le sésame

Le sésame est cultivé en Chine, en Inde, dans la région de Myanmar (Birmanie), en Thaïlande, au Vietnam et au Sri Lanka, ainsi qu'en Amérique du Sud et en Afrique. Si l'on en croit le conte, prononcer son nom ouvre la porte qui mène à la fortune. Ce qui est sûr – et scientifiquement prouvé – c'est que ces minuscules graines noires ou blanches de 2 mm possèdent une extraordinaire valeur nutritive. Elles contiennent en effet jusqu'à 60 % d'huile et 30 % de protéines. Les graines blanches donnent une grande finesse de goût autant aux plats sucrés que relevés, tandis que les noires sont utilisées exclusivement dans les friandises et les desserts.

Pour l'huile de sésame, on utilise les deux sortes de graines. On distingue l'huile claire obtenue par pression des graines non traitées, et l'huile foncée issue de graines grillées. La première a un goût neutre et entre dans la composition de la margarine. La seconde, en revanche, possède un arôme de noisette agréable et occupe une place considérable dans la cuisine asiatique.

Les possibilités d'utilisation de l'huile de sésame sont aussi variées que celles de l'huile d'olive. Elle convient à la cuisson, aux marinades et aux assaisonnements, et quelques gouttes suffisent à parfumer agréablement les soupes, plats de nouilles, de viande ou de poisson.

Avant d'utiliser les graines entières ou broyées, il faut les nettoyer, les faire tremper puis les laisser sécher. L'huile de sésame est riche en vitamine E et en acides gras. On l'utilise aussi bien pour la cuisson que dans les marinades ou pour parfumer des potages, des plats de nouilles, de viande ou de poisson. Il suffit de quelques gouttes pour donner à un plat ce goût unique. On trouve de l'huile de sésame pure ou parfois mélangée à d'autres huiles. Pour assaisonner les salades, elle peut remplacer l'huile d'olive, en particulier lorsqu'il s'agit de salades composées de légumes orientaux. Mélangée à quelques gouttes de sauce de soja, de jus de gingembre et de limette, elle donne un assaisonnement aromatique relevé. Saupoudrer ces salades de graines de sésame grillées leur donne une note particulière.

Mais l'huile de sésame a d'autres vertus cachées. En Chine, les jeunes accouchées consomment pendant un certain temps des mets préparés dans de l'huile de sésame car on pense qu'elle réchauffe l'utérus, accélère le rétablissement et prévient la constipation. En Inde, on utilise comme pommade l'huile issue de graines non grillées pour garder ses cheveux noirs et brillants.

1 Pour fabriquer de l'huile de sésame, on débarrasse d'abord les graines de tout corps étranger avant de les faire griller pendant 30 minutes. Ce procédé exige une surveillance attentive.

2 Pour les faire refroidir, on met les graines grillées dans d'énormes cuves où on les retourne à plusieurs reprises pour mieux évacuer l'air chaud.

3 Il faut constamment contrôler si les graines ne sont pas trop grillées, ce qui porterait préjudice à la qualité de l'huile.

4 Si le résultat de ce contrôle est satisfaisant, on transvase les graines grillées dans le pressoir. L'huile ainsi extraite contient encore des résidus de pression.

5 L'huile épurée lors de sa mise en bouteilles ; 1 tonne de graines donne 300 l d'huile ; le tourteau constitue une nourriture riche en protéines pour les animaux.

6 « Sésame, ouvre-toi ! » : et voici comment les graines grillées puis pressées deviennent de l'huile.

Des goûts et des couleurs

Assaisonner

Dans la cuisine chinoise, rien ne peut remplacer la sauce de soja ni la sauce d'huîtres. Toutes deux, comme la sauce de poisson, remplacent bien souvent le sel. Elles sont riches en substances nutritives et en protéines, mais il existe de nombreuses autres possibilités pour relever le goût des plats. En effet, les habitudes alimentaires – courte cuisson et multitude de garnitures – exigent une palette d'arômes très différents pour concurrencer la saveur de mets ayant mijoté plusieurs heures. C'est la raison pour laquelle cette multitude de sauces, de pâtes, de *pickles* et de vinaigres est bienvenue pour apporter aux plats une note nouvelle et parfois surprenante.

La sauce *Hoisin*, épaisse, foncée et sucrée, est faite avec une pâte salée de graines de soja, enrichie de sucre, de vinaigre et d'épices. On l'utilise comme sauce d'accompagnement et également comme ingrédient d'une marinade employée pour griller de la viande de porc.

Dou chi: la fermentation donne à ces haricots noirs salés et séchés un goût si intense qu'il est conseillé de les rincer à l'eau claire avant emploi. On les fait cuire ensuite avec de la viande ou du poisson dont on accroît ainsi la saveur.

Dou ban jiang: ce mélange de haricots de soja salés et de dattes réunit deux saveurs opposées, ce qui le rend idéal pour compléter des plats doux.

Yu lu: cette sauce de poisson est à base d'anchois ou d'autres petits poissons. Très salée, elle est utilisée comme sauce d'accompagnement (avec de petits piments coupés) ou comme condiment lors de la cuisson.

Jiang qing: la sauce de soja claire est un extrait de graines de soja cuites et fermentées avec des cultures de moisissures, de la farine de blé et de la saumure. C'est une sauce d'accompagnement qui remplace aussi le sel.

Hei jiang you: les ingrédients de la sauce de soja épaisse sont les mêmes que ceux de la claire, sauf qu'on y ajoute du caramel et qu'elle repose quatre semaines de plus. Plus douce, elle sert aussi à foncer d'autres sauces.

Hao you: composée d'huîtres bouillies de sucre, de sel, de farine de blé, de fécule de maïs, d'extrait de levure, de caramel et d'eau, la sauce d'huîtres complète harmonieusement de nombreux plats et sauces.

Jiang suan la jiao jiang: cette sauce est composée de piments rouges, d'ail et de gingembre broyés, mélangés avec du vinaigre, du sel et des épices. Elle est utilisée essentiellement avec des fruits de mer, mais est également servie avec le riz au poulet *Hainan*.

Mei zi jiang: le beurre de prunes se compose de prunes, de vinaigre de riz, de sucre et d'épices. On le sert avec des plats grillés ou frits, des mets froids et de la viande grillée. Il donne une note particulière aux sauces aigres-douces et aux assaisonnements des salades.

Suan mei: ce sont des prunes salées marinées dans un mélange de vinaigre, de sel et d'épices. Une quantité infime de ce produit suffit à donner un petit plus aux plats cuits à la vapeur ou braisés, et en particulier au poisson.

Fu ru: de petits dés de *tofu* marinant dans un mélange de vin de riz, de sel et d'épices constituent une garniture délicieuse pour le riz cuit à la vapeur ou le *porridge* de riz, rehaussés de quelques gouttes d'huile de sésame.

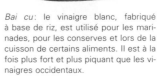

La jiao jiang: à base de piments rouges frais, de vinaigre, de sel et de (plus ou moins de) sucre, cette sauce épaisse extrêmement piquante est utilisée comme sauce d'accompagnement et comme condiment.

Tian jiang: cette sauce sucrée et épaisse, à base de graines de soja, de sucre, de farine de blé et d'eau, assaisonne la viande grillée, les rouleaux de printemps, ou est mélangée avec des nouilles de riz sautées.

Bai cu: le vinaigre blanc, fabriqué à base de riz, est utilisé pour les marinades, pour les conserves et lors de la cuisson de certains aliments. Il est à la fois plus fort et plus piquant que les vinaigres occidentaux.

Hai cu: le vinaigre noir, à base de riz gluant, est plus doux que le blanc. Il sert de sauce d'accompagnement et entre dans la composition de certains plats braisés servis, selon la tradition, aux femmes venant d'accoucher.

蔬菜 Les légumes

Les Chinois préfèrent les légumes croquants et ayant encore leur saveur à ceux cuits dans l'eau et ramollis. Il leur suffit de les faire sauter, brièvement et à feu vif, finement coupés et avec un soupçon d'ail ou de gingembre broyés. Au lieu de faire cuire longuement les légumes à feuilles dans l'eau bouillonnante, ils les jettent rapidement dans l'eau frémissante additionnée d'un peu d'huile. Les légumes conservent ainsi leur couleur verte. On les égoutte avant de les assaisonner de sauce d'huîtres. La préparation des légumes à feuilles servant de garniture aux soupes est identique. La seule exception concerne les légumes pour les potages aux herbes, qui cuisent longuement dans le bouillon jusqu'à ce qu'ils aient libéré leurs effets curatifs.

À droite : les piments rouges et verts sont soigneusement triés avant d'être vendus sur le marché.

Concombres, aubergines, *louffas* cylindriques et *gombos* pour une savoureuse poêlée de légumes.

Ici, le vert des momordiques et des *gombos* est rehaussé par le violet des aubergines, le blanc des radis *Daikon* et le rouge des tomates.

菠菜

Weng cai: liseron d'eau (*Ipomoea aquatica*); les pousses de cette plante aquatique ou palustre, des régions tropicales et subtropicales, se consomment également crues, mais le plus souvent cuites ou blanchies comme les épinards. Lors de l'achat, veillez à ce que le liseron ait des tiges courtes et de grandes feuilles.

小葱

Cong: l'oignon nouveau (*Allium fistulosum*) est utilisé de façon aussi divorce dans la cuisine de Singapour que dans la cuisine européenne. Les critères de sélection sont la fraîcheur de ses tiges vertes et la petitesse de ses bulbes.

莧菜

Xian cai: cette amarante (*Amaranthus tricolor var. gangeticus*) se distingue de l'amarante commune par le cœur pourpre de ses feuilles. Elle ressemble aux épinards, mais contient plus de vitamines. Les tiges doivent être vigoureuses et garnies de nombreuses feuilles intactes.

On achète généralement des légumes frais pour les consommer dans la journée. Ici, on a le choix entre la ciboulette-ail (devant), les trichosanthes (derrière, à gauche) et les piments (au fond).

Jie cai: il existe de nombreuses variétés de la moutarde à feuilles (*Brassica juncea*). Cuisinée dans un *wok* ou braisée dans une sauce avec de la chair de crevette, elle conserve son arôme intense. Les Chinois l'apprécient également mijotée dans du lactate. À l'achat, choisissez des plantes à tête ferme et aux tiges impeccables.

Bai cai: il existe deux sortes de *bai cai* ou bettes chinoises, ou chou blanc chinois (*Brassica rapa var. chinensis*). On apprécie ses tiges vigoureuses et on le sert soit braisé avec d'autres légumes, des champignons et du *tofu*, soit sauté, ou comme garniture de soupe. Ceux de petite taille sont plus tendres et plus doux.

大白菜

白菜

Da bai cai: le chou chinois ou chou céleri (*Brassica pekinensis*) est un légume à feuilles vert clair avec des rudiments de tiges blanches. On le sert sauté à l'ail ou en garniture des bouillons clairs. Sa tête doit être ferme, lourde et dépourvue de taches brunes.

Qin cai: céleri (*Apium graveolens*) au goût et à l'arôme très intenses. Les tiges et les feuilles servent d'assaisonnement pour les soupes ou de garniture pour les plats grillés. Les feuilles doivent être bien vertes et les tiges fermes.

芹菜

豆角

Cai dou: les haricots kilomètre ou haricots spaghetti (*Vigna unguiculata ssp. sesquipedalis*) font environ 30 cm de long. Les gousses arrivent sur le marché avant développement complet des graines. On les coupe en morceaux, puis on les fait sauter avec de la viande ou des crevettes. Ils doivent rester croquants.

蒜苗

綠豆

Jiu cai: la ciboulette-ail, ou ciboulette de Chine (*Allium tuberosum*), réunit les arômes de l'ail et de la ciboulette. C'est l'un des ingrédients de la farce des ravioles et des rouleaux de printemps, et elle accompagne les nouilles et les légumes sautés. La couleur des tiges doit être d'un vert intense. Les tiges courtes sont plus jeunes, donc plus tendres.

Si ji dou: comme les haricots kilomètre, les haricots verts (*Phaseolus vulgaris*) sont sautés avec de la viande ou des crevettes. Lors de l'achat, il faut choisir des haricots très minces aux graines peu développées, car ils sont plus tendres.

Cai sin: le cai sin ou chou chinois fleuri (*Brassica chinensis var. parachinensis*) possède des feuilles vert foncé et des tiges charnues, dont il faut éplucher les parties les plus épaisses. On le fait sauter à la poêle avec de la viande de bœuf ou des crevettes. Arrosé de quelques gouttes de jus de gingembre et de vin de riz, saupoudré de sucre, c'est une découverte surprenante

菜花

荷蘭豆

He lan dou: les pois mange-tout ou pois gourmands (*Pisum sativum ssp. sativum*) se distinguent des petits pois communs par l'absence de la membrane non-comestible à l'intérieur de la cosse de ces derniers. On les fait sauter avec de la viande, mais ils constituent également une garniture pour les plats braisés, les potages et les salades.

辣椒

羊角豆

Yang jiao dou: les gombos (*Abelmoschus esculentus*) font souvent partie des currys. Les légumes jeunes se distinguent par leur couleur vert jaune et par leurs extrémités faciles à casser. Sur les marchés asiatiques, on voit ainsi parfois des acheteurs faire ce test à la dérobée.

Gai lan: le brocoli chinois ou chou frisé chinois (*Brassia rapa var. alboglabra*) est un légume à feuilles vertes faisant peu de fleurs. On le consomme sauté avec de la viande de bœuf, de porc ou des crevettes, et on le sert aussi avec des nouilles ou dans les soupes. On peut de même simplement le faire blanchir dans l'eau bouillante avant de le servir avec de la sauce d'huîtres. À l'achat, choisissez des plantes de petite taille aux tiges vigoureuses.

甘藍

La jiao: ces piments (*Capsicum frutescens*) de forme allongée sont généralement plus piquants que les piments arrondis, et les rouges plus forts que les verts. On les broie avec des épices, on les fait revenir avec de la viande et, coupés en rondelles, on les sert avec de la sauce de soja. Lorsqu'on les manipule sans gants, il faut éviter tout contact avec les muqueuses.

絲瓜

Jiao gua: coupé en tranches, on fait sauter le louffa (*Luffa acutangula*) avec de la viande ou des crevettes, ou on le sert avec une omelette. À l'achat, il est préférable de choisir de petits fruits jeunes, mais il est pourtant conseillé de les éplucher et de couper leurs côtes dures.

細
瓜

Xi gua: trichosanthe (*Trichosanthus cucumerina*). On épluche ce légume à peau fine, on le coupe en tranches et on le fait sauter avec de la viande ou des crevettes. Sa valeur nutritive est pratiquement nulle. Lors de l'achat, il faut choisir des légumes aussi droits que possible.

葫
蘆
瓜

Hu lu gua: gourde bouteille ou gourde calebasse (*Lagenaria siceraria*) au goût similaire à celui des courgettes. On mange seulement les jeunes fruits à peau encore tendre, car les spécimens âgés se dessèchent. Ces légumes sont cuits dans un bouillon ou sautés dans un *wok* avec des crevettes ou du porc.

黃
瓜

Ging gua: concombre vulgaire (*Cucumis sativus*); il est plus court et plus arrondi que le concombre hollandais répandu en Occident, et développe des graines un pou plus grosses qu'il faut enlever. On le consomme principalement cru en salade.

苦
瓜

Ku gua: on reconnaît le concombre chinois (*Momordica charantia*) à sa peau ridée et rugueuse. Chez les sujets verts, la teneur en substances amères est plus élevée que chez les sujets vert jaune. Pour neutraliser cette amertume, il faut racler la peau, puis enlever les graines et la moelle. Ensuite, on coupe la chair ferme en morceaux, on la saupoudre de sel et on laisse le tout reposer pendant 20 minutes environ, avant de rincer le sel et de presser la chair. On peut faire cuire ce légume, le griller, le braiser ou le farcir de pâte de poisson avant de le griller.

馬
蹄

Ma ti: les châtaignes d'eau (*Eleocharis dulcis*) abritent sous leur peau feuilletée brune un tubercule blanc croquant légèrement douceâtre que l'on utilise en salade ou comme farce, finement haché et mélangé avec de la viande de porc hachée et des crevettes. La farine de châtaignes sert de liant. À l'achat, il faut veiller à ce qu'elles ne portent pas d'empreintes de doigts.

嫩
瓜

Miao gua: la peau d'une jeune bénincase (*Benincasa hispida*) – ici une variété ovale allongée – est légèrement velue, et il est conseillé de la racler avant de la consommer. On la coupe en morceaux pour la faire cuire dans un potage ou la braiser avec d'autres légumes. En revanche, on vide les grosses bénincases cylindriques et on les remplit d'une farce de viande hachée pour les faire cuire ensuite à l'étuvée ou les braiser.

蓮
藕

Lian ou: rhizome de lotus sacré – chez les Indiens et les Chinois – (*Nelumbo nucifera*). Il faut le laver très soigneusement et le brosser pour ôter la boue, avant de le diviser au niveau de ses étranglements. On l'épluche, puis on le coupe en morceaux ou en tranches, mettant ainsi à jour le dessin fascinant de sa chair. On peut ensuite le braiser avec du bœuf ou le faire cuire dans un potage avec des travers de porc. Les tranches confites de ce rhizome font partie des spécialités servies le jour de l'an chinois. Il faut acheter des rhizomes entiers dépourvus de trous.

冬
瓜

Dong gua: le melon d'hiver ou bénincase (*Benincasa hispida*) est rond ou allongé. Il faut enlever la peau, les graines et la moelle, puis le couper en morceaux pour le préparer. On peut également le vider, car il donne un récipient idéal pour cuire la soupe faite avec sa chair. Dans certains restaurants, ce melon est sculpté d'images de dragon ou d'autres symboles prometteurs. Lors de l'achat, il ne doit pas sonner creux quand on le tapote avec les doigts.

南
瓜

Nan gua: la courge musquée (*Cucurbita moschata*) est parfaitement adaptée au climat des régions tropicales. Il en existe de nombreuses formes, de tailles et couleurs différentes. Contrairement au groupe des courges estivales, on récolte la courge musquée à pleine maturité. Sa peau, qui n'est pas dure, est comestible. Néanmoins, il est préférable de l'enlever, ainsi que les graines et la moelle (les graines séchées et grillées sont comestibles). La chair coupée en dés peut être sautée ou cuite à l'eau pour en faire une purée. À l'achat, veillez à ce que la base de la tige ne soit pas pourrie.

Le liseron d'eau fraîchement récolté, en route vers le marché.

Qie zi: avant d'être connues en Occident, les aubergines (*Solanum melongena*) faisaient depuis longtemps partie des plats sautés de la cuisine chinoise. On ignore souvent qu'il existe des variétés vert clair, jaunes ou entièrement blanches.

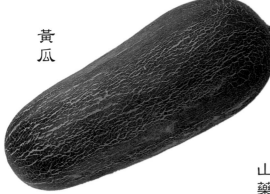

Luo bo: dans la cuisine chinoise, le *Daikon* – radis du Japon, radis de Satzonma, navet blanc chinois, radis blanc japonais – (*Raphanus sativus*) est préparé de multiples façons: on peut le faire cuire, sauter, braiser, mariner, ou encore le râper, le cuire à l'étuvée enveloppé dans une pâte de farine de riz et même le sculpter. À l'achat, choisissez des radis lourds et sans taches.

Gan shu: les patates douces (*Ipomoea batatas*) ne sont pas apparentées à la pomme de terre, mais au liseron d'eau. On peut les faire cuire, les étuver, les broyer ou les préparer comme des pommes de terre sautées. On consomme également les jeunes pousses, ainsi que les feuilles.

Cao huong gua: ce concombre jaune (*Cucumis sativus*) ressemble au concombre vert commun, mais il devient beaucoup plus gros et plus lourd. On le fait cuire avec sa peau et il n'est pas nécessaire d'enlever sa moelle, ni ses graines. En Chine, il existe des concombres jaunes confits sucrés. À l'achat, veillez à ce qu'ils soient assez lourds par rapport à leur taille, et bien fermes partout.

Yu tou: on récolte l'igname ailée (*Dioscorea alata*) lorsque ses tiges aériennes sont fanées. On la fait cuire comme les pommes de terre, mais on l'apprécie particulièrement dans les plats sucrés. Elle constitue un aliment très nutritif en raison de sa teneur élevée en amidon.

Sha ge: le tubercule souterrain très aquifère du pachyrrhize (*Pachyrrhizus erosus*) ressemble à celui de l'igname. Mais on en mange aussi les gousses aériennes comme des haricots (les gousses pleinement matures et les graines seraient cependant toxiques). Les pachyrrhizes entrent dans la composition de la farce des rouleaux de printemps, mais on les consomme également crus, mélangés à des salades. Les tubercules plus jeunes et de plus petite taille sont généralement moins fibreux. À l'achat, veillez à ce qu'il n'y ait pas de trace de vers.

平菇

Champignons parfumés, oreilles de nuage…
Champignons

Ce que nous appelons « champignons parfumés » (*Lentinus edodes*) est connu en Chine sous le nom de *dong gu ou xian gu*, et de *shiitake* au Japon. Dans ces pays, ils poussent en forêt sur les troncs des chênes, des pins ou des hêtres, mais existent également en culture et ce, depuis 2 000 ans en Chine si l'on en croit la tradition. Il y a quelques années encore, la méthode de culture était encore presque la même qu'à cette époque : on perçait des trous dans des bûches fraîchement coupées pour y insérer une culture de champignons qui se développait en six à vingt mois. Depuis peu, il existe un procédé plus rapide. Les champignons parfumés sont charnus, savoureux, nutritifs, riches en protéines, en vitamines et en minéraux. Ils auraient également des propriétés aphrodisiaques et contiendraient des métabolites régulateurs de la tension artérielle et du cholestérol. Selon des études récentes sur des champignons apparentés, ils posséderaient même des propriétés inhibitrices de tumeurs. Toutefois, afin de bénéficier de ces propriétés, il faut en consommer au moins 200 g par semaine. La façon la plus savoureuse de les préparer consiste à les faire sauter, mais on peut aussi les faire braiser ou cuire à l'étuvée. Une cuisson trop longue fait perdre beaucoup de leur saveur. Dans le commerce, on trouve également des champignons séchés qu'il faut bien entendu faire tremper. Quand on les fait mijoter dans une sauce, ils en absorbent toutes les nuances gustatives.

Le champignon des bois (*mu er*) et l'oreille de nuage (*yun er*) sont aussi des champignons cultivés plus appréciés pour leur croquant que pour leur saveur. Les agarics à pied velouté (*Volvariella volvacea*) sont cultivés sur des glumes de riz ou des résidus de coton.

Champignons parfumés avec de l'ail et des oignons nouveaux, braisés dans une sauce brune.

Chao san gu
Plat de champignons divers

30 g de champignons parfumés séchés, lavés et trempés (gardez l'eau de trempage)
1 cuil. à soupe d'huile
3 gousses d'ail coupées en tranches fines
1 boîte (environ 230 g) de champignons de paille, rincés et égouttés
80 g de champignons de Paris coupés en lamelles
2 cuil. à soupe de vin de riz
1 cuil. à soupe de sauce de soja claire
3 cuil. à soupe de sauce d'huîtres
2 cuil. à café de sucre
Huile de sésame

Pour la garniture :

2 cuil. à soupe d'oignons nouveaux finement hachés
Quelques tiges de feuilles de coriandre

Coupez les pieds des champignons parfumés. Laissez les petits champignons en entier, coupez les plus gros en deux. Faites dorer l'ail dans l'huile. Ajoutez les champignons parfumés, et remuez constamment pendant 1 minute. Ajoutez les champignons de paille et les champignons de Paris. Faites sauter en remuant. Versez le vin de riz, la sauce de soja, la sauce d'huîtres, le sucre et 4 cuil. à soupe d'eau de trempage des champignons. Réduisez le feu et laissez mijoter en remuant constamment pendant 8 minutes, jusqu'à ce que les champignons soient cuits et que la plupart du liquide soit évaporé. Arrosez de quelques gouttes d'huile de sésame et garnissez avec les oignons nouveaux hachés et les feuilles de coriandre.

Champignons parfumés séchés

La culture des champignons parfumés

On remplit des sachets en plastique d'un mélange de farine de bois stérilisée et de substances nutritives organiques, puis on les met au frais. Dans une armoire de filtration antiseptique spéciale, on introduit la culture de champignons. On couvre les sachets en permettant toutefois à l'air de pénétrer, et on les entrepose pendant huit semaines dans un local d'incubation à une température contrôlée de 20 à 25 °C jusqu'à ce qu'apparaissent dans la farine de bois les premiers chapeaux de champignons. On ôte alors les sachets de plastique et ce qui les recouvrait pour ne pas entraver le processus de croissance. On réduit ensuite la température entre 15 et 18 °C. Les champignons ne doivent pas être arrosés pendant la phase de croissance, mais pendant la phase de repos qui dure une minute quatre fois par jour. La récolte a lieu cinq fois par mois, la meilleure étant celle du milieu. Après la cinquième récolte, les sachets, devenus noirs en raison de l'oxydation, sont vendus comme compost.

Niang bei gu
Champignons farcis

100 g de champignons parfumés séchés, lavés et trempés
1/2 cuil. à café de farine de maïs, mélangée avec 1 cuil. à soupe d'eau
25 cl de bouillon de poulet ou de légumes
2 cuil. à soupe d'oignons nouveaux hachés

Pour la farce :

100 g de viande de porc hachée
50 g de crevettes hachées
2 cuil. à soupe de carotte coupée en tout petits dés ou 2 châtaignes d'eau épluchées et coupées en tout petits dés
1 cuil. à café de sucre
2 cuil. à café de sauce de soja claire
1/2 cuil. à café d'huile de sésame
Sel
Poivre
2 cuil. à café de farine de maïs

Coupez le pied des champignons mis à tremper. Dans un grand bol, mélangez bien tous les ingrédients pour la farce. Divisez le tout en autant de portions qu'il y a de champignons. Séchez les champignons et saupoudrez l'intérieur des chapeaux de farine de maïs. Disposez une portion de farce dans chaque chapeau puis faites cuire les champignons à l'étuvée pendant 5 à 8 minutes, jusqu'à ce que la viande soit cuite. Pendant ce temps, portez le bouillon à ébullition. Liez-le avec le mélange de farine de maïs, puis versez cette sauce sur les champignons qui sont maintenant prêts. Garnissez avec les oignons nouveaux hachés.

Xiang gu li zi men ji
Potée de poulet aux champignons et aux châtaignes

200 g de châtaignes	
1 poulet (1,5 kg) vidé	
6 champignons parfumés séchés, lavés et trempés (gardez l'eau de trempage)	
1/2 l d'eau (eau de trempage des champignons comprise)	
1 cuil. à soupe d'huile de sésame	
4 tranches de gingembre frais de 3 mm d'épaisseur	
2 cuil. à soupe de sauce de soja claire	
1 cuil. à soupe de sauce de soja épaisse	
1 cuil. à soupe de sauce d'huîtres	
2 cuil. à café de sucre	
1/4 cuil. à café de sel	
1 cuil. à soupe de farine de maïs mélangée avec 4 cuil. à soupe d'eau	
Poivre	

Épluchez les châtaignes. Portez l'eau à ébullition dans une poêle et faites-y cuire les châtaignes épluchées pendant 5 minutes. Égouttez-les, puis enlevez la peau tant qu'elles sont chaudes.
Ôtez la viande de la carcasse du poulet et coupez-la en petits morceaux. Coupez les pieds durs des champignons et divisez en deux les plus gros.
Faites chauffer l'huile de sésame et faites-y revenir les tranches de gingembre. Ajoutez la viande de poulet avec les champignons et faites revenir le tout pendant 2 minutes. Ajoutez les châtaignes, versez les différentes sauces, ainsi que le bouillon, le sucre et le sel, puis mélangez. Portez à ébullition, réduisez le feu et laissez frémir pendant 20 minutes. Liez le tout avec le mélange de farine de maïs et poivrez.

1 Champignons de couche
2 Pleurote en coquille (*Pl. ostreatus*)
3 Pleurote (*Pleurotus cystidiosus*)
4 Champignons parfumés (*shiitake*)
5 *Nameko* (*Pholiota nameko*)
6 Collybie à pied velouté (*Flammulina velutipes*)
7 Agaric à volve ou champignon de paille (*Volvariella volvacea*)
8 Sorte de chanterelle (*Hypsizigus tessalatus*)

Honshimeji
(*Hypsizigus tessalatus*, sorte de chanterelle)

Nameko
(*Pholiota nameko*)

來自潮州

La province de Chaozhou

La Chine est un pays immense et très varié. Des cuisines régionales se sont développées dans chacune de ses provinces en fonction des différentes conditions géographiques et climatiques. La cuisine de Singapour reflète cette évolution.

Chaozhou est la région côtière située à l'est de la province du Guangdong, à la limite de la province du Fujian. Sa cuisine se trouve par conséquent influencée par la mer, mais aussi par Canton et Fujian. La plus connue de ses recettes est celle de l'oie braisée, coupée en tranches et servie avec une sauce composée de piments, d'ail et de vinaigre. Ce plat est parfois accompagné de foie d'oie et de sang d'oie coagulé. Parmi les autres spécialités, on trouve les ailes de requin braisées ainsi qu'un *porridge* de riz doux, servi à l'origine avec des garnitures très simples mais devenues de plus en plus raffinées : olives noires, *pickles* aigre-doux, cacahuètes étuvées, omelette avec des navets marinés, *tofu* étuvé, légumes marinés, œufs salés, jarrets de porc braisés dans de la sauce de soja, petites boulettes de foie et de viande, poisson salé, anchois grillés ou calamar cuit.

Zhu gan rou wan
Boulettes de foie et de viande de porc
pour accompagner le *porridge* de riz

100 à 150 g de crépine de porc
200 g de foie de porc ou de volaille
300 g de viande de porc hachée
2 cuil. à café d'huile
1 petite gousse d'ail écrasée
80 g d'échalotes finement hachées
1 1/2 cuil. à café de sauce de soja épaisse
1 cuil. à café de sucre
1/2 cuil. à café de sel (selon le goût)
1/4 cuil. à café de poivre

Lavez la crépine avec beaucoup de précaution (elle s'abîme très facilement). Égouttez-la et laissez-la bien sécher. Faites revenir légèrement le foie de porc ou de volaille, puis hachez-le très finement. Faites chauffer l'huile et faites légèrement dorer l'ail et les échalotes. Ajoutez la sauce de soja, le sucre, le sel et le poivre. Remuez. Ôtez du feu. Mélangez le foie et la viande hachée. Laissez refroidir, puis formez des boulettes de la taille d'une noix. Coupez la crépine en morceaux d'environ 10 cm² pour en envelopper les boulettes, de façon à ce que les extrémités se chevauchent. Faites-les revenir à feu moyen dans un peu d'huile, jusqu'à ce qu'elles soient dorées. Servez les boulettes avec de la sauce de soja claire ou avec de la sauce de piments.

Cai pu dan
Omelette aux navets marinés
pour accompagner le *porridge* de riz

4 cuil. à soupe de navets marinés salés, hachés
1 gousse d'ail écrasée
3 œufs
Huile
Poivre

Versez 1 cuil. à soupe d'huile dans une poêle, faites sauter l'ail avec les navets jusqu'à ce que les arômes soient pleinement développés. Enlevez les légumes de la poêle et réservez-les. Battez les œufs en omelette, poivrez et mélangez-les avec les navets sautés. Faites chauffer de l'huile dans une poêle pour y faire frire une grande omelette ou deux petites omelettes.

Hong shao e rou
Oie braisée
(pour 6 personnes)

1 oie (environ 2,5 kg) vidée
Sauce de soja épaisse
1 cuil. à café de poudre aux cinq épices
10 à 12 gousses d'ail non épluchées
2 morceaux d'anis étoilé
2 bâtons de cannelle
Huile
1 cuil. à café de sucre
2 cubes de *tofu* ferme, coupé chacun en 8 morceaux

Pour la sauce au piment, à l'ail et au vinaigre :

2 gousses d'ail broyées
2 piments rouges frais, broyés
2 cuil. à soupe de vinaigre de riz
1/4 cuil. à café de sucre

Badigeonnez l'oie de sauce de soja épaisse et de poudre aux cinq épices, puis laissez-la mariner pendant 5 minutes. Dans un *wok* ou une grande marmite, faites légèrement revenir dans de l'huile les gousses d'ail, l'anis étoilé et la cannelle. Ajoutez 50 cl d'eau, 25 cl de sauce de soja épaisse et le sucre. Mélangez bien et farcissez l'oie de cette pâte. Couvrez et faites braiser l'oie à feu moyen pendant 1 heure à 1 h 30. Après 30 minutes, ajoutez les morceaux de *tofu* et arrosez abondamment l'oie de sauce. Mélangez tous les ingrédients pour la sauce d'accompagnement. Lorsque l'oie est cuite, sortez-la de la marmite. Ôtez la viande de la carcasse, puis coupez-la en tranches fines. Disposez les morceaux de *tofu* autour de la viande et arrosez de sauce. Servez avec la sauce d'accompagnement.

Zhu gan rou wan
(boulettes de foie et de viande de porc)

La province de Fujian

來自福建

De nombreuses minorités ethniques vivent dans la province de Fujian au sud de la Chine. On y rencontre donc des us et coutumes très variés. Parmi les plats préférés des Chinois de Fujian figurent le *bak kut teh* – soupe aux travers de porc, épices, herbes et ail – ainsi que la viande de porc entrelardée braisée, l'omelette aux huîtres et les nouilles sautées au lard dans un bouillon de crevettes, avec des calamars, de grosses crevettes et des pousses de soja.

Rou gu cha
Soupe aux travers de porc (*Bak kut teh*)

600 g de travers de porc charnu (coupé en morceaux de 7 cm de long)
1 1/2 cuil. à soupe de sauce de soja claire
1 1/2 cuil. à soupe de sauce de soja épaisse
2 gousses d'ail non épluchées
Sel

Pour le mélange d'épices :

10 grains de poivre blanc
10 grains de poivre noir
1 morceau d'anis étoilé
5 clous de girofle
3 bâtons de cannelle
5 morceaux de *dang gui* (racine d'angélique)
5 morceaux de *yu zhu* (rhizome de sceau de Salomon)
6 *ju zi* (fruits du lyciet de Barbarie)
1/2 cuil. à soupe de graines de fenouil

À Singapour, on peut acheter le mélange d'épices prêt à l'emploi dans les herboristeries ou dans les supermarchés. En Europe, vous trouverez cet assortiment dans les magasins de spécialités chinoises.

Versez 125 cl d'eau dans une marmite, ajoutez les sauces de soja claire et épaisse, l'ail, le sel et le mélange d'épices. Portez à ébullition. Ajoutez le travers de porc, faites bouillir, réduisez le feu et laissez frémir jusqu'à ce que la viande soit cuite. Servez avec de la sauce de soja claire contenant des piments rouges frais coupés. Avec ce potage, on sert du thé chinois (de préférence du thé Oolong, originaire de Fujian).

豬肝肉丸

Lu zhu rou
Poitrine de porc braisée
avec des ravioles cuites à l'étuvée

500 g de poitrine de porc
1 cuil. à soupe d'huile
2 gousses d'ail
1 1/2 cuil. à soupe de sauce de soja épaisse
1 cuil. à café de sucre
Sel
Mantou (grosses ravioles chinoises cuites à l'étuvée)
1 botte de coriandre
Piments rouges frais coupés en rondelles

Pour la marinade :

1 1/2 cuil. à soupe de sauce de soja épaisse
1/2 cuil. à café de poudre aux cinq épices
Poivre

Préparez la marinade : dans un bol, mélangez la sauce de soja épaisse, la poudre aux cinq épices et le poivre. Badigeonnez-en la poitrine de porc et laissez mariner pendant 30 à 45 minutes.
Faites chauffer l'huile dans une cocotte et faites légèrement revenir les gousses d'ail non épluchées. Ajoutez la poitrine de porc marinée et faites-la griller pendant 5 minutes. Versez 75 cl d'eau chaude, la sauce de soja, le reste de marinade et le sucre. Couvrez, portez la sauce à ébullition, puis réduisez le feu et faites revenir la poitrine de porc jusqu'à ce qu'elle soit cuite. Salez. Sortez la poitrine de porc de la cocotte et coupez-la en tranches. Laissez réduire le jus jusqu'à ce qu'il soit bien épais et versez-le sur la viande.
Faites cuire les ravioles à l'étuvée pour les réchauffer. Disposez une tranche de viande avec une rondelle de piment et quelques feuilles de coriandre entre deux moitiés de ravioles. Dégustez cela comme un sandwich.
Si vous ne trouvez pas de ravioles chinoises, vous pouvez également mettre la viande de porc entre deux tranches de pain.

Wu xian fen (poudre aux cinq épices) : il s'agit d'un mélange de clous de girofle, de cannelle, d'anis étoilé, de fenouil et de poivre du Japon moulus. Mélangée avec du sel légèrement grillé sans huile dans une poêle, cette poudre sert de condiment pour les poulets grillés.

Rou gu cha (bak kut teh)
Potage au travers de porc

La province de Sichuan

La province du Sichuan, au sud-ouest de la Chine, est entourée de montagnes. Il y règne un climat chaud et humide où fruits et légumes poussent bien. Par ailleurs, la cuisine régionale, très relevée, propose de nombreuses recettes à base de viande de bœuf. Si le climat est propice à l'agriculture, il se prête mal à la conservation des aliments. C'est pourquoi diverses méthodes de conservation ont été développées : séchage, fumage, salaison ou mise en conserve.

Gan bian si ji dou
Haricots kilomètre frits à la viande de porc hachée

300 g de haricots kilomètre, en morceaux de 8 cm
Huile de friture
2 gousses d'ail épluchées et hachées
2 tranches de rhizome de gingembre hachées
1/2 cuil. à café de chou chinois mariné haché
1/2 cuil. à café de crevettes séchées, trempées puis hachées
4 cuil. à soupe de viande de porc (ou de bœuf) hachée
1 cuil. à soupe d'oignon nouveau haché

Pour la sauce :

1 1/2 cuil. à café de sucre
1 cuil. à café de vinaigre noir
1 cuil. à café de sauce de soja claire
1/2 cuil. à café de sauce de soja épaisse
Quelques gouttes d'huile de sésame

Faites frire les haricots kilomètre dans un *wok* jusqu'à ce qu'ils soient légèrement brûlés. Réservez-les. Faites revenir l'ail et le gingembre dans de l'huile jusqu'à ce que les arômes s'épanouissent. Ajoutez les haricots, le chou, les crevettes et la viande hachée, puis remuez le tout. Versez 25 cl d'eau et laissez frémir jusqu'à ce que le liquide se soit presque entièrement évaporé. Pendant ce temps, mélangez tous les ingrédients de la sauce. Augmentez le feu, versez la sauce et faites bouillir jusqu'à ce que les arômes s'épanouissent. Servez avec les oignons nouveaux hachés.

Gong bao ji ding
Poulet rôti aux piments séchés
(pour 6 personnes)

4 filets de blanc de poulet coupés en dés de 1 cm
10 piments séchés
(gros piments à peau lisse et non rugueuse)
Huile
1 1/2 cuil. à café de farine de maïs mélangée avec 2 cuil. à café d'eau
4 tranches de rhizome de gingembre
4 à 5 oignons nouveaux coupés en morceaux de 5 cm de long

Pour la marinade :

1 œuf
1 cuil. à soupe de sauce de soja claire
1 1/2 cuil. à café de farine de maïs
1 cuil. à soupe d'huile

Pour la sauce :

1 cuil. à café de vin de riz
1 cuil. à café de vinaigre
1 cuil. à café de vinaigre noir
1 1/2 cuil. à café de sucre
1/2 cuil. à café de sauce de soja épaisse
1/2 cuil. à café de sauce de soja claire
Quelques gouttes d'huile de sésame

Mélangez tous les ingrédients de la marinade puis faites-y mariner les blancs de poulet coupés en dés pendant 20 à 30 minutes.
Coupez les piments séchés en morceaux de 2,5 cm de long et enlevez les graines. Dans le *wok* préchauffé, versez 2 cuil. à soupe d'huile et faites brièvement griller les piments à grand feu, mais ne les laissez pas devenir trop foncés, sinon ils seront amers. Réservez-les.
Faites chauffer 25 cl d'huile dans le *wok* et faites revenir les dés de blanc de poulet marinés. Lorsqu'ils sont presque cuits, incorporez d'abord le mélange des ingrédients de la sauce, puis le mélange de farine de maïs, et faites cuire jusqu'à ce que la sauce ait lié le tout. Ajoutez le gingembre, les oignons nouveaux et les piments grillés. Remuez et servez immédiatement. Les piments servent à épicer le plat, mais généralement on ne les mange pas.

Gong bao ji ding
(poulet rôti aux piments séchés)

来自四川

排骨湯

宮爆雞丁

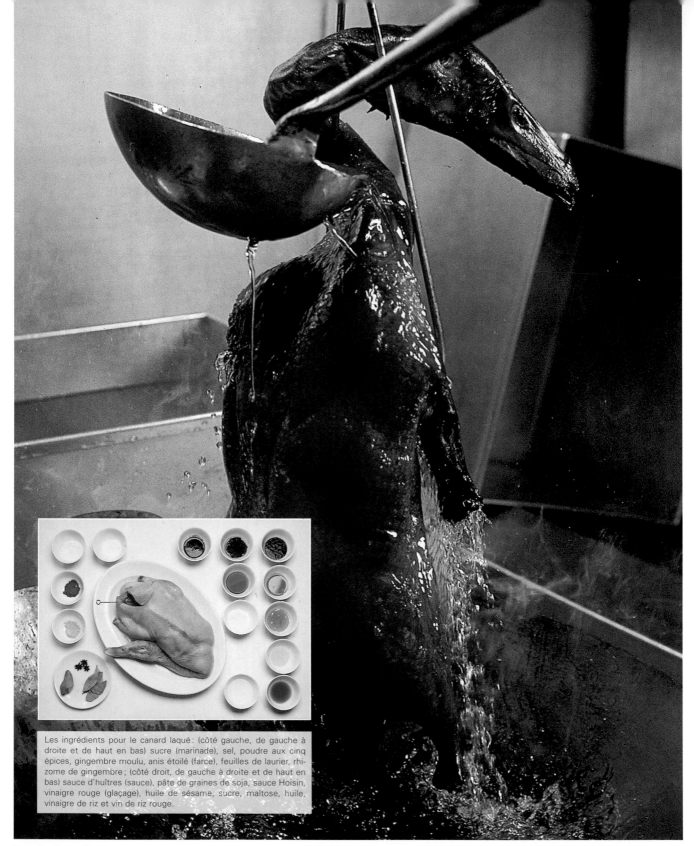

Les ingrédients pour le canard laqué: (côté gauche, de gauche à droite et de haut en bas) sucre (marinade), sel, poudre aux cinq épices, gingembre moulu, anis étoilé (farce), feuilles de laurier, rhizome de gingembre; (côté droit, de gauche à droite et de haut en bas) sauce d'huîtres (sauce), pâte de graines de soja, sauce Hoisin, vinaigre rouge (glaçage), huile de sésame, sucre, maltose, huile, vinaigre de riz et vin de riz rouge.

Une dernière petite douche à l'huile chaude pour donner du brillant, et le canard est prêt à être servi.

來自北京

Le canard laqué

De Pékin

Depuis 1421, et presque sans interruption, Pékin est la capitale de la Chine. D'un point de vue culinaire, cette ville a adopté le meilleur des différentes cuisines régionales pour développer son propre style. La cuisine impériale de la dynastie des Qing Dy (1644-1911) a été très créative, ce qui profita aux restaurants publics. Outre le canard laqué, le poulet relevé et croquant, ainsi que la potée de mouton, font partie des spécialités de la région. Le canard laqué remonte à la dynastie des Ming (1368-1644). Le restaurant le plus ancien, et qui servait ce plat délicieux, fut fondé à Pékin il y a 400 ans. Les canards élevés spécialement à cet effet sont d'une qualité exceptionnelle. Ils sont nourris dans des fermes des environs de Pékin, où l'eau est bonne et la végétation des étangs très riche. À l'âge de 65 jours, le canard peut être abattu. Il pèse alors au moins 2 kg, car les trois dernières semaines, on l'a engraissé quatre fois par jour avec un mélange substantiel de diverses

Canard laqué et météo

Les initiés savent que l'on ne mange du canard laqué que lorsqu'il a fait très beau au moins douze heures avant la commande de ce festin. Cette précaution n'a rien d'une superstition, mais découle de la simple observation du mode de préparation de ce mets. En effet, le canard subit toute une série de manipulations avant d'apparaître dans tout son éclat. On le remplit d'air et on le badigeonne avec un glaçage spécial. Mais surtout, il doit ensuite sécher pendant plusieurs heures dans un endroit bien aéré. Si l'humidité de l'air est trop élevée en raison de pluies incessantes, le canard ne pourra sécher dans le temps prévu et sa peau ne sera pas aussi croustillante que l'exigerait une recette aussi raffinée.

sortes de millet, de haricots *mungo* et de paille de blé hachée. Durant cette période, dont dépend toute la finesse de sa saveur lorsqu'il arrivera dans nos assiettes, le canard doit rester assis, ce qui lui garantit une peau mince et une chair tendre.
Les modes de préparation du canard laqué peuvent varier légèrement selon le cuisinier. Chaque restaurant ne jure en effet que par sa propre recette, mais le traitement de base est strictement le même: il consiste à

ébouillanter le canard, à badigeonner sa peau d'un glaçage et à le suspendre pour le faire sécher avant de le faire cuire.
À Pékin, pour la faire briller, on injecte de l'air sous la peau du canard avant de l'ébouillanter. Pour obtenir une peau croustillante et d'un rouge intense, on la badigeonne avec un glaçage spécial. On suspend ensuite le canard dans un endroit frais et bien aéré pour le faire sécher. Lorsqu'il est prêt pour la cuisson, on remplit son corps d'une quantité très précise d'eau bouillante, puis on referme l'ouverture avant de mettre l'animal au four. Cette eau s'évapore et cuit la viande de l'intérieur. La peau prend en même temps une couleur rouge intense. La viande du canard devient alors à la fois tendre et croustillante. Pendant les 40 minutes que dure la cuisson, il faut retourner le canard à plusieurs reprises. Cinq minutes après l'avoir sorti du four, le cuisinier coupe le canard en 120 morceaux, de façon à ce que chacun d'entre eux soit encore couvert d'un peu de peau. Lors d'un banquet, les parties de la volaille telles que les ailes, la langue, les palmures, le cœur et le foie servent à préparer divers plats chauds et froids que l'on sert en hors-d'œuvre.

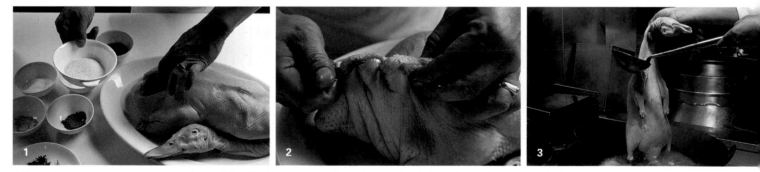

1 Pour préparer un canard laqué, on en assaisonne d'abord l'intérieur avec un mélange de sucre, de sel, de poudre aux cinq épices et de gingembre moulu.
2 On insère ensuite de l'anis étoilé, du rhizome de gingembre et des feuilles de laurier, puis on referme à l'aide d'une petite brochette.
3 On arrose le canard pendant 5 secondes avec de l'eau bouillante.

4 Un crochet métallique fixé autour des ailes et du cou du canard permet de le manipuler plus facilement et de le maintenir debout pour le faire rôtir.
5 Le glaçage, composé de maltose et de différentes sortes de vinaigre, donne ensuite au canard sa couleur caractéristique.
6 Après avoir séché pendant plusieurs heures, et cuit pendant 40 minutes, le canard laqué est presque prêt.

Avec un large couteau bien aiguisé, on enlève la peau du canard.

On sépare d'abord le pilon de la carcasse avant d'en retirer la peau.

On coupe la peau en morceaux à peu près rectangulaires de 4 x 6 cm.

Pour rendre le plat plus digeste, on retire la couche de graisse située sous la peau.

On commence par mettre un morceau de peau sur une crêpe...

... on ajoute un petit bouquet d'oignon nouveau...

... on répartit un peu de sauce sur la crêpe...

... et on rabat l'autre moitié de la crêpe sur la farce.

Beijing ya
Canard laqué
(pour un banquet de 10 personnes)

1 canard (2,5 kg)

Pour la marinade :

2 cuil. à café de sucre
1 cuil. à café de sel
1/2 cuil. à café de poudre aux cinq épices
1/2 cuil. à café de gingembre moulu

Pour les épices :

30 g de gingembre mûr, épluché
3 morceaux d'anis étoilé
1 feuille de laurier

Pour le glaçage :

10 g de sucre de malt
1 cuil. à café de vinaigre chinois rouge
1 cuil. à café de vinaigre de riz
2 cuil. à café de vin de riz rouge

Pour la sauce :

30 g de sucre
1 cuil. à café de sauce d'huîtres
3 cuil. à soupe de pâte de graines de soja
3 cuil. à soupe de sauce Hoisin
2 cuil. à soupe d'huile de sésame
1 cuil. à soupe d'huile de friture

Pour l'accompagnement :

22 crêpes mandarin
(voir recette ci-contre)

Pour la garniture :

22 petits bouquets d'oignons nouveaux de 5 cm de long (utiliser uniquement les parties blanches)
2 piments rouges frais coupés en rondelles de 3 mm, égrenés

Préparez d'abord le canard : videz-le, nettoyez-en minutieusement l'intérieur comme l'extérieur, égouttez-le, puis séchez-le bien.

Préparez ensuite la marinade : mélangez soigneusement tous les ingrédients et saupoudrez-en l'intérieur du canard, tout en évitant de déborder sur la peau. Laissez pénétrer pendant environ 20 minutes. Farcissez alors le canard avec les épices et fermez-le avec une petite brochette.

Plongez le canard pendant 5 secondes dans de l'eau bouillante, retirez-le, puis plongez-le immédiatement pendant 5 secondes dans de l'eau glacée pour interrompre le processus de cuisson. Séchez-le. Mélangez les ingrédients du glaçage et badigeonnez-en la peau du canard. C'est ce qui lui donnera sa couleur éclatante brun-rouge foncé.

Suspendez alors le canard pendant 6 heures dans un endroit frais pour le faire sécher.

Préparez la sauce : mélangez le sucre, la sauce d'huîtres, la pâte de graines de soja, la sauce Hoisin et l'huile de sésame. Faites chauffer l'huile de friture dans une poêle, versez-y le mélange et portez à ébullition en remuant constamment. Retirez-le du feu et laissez refroidir.

Préchauffez le four à 150 °C. Faites griller le canard sur une grille pendant 20 minutes, la poitrine tournée vers le haut, (la lèchefrite se trouvant en dessous). Retournez-le puis faites-le griller encore 15 minutes. Sortez-le du four, faites chauffer un peu d'huile et versez-la ensuite sur le canard.

Avec un couteau bien aiguisé, détachez avec précaution la peau de la poitrine, des côtés et du dos. Coupez la peau en morceaux (d'environ 4 x 6 - cm) et enlevez soigneusement la couche de graisse avec un couteau.

Pour obtenir de petits bouquets d'oignons nouveaux, coupez les parties blanches en morceaux de 5 cm de long, puis faites quatre encoches dans chaque bouquet. Mettez les morceaux d'oignon dans de l'eau glacée et conservez-les au réfrigérateur jusqu'à ce que leurs extrémités s'enroulent. Égouttez-les bien avant de les servir. Enfilez une rondelle de piment à l'extrémité de chacun des bouquets.

Crêpes mandarin
(pour 22 crêpes environ)

250 g de farine
12,5 cl d'eau bouillante (éventuellement un peu plus)
1 1/2 cuil. à soupe d'huile de sésame

Versez la farine dans une passoire au-dessus d'une jatte, faites un creux au milieu, puis versez-y l'eau bouillante. Pétrissez et étalez sur une planche légèrement farinée pour former une pâte souple de 5 mm d'épaisseur. Avec un emporte-pièce rond de 7 cm de diamètre, découpez autant de crêpes que possible. Répétez l'opération avec la pâte restante.

Badigeonnez légèrement d'huile de sésame la moitié des crêpes et déposez sur chacune une crêpe sèche. Avec un rouleau à pâtisserie, faites de chaque paire une nouvelle crêpe de 12 cm de diamètre, tout en conservant sa forme arrondie. Retournez une fois cette nouvelle crêpe pendant l'opération. Couvrez-les toutes avec un torchon pour éviter qu'elles ne se dessèchent. Faites chauffer une poêle lourde à feu vif pendant environ 30 secondes. Puis à feu moyen, faites sauter les crêpes l'une après l'autre sans huile. Lorsque des bulles apparaissent en surface, retournez-les. Faites-les sauter de chaque côté pendant environ 1 minute. Lorsque toutes les crêpes sont prêtes, séparez-les à nouveau en deux avec précaution, empilez-les sur une assiette et servez immédiatement.

Vous pouvez également mettre les crêpes au congélateur. Pour les réchauffer, il suffit de les faire cuire, encore congelées, à l'étuvée pendant 10 minutes.

À droite : le canard laqué est servi traditionnellement dans une enveloppe de crêpes très fines, mariant dans une sauce aromatique la peau croustillante aux oignons nouveaux frais et à une fine rondelle de piment rouge frais.

Comment servir le canard laqué

Dans les restaurants, c'est généralement la serveuse qui prépare entièrement les assiettes de chacun des convives à table. Pourtant, quel plaisir de le faire soi-même !

On dispose d'abord une crêpe dans son assiette, on trempe le petit bouquet d'oignon nouveau dans la sauce et on la répartit sur la crêpe. Puis, on pose sur la crêpe un morceau de peau de canard ainsi que le bouquet d'oignon, on rabat l'autre moitié de la crêpe et on enroule le tout. Ainsi, il est facile de la manger avec les doigts.

Et que fait-on de la viande quand on ne mange que la peau ? Rien de plus facile que d'utiliser la viande de canard grillée : on peut la cuisiner avec des nouilles, la faire sauter avec des légumes, ou la servir comme hors-d'œuvre.

Cette façon de servir le canard laqué provient d'un célèbre restaurant de Pékin, le *Quan Ju De.* Au *Yï Fang*, un restaurant concurrent, on fait cuire le canard un peu plus longtemps à feu plus doux, et on sert la peau en même temps que la viande. Il faut une certaine adresse pour couper le canard de façon à obtenir 120 beaux morceaux, chacun avec sa part de peau.

烙餅

Les canards laqués et la viande de porc grillée cantonais, présentés de façon aussi appétissante, laissent rarement les gourmets indifférents.

來自廣東

Deux recettes de canard cantonais

La région de Canton

Comme dans la recette du canard laqué, il faut plonger le canard cantonais d'abord dans l'eau bouillante, puis dans l'eau glacée et ensuite l'essuyer. Avec une brosse, on fait pénétrer dans la peau de la sauce de soja épaisse et on suspend le canard dans un endroit frais et bien aéré pendant deux heures pour le faire sécher. Puis on le fait rôtir. La note particulière à cette recette est sa sauce composée de miel, de vinaigre et de farine de maïs, dont on arrose le canard après une heure de cuisson. Vingt minutes supplémentaires dans la cocotte – 10 minutes de chaque côté – donnent au canard une belle couleur acajou foncé. Enfin, la sauce, rehaussée d'un peu de colorant rouge, donne au glaçage un éclat flamboyant.

Canard fumé

Le canard vidé est d'abord trempé pendant deux heures dans une marinade à base de vin de riz, de poivre et de sel. Ensuite, on le suspend pour le faire sécher. Dans un *wok*, on le pose alors sur un support sous lequel on dispose des feuilles de thé, du riz séché cuit et un peu de sucre brun. Aucun de ces ingrédients ne doit toucher le canard. On couvre le *wok* et on fait cuire. Dès l'apparition de fumée, on éteint le feu, mais on laisse le canard encore cinq minutes dans le *wok*. Il cuira encore une heure à l'étuvée avant d'être frit jusqu'à ce que sa peau devienne croustillante.

Ci-dessus : un canard braisé dans un mélange de sauce de soja épaisse, de poudre aux cinq épices et de sucre. Avant de le servir, on le coupe en petits morceaux.

À gauche : un cuisinier coupe en petits morceaux un canard désossé, à une vitesse époustouflante et parfois même sans regarder.

Île de Hainan

來自海南

De nombreux Chinois de Singapour, originaires de l'île de Hainan, face à la côte sud de la Chine, se sont lancés dans la restauration. À l'époque de la souveraineté coloniale britannique, un grand nombre d'entre eux travaillaient comme cuisiniers chez des ménages anglais où ils acquièrent quelques connaissances dans l'art culinaire occidental, britannique en particulier. Les potages à la queue de bœuf et au poulet à l'occidentale, ainsi que les escalopes de poulet et de porc furent ainsi introduites dans la cuisine de Hainan. De leur côté, les Chinois de Hainan ont apporté de leur île une recette de poulet toujours proposée dans les rôtisseries, mais qui figure également au menu des restaurants réputés. À la première dégustation, on risque de trouver ce plat un peu étrange, car chez les Chinois, le poulet est servi encore rose.

Escalope de porc à la coloniale

4 escalopes de porc d'1 cm d'épaisseur
4 cuil. à soupe de farine mélangée avec un peu de sel et de poivre
1 œuf légèrement battu
La chapelure de 5 à 6 tranches de pain blanc
2 oignons pelés et coupés en rondelles
100 g de petits pois cuits

Pour la sauce :

1 cuil. à soupe de sauce de soja claire
1 cuil. à soupe de sauce Worcester
1 cuil. à soupe de sauce H.P.
1 cuil. à soupe de ketchup
1 cuil. à café de farine de maïs mélangée à un peu d'eau

Coupez les escalopes en forme d'ailes de papillon et aplatissez-les avec un battoir à viande. Farinez chaque escalope, trempez-les dans l'œuf, saupoudrez-les de chapelure. Faites dorer les escalopes des deux côtés et gardez-les au chaud.
Préparez la sauce : mélangez les ingrédients dans une poêle, ajoutez 12,5 cl d'eau. Faites cuire cette préparation et liez-la avec le mélange de farine de maïs.
Servez les escalopes avec les rondelles d'oignons et les petits pois, puis arrosez le tout avec la sauce.

Hai nan ji fan (riz au poulet à la mode de Hainan)

Hai nan ji fan
Riz au poulet à la mode de Hainan
(photo page de gauche)

1 poulet (1,5 kg) vidé
2 tranches de rhizome de gingembre d'1 cm d'épaisseur, broyées
2 oignon nouveaux
Huile de sésame
30 g de graisse de volaille (ou 3 cuil. à soupe d'huile)
1 tranche de rhizome de gingembre d'1 cm d'épaisseur, hachée
1 gousse d'ail pelée et hachée
360 g de riz lavé et égoutté
Sel

Pour la sauce épicée:

4 piments rouges frais broyés
3 gousses d'ail pelées et broyées
Jus de 4 citrons verts
Sel
Poivre
1 cuil. à soupe de rhizome de gingembre broyé

Pour la garniture:

1 concombre coupé en demi-rondelles
Oignons nouveaux hachés
Tranches de tomate
Piments rouges
Feuilles de coriandre fraîche

Nettoyez le poulet à l'intérieur et à l'extérieur, puis essuyez-le. Disposez une tranche de gingembre dans le tronc du poulet, puis déposez l'autre avec les oignons nouveaux dans une marmite suffisamment grande et remplie d'eau. Portez à ébullition. Lorsque l'eau commence à bouillir, plongez-y le poulet et veillez à ce qu'il soit entièrement couvert d'eau. Ne couvrez pas la marmite, portez à nouveau l'eau à ébullition, réduisez le feu et laissez le poulet légèrement bouillonner pendant environ 20 minutes. La viande doit être d'un rose tendre et encore humide.

Dès que le poulet est cuit, ôtez-le du bouillon et badigeonnez-le d'huile de sésame. Quand il a refroidi, détachez la viande de la carcasse et coupez-la en petits morceaux. Versez le bouillon de poulet dans une passoire très fine et réservez.

Pour faire cuire le riz, faites chauffer la graisse de volaille et faites-y griller le gingembre et l'ail hachés. Lorsque l'huile est imprégnée de leur arôme, enlevez-les et faites cuire dans l'huile bouillante le riz lavé et égoutté jusqu'à ce qu'il soit translucide. Ensuite, versez une fois et demie autant de bouillon de poulet que de riz, salez, et faites cuire à feu doux jusqu'à ce que le bouillon soit absorbé et que le riz soit sec.

Préparez la sauce épicée: mélangez bien tous les ingrédients. Vous pouvez préparer cette sauce à l'avance et la garder quelques jours dans un bocal au réfrigérateur.

Faites chauffer à nouveau le bouillon de poulet, salez et ajoutez des oignons nouveaux hachés comme garniture. Pour servir, disposez la viande de poulet dans un grand plat, sur un lit de demi-rondelles de concombre. Arrosez-la de quelques gouttes d'huile de sésame et garnissez avec les légumes frais et les feuilles de coriandre. Servez avec le riz et le bouillon de poulet.

À gauche: autrefois, seules les rôtisseries proposaient les spécialités de Hainan, mais elles figurent à présent également au menu des restaurants.

La province du Hunan

来自湖南

Hunan, province centrale de la Chine et limitrophe de la province du Guangdong (Canton) au sud, est entourée de trois côtés de hautes chaînes de montagnes. On raconte que ses habitants sont de très gros mangeurs, que leurs bols de riz sont plus grands et leurs baguettes plus longues que nulle part ailleurs en Chine. Comme les habitants de la province du Sichuan, ils ont une préférence pour les plats relevés et ne lésinent pas sur les piments rouges. Ils mangent volontiers de la volaille et du porc. Parmi les spécialités du Hunan, citons le jambon avec un glaçage au miel qui est également exporté, un curieux potage acide-piquant et le potage à la viande de pigeon tendre et finement hachée, joliment présenté et traditionnellement cuit à l'étuvée dans des pots de bambou. Ces pots sont fabriqués dans le Hunan ou également importés de Taïwan.

Zhu teng tang
Potage à la viande de pigeon,
cuit à l'étuvée dans des pots de bambou

50 g de viande de pigeon hachée
100 g de viande de porc hachée
3 châtaignes d'eau finement hachées
1 coquille Saint-Jacques séchée, mise à tremper puis finement coupée
1 cuil. à soupe de vin de riz
1 cuil. à soupe de sauce de soja
Sel
Poivre
4 pots de bambou

Mélangez tous les ingrédients. Remplissez à moitié les pots de bambou de ce mélange et versez de l'eau. Posez les pots sur la plaque d'une marmite à vapeur et faites cuire à l'étuvée pendant 45 à 60 minutes.

Xiang su ya
Canard croustillant
(pour 4 à 6 personnes)

1 canard (1,8 kg environ) vidé
1 cuil. à soupe de vin de riz
1 tranche de rhizome de gingembre de 5 mm d'épaisseur, finement hachée
1 oignon nouveau finement haché
2 cuil. à café de poivre du Japon broyé
1 segment d'anis étoilé aux graines broyées
1 l d'huile
Farine de maïs
Huile de sésame
Sauce aux prunes

Badigeonnez le canard avec le vin de riz, le gingembre et l'oignon nouveau et laissez-le mariner 30 minutes. Assaisonnez ensuite avec le poivre du Japon et les graines d'anis étoilé broyées, et faites-le cuire à l'étuvée pendant 1 heure. Rincez les épices, égouttez le canard et laissez-le sécher 15 minutes.
Faites chauffer l'huile dans un wok. Saupoudrez le canard de farine de maïs, mettez-le dans l'huile chaude et réduisez le feu. Lorsqu'il est bien doré de tous les côtés, retirez-le de l'huile, égouttez-le bien et laissez-le refroidir. Détachez la viande de la carcasse, coupez-la en petits morceaux et disposez-les sur un grand plat. Arrosez de quelques gouttes d'huile de sésame. Pour leur donner une saveur plus piquante, saupoudrez les morceaux de poulet avec un peu de poivre du Japon. Servez avec une sauce aux prunes.
Vous pouvez aussi faire griller le canard au four pendant 50 minutes. Sa peau sera un peu moins croustillante.
Pour servir un canard ou un poulet entier, les Chinois procèdent de la façon suivante : ils le coupent d'abord en petits morceaux et reconstituent sur un grand plat la forme de la volaille avec sa tête, ses ailes, ses pilons et son tronc.

Suan la tang
Potage acide-piquant

4 champignons parfumés séchés
180 g de pousses de bambou en conserve
2 cubes de tofu
120 g de viande de porc maigre
75 cl de bouillon de poule
2 1/2 cuil. à café de sauce de soja claire
1 cuil. à café de sel
5 cuil. à café de vinaigre
1/4 cuil. à café de poivre
5 cuil. à café de farine de maïs mélangée avec 2 1/2 cuil. à soupe d'eau froide
1 œuf légèrement battu
1 1/2 cuil. à café d'huile de sésame
1 oignon nouveau finement haché

Lavez les champignons, puis faites-les tremper pendant 30 minutes dans de l'eau chaude.
Pendant ce temps, égouttez les pousses de bambou et coupez-les en fines lamelles. Coupez le tofu en bandes fines et la viande de porc en tout petits morceaux.
Lorsque les champignons ont suffisamment ramolli, enlevez les pieds durs et émincez les chapeaux.
Mettez les champignons, les pousses de bambou et la viande de porc dans une marmite avec le bouillon de poule, la sauce de soja et le sel, et portez lentement à ébullition. Réduisez le feu et laissez mijoter le potage pendant 3 minutes. Ajoutez le tofu, le vinaigre et le poivre. Portez de nouveau à ébullition, versez le mélange de farine de maïs et d'eau dans le potage, et remuez jusqu'à ce que le tout soit bien lié. Incorporez doucement l'œuf battu.
Versez le potage dans des bols et arrosez chacun d'entre eux avec de l'huile de sésame puis saupoudrez d'oignons nouveaux.

酸辣湯

竹藤湯

Zhu teng tang (potage à la viande de
pigeon, cuit à l'étuvée dans de grands
pots de bambou)

Suan la tang (potage acide-piquant)

71

La cuisine des Peranakan

Les Peranakan ou « Chinois du détroit » sont établis à Singapour ou en Malaisie, essentiellement dans les États de Malacca et de Penang. Ils sont issus de mariages entre hommes chinois et femmes d'origine malaise. À l'image de leur langue – un malais inimitable mêlé de mots chinois – leur cuisine a évolué vers un mélange original d'éléments malais et chinois. Ainsi le porc, interdit dans la Malaisie musulmane, est-il cuisiné avec des épices, des racines, des herbes et du lait de coco. Potages, légumes, poissons et viandes sont préparés à la chinoise, mais servis avec une garniture de piments finement coupés et une pâte aux crevettes. Parmi les spécialités figurent un pot-au-feu à la viande de porc dans une sauce à base de graines de soja, un potage à la viande de porc hachée, des boulettes de crevettes et de pousses de bambou, et le ayam buah keluak, une recette de poulet aux graines de pangie, un arbre d'Indonésie.

Ayam buah keluak
Poulet aux graines de *pangie*
(pour 4 à 6 personnes)

1 poulet (1,5 kg) coupé en morceaux
20 *buah keluak*
50 g de viande de porc hachée
2 cuil. à soupe de sucre
Sel
Huile de friture
1 morceau de rhizome de *galanga* haché
1 morceau de curcuma de 3 cm épluché et haché (ou, à défaut, 1 cuil. à café de curcuma en poudre)
6 noix des Moluques hachées
10 piments rouges frais coupés en rondelles
200 g d'échalotes pelées et hachées
1 cuil. à café de pâte aux crevettes
1 tige de lemon-grass hachée
8 cuil. à soupe de jus de tamarin

Brossez les *buah keluak* et faites-les tremper 24 heures dans de l'eau que vous changerez plusieurs fois. Coupez l'extrémité arrondie de la graine et ôtez le noyau avec une fourchette. Réservez les écorces. Écrasez les noyaux à la fourchette et pétrissez-les avec la viande de porc hachée, 2 cuil. à café de sucre et du sel. Remplissez les écorces de ce mélange et réservez.
Faites chauffer de l'huile dans une marmite et faites griller le rhizome de *galanga*, le curcuma, les noix des Moluques, les piments, les échalotes et la pâte aux crevettes jusqu'à ce qu'ils rendent de l'huile et que les arômes se développent. Ajoutez le poulet, les *buah keluak*, le lemon-grass, le reste du sucre et du sel. Remuez bien. Mélangez le jus de tamarin à 1 l d'eau. Versez dans la marmite. Portez à ébullition. Réduisez le feu et laissez mijoter pendant 30 minutes. Servez avec du riz.

Buah keluak

Les graines de *pangie* (*Pangium edule*), arbre indigène à Java et Bali, nécessitent une préparation soigneuse, car elles contiennent des substances toxiques. Il faut non seulement bien brosser l'écorce sillonnée, mais également faire tremper les graines au moins 24 heures. Lors de l'achat, il faut veiller à ce qu'elles aient un certain poids, car les graines trop légères sont probablement vides ou desséchées. Il faut également éliminer toutes celles qui dégagent une odeur putride.
Les Peranakan et les Eurasiens apprécient beaucoup ces graines et les utilisent dans un plat au poulet appelé *ayam buah keluak*. Tandis que les Peranakan ouvrent d'abord les écorces des graines, les vident et les remplissent à nouveau, les Eurasiens les font cuire telles quelles puis détachent leur contenu avec une fourchette lors du repas.

La cuisine eurasienne

Une autre minorité ethnique est issue des mariages entre femmes asiatiques et Britanniques, Portugais, Hollandais ou autres Européens, venus autrefois coloniser Singapour et la Malaisie et y faire commerce. Comme chez les Peranakan, l'union de différentes cultures a imprégné l'art culinaire, dans lequel épices, piments, herbes, soja et sauces asiatiques se marient à des plats européens. Une omelette, par exemple, peut devenir intéressante si l'on y ajoute des piments rouges et de l'oignon. Piments et oignons frits mariés à un *corned beef* font oublier les produits de base. Bœuf et porc sont mijotées dans un jus à base de sauce de soja et servis avec une sauce au piment. En outre, le pâté de volaille, les rouleaux aux choux et les rôtis témoignent de la diversité de la cuisine eurasienne. *Devil* (diable), un plat eurasien typique et préparé traditionnellement à Noël, porte bien son nom, car il est vraiment diabolique.

Devil
Diable
(pour 8 à 10 personnes)

1/2 poulet rôti, désossé et coupé en petits morceaux
500 g de viande de porc rôtie froide (d'origine chinoise de préférence), coupée en morceaux
6 à 8 piments séchés
3 cuil. à café d'huile
2 gros oignons pelés et coupés en grosses tranches
2 tranches de rhizome de gingembre coupées en très fines lamelles
4 tomates de taille moyenne coupées en 2
4 pommes de terre de taille moyenne, épluchées et coupées en 2
50 cl d'eau
4 feuilles de chou coupées en morceaux pas trop petits
1 petit concombre épluché, coupé en 2, égrené, puis coupé en morceaux de 4 cm
250 g de saucisses apéritif (facultatif)
1 cuil. à café de moutarde en poudre
4 cuil. à café de vinaigre
Sel

Pour la pâte épicée :

8 échalotes pelées et hachées
2 gousses d'ail pelées et hachées
1 cuil. à café de curcuma en poudre
2 tiges de lemon-grass hachées (ou, à défaut, 1 cuil. à café de lemon-grass moulu)
1 rhizome de *galanga* de la taille d'une noix environ, haché (ou, à défaut, 1 cuil. à café de rhizome de *galanga* moulu)

Ouvrez les piments séchés en longueur, ôtez les graines, coupez les deux moitiés en petits morceaux et faites-les tremper 30 minutes dans de l'eau chaude pour qu'ils soient plus faciles à broyer dans un mortier. (Il est conseillé de porter des gants !) Faites chauffer 1 cuil. à café d'huile dans une poêle et faites griller la pâte de piment jusqu'à ce que son arôme s'épanouisse. Retirez de la poêle et réservez.
Dans un *wok* ou dans une poêle, faites sauter les oignons en tranches dans un peu d'huile et réservez.
Préparez la pâte épicée : dans un mortier, broyez soigneusement les ingrédients.
Faites chauffer le reste de l'huile dans un *wok* ou dans une poêle et faites revenir la pâte jusqu'à ce que les arômes se développent. Ajoutez la moitié de la pâte de piment, les oignons, le gingembre, les tomates et les pommes de terre. Versez les 50 cl d'eau.
Lorsque les pommes de terre sont à moitié cuites, intégrez les feuilles de chou coupées en morceaux, les morceaux de concombre, les viandes de poulet et de porc rôties, ainsi que les saucisses apéritif. Dès que tout est bien cuit, assaisonnez le plat avec la moutarde en poudre, le vinaigre, le sel et le reste de la pâte de piment.

Le nom de ce plat de Noël illustre à lui seul combien cette préparation est piquante. Qui plus est, la recette donnée ici est une version plutôt douce pour vous permettre de vous y habituer. Les proportions habituelles se montent à environ 20 piments. Si vous désirez mettre davantage de piquant dans cette fête sereine, préparez ce plat la veille : après avoir reposé 24 heures et une fois réchauffé, son goût est encore plus diabolique. C'est la raison pour laquelle on prépare toujours de grandes quantités de ce plat, car il donne vraiment un coup de fouet pour toute la durée des fêtes.

Ustensiles ménagers chinois

竹蒸籠

Zhu zheng long: les paniers de bambou existent en différentes tailles. On les pose sur un support perforé dans une marmite ou dans un *wok* remplis d'eau bouillante. On peut superposer plusieurs paniers sous un seul couvercle. La vapeur qui passe sans entraves d'un étage à l'autre permet de faire cuire différents plats en même temps. C'est très pratique et cela permet de faire des économies d'énergie.

炒鍋

Le *wok*, l'ustensile à tout faire de la cuisine chinoise, était à l'origine en fonte. Mais aujourd'hui, il est en acier inoxydable ou en aluminium. Grâce à son fond bombé, il est idéal pour la préparation des plats chinois. Ses possibilités d'utilisation sont extrêmement variées : il sert à faire cuire, à braiser, à faire sauter en remuant constamment les aliments, à frire et, équipé d'un récipient perforé et d'un couvercle, on peut même faire des cuissons à l'étuvée. Avant d'utiliser un *wok* neuf pour la première fois, il est conseillé de bien le laver à l'eau chaude avec du liquide vaisselle, puis de verser dedans quelques cuillerées d'huile réparties de façon uniforme. On vide ensuite l'huile excédentaire puis on essuie le *wok* avec du papier absorbant.

大菜刀

Da dao: ce couperet ou hachoir à lame large est indispensable dans la cuisine chinoise. Avec un peu d'adresse, il permet de couper les légumes en fines lamelles, la viande en tranches très minces ou de trancher des os. Le plat de la lame sert à broyer l'ail ou le gingembre et constitue en même temps l'ustensile idéal pour pousser les ingrédients finement coupés dans un *wok* ou dans une marmite.

漏勺

刀

Dao: outre le hachoir, on a toujours besoin d'un bon gros couteau de cuisine. Et l'on s'aperçoit vite que la cuisine asiatique exige finalement peu d'ustensiles. Cela s'explique par le fait que la plupart des Chinois ont l'habitude de cuisiner dans un espace relativement restreint.

Lou shao: les araignées chinoises ou écumoires, en fils métalliques (laiton) avec un manche de bambou non conducteur de chaleur, sont simples mais efficaces quand il faut retirer les aliments frits de la friture ou les aliments cuits de l'eau chaude.

鋼蒸鍋

Gang zheng long : la marmite à vapeur en métal avec un ou deux récipients perforés peut être posée directement sur le feu ou la plaque électrique. Le récipient inférieur contient de l'eau, tandis que les aliments du premier et du deuxième étage cuisent à la vapeur. Il faut veiller à ne pas couvrir tous les trous des fonds perforés pour ne pas entraver le passage de la vapeur.

燉鍋

Dun tang : le bain-marie se compose d'un récipient inférieur que l'on remplit à un tiers d'eau, et d'un autre où l'on pose les ingrédients et qui épouse la forme du récipient inférieur. Cette méthode de cuisson à la vapeur est particulièrement saine et préserve les aliments, car ils ne perdent pas de liquide. Le bain-marie est utilisé pour faire cuire des soupes à la vapeur, et en particulier les potages aux herbes médicinales.

湯勺

平鏟

Wo chan et shao zi : les cuillères plates et les louches en métal, mais munies d'un manche en bois, sont très pratiques pour cuisiner dans un *wok* ou dans une marmite en argile.

磗板

Zhen ban : ces planches à découper, solides et lourdes, taillées dans des troncs d'arbres, existent en différentes tailles.

Kuai zi : les baguettes de bois de différentes longueurs remplacent les fourchettes, même lors de la préparation des plats. Elles servent à manipuler les ingrédients durs, à battre ou à mélanger les ingrédients liquides. Quatre baguettes placées comme une grille dans un *wok* font fonction de support pour la cuisson à la vapeur.

筷子

帶蓋碗

砂鍋

Weng : les bols munis de couvercle sont vendus en différentes tailles. Leur utilisation est très variée et va du récipient servant à stocker des provisions à la soupière.

Sha bao : les cocottes en argile, dont l'extérieur est brut et l'intérieur verni, servent à faire mijoter, à braiser et à préparer des potées.

Au restaurant, les crabes au piment sont généralement servis entiers, ce qui est certes plus décoratif, mais également plus compliqué à déguster.

魚
菜
Saveurs de la mer

On dit que les meilleurs crabes sont ceux capturés à la nouvelle lune et qu'il vaut mieux éviter de manger ceux capturés à la pleine lune. Les connaisseurs préfèrent les femelles dont ils apprécient particulièrement les œufs, ainsi que la graisse qui se trouve sous la carapace dorsale. On en trouve de toutes sortes, mais les vrais gourmets attendent impatiemment l'automne, lorsque les crabes chinois ou crabes « mitaine » de Chine, une espèce de crabes d'eau douce à pinces velues, arrivent à Singapour.

Il faut les acheter vivants, et plus ils remuent, plus ils sont de bonne qualité. Les crabes frais sont presque sans odeur et leur carapace est légèrement brillante. Il faut les brosser soigneusement avant de les cuisiner. À Singapour, on les tue en les piquant dans l'orifice buccal à un point bien précis. En Europe, on tue ces crustacés en les plongeant, le tête la première, dans de l'eau bouillante, ce qui détruit le système nerveux en l'espace de quelques secondes. Il ne faut pas les laisser dans l'eau bouillante plus longtemps que nécessaire pour éviter qu'ils ne commencent à cuire.

La jiao pang xie
Crabes au piment

2 crabes
Huile de friture
4 gousses d'ail pelées et hachées
1 gros oignon coupé en 4
50 cl d'eau
3 cuil. à soupe de sauce tomate
2 cuil. à soupe de sauce de piment
2 cuil. à café de sucre
1 cuil. à café de sel
2 cuil. à café de farine de maïs mélangée avec 3 cuil. à soupe d'eau
1 œuf légèrement battu

Pour la pâte épicée :

4 à 6 piments rouges frais
4 piments séchés, égrenés et mis à tremper dans de l'eau chaude
6 échalotes
4 tranches de rhizome de gingembre
1 cuil. à soupe de crevettes séchées, mises à tremper dans de l'eau chaude

Préparez la pâte épicée : broyez les ingrédients dans un mortier.
Divisez les crabes en quatre et cassez la carapace avec l'extrémité émoussée du hachoir. Faites-les griller dans l'huile à feu moyen pendant 2 minutes. Égouttez-les.
Faites revenir l'ail et l'oignon dans l'huile. Ajoutez la pâte épicée et faites-la cuire jusqu'à ce que les arômes se développent. Déposez les crabes, versez l'eau et remuez. Ajoutez ensuite la sauce tomate et la sauce de piment, le sucre, le sel. Mélangez. Enfin, incorporez le mélange de farine de maïs et d'eau puis, tout doucement l'œuf battu. Servez bien chaud.
Les crabes au piment font généralement partie d'un menu aux fruits de mer. À la place des crabes, on peut également préparer cette recette avec 400 g de grosses crevettes.

Zheng jin mu lu
Perche de mer à l'étuvée
(pour 4 à 6 personnes)

1 perche de mer (700 à 750 g) entière, tête comprise
3 oignons nouveaux
3 à 4 tranches de rhizome de gingembre de 2 mm
5 cuil. à soupe d'huile
1 cuil. à soupe de rhizome de gingembre râpé
1 cuil. à café de vin de riz
4 cuil. à soupe de sauce de soja claire
1 cuil. à soupe de sucre
1 cuil. à café d'huile de sésame
Poivre

Pour la garniture :

1 cuil. à soupe d'oignons nouveaux finement émincés
2 tiges de feuilles de coriandre, (feuilles seulement, en petits bouquets)

Lavez soigneusement le poisson et séchez-le avec du papier absorbant. Incisez-le en diagonale trois fois de chaque côté.
Portez de l'eau à ébullition dans une marmite à vapeur. Disposez d'abord les oignons nouveaux, puis le gingembre et enfin le poisson sur la plaque perforée, fermez la marmite et faites cuire le poisson à l'étuvée pendant 8 à 10 minutes jusqu'à ce que la chair soit blanche mais ferme lorsqu'on appuie légèrement avec le dos d'une fourchette.
Le poisson sera disposé sur un plat de service sans l'oignon et le gingembre ayant servi de lit lors de la cuisson à l'étuvée.
Pendant la cuisson du poisson, faites chauffer l'huile dans une poêle et faites cuire doucement le gingembre râpé. Nappez de vin de riz et de sauce de soja, ajoutez le sucre et remuez jusqu'à ce qu'il soit dissout. Assaisonnez la sauce avec l'huile de sésame et une pincée de poivre, puis arrosez-en immédiatement le poisson. Servez chaud, garni d'oignon nouveau émincé et de petits bouquets de coriandre.

À gauche : Il est conseillé de procéder à une première cuisson. Elle consiste à faire frire les crabes dans de l'huile bouillante pendant 2 minutes.

Faites rissoler l'ail, les oignons et les épices grossièrement broyées.

Ajoutez les morceaux de crabe préparés et retournez-les dans l'huile chaude.

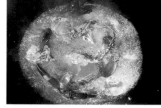
Lorsque tous ces ingrédients sont bien dorés, déglacez avec 50 cl d'eau.

Le sel et deux fois son volume de sucre donnent une douceur étrange.

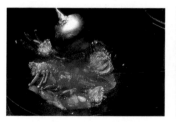
Incorporez dans le bouillon la sauce tomate et la sauce de piment.

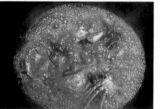
Portez à ébullition et liez le tout avec le mélange de farine de maïs et d'eau.

La préparation ne doit plus bouillir dès lors que vous avez ajouté l'œuf battu.

Les crabes se savourent avec cette sauce délicieusement aromatisée et veloutée.

Zui xia
Crevettes ivres

12 grosses crevettes vivantes
2 cuil. à soupe de vin de riz gluant (*hua diao ju*)
50 cl de bouillon de poule

Lavez soigneusement les crevettes mais n'ôtez pas les têtes. Déposez-les dans une jatte profonde et arrosez-les de vin. Couvrez la jatte et secouez-la pour faire mariner les crustacés de façon homogène. Lorsqu'ils ne bougent plus, portez le bouillon à ébullition et plongez-y les crevettes jusqu'à ce qu'elles deviennent rouges. Cette façon de tuer les crustacés est assez cruelle, car elle n'est pas la plus rapide. D'autre part, il n'est guère facile de trouver sur le marché des crevettes vivantes.

Zheng xia
Crevettes cuites à l'étuvée

500 g de grosses crevettes fraîches
3 oignons nouveaux coupés en 2
8 tranches fines de rhizome de gingembre
1/2 cuil. à café de sel
2 cuil. à soupe de vin de riz

Coupez les antennes des crevettes, mais gardez la carapace ainsi que la tête. Lavez-les soigneusement et égouttez-les. Portez de l'eau à ébullition dans une marmite à vapeur. Posez, sur un plat profond, la moitié des oignons nouveaux et 4 tranches de gingembre. Déposez les crevettes par-dessus et saupoudrez de sel. Répartissez le reste des oignons nouveaux et des tranches de gingembre sur les crevettes. Lorsque l'eau bouillonne, posez le plat de crevettes dans la marmite et faites cuire à feu très vif pendant 10 à 15 minutes. Arrosez de vin de riz et servez chaud.

Yan ju xia
Crevettes frites salées

500 g de grosses crevettes (de préférence à fine carapace), avec la tête et la carcasse
1 1/2 cuil. à café de sel
Huile de friture

Lavez les crevettes et séchez-les bien, puis mélangez-les avec le sel et laissez-les mariner pendant 30 minutes. Faites chauffer l'huile dans un *wok*. Réduisez le feu et déposez les crevettes dans le *wok*. Faites-les frire 5 à 6 minutes à feu moyen et servez immédiatement.

Chao xia
Crevettes sautées

500 g de crevettes moyennes, lavées et essuyées, avec la tête et la carapace
1/2 cuil. à café de sel
3 cuil. à soupe d'huile
2 gousses d'ail pelées et finement hachées
2 tranches de rhizome de gingembre finement hachées
1 cuil. à soupe d'eau
1 cuil. à café de sauce de soja épaisse
2 piments rouges frais coupés en biais en rondelles (égrenés, ils sont plus doux)

Salez les crevettes. Faites chauffer l'huile, ajoutez l'ail et le gingembre et faites-les légèrement rissoler. Ajoutez les crevettes et remuez jusqu'à ce qu'elles deviennent rouges. Arrosez d'eau, versez la sauce de soja et remuez. Parsemez de rondelles de piment et servez.

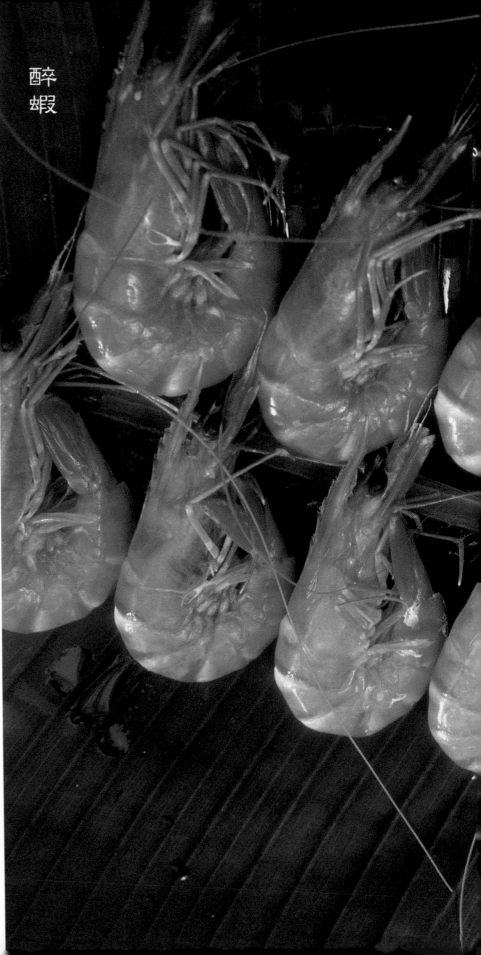

Pour les crevettes ivres, déposez les crustacés nettoyés et vivants dans une jatte munie d'un couvercle.

On ne peut pas dire que les crevettes apprécient d'être arrosées de vin de riz.

C'est la raison pour laquelle il est conseillé de ne pas oublier de couvrir la jatte.

Lorsque les crevettes arrêtent de bouger dans la jatte, on les plonge dans le bouillon de poule bouillonnant.

Des friandises pas comme les autres

Ailerons de requin

Les ailerons de requin sont certes appréciés pour leur grande valeur nutritive, mais davantage encore pour le prestige que leur confère leur prix élevé. Leur préparation est assez fastidieuse. Après les avoir fait sécher au soleil, il faut faire tremper les ailerons des jours durant, puis les nettoyer soigneusement. On trouve maintenant sur le marché des ailerons de requin prêts à cuire pour environ 140 dollars le kilo (contre 800 dollars le kilo pour les ailerons non traités). Il suffit de faire tremper ces ailerons pendant une demi-heure, puis de les nettoyer, de les faire cuire une première fois, de les rincer et de reprendre la cuisson encore deux heures. Après cette préparation, les cartilages de l'aileron ressemblent à de grosses aiguilles. Le plat le plus connu à base de chair de requin est le potage aux ailerons, légèrement épais, que l'on sert à l'occasion de ban-quets. En raison de son prix de revient élevé, ce mets est un *must* pour montrer à ses hôtes que l'on a réussi dans la vie. Sa préparation exigeant beaucoup de travail et de temps, il est plus aisé de le savourer au restaurant. Le *fu yong* est un plat presque aussi célèbre que cet onéreux potage ; il s'agit d'une omelette aux ailerons de requin et à la chair de crabe.

Les ormeaux (*Haliotis asinina*), autre mets de choix, font partie de la famille des mollusques à coquille. Ils atteignent 10 cm de long. Leur développement, du stade de l'œuf à la maturité, prend entre cinq et dix ans. Ces escargots sont riches en protéines, en phosphore, en iode et en calcium, et ont la réputation d'être bons pour le foie, les reins et les yeux. Dans le commerce, on les trouve frais, congelés, en conserves ou séchés. Le prix des ormeaux frais est d'environ 107 dollars le kilo ; il faut les faire cuire à l'étuvée pendant une à deux heures. Les ormeaux en conserves sont déjà cuits et donc prêts à l'emploi. On peut les employer dans un potage avec de la viande de porc, les braiser avec des légumes et des champignons, les faire sauter ou mariner avec du jus de citron et de l'huile de sésame.

Les ailerons de requin de taille moyenne, originaires d'Australie, font environ 10 à 15 cm de long. Le Japon, l'Indonésie et les États-Unis en sont aussi fournisseurs.

Les ormeaux séchés japonais coûtent environ 2 000 dollars le kilo. Il faut les faire tremper 12 h dans de l'eau chaude avant de les faire cuire à l'étuvée 3 à 4 heures.

L'estomac de poisson séché est vendu sous forme de rouleaux, mais il faut le couper en morceaux afin de pouvoir l'étaler pour le faire sécher. Ensuite, on le fait cuire dans un potage ou on le fait griller.

En Chine, on dit que les tendons des pattes de poulet donnent des forces. On en apprécie la consistance gélatineuse dans les potées aux haricots noirs fermentés ou dans les potages aux haricots et aux ormeaux.

Il suffit de grimper très haut

Les nids d'hirondelle

Si vous disposez d'environ 600 dollars pour 100 g de nids d'hirondelle de la meilleure qualité, c'est que vous pouvez dépenser une petite fortune pour votre bien-être. Et si ce n'est votre corps, votre *ego* au moins en profitera. Comme le potage aux ailerons de requin, le potage aux nids d'hirondelle est avant tout une question de prestige. Aussi les Chinois fortunés sont-ils prêts à payer un prix exorbitant pour s'offrir ce plaisir. En Chine, en Thaïlande, en Indonésie ou dans les célèbres grottes Niah du Sarawak en Malaisie orientale, des hommes risquent leur vie pour atteindre les nids perchés à une hauteur vertigineuse, d'une espèce spécifique de salanganes à nid blanc (*Collocalia fuci-*

On peut faciliter le ramassage des nids en incitant les oiseaux à venir s'installer dans des maisons abandonnées appropriées.

Les nids d'hirondelle se composent en grande partie de protéines prédigérés. Les blancs sont de meilleure qualité, mais les rouges sont plus recherchés.

Pour quelques jours de peine dans les grottes, les paysans gagnent de quoi faire vivre leur famille une année entière.

Ce sont les femmes qui sont chargées du nettoyage fastidieux des nids.

Des nids d'hirondelle dans leur luxueux emballage, prêts pour l'exportation.

Les nids doivent cuire trois fois avant d'être propres.

Potage de nids d'hirondelle, servi au restaurant.

phaga), un sous-groupe des martinets qui utilisent leurs plumules et leur salive pour construire leurs nids d'un blanc laiteux et comestibles. Ces oiseaux vivent en colonies et collent leurs nids sur les parois de grottes difficiles d'accès, ou sur de hautes poutres de charpentes des toits de maisons abandonnées, comme à Java en Indonésie. Tant qu'ils nourrissent leurs petits, il est interdit de les déranger. Ce n'est que lorsque les jeunes oiseaux sont capables de voler et désertent les nids que le ramassage des futures garnitures de potage peut commencer. Avant de les faire cuire, il faut faire tremper les nids toute une nuit dans de l'eau froide. Quand ils ont ramolli, ils gonflent. Il faut changer l'eau plusieurs fois et rincer les nids avec beaucoup de précaution. Enfin, on enlève les plumes minuscules avec des pincettes.

Les nids d'hirondelle nettoyés sont cuits à l'étuvée. On obtient ainsi un potage singulier dont on peut rehausser le goût en ajoutant de la viande de poulet ou de porc. Une autre variante consiste à les faire cuire à l'étuvée avec du sucre candi, ce qui donne un mets sucré. Le potage passe pour être un bon fortifiant, et on en consomme une fois par semaine… si on en a les moyens !

Ces nids d'hirondelle, bons pour le potage, ont subi plusieurs processus de nettoyage relativement longs et ayant beaucoup modifié leur aspect.

砂鍋煲豬角

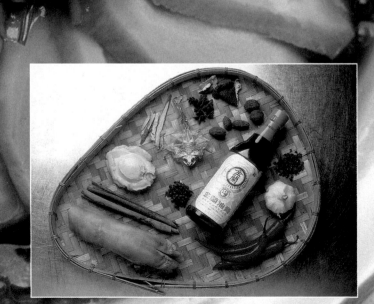

Ingrédients pour le *jiu shou bao fu bao* (en partant du haut et dans le sens des aiguilles d'une montre) : écorce de mandarine séchée, noix exotique, sauce d'huîtres, poivre du Japon, ail, piments, pied de porc, bâtons de cannelle, clous de girofle, ormeau cuit, grenouille séchée, réglisse, anis étoilé.

La cocotte en argile

砂鍋菜

L'extérieur des cocottes en argile chinoises est rugueux et poreux, tandis que l'intérieur est lisse et vernissé. Dans ce genre de récipient, les aliments cuisent de façon particulière : lentement, doucement et à feu moyen, de sorte que l'humidité excédentaire ne dégorge que progressivement. Les aliments cuits dans une cocotte en argile conservent mieux leur arôme, qui ne se volatilise pas aussi vite que dans un *wok* sans couvercle, surtout lorsque l'huile n'est pas assez chaude. On peut en outre servir les plats, encore fumants, directement à table.

Toute cocotte en argile neuve doit subir un traitement préalable avant d'être utilisée. Or, à ce sujet, les avis divergent. Les uns recommandent de la faire tremper dans l'eau pendant 24 heures, puis d'y faire bouillir de l'eau et de la laisser refroidir. Les autres ne font pas tremper la cocotte plus de deux à trois heures mais y font ensuite cuire du riz ou du porridge. D'autres encore ne jurent que par l'action de remplir la cocotte en argile avec l'eau de rinçage du riz et de la laisser reposer ainsi pendant trois jours, avant de l'utiliser pour la première fois. Mais tous sont unanimes pour affirmer qu'il ne faut jamais mettre une cocotte en argile au four, car elle se fissurerait.

Sha bao ju sun ke
Poisson à la cocotte en argile
(pas à pas en bas de page)

1 poisson d'eau douce, de taille moyenne
Huile de friture
3 gousses d'ail pelées et finement hachées
4 cuil. à soupe de sauce de soja
2 oignons nouveaux (seulement les 12 cm inférieurs)
4 tranches de rhizome de gingembre de 2 mm d'épaisseur
2 morceaux d'oignon nouveau de 6 cm, émincés
Feuilles de coriandre
37,5 cl de fond d'os de volaille et de porc

Coupez le poisson dans la longueur du côté ventral, étalez-le et faites-le revenir 5 minutes dans la cocotte avec de l'huile, puis ôtez la plus grande partie de l'huile. Ajoutez l'ail, la sauce de soja, les oignons nouveaux et les tranches de gingembre. Couvrez et faites cuire pendant 5 minutes. Ajoutez alors l'oignon nouveau émincé, les feuilles de coriandre et le fond puis laissez mijoter jusqu'à ce qu'il ne reste presque plus de liquide.

Sha bao fan
Riz cuit dans une cocotte en argile

1 filet de blanc de poulet
2 petites saucisses chinoises déshydratées
4 champignons parfumés séchés, lavés et trempés
2 cuil. à soupe d'huile de friture
1 échalote émincée
1 morceau de rhizome de gingembre de 4 cm râpé
2 cuil. à soupe de sauce de soja épaisse
1/2 cuil. à café de poivre
1/4 cuil. à café de sel
450 g de riz

Coupez le filet de blanc de poulet en petits morceaux, puis les saucisses en tranches fines biseautées. Retirez le pied dur des champignons et coupez les chapeaux en fines lamelles.
Dans une poêle, faites revenir l'échalote émincée dans l'huile de friture pour lui donner de l'arôme. Retirez-la lorsqu'elle est brune et laissez l'huile refroidir. Ajoutez un peu d'eau au gingembre râpé, puis pressez-le pour obtenir 2 cuil. à soupe de jus. Mélangez bien la viande de poulet, la saucisse et les champignons avec l'huile de friture, la sauce de soja, le poivre, le sel et le jus de gingembre, et laissez mariner pendant 30 minutes. Faites cuire le riz à feu moyen dans la cocotte en argile (avec un volume d'eau de 2 cm au-dessus du riz). Cinq minutes après, ajoutez les ingrédients marinés et faites-les cuire à feu doux jusqu'à ce que l'eau soit absorbée et que le riz soit cuit (environ 30 minutes).

Jiu shou bao fu bao
Pied de porc et ormeau à la cocotte en argile
(photo page de gauche)

1 pied de porc
4 cuil. à soupe de sauce d'huîtres
Huile de friture
2 piments rouges frais finement hachés
2 gousses d'ail pelées et finement hachées
1 cuil. à café de poivre du Japon
2 bâtons de cannelle
6 clous de girofle
2 morceaux d'anis étoilé
1 morceau d'écorce de mandarine séchée
4 morceaux de réglisse (Glycyrrhiza - kum chou)
1 petite grenouille séchée, lavée
1 noix exotique (chao guo)
1 ormeau cuit en conserve
Feuilles de coriandre

Nettoyez le pied de porc, badigeonnez-le avec 2 cuil. à soupe de sauce d'huîtres et faites-le frire dans une poêle jusqu'à ce qu'il soit brun.
Dans une cocotte en argile, faites sauter les piments et l'ail hachés dans un peu d'huile. Déposez le pied de porc, couvrez-le d'eau et ajoutez le reste de sauce d'huîtres et les autres ingrédients, à l'exception de l'ormeau et de la coriandre. Braisez à feu doux pendant 1 heure et demie jusqu'à ce que la viande soit bien tendre. Lorsqu'elle est presque cuite, prélevez une louche de sauce et faites-la chauffer. Mettez l'ormeau en tranches dans la cocotte et arrosez de la sauce chaude. Couvrez et laissez mijoter jusqu'à ce que tout soit cuit. Garnissez de feuilles de coriandre.

砂鍋魚

Pour le *sha bao ju sun ke*, faites chauffer de l'huile dans une cocotte en argile.

Faites-y frire pendant 5 minutes le poisson vidé et étalé.

Enlevez presque toute l'huile puis ajoutez la sauce de soja et l'ail.

Disposez par dessus l'oignon nouveau et le gingembre puis faites cuire à couvert.

Répartissez sur le poisson l'oignon nouveau émincé et les feuilles de coriandre.

Versez l'épais fond d'os de volaille et de porc.

Laissez frémir jusqu'à ce que la plus grande partie du liquide se soit évaporée.

Le poisson cuit est servi à table dans sa cocotte en argile.

乳 Le cochon
豬 de lait

Les porcelets élevés dans la province chinoise du Hunan, qui finiront en cochons de lait (*shao ru zhu*) tant appréciés, reçoivent une nourriture spéciale à base de choux. À l'âge de trois à quatre mois, ils pèsent environ trois kilos et sont prêts à être abattus.

Pour lui ôter son odeur typique de porc, on arrose le cochon rapidement et plusieurs fois de suite avec de l'eau bouillante, parfumée préalablement avec du rhizome de gingembre en tranches, avant de le faire rôtir. On enduit ensuite de sauce de soja la viande essuyée, puis on badigeonne uniformément la peau avec une marinade à base de sucre de malt, de fromage de haricots rouges fermentés, de vin de riz, de vinaigre, de sauce de soja claire, de jus de gingembre et d'huile de sésame. On applique ce vernis au moins encore deux fois. Après chaque application, on suspend le porcelet

pour que la peau puisse sécher. Ce processus prend environ six heures. Lorsque la peau est dorée, on commence à faire rôtir le cochon sur un feu ouvert de charbon de bois. Pendant toute la durée du rôtissage, on le badigeonne régulièrement de la marinade et on fait brûler sa peau de temps à autre pendant quelques secondes, pour l'asperger ensuite d'un mélange d'eau salée et de jus de limette, ce qui la rend particulièrement croustillante. Le rôtissage dure environ 45 minutes.

Comme pour le canard laqué, la peau croustillante et aromatisée du cochon de lait constitue l'élément le plus important de ce mets. Pour servir, on détache la peau, on la coupe avec un couteau bien aiguisé en petits carrés que l'on replace ensuite sur le porcelet, présenté alors avec une épaisse sauce d'accompagnement sucrée à base de haricots. Dans certains restaurants, on dessert la viande dès que les clients ont consommé la peau, dans d'autres, on sert ensuite la viande coupée.

À droite : ces cochons de lait qui grillent sur un feu de charbon de bois n'ont pas plus de quatre mois ; ils pèsent en moyenne 3 kg et n'ont été nourris que de chou.

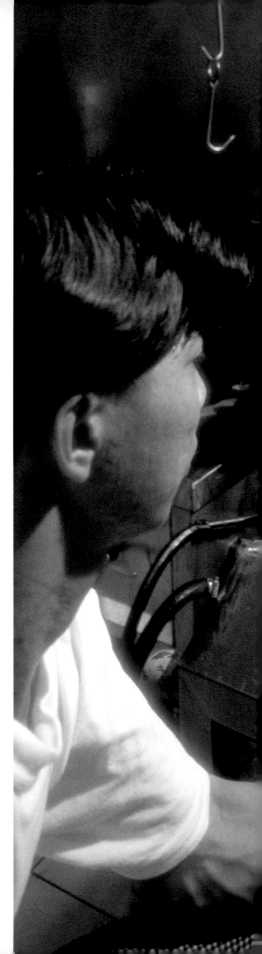

Après chaque « coloration », il faut suspendre les cochons de lait pour les faire sécher, car on consomme principalement leur peau croustillante.

Pendant la cuisson, on badigeonne les cochons de lait avec une marinade et un mélange d'eau salée et de jus de limette, ce qui fait grésiller la viande.

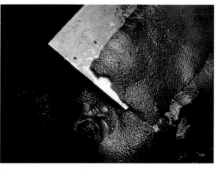

Tout ce processus vise à rendre la peau aussi croustillante que possible. Elle est plus prisée que la viande et c'est pourquoi on la détache avec tant de précaution.

La peau croustillante, pratiquement sans graisse grâce à l'adresse du cuisinier, est découpée en petits morceaux carrés.

Ensuite, chaque morceau est à nouveau disposé à sa place initiale, ce qui permet de servir le cochon de lait avec son « armure ».

Pour affronter l'hiver

Le pot-au-feu

Ce plat provient du nord de la Chine où on l'appréciait tout particulièrement en hiver, car à l'origine, la marmite était posée sur un petit poêle chauffé au charbon de bois. Si les Chinois ont certes pour coutume de se réunir pour manger en famille autour d'une table ronde, la chaleur dégagée par la préparation de ce plat n'est sans doute pas non plus étrangère à son succès en hiver. On dit qu'il n'y avait que de la viande de mouton dans les premiers pot-au-feu, car ce plat était initialement une spécialité purement musulmane.

Ce que l'on traduit ici par « pot-au-feu » s'appelle *steamboat* (« bateau à vapeur ») à Singapour et illustre peut-être davantage l'atmosphère agréable régnant autour de ce repas, un peu comparable à celle d'une soirée-fondue. Il existe des restaurants dont la spécialité est le pot-au-feu, et où les tables possèdent en leur centre une ouverture pour y placer un réchaud à gaz, sur lequel on pose la marmite. Ce récipient bien particulier est en aluminium ou en acier spécial. En son centre s'élève une « cheminée », entourée d'un « fossé » (qui rappelle de loin un moule à gâteau), que l'on remplit d'un bouillon de poule clair, extrêmement nutritif. Aujourd'hui, les restaurants font preuve d'innovation et proposent comme variante un potage thaïlandais piquant, appelé *tom yam an*. Pour l'accompagner, un grand choix d'ingrédients crus et frais est proposé : fines tranches de poulet, viande de bœuf, de porc, foie de porc, crevettes, calamar, boulettes de viande et de poisson, diverses sortes de *tofu*, de champignons, bucardes comestibles ou coques, vermicelles translucides de haricots *mungo*, toutes sortes de nouilles, laitue, une multitude de variétés de choux chinois, etc.

Pour faire un pot-au-feu, on porte d'abord le bouillon à ébullition sur le réchaud à gaz, avant d'y tremper les ingrédients pour les faire cuire. On recommande de suivre un certain ordre : on plonge d'abord dans la marmite les ingrédients dont la cuisson est la plus longue, tels que la viande de porc et de poulet ; le *tofu* et les filets de poisson en tranches qui cuisent rapidement sont introduits plus tard avec les légumes. Les nouilles viennent en dernier, lorsque le bouillon est devenu assez consistant et savoureux.

Chaque convive dispose d'une araignée en laiton avec un manche, qui permet de plonger les aliments dans la marmite et de les repêcher, ainsi que d'une petite louche pour le potage. On trouve également à table des œufs crus que l'on utilise à son goût : soit en les cassant dans son bol pour y tremper les ingrédients cuits, soit pour les ajouter au bouillon à peu près à la moitié du repas, pour le rendre plus consistant. On sert aussi toute une série de sauces d'accompagnement : de la sauce de soja claire avec ou sans rondelles de piments rouges ou verts, de la sauce de piment piquante ou sucrée, de la moutarde. Chacun choisit ses sauces selon ses goûts.

À la fin du repas, on boit le bouillon savoureux et riche en bonnes choses. Le pot-au-feu est un repas de plus en plus apprécié pour le réveillon du nouvel an, car il est symbole d'unité et d'harmonie lorsque la famille se réunit autour de la marmite.

Chez soi, on peut également improviser un pot-au-feu dans un autocuiseur électrique pas trop profond. Et il vaut mieux avoir sur le feu une autre grande marmite remplie de bouillon de poule au cas où le récipient de pot-au-feu viendrait à manquer de bouillon, car celui-ci réduit au fur et à mesure de la cuisson. Toutefois, l'atmosphère ne sera certainement pas aussi agréable.

Chaque convive est muni d'une araignée en laiton qu'il remplit d'un assortiment d'ingrédients crus pour les plonger dans le bouillon chaud jusqu'à ce qu'ils soient cuits.

Le filet de poisson coupé en morceaux met peu de temps à cuire.

On détache les moules de leur coquille et on les propose dans leur propre jus.

Les légumes, comme les oignons nouveaux émincés, sont indispensables.

Les champignons marinés sont proposés à côté des champignons frais

Des crevettes vivantes sont parfois aussi proposées.

Le *yu cai jian* est un rouleau de pâte de poisson, de carottes et d'oignons.

Les concombres de mer sont considérés comme des mets de choix.

Les dés de *tofu* frais cuisent très peu de temps dans le bouillon.

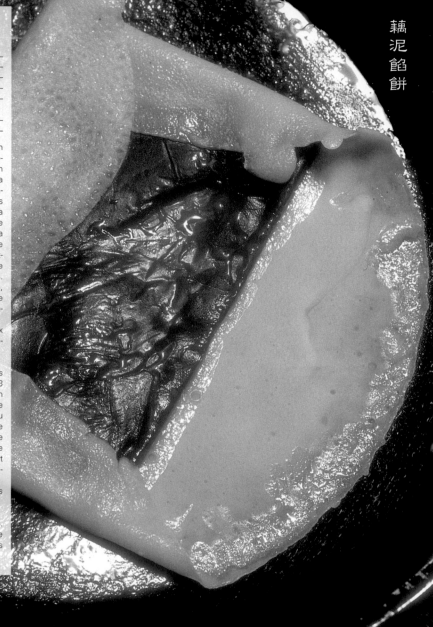

Wo bing
Crêpes farcies à la pâte de lotus
(pour 4 à 6 personnes)

110 g de farine de blé
1 pincée de sel
1 œuf
Huile
230 g de pâte de lotus
ou de pâte de haricots rouges
Graines de sésame

Mettez la farine et le sel dans une jatte, faites un creux au milieu et cassez l'œuf dans ce creux. Mélangez l'œuf à la farine avec une cuillère, tout en ajoutant progressivement 150 ml d'eau. Pétrissez la pâte jusqu'à ce qu'elle soit bien souple, puis laissez-la reposer pendant 30 minutes. Faites alors chauffer une poêle à feu moyen et badigeonnez-la avec de l'huile. Verser dans la poêle de quoi faire une grosse crêpe et réduisez le feu. Lorsque la crêpe commence à se figer, étalez au milieu une fine couche rectangulaire de pâte de lotus et rabattez d'abord les côtés longs, puis les côtés courts de la crêpe vers le milieu pour couvrir la pâte de lotus. Collez les points de jonction à l'aide de pâte fraîche, puis retournez la crêpe pliée et faites dorer l'autre côté. Retirez-la de la poêle et faites chauffer suffisamment d'huile pour faire frire la crêpe.
Coupez la crêpe frite une fois en longueur et six fois à angle droit. Saupoudrez de graines de sésame grillées et servez sans attendre.

Pour préparer soi-même la pâte de lotus, faites tremper des graines de lotus pendant 2 à 3 heures. Enlevez le cœur vert amer à l'aide d'un cure-dents. Faites cuire les graines jusqu'à ce qu'elles s'ouvrent. Égouttez-les, passez-les au mixer puis dans une passoire. Remuez la pâte constamment dans un peu d'huile jusqu'à ce qu'elle soit sèche. Ajoutez du sucre selon votre goût, mélangez jusqu'à ce qu'il soit dissout, et continuez à remuer sans vous interrompre pendant 30 minutes. Laissez refroidir.
Vous trouverez également de la pâte de lotus dans les magasins spécialisés asiatiques.

Vous pouvez préparer à l'avance la pâte de lotus. Dans ce cas, pour la conserver, étalez un peu de pâte en rectangle entre deux films plastique, puis rangez-la au réfrigérateur.

藕泥餡餅

Badigeonnez d'huile une poêle suffisamment grande.

Laissez la pâte assez liquide s'étaler dans la poêle.

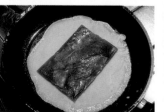
Disposez la farce de pâte de lotus au milieu de la crêpe.

Repliez la crêpe et fixez la fermeture avec de la pâte.

Les desserts

Les Chinois sont loin d'avoir la même approche que les Occidentaux en matière de desserts. Le plaisir à terminer un repas par une note sucrée leur est étranger. D'une façon ou d'une autre, les desserts chinois sont toujours bénéfiques pour la santé, comme par exemple les nids d'hirondelle cuits à l'étuvée avec du sucre candi. Les noix qui améliorent la mémoire, et de nombreuses variétés de fruits secs et de graines constituent des ingrédients très appréciés pour les mets sucrés. Par temps chaud, les desserts froids remplacent souvent un repas complet. Depuis peu, les sucreries en provenance de l'étranger sont très prisées par les Chinois de Singapour, comme par exemple un dessert malais composé de patates douces, d'igname et de lait de coco, ou encore l'*ice kacang* : il s'agit d'un mélange de haricots rouges cuits, de grains de maïs et de dés de gelée multicolores, recouvert d'un cône de copeaux de glace et nappé de sirop coloré et de lait condensé. On se fraie un passage à travers ce monticule glacé avec une cuillère. Mais cette douceur ne se déguste pas exclusivement après les repas.

Zhi ma hu
Crème de sésame noir

40 g de riz
100 g de graines de sésame noires
125 cl d'eau
200 g de sucre

Faites tremper le riz pendant une heure, puis égouttez-le. Ôtez les grains de sable du sésame. Lavez-le, égouttez-le et séchez-le (cela peut être fait la veille). Faites griller les graines de sésame à sec dans une poêle ou au four pendant 5 à 10 minutes. Versez-les ensuite dans un mixer avec le riz et un peu d'eau. Mixez jusqu'à ce que la masse soit bien lisse. Passez ce mélange à travers une passoire dans une casserole. Ajoutez le sucre et le reste d'eau. Faites frémir à feu doux en remuant constamment, jusqu'à ce que le mélange épaississe. Servez dans de petites coupes.

Yin guo yu ni
Pâte d'igname aux noix de *ginkgo*

2 rhizomes d'igname de taille moyenne, bien brossés, épluchés et coupés en tranches
15 noix de *ginkgo* cassées, trempées dans l'eau chaude et pelées (ou, à défaut, des noix en conserve)
200 g de sucre
1 échalote pelée et finement émincée
2 cuil. à soupe d'huile

Faites cuire à l'étuvée le rhizome d'igname coupé en tranches. Une fois cuit et tant qu'il est encore chaud, écrasez-le pour obtenir une purée.
Faites cuire les noix de *ginkgo* (graines de *Ginkgo biloba*), puis jetez l'eau et égouttez-les (les noix en conserve sont déjà cuites : il suffit de les égoutter avant emploi). Mettez les noix dans une poêle, ajoutez 1 cuil. à soupe de sucre et faites griller en remuant jusqu'à ce que le sucre fonde et recouvre les noix. Réservez.
Faites chauffer l'huile et faites griller l'échalote émincée jusqu'à ce qu'elle soit brune, pour aromatiser l'huile. Retirez l'échalote.
Dans cette huile aromatisée, faites griller le rhizome d'igname écrasé, ajoutez le reste du sucre et remuez constamment. La pâte doit être lisse et brillante. Ajoutez les noix de *ginkgo* et remuez.

Longyan dou fu
Gelée à l'arôme d'amande et aux longanes ou au cocktail de fruits

7 g de lamelles d'*agar-agar* (ou, à défaut, de la gélatine en feuilles)
150 cl d'eau
200 g de sucre
37,5 cl de lait frais
1 cuil. à café d'essence d'amande
1 boîte de longanes ou de cocktail de fruits

Coupez chaque lamelle d'*agar-agar* en trois, lavez-les et faites-les tremper dans de l'eau pendant 30 minutes. Égouttez, puis faites frémir à feu moyen avec les 150 cl d'eau dans une casserole peu profonde jusqu'à dissolution de l'*agar-agar*. Si vous utilisez de la gélatine à défaut d'*agar-agar*, faites-en tremper les feuilles comme indiqué sur l'emballage.
Ajoutez le sucre dans la casserole et portez à ébullition. Incorporez doucement le lait et l'essence d'amande puis retirez du feu. À travers une passoire, transférez le mélange dans une jatte plate pour obtenir une gelée d'environ 2 mm d'épaisseur. Laissez refroidir et mettez la jatte au réfrigérateur. Lorsque le mélange est bien ferme, coupez-le en dés ou en losanges.
Pour servir, disposez les morceaux de gelée dans un plat et répartissez par-dessus les longanes ou le cocktail de fruits.

Hong dou tang
Bouillie sucrée de haricots rouges

300 g de haricots rouges lavés et trempés pendant 1 heure
75 cl d'eau
1 morceau d'écorce de mandarine séchée
120 g de sucre

Pour la crème à la noix de coco :
200 g de noix de coco râpée
12,5 cl d'eau
1 pincée de sel

Mettez les haricots ramollis et l'écorce de mandarine dans une grande casserole remplie d'eau et portez à ébullition. Réduisez le feu et laissez frémir à feu doux, jusqu'à ce que les haricots soient cuits. Incorporez le sucre et portez de nouveau à ébullition.
Mélangez la noix de coco râpée avec 12,5 cl d'eau, et pressez ce mélange dans une mousseline pour en extraire le lait. Faites chauffer le lait de coco avec le sel dans une poêle jusqu'à ébullition. Laissez refroidir.
Servez la bouillie de haricots rouges dans des coupes individuelles et nappez d'1 cuil. à soupe de crème à la noix de coco.

He tao hu
Bouillon de noix sucré

200 g de cerneaux de noix
60 g de dattes rouges chinoises, séchées
50 cl d'eau
100 g de sucre roux
3 cuil. à soupe de farine de maïs, mélangée avec 3 cuil. à soupe d'eau

Faites cuire les noix pendant environ 10 minutes, jusqu'à ce qu'elles soient molles. Jetez l'eau de cuisson, égouttez les noix et enlevez la peau à l'aide d'un cure-dents tant qu'elles sont encore chaudes.
Faites tremper les dattes rouges dans de l'eau chaude et dénoyautez-les.
Mettez dans un mixer les noix, les dattes et 50 cl d'eau. Mixez jusqu'à ce que la masse soit bien lisse.
Versez 1 l d'eau dans une marmite. Ajoutez le sucre roux, puis la purée aux noix. Remuez et portez à ébullition à feu doux. Incorporez alors le mélange de farine de maïs et d'eau, et portez le tout de nouveau à ébullition, en remuant constamment pour lier le liquide. Servez ce bouillon sucré dans des coupes.

Selon la médecine traditionnelle chinoise, les noix ont la réputation d'améliorer les performances intellectuelles. Quand on regarde une noix de très près, le lien est d'ailleurs évident.

Faites frire la crêpe dans l'huile bouillante des deux côtés.

Lorsque la crêpe est bien dorée, sortez-la de l'huile.

Avec un couteau, coupez-la en deux dans la longueur, puis en six dans la largeur.

Saupoudrez de graines de sésame et servez tiède.

新年 Le nouvel an

Les préparatifs pour cet événement important commencent quinze jours à un mois à l'avance. On nettoie la maison de fond en comble. On repeint les murs, on lave les rideaux. Pour le nouvel an, tout doit avoir l'air neuf. La veille du grand jour, les achats de provisions, de plantes et de rouleaux de papier rouge ornés de proverbes souhaitant bonheur et prospérité atteignent leur point culminant. On prépare de petits paquets rouges (*hong bao*) contenant de l'argent pour les offrir aux enfants, aux célibataires ou aux grands-parents. Tout est traditionnellement offert par paire ; le paquet ne doit donc jamais contenir un billet ou une pièce unique ! La veille du nouvel an, la famille se réunit le soir pour partager un repas porte-bonheur où figurent impérativement les ingrédients suivants : poulet, crevettes, poisson, vessies natatoires de poisson, concombre de mer, champignons, ailerons de requin, ormeaux, algues, canard pressé et petites saucisses. Le jour du nouvel an, on rend visite aux amis et aux parents. On échange deux mandarines et on offre de petits paquets rouges. Les couleurs porte-bonheur sont le rouge, le rose et l'orange, le noir est tabou. On offre aux visiteurs des friandises, servies sur un plateau octogonal.

Mais ce jour-là est aussi rempli de contraintes : il ne faut pas prononcer de mots portant malheur et ne pas toucher d'objets coupants. Les repas de la journée sont par conséquent préparés la veille. Il s'agit généralement de plats végétariens composés de choux, de champignons, de bâtonnets de *tofu*, de zostères et de vermicelles. Il faut éviter de laisser tomber ou de casser quelque chose. Lessiver le sol ce jour-là signifierait aussi lessiver son propre bonheur. Tous ces tabous ont pour objet de faire en sorte que l'année nouvelle apporte bonheur et prospérité.

Les festivités durant une quinzaine de jours, on continue à se rendre visite pendant toute cette période. Le troisième jour, on ne doit toutefois rendre visite à personne, car cette journée est particulièrement propice aux querelles. Le deuxième ou le quatrième jour, on peut conclure des affaires, mais jamais le troisième jour !

Comme le bruit chasse le mal ou le malheur, les danseurs déguisés en lions sont très demandés durant ces quinze jours. Les troupes itinérantes se rendent dans les hôtels, dans les maisons privées et dans les établissements de commerce où sont suspendus des *hong bao*. Les danseurs sautillent au rythme des cymbales et des tambours et montrent leur adresse en se hissant pour former des pyramides et attraper les petits paquets rouges.

Le septième jour du nouvel an, c'est l'anniversaire de tout le monde. À cette occasion, on mange de la salade de poisson cru (*yusheng*). Pour cette salade, on utilise de très fines tranches de poisson cru, des légumes finement râpés, de la limette et du melon confits, du gingembre rouge et blanc mariné, du pomelo, des graines de sésame, de la méduse et des noix broyées que l'on fait sauter dans un assaisonnement à base d'huile, de beurre de prunes, de poivre et de cannelle moulue. On lance cette salade en l'air avec les baguettes en criant *lo hei !* pour souhaiter bonheur et richesse.

En bas : plusieurs semaines avant le grand jour, les rues se remplissent d'éventaires proposant les mets traditionnels du nouvel an.

À droite : un énorme choix de petites saucisses sèches et de canards pressés pour le repas de famille.

Des saucisses de porc séchées et couvertes d'un gla-çage ; la couche extérieure porte le nom de cire, bien que ce n'en soit pas.

Certaines de ces saucisses, séchées à l'air libre, à cet aspect ciré, contiennent également du foie.

Les morceaux de canard pressé, dont certains ont été désossés, remportent un énorme succès le jour du nouvel an.

Un grand choix de fruits, glacés et confits, ainsi que des noix, est proposé aux acheteurs.

On offre des calebasses avec des autocollants porte-bonheur, que l'on expose ensuite à la maison.

Les gâteaux spéciaux du nouvel an à base de riz gluant et de sucre sont naturellement rouges.

On peut faire calligraphier à l'encre dorée des souhaits de bonheur, de santé et de prospérité.

À cette période, les gâteaux de lune du nouvel an, cuits à la vapeur, sont sur toutes les tables.

Pour changer, du *sweetmeat* grillé (viande de porc séchée, couverte d'un glaçage au sucre).

Le quinzième et dernier jour des festivités, apparaît la première pleine lune. Autrefois, les jeunes filles jetaient ce jour-là des oranges dans la mer, en formant le vœu de trouver un mari beau et riche, et on tirait des pétards. Aujourd'hui, les familles se réunissent plutôt autour d'un bon repas et les jeunes couples sortent.

Le retour des dieux

Le 24e jour du 12e mois lunaire à minuit, les dieux doivent retourner au ciel. Le dieu de la cuisine jouit d'un traitement privilégié, car toute l'année, il a entendu les bavardages de la maison et a rassemblé des informations qu'il relatera à l'Empereur de Jade. Pour cette raison, on lui consacre, avant son départ, une grande fête d'adieu accompagnée d'offrandes végétariennes : les sucreries sont destinées à adoucir sa langue, les mets gluants à compliquer son compte rendu et le vin à entraver sa capacité de jugement. Les hommes d'affaires prient le dieu de la richesse et lui offrent des douceurs pour lui souhaiter la bienvenue après son voyage au ciel. Il peut apparaître sous de nombreuses formes : guerrier, ministre, citoyen, homme d'affaires ou héros.

L'Empereur de Jade est le maître du ciel. Il est très vénéré car tous les autres dieux lui sont soumis. À l'occasion de son anniversaire, le 9e jour du premier mois lunaire, on dresse en son honneur une table débordant de victuailles et décorée de papier d'encens doré et de palais de papier. Parmi les offrandes on trouve du porc grillé, des coqs choisis pour leur belle taille et leur grande crête, ainsi qu'un gros canard élevé spécialement pour ce grand jour. On offre en outre des fruits, en particulier des mandarines, des gâteaux de lune spéciaux, des fruits de mer cuits, de brioches d'anniversaire en forme de pêches pour souhaiter longue vie, un « cochon » fabriqué avec des cacahuètes, ainsi que d'autres offrandes végétales, du vin et de la canne à sucre, car dans le dialecte du Fujian, leurs noms sonnent comme « remercier ». Les fruits doivent être décorés de bandes de papier rouge pour porter bonheur. Après la prière dite par chaque membre de la famille devant l'autel, on peut alors débarrasser celui-ci et consommer les aliments.

On vend dans les rues toutes sortes de guirlandes et de décorations rouge et or, car chaque maison doit porter son habit de fête pour le nouvel an, afin d'inviter le bonheur à entrer.

柚子 Le pomelo

Le pomelo fait partie de la famille des agrumes. Son écorce, d'épaisseur différente selon la variété, peut présenter toutes les nuances allant du vert au vert-jaune. Pour choisir un fruit, il suffit de bien le soupeser. Lorsque le pomelo est lourd et ferme, il est généralement juteux. Pour ouvrir ce fruit, on le coupe en croix dans le sens de la longueur, ce qui permet de détacher l'écorce au fur et à mesure. Avec un couteau à fruits, on enlève ensuite la peau blanche cotonneuse qui adhère à la chair. Le fruit lui-même se compose de segments entourés d'une membrane fine mais ferme, que l'on enlève avant consommation.

Les ménagères cantonaises font braiser l'épaisse écorce fraîche dans une sauce brune consistante. L'écorce étant très poreuse, l'arôme de la sauce pénètre facilement. Pour préparer ce plat, on fait d'abord cuire l'écorce dans l'eau pour qu'elle perde son goût amer. On la coupe ensuite en morceaux que l'on met à tremper dans de l'eau froide avant de bien les presser. Les morceaux sont alors mis à cuire avec un peu de saindoux, des crevettes, du bouillon de poule, de la sauce d'huîtres et de l'huile de sésame. On peut remplacer les crevettes par de la viande de porc. L'écorce de pomelo préparée de cette manière serait encore plus savoureuse que la viande de poulet. On peut également la faire sécher au soleil après l'avoir finement coupée, et la faire brûler dans un brûle-parfum, ce qui permet de chasser les moustiques. Enfin, les fleurs du pomelo sont utilisées en Chine pour aromatiser le thé.

Le pomelo joue un rôle particulier les jours de fête, et surtout le jour du nouvel an, car son nom chinois – *luk yao* – ressemble au mot signifiant « abondance », ce qui est une allusion à l'abondance de bonheur. Sa forme arrondie est symbole de plénitude. Lorsque l'on mange ce fruit en couple ou qu'on en fait cadeau, on exprime le vœu que ce qu'il incarne se réalise.

Le pomelo fait également partie des offrandes aux dieux, car on lui prête des pouvoirs magiques. Les croyants se lavent avec de l'eau dans laquelle a trempé une écorce de ce fruit pour se protéger de l'influence des mauvais esprits.

Pour choisir un pomelo, il suffit de bien le soupeser ; les agrumes lourds promettent une chair plus juteuse.

Pour préparer des *lian rong shao bing*, on enroule de la pâte de saindoux dans de la pâte de farine. En étalant cette pâte, on obtient plusieurs couches minces.

Lorsqu'on enroule les bandes, les différentes pâtes grasses forment de nouvelles couches. On les déroule et on les enroule encore une fois.

Enfin, on forme des galettes plates à la main. Mise à cuire au four, cette pâte réagit alors comme de la pâte feuilletée.

蓮籽豆包

Lorsqu'on achète ces brioches dans les magasins, elles ne sont pas badigeonnées de jaune d'œuf, mais portent des idéogrammes rouges porte-bonheur.

Les petites galettes de pâte aplaties sont farcies, avant la cuisson, d'une pâte de lotus sur laquelle on replie les bords.

On roule les boulettes farcies avec la paume de la main sur une planche à pâtisserie, on les aplatit légèrement et on les saupoudre de quelques graines de sésame.

La touche finale : un idéogramme porte-bonheur (« bonheur suprême ») rouge. Quand on fait ces brioches soi-même, on les glace simplement au jaune d'œuf.

Symboles et mets

Pour les Chinois, se nourrir ne signifie pas simplement se rassasier, mais également rester en bonne santé, ce qui leur permet d'espérer réussite, richesse et une belle vie de façon générale. Le destin d'un Chinois semble être influencé par les signes, bons et mauvais, qu'il rencontre partout, qu'il recherche et qu'il manipule. Ainsi, le chiffre 8 par exemple est un signe positif car sa résonance est la réussite, tandis que le 4 est négatif, car sa résonance est la mort. On recherche donc autant que possible le 8 – par exemple pour le numéro de sa maison ou pour l'immatriculation de sa voiture. Le rouge et le jaune portent bonheur. C'est la raison pour laquelle ces couleurs brûlent de tous leurs feux à l'occasion du nouvel an chinois, où il s'agit d'aiguiller le bonheur pour l'année à venir. Enfin, les dattes rouges ou les mandarines jaune doré constituent des symboles de bonheur de par leur nature même. *Ho see*, le mot cantonais signifiant « huître », laisse entendre bien-être et bonnes actions. C'est pourquoi on en mange au nouvel an, de même que *bao yu* – ormeau – qui promet réussite et prospérité, ou *luk yao* – pomelo –, promesse d'abondance. Et une petite brioche porte-bonheur, farcie de pâte de lotus, ne peut faire que du bien…

Lian rong shao bing
Brioches chinoises farcies de pâte de lotus
(pour 20 brioches)

250 g de farine
125 g de saindoux
1 cuil. à soupe de sucre
600 g de pâte de lotus (voir recette p. 90)
1 jaune d'œuf
1 cuil. à soupe de graines de sésame

Pour la pâte de saindoux :
180 g de farine
120 g de saindoux

Tamisez la farine dans une jatte, ajoutez le saindoux et pétrissez à la main. Incorporez progressivement 12,5 cl d'eau et le sucre. Pétrissez jusqu'à obtenir une pâte molle et souple. Laissez reposer pendant 30 minutes. Préchauffez le four à 180 °C. En attendant, pétrissez les ingrédients pour la pâte de saindoux. Divisez chaque pâte en 20 parts. Enveloppez chaque fois un morceau de pâte de saindoux dans la pâte de farine, étendez la pâte au rouleau, enroulez-la et recommencez ces deux manipulations. Formez ensuite une boulette à la main, faites un creux dans lequel vous déposerez un peu de pâte de lotus. Refermez la pâte et formez des galettes rondes. Badigeonnez de jaune d'œuf, saupoudrez de graines de sésame et faites cuire au four à mi-hauteur pendant 15 minutes.

Le mot « zostère » (*facai*) sonne comme prospérité, comme dans *gongxi facai*, les salutations que l'on échange quand on rencontre des amis ou des parents.

Le mot signifiant « poisson » (*yu*) sonne comme celui qui signifie « richesse » ; en consommer peut donc contribuer à l'obtenir, à la conserver ou à l'accroître.

Lorsque l'on cuit de l'estomac de poisson séché (*yu piao*) dans un potage, celui-ci prend du volume. Celui qui le mange peut espérer que son bonheur en fera autant.

Le mot cantonais pour « concombre de mer » (*hoy sum*) sonne comme « bonheur » ou « joie », et puisqu'il gonfle dans l'eau, la joie grandira elle aussi.

Les dattes rouges (*hong zao*) ne sont pas seulement rouges, mais également sucrées, et peuvent donc à la fois porter bonheur et adoucir la vie.

Les graines de melon (*gua zi*) qui se développent abondamment dans les fruits, symbolisent une descendance nombreuse.

La couleur jaune d'or du potiron en fait un symbole de bonheur promettant un accroissement certain de la prospérité.

Deux mandarines offertes au nouvel an sont l'équivalent d'un souhait de richesse, car le mot signifiant « mandarine » (*kam*) sonne comme celui qui signifie « or ».

Les fêtes chinoises

中國傳統節日

Les Chinois savent toujours lier leurs fêtes à des plats spéciaux adaptés à la saison à laquelle ces festivités ont lieu. Outre le nouvel an, les événements les plus importants du calendrier singapourien sont la fête des bateaux du dragon, la fête des esprits affamés et la fête de la mi-automne.

Fête des bateaux du dragon

La fête des bateaux du dragon a lieu le 5e jour du 5e mois lunaire, c'est-à-dire à peu près au début du mois de juin. L'une des légendes sur l'origine de cette fête a pour sujet Qu Yuan, ministre du gouvernement. À cause d'une intrigue fomentée par des fonctionnaires corrompus, il fut déshonoré et banni. À la suite de quoi, découragé, il erra à travers le pays et se mit à écrire des poèmes. Un jour, sa misère lui sembla si grande qu'il se noya. Quelques pêcheurs qui l'avaient observé ramèrent immédiatement à sa recherche. Ne l'ayant pas trouvé, ils jetèrent du riz dans le fleuve pour apaiser son esprit. Ce riz est à la base des croquettes en forme de petites pyramides triangulaires, que l'on appelle *zong*. Les pêcheurs partis à la recherche du poète ont ainsi été à l'origine de la fête des bateaux du dragon. La proue des bateaux a la forme d'une tête de dragon, et les hommes rament au rythme des battements de tambour. La tête de dragon et le bruit sont destinés à chasser le monstre du fleuve qui pourrait menacer l'esprit du poète mort. Aujourd'hui, on organise tous les ans, au début de la fête, une course des bateaux du dragon, et l'on déguste des *zong* à la mémoire du ministre et poète.

Les croquettes doivent leur forme pyramidale à la façon particulière de plier l'une sur l'autre les deux feuilles de bananier dans lesquelles on les fait cuire. Elles se composent de riz gluant, éventuellement avec une farce sucrée ou piquante. Pour les préparer, on fait tremper le riz dans de l'eau mélangée avec de la cendre de soude qui jaunit les grains et leur donne un goût unique. On roule les croquettes cuites dans du sucre ou on les trempe dans du miel. Les farces sucrées sont à base de pâte de haricots ou de lotus. La farce piquante se compose de porc grillé haché avec des échalotes, de l'ail, des épices et rehaussé de châtaignes, de champignons et de crevettes. Les végétariens optent pour les *zong* aux champignons et aux haricots noirs. La variante de luxe contient un jaune d'œuf salé.

La fête des esprits affamés

Cette fête a lieu au 7e mois lunaire et les festivités durent tout un mois. On raconte que c'est à ce moment-là que les portes du purgatoire s'ouvrent pour libérer les esprits de toutes les âmes abandonnées qui errent sur terre. Il faut les apaiser en leur offrant un grand nombre de plats, de fruits, de fleurs et en faisant brûler d'énormes bougies, du papier et des bâtons d'encens. Cette période étant de très mauvais augure, personne ne songerait à se marier pendant la durée des festivités.

À cette époque, on voit souvent de longues rangées de tables aux bords des rues, débordant d'offrandes de nourriture. On érige des scènes pour jouer les opéras chinois. De nos jours, ces représentations ont été remplacées en de nombreux endroits par les prestations de chanteurs pop chinois célèbres, comme si les esprits eux-mêmes voulaient se mettre au diapason de l'époque actuelle. On peut néanmoins supposer que ce sont davantage les intérêts des vivants qui sont sur le devant de la scène que ceux des morts, car ces représentations et offrandes sont activement sponsorisées par les commerçants et les hommes d'affaires des environs. Après les festivités, tous les participants se partagent les nombreux mets et délices.

Pour rendre les esprits conciliants, on offre une profusion d'aliments et on brûle également d'innombrables bâtons d'encens.

Quand on leur ouvre les portes, les esprits affamés et abandonnés trouvent tout ce qu'ils désirent.

Pour cuire le riz gluant au *wok*, on fait d'abord griller de l'ail, puis on ajoute le riz.

On répartit des épices sur le riz, notamment de la poudre aux cinq épices.

Ensuite, on mélange soigneusement toutes le épices avec le riz.

Rapidement, on répartit une dose de sauce de soja sur le riz en train de griller.

On remue jusqu'à ce que la sauce et le riz soient bien mélangés.

Après, on met le riz cuit à refroidir dans une grande corbeille tressée.

On fait tremper les feuilles de bananier séchées et cassantes pendant 3 à 4 heures.

Pour obtenir une forme conique, on superpose deux feuilles de bananier.

On remplit le cornet de riz, porc, champignons, crevettes et châtaignes.

On couvre le tout avec du riz, on plie le paquet et on le ferme avec un brin végétal.

Des balluchons entiers de ces paquets cuisent à la vapeur 1 heure et demie.

Les zong existent avec des farces aux saveurs différentes.

Fête de la mi-automne
(Fête des gâteaux de lune)

Cette fête, que les enfants célèbrent par des défilés de lanternes, a lieu le 15e jour du 8e mois lunaire. C'est ce jour-là que la lune est la plus pleine et la plus claire. On déguste des gâteaux de lune ou on en offre. Selon la légende, ceux-ci ont été inventés jadis pour y cacher des messages appelant à la rébellion contre la brutale domination mongole. On coupe les gâteaux de lune en petites tranches très fines et on les savoure en buvant du thé chinois.

La pâte aux diverses farces est mise dans des moules spéciaux, badigeonnée de jaune d'œuf puis cuite au four. Les farces traditionnelles sont à base de pâtes sucrées de haricots noirs ou de lotus, avec ou sans jaune d'œuf salé, ou contiennent un mélange de noix et de melon confit. Les recettes modernes proposent des farces au *durian* ou à l'igname. Outre les gâteaux cuits au four, il existe également un gâteau blanc cuit à la vapeur que l'on appelle « peau de neige ».

月餅

101

Au restaurant

Pour savourer pleinement un repas dans un restaurant de Singapour, il faut être au moins quatre convives, car plus on peut goûter et partager de plats différents, plus intéressante est l'expérience. Contrairement aux habitudes alimentaires occidentales, il n'est pas usuel de commander un menu par personne dans les restaurants chinois. Pour faire son choix, on veille à ce que la saveur et la composition des plats soient équilibrées. On commence par un plat léger, un hors-d'œuvre froid ou un potage, et on passe ensuite à la volaille, à la viande, au poisson et aux légumes. Si l'on renonce au simple riz blanc comme garniture, on termine le repas avec des nouilles, du riz grillé ou autre plat de riz. Il est également conseillé de combiner des plats préparés de façons différentes.

Pour les occasions particulières telles que les anniversaires et les mariages, on commande huit à dix plats différents, voire plus, pour chaque table de dix personnes. Pour souligner son statut social élevé, on commande du cochon de lait, des ailerons de requin et des ormeaux. À l'occasion d'un anniversaire, les ravioles en forme de pêches

Au début du repas

Un menu chinois commence toujours par des légumes marinés aigre-doux, des cacahuètes cuites ou des noix sucrées. Parmi ces légumes marinés, on trouve carottes, radis ou concombres. On coupe les deux premiers en tranches ou en lamelles, mais les concombres seulement en tranches. On les saupoudre de sel et on les fait dégorger environ 30 minutes. On rince, puis on presse éventuellement les légumes. Ils seront à la fois plus souples et plus croquants. Enfin, on les fait mariner pendant au moins 6 heures dans un mélange de vinaigre et de sucre.

Les grosses cacahuètes sont cuites avec leur peau dans de l'eau à laquelle on ajoute un peu de sel et de poudre aux cinq épices. Quant aux noix, on les fait brièvement cuire dans un sirop à base de sucre et de sucre de malt, on les égoutte puis on les fait frire.

sont indispensables, car elles sont symboles de longévité. Pour une raison évidente, on ne coupe jamais les pâtes. Ces repas sont accompagnés de thé chinois, bière, *brandy* pur avec des glaçons ou *brandy* avec du *ginger ale* (boisson gazeuse au gingembre). Tout au long d'un repas de fête retentit le cri bruyant et continu: *yam seng!* qui signifie approximativement « cul sec! » Cette coutume peut entraîner une sorte de compétition au cours de laquelle chaque tablée essaie de crier plus fort (et plus souvent) que les autres.

Les dîners chinois ne commencent jamais à l'heure. Il peut se passer une heure avant que ne débute le service, car les hôtes continuent à arriver longtemps après l'horaire indiqué sur le carton d'invitation. En effet, les convives ne veulent surtout pas paraître trop avides, aussi préfèrent-ils arriver tard.

Le repas est généralement servi plat par plat. Dans certains restaurants, c'est une serveuse qui fait le service; dans d'autres, on se sert soi-même. Après le dernier plat, on distribue des serviettes chaudes et humides, et les hôtes quittent les lieux peu après. C'est avant ou pendant le repas que l'on cultive ses relations sociales.

Qu'il s'agisse d'une grande soirée ou d'une fête intime, ce ne sont pas les occasions qui manquent pour un banquet à plusieurs plats (voir page de droite).

冷盤

Leng pan : hors-d'œuvre avec *tofu* frit appelé « oie pour végétarien », méduse marinée et crevettes sur salade, canard rôti et omelette aux ailerons de requin.

蟹肉魚翅

Xie rou yu chi : potage aux ailerons de requin ; on les fait cuire dans un fond avec de la chair de crabe, du porc et du poulet, ainsi que du jambon de Yunnan.

炸雞

Zha ji : le poulet frit croustillant est divisé en petits morceaux et dressé dans un plat de service accompagné de sel grillé dans une coupelle.

醬蒸尼羅

Jiang zheng ni luo hong : la *tilapie* ou *tilapia* rouge (poisson d'eau douce) est cuite à l'étuvée dans une sauce de soja fermentée et garnie d'oignons nouveaux.

醉蝦

Zui xia : les crevettes vivantes sont mises à mariner dans du vin de riz gluant (crevettes ivres) avant d'être cuites dans un bouillon de légumes.

北菇爬樹

Bei gu pa shi shu : ces champignons parfumés sont braisés dans une sauce brune avec des légumes-feuilles d'Extrême-Orient, de l'ail et des oignons nouveaux.

炸鬲貝芋頭

Yu rong zha dai zi : on enrobe les coquilles Saint-Jacques d'une purée d'igname, on les fait frire puis on les sert avec une sauce aigre-douce.

干燒伊麵

Gan shao yi mian : ce sont des nouilles *yee fu* sautées à la poêle avec de la ciboulette-ail et des champignons de paille (cultivés sur de la paille de riz).

壽桃

Shao bao : ces ravioles en forme de pêches, symboles de longévité, sont indispensables à la table de tout banquet d'anniversaire ou de mariage.

Le couvert chinois

Au restaurant chinois, le couvert se compose d'une assiette pour les plats, d'un bol en porcelaine et d'une cuillère en porcelaine pour le potage et le riz, d'une coupelle pour la sauce de soja et/ou les rondelles de piment, d'une paire de baguettes, d'une cuillère pour se servir et d'une tasse à thé. L'assiette se trouve au centre du couvert, le bol et la cuillère en porcelaine au-dessus de l'assiette, la coupelle pour la sauce sur le côté droit du bol, les baguettes et la cuillère pour se servir sur un porte-couteau sur le côté droit de l'assiette, et la tasse à thé à droite, à côté des baguettes.

Les baguettes

Il ne faut jamais embrocher les aliments avec les baguettes. Gesticuler avec les baguettes quand on parle est également un signe de mauvaise éducation – à moins que l'on ne désire inviter expressément quelqu'un à partager son repas. Il n'est pas de bon ton non plus de les introduire dans la bouche en mangeant, ni de les planter dans le bol de riz comme des bâtons d'encens dans une urne d'autel. Faire tomber des baguettes annonce à coup sûr un malheur. Il est en revanche permis de taper sur la table avec les baguettes pour les équilibrer.

食品雕刻術 Les figures ornementales

Dans certains restaurants chinois, la présentation des plats a été élevée à une forme d'art. On façonne certains tubercules ou légumes à l'aide de techniques raffinées, créant ainsi des fleurs – tulipes et chrysanthèmes – ou bien on arrange tous les ingrédients d'un plat froid en un doux paysage ondulé de collines.

Lorsque ces tubercules se transforment en figures destinées à être le point de mire d'une tablée, ils se doivent d'être bien plus que beaux : ils ont aussi pour vocation de promettre une longue vie – comme Shu au milieu des ravioles en forme de pêches –, une abondante descendance – comme Fu – ou la prospérité – comme Lu. On y trouve aussi, sculptés dans des melons d'hiver destinés à servir de bol de soupe, des idéogrammes promettant succès et réussite. Et ces beaux objets porteurs de souhaits sont réutilisables : en effet, ces figures enchantent plus d'un banquet avant d'être jetés.

Avec un peu de talent, beaucoup de pratique et l'outil adéquat, une carotte se transforme en oiseau.

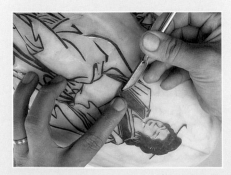

Il faut au moins deux heures, même à un artiste expérimenté, pour faire apparaître une fée sur un melon.

Cette fleur de lotus sculptée dans un rhizome d'igname trônera bientôt dans un plat de hors-d'œuvre froids.

Aussi éphémères qu'elles puissent paraître, ces œuvres d'art peuvent décorer plusieurs buffets.

Cette pastèque luxueusement décorée porte à merveille l'idéogramme chinois de la prospérité.

中國酒 Les vins

Les vins chinois ne sont pas à base de raisin mais de riz, de blé ou de millet et peuvent être aromatisés avec des feuilles de roses ou de chrysanthèmes. On les boit généralement chambrés, mais jamais froids. Leur teneur en alcool est très variée; ils contiennent parfois des ingrédients étranges; certains d'entre eux se boivent à la cuillère et non au verre. Les vins chinois constituent à la fois une boisson, une offrande et un remède. Dans ce dernier cas, leur utilisation est extrêmement variée: ils ont la réputation de calmer les rhumatismes, de fortifier les reins et le foie, d'améliorer les capacités physiques et intellectuelles ainsi que la longévité, de fortifier le sang, de stimuler la circulation et de réchauffer les organes de reproduction des accouchées.

1 *Yao jiu*: pour ce fortifiant à base d'herbes, on fait mariner différents remèdes dans du vin de riz pendant six mois ou plus. Parmi ces remèdes, on compte le célèbre ginseng, mais aussi *Cordyceps sinensis*, les lyciets de Barbarie, la renouée, ainsi que les rhizomes de sceaux de Salomon et d'angélique. Il suffit d'en consommer 20 ml par semaine pour renforcer les reins, les yeux et les cheveux, améliorer la circulation sanguine et le teint.

2 *Kao liang jiu*: ce vin de millet date de l'époque de Confucius, c'est dire qu'on le connaît depuis toujours. Comme le gin, il est transparent, mais beaucoup plus fort, avec une teneur en alcool de 55 à 60 %.

3 *Shao hsing chia fen jiu*: le vin de riz gluant de la région autour de Shao Hsing, dans le sud de la Chine, provient lui aussi d'une très vieille recette. À l'origine, on aurait ajouté du millet au riz, mais l'empereur tyrannique Chun Chee Wong, qui fit construire la Grande Muraille, ordonna de remplacer le millet par une plus grande quantité de riz gluant. Ce vin, que l'on sert chaud, est aussi utilisé pour la cuisine.

4 *Mei kuei lu*: l'histoire du vin de roses est vieille de plus de 300 ans, époque de la dynastie des Ming. Le meilleur est originaire de Tiánjin. Pour le fabriquer, on coupe du vin de millet avant fermentation avec

藥酒 1   Yang Yan

高粱酒 2

紹興加飯酒 3

玫瑰露 MEI KUEI LU CHIEW PRODUCT OF TIANJIN   玫瑰酒 4

un distillat de feuilles de roses fraîches. On boit ce vin parfumé pur ou dans des cocktails. Il sert également d'assaisonnement pour les conserves de viande, pour le poisson cuit à l'étuvée ou le poulet.

5 *Xi han gu jiu*: cet excellent vin d'herbes est enrichi de huit remèdes : graines de thuya et d'une espèce de pin, lyciets de Barbarie, rhizomes de sceau de Salomon et fleurs d'une espèce de codonopside, ainsi que *geckos*, corne de cerf et testicules canins. Cet élixir de longue vie devient de plus en plus fort avec l'âge et soigne, entre autres, la sénilité, les problèmes d'audition et de vision. Des bouteilles de cette boisson ont été retrouvées dans des tombes de la dynastie des Han (206 av. J.C. – 260 ap. J.C.).

6 *Zhu ye qing jiu*: on coupe du vin de riz avec de jeunes feuilles de bambou. Cette boisson est légèrement amère et son arôme agréable. On la sert chambrée,

mais plutôt trop froide que trop chaude. Le vin de riz au bambou accompagne bien le poisson.

7 *Shao hing hua diao jiu*: ce vin de riz pour la cuisine ressemble au *shao hsing chia fen jiu* (3) et on le trouve aussi dans le commerce sous le nom de *huang jiu* (« vin jaune »). On le boit aussi chaud. Certains fabricants remplacent le riz en partie par du blé.

8 *She jiu*: pendant au moins six mois, on fait mariner dans du vin de riz des serpents, et notamment des cobras. Ils sont préalablement dépouillés de leurs intestins et de leur glandes à venin. À petites doses, ce vin de serpent réchauffe et a la réputation de combattre les rhumatismes.

5   6   7   8

百葉古酒   竹葉青酒   黃酒   蛇酒

Ngiam Tong Boon, un barman originaire du Hainan, a créé en 1915 au *Raffles Hotel* le cocktail appelé *Singapore Sling*.

Tiger

Quand on commande de la *Tiger* à Singapour, personne ne trouve cela étrange. On rencontre le nom de *Tiger Beer* (bière) presque à tous les coins de rue. Ce sont les Britanniques, grands amateurs de cette boisson, qui en favorisèrent la consommation. Cette bière est aujourd'hui largement répandue dans toute la région du Pacifique asiatique, où les brasseries qui la fabriquent sont nombreuses. *Fraser & Neave Ltd.*, une firme régionale, et *Heineken*, la brasserie hollandaise, ont fondé les « Brasseries Malaises », une entreprise commune qui commença en 1931 la fabrication de la *Tiger Beer*. Brassée à Singapour, elle ressemble à la *Heineken*. Le tigre étant le symbole de la force pour les Chinois, on opta pour ce nom. Aujourd'hui, on trouve la *Tiger Beer* dans cinquante pays.

Le *Raffles Hotel* ouvrit ses portes en 1887. Pendant plus d'un siècle, les personnalités importantes de la société, du monde des affaires, de la vie culturelle et du cinéma y descendirent, contribuant ainsi à la renommée de la maison, avant sa fermeture pour deux ans en 1989 afin de lui restituer sa splendeur passée.

Singapore Sling

Un séjour à Singapour comprend une étape incontournable : savourer un *Singapore Sling* au *Raffles Hotel* où fut créé ce célèbre cocktail. Cet hôtel de luxe, qui porte le nom de Sir Stamford Raffles, fut inauguré en 1887. À cette date, Raffles lui-même était déjà mort depuis soixante et un ans. À la recherche d'une base commerciale stratégique sur la route de la Chine, il avait accosté en 1819 à St. John's Island, visita Singapour, qui appartenait à l'époque à la zone d'influence du sultan de Johore, et mit en route la fondation du port franc. Lorsqu'il mourut à l'âge de 45 ans, Raffles n'avait séjourné en tout et pour tout qu'une seule année dans « sa » ville de Singapour, mais il y demeure néanmoins présent partout.

Le rouge éclatant du *Singapore Sling* illumine le comptoir du *Long Bar* du *Raffles Hotel* depuis 1915, année de sa création par Ngiam Tong Boon, un barman originaire du Hainan. Cet hôtel a hébergé de nombreuses personnalités, parmi lesquelles Somerset Maugham et Rudyard Kipling, qui ont toutes, sans nul doute, consommé plus d'un *Singa-pore Sling* au bar, lieu idéal s'il en est. Des ventilateurs en forme d'éventail, fixés au plafond, y diffusent une agréable fraîcheur, tandis que l'on sirote son cocktail tout en grignotant des cacahuètes. Le sol est d'ailleurs couvert d'un tapis d'écorces d'arachides.

L'étonnante teinte rouge du *Singapore Sling* vient du fait que cette boisson était initialement destinée aux dames ; mais parmi les 500 *Sling* servis quotidiennement au *Raffles*, tous ne sont pas consommés par des femmes. Certains hommes font le tour du monde pour siroter ce cocktail ; ainsi, en 1985, deux messieurs prirent le Concorde de Londres à Singapour, juste pour boire quelques *Slings* et rentrèrent à Londres l'après-midi même !

Singapore Sling

30 ml de gin
15 ml de *cherry brandy*
120 ml de jus d'ananas
15 ml de jus de limette
7,5 ml de Cointreau
7,5 ml de Bénédictine D.O.M.
10 ml de grenadine
1 goutte d'*Angustura-Bitter*
1 tranche d'ananas
1 cerise à cocktail

Secouez vigoureusement tous les alcools et jus de fruits mélangés à de la glace dans un *shaker*. Versez dans un verre et garnissez avec les fruits.

La Malaisie

Kalau tiada beras
Kerja tidak deras

Lorsqu'il n'y a pas de riz,
le travail ne se fait pas vite.

(Proverbe malais)

En Malaisie, lorsque deux hommes ou deux femmes se saluent, ils s'effleurent la main, puis la placent sur leur poitrine comme pour dire : « Je garde ton amitié dans mon cœur. »

Les Malais sont musulmans. Le Coran règle leur vie quotidienne. En matière culinaire, notamment, cela se traduit par l'interdiction de consommer du porc et de l'alcool. Le riz, qui constitue l'aliment de base, est servi à chaque repas. Le petit déjeuner, par exemple, peut se composer d'un *nasi goreng* (riz frit), d'un *nasi lemak* (riz à la noix de coco), d'un *lontong* (riz pressé) ou encore d'un *bubur* (sorte de pudding à base de riz). Ces plats s'accompagnent généralement de thé ou de café sucré, servi ou non avec du lait concentré.

À midi et le soir, le riz est servi avec quatre à cinq plats grillés ou braisés, accompagnés d'amuse-gueule, de piments et de *sambal* (sauce pimentée). Dans la cuisine malaise, l'échalote, le curry, l'ail, le piment et la pâte de crevette se marient au *galanga* de l'Inde, à la noix des Moluques et au lait de coco, sans oublier le tamarin, la verveine des Indes, les feuilles de limettier et le sucre de palme.

Les Malais ont le sens de l'hospitalité. Le visiteur inopiné sera toujours amicalement convié à partager le repas. Les mets sont consommés directement dans le plat. Bien que l'usage de la cuillère et de la fourchette tende à s'imposer, de nombreux Malais se restaurent encore en se servant de leur main droite. Sur la table, à portée de main, sont disposés une carafe d'eau et de petits bols afin que les convives puissent se rincer les doigts avant et après le repas.

Partager le repas constitue un aspect important de la vie sociale, même si, dans certaines familles traditionnelles, les hommes mangent seuls, les premiers, servis par leur femme. Ces pratiques ont cependant tendance à s'assouplir. Ainsi, les repas ne sont plus l'occasion d'un véritable rituel, comme au début du siècle, lorsque l'on ne cuisinait malais qu'à la maison. Aujourd'hui, les mets traditionnels sont proposés aussi bien au restaurant que dans les échoppes qui bordent les rues. Il est également possible de consommer des spécialités chinoises et thaïlandaises adaptées aux prescriptions alimentaires de l'Islam.

Les boissons

Leurs couleurs chatoyantes – rose, jaune, vert, or ou blanc – sont une véritable tentation dans la chaleur et l'humidité tropicales de la Malaisie. Dans toutes les échoppes, de nombreuses boissons invitent à se désaltérer. Quelques-unes sont des jus presque purs de fruits tropicaux – lime, goyave, pastèque, carambole ou canne à sucre –, dans lesquels on a parfois ajouté de la glace et quelques cuillerées d'un sirop aromatisé aux feuilles de pandanus pour susciter, chez le voyageur, la sensation de n'avoir jamais rien goûté d'aussi rafraîchissant.

En outre, les boissons malaises recèlent de délicieux mélanges. Le *katira*, que l'on consomme pendant le ramadan, se compose de lait concentré, de sirop de pandanus, d'eau de rose et de *biji selaseh*, graines parfumées d'une certaine variété de basilic. On retrouve ces graines dans l'*air selaseh*, une boisson obtenue en faisant bouillir de l'eau avec des feuilles de pandanus, du clou de girofle, de la cardamome et du sucre. L'*air jagung* est un mélange de maïs frais râpé mixé avec de l'eau et du sirop de pandanus. L'*air asam*, une boisson aromatisée au sirop de pandanus et à base de pulpe de tamarin bouillie, allie agréablement l'aigre au doux. Enfin, le *cendol* est une boisson nourrissante : ce lait de coco mélangé à du sucre de palme est agrémenté de petites larmes vertes de farine de pois.

Ceux qui préfèrent les boissons chaudes parce qu'elles ont la réputation de mieux étancher la soif opteront pour le *mata kucing*, un thé au sucre brun à base de gingembre frais, de feuilles de pandanus et de pulpe séchée de longane, un fruit rose à graine et à écorce, de la taille d'une cerise. Thé et café, agrémentés de lait concentré et de sucre, sont vendus dans la rue. En faisant bouillir une ou deux feuilles de pandanus dans l'eau du thé, on obtient un breuvage au parfum de vanille.

1 Jus de lime : le jus d'une grande lime, sirop, eau, glaçons.
2 Jus de pastèque.
3 Jus de tamarin.
4 *Banana Delight* : 2 bananes mûres, 30 ml de jus d'orange frais, 30 ml de jus d'ananas, 20 ml de jus de mangue et 10 ml de sirop de grenadine.
5 Jus de coco : noix de coco verte tranchée à l'une de ses extrémités. L'eau qu'elle contient, au goût sucré naturel, se boit avec une paille. On peut ensuite manger à la cuillère la chair encore tendre. Selon les Chinois, il est préférable de ne pas consommer trop souvent cette boisson, car elle affaiblirait la constitution.

Cultiver le thé

Les *Cameron Highlands* s'élèvent à environ 1 500 mètres d'altitude, dans l'État de Pahang, sur la péninsule malaise. Cette région montagneuse doit son nom à William Cameron, un géomètre de la Couronne britannique qui, en 1885, découvrit ce haut plateau alors encore préservé de la civilisation. Fuyant la chaleur de la côte, les colons aimaient se retirer dans ces montagnes à la fraîcheur paradisiaque. C'est également un Anglais, J. A. Russel, qui eut l'idée de lancer la culture du thé dans cette région accidentée particulièrement propice à cette activité. En collaboration avec le planteur A. B. Milne de Ceylan (Sri Lanka), il obtint une concession. C'est ainsi que, en 1929, le *Boh Tea Estate* vit le jour.

Les arbrisseaux de thé remplacèrent peu à peu la forêt primitive. Le défrichage de la jungle et la plantation furent effectués à la main, principalement par des Tamouls. Les Britanniques avaient en effet engagé ces Indiens afin de les aider à exploiter les richesses du haut plateau. Les nombreux Indiens installés aujourd'hui dans cette région sont des descendants de ces ouvriers. Le mulet était le seul animal employé dans les travaux de défrichage. Aujourd'hui, les cultures s'étendent sur 1 200 hectares et produisent chaque année 4 000 tonnes de thé, dont la moitié est destinée à la consommation intérieure. Le thé du *Boh Estate* est exporté notamment vers le Japon et les États-Unis.

Le thé cultivé dans les *Cameron Highlands* est un thé d'Assam, de la variété *Camellia assamica*. Il s'agissait, à l'origine, d'une plante tropicale tolérant à peine les climats tempérés. Des croisements répétés avec *Camellia sinensi*, qui supporte même le gel, ont permis d'obtenir une variété plus résistante. Dans la pépinière de la plantation, conformément à la tradition, on fait germer les graines. Celles-ci sont tout d'abord ramollies dans l'eau, ce qui permet aussi d'effectuer un premier contrôle de qualité : en effet, les graines trop légères remontent à la surface et sont éliminées. Les autres sont disposées sur des sacs de jute humides, pour permettre la germination.

Dès que les grains germent, ils sont transférés sur un lit d'argile mélangé à du sable. Contrairement à ce qui peut être pratiqué ailleurs, on procède ici par semis pour multiplier les théiers, plutôt que par greffe. Puis les jeunes arbrisseaux sont repiqués lorsqu'ils atteignent une hauteur d'environ 40 centimètres.

Sur 1 hectare de terrain, il est possible de disposer environ 12 500 plants. Les théiers sont plantés en rangées perpendiculaires à la pente, à 1 mètre de distance au maximum les uns des autres. Au bout de six mois, et jusqu'à la première récolte, soit environ quatre ans plus tard, ces plants doivent être régulièrement et soigneusement taillés afin d'acquérir leur forme caractéristique d'arbustes au ramage complexe, d'environ 1 mètre de haut. Sans cette intervention, les théiers pourraient atteindre 20 mètres. Le bourgeon terminal de chaque tige, puis les deux feuilles placées juste au-dessous, sont cueillis aussi souvent que possible. Dans les vallées d'Indonésie, il n'est pas rare d'effectuer trente cueillettes par an. Cette opération ayant pour conséquence d'affaiblir le plant, celui-ci nécessite une attention et des soins permanents.

1 Aujourd'hui encore, la cueillette des feuilles de thé se fait à la main.
2 Il faut cueillir un nombre incalculable de bourgeons et de feuilles terminales pour remplir une hotte.
3 Et il faut beaucoup de hottes pour pouvoir vivre de la cueillette...

4 Ce sont les trois premières feuilles terminales qui donnent la meilleure qualité de thé.
5 Après la cueillette, les hottes sont vidées et la récolte placée dans des sacs.
6 À la manufacture, les jeunes feuilles sont torréfiées, donnant le thé noir.

En Malaisie occidentale, les plantations de thé ont été littéralement « taillées » dans la forêt vierge.

L'immense tapis vert est régulièrement passé au peigne fin, pour qu'y soient débusqués d'éventuels bourgeons.

La noix de coco

Les noix de coco, qui ne sont pas à proprement parler des noix, mais les fruits du palmier *Cocos nucifera*, sont de nos jours encore cueillies à la main. Lorsque l'arbre est assez bas, on fait tomber les noix à l'aide d'une perche terminée par un crochet. Lorsque les arbres sont plus hauts, les cueilleurs mettent à l'épreuve leur agilité pour y grimper. Certains travaillent avec un singe (*beruk*) spécialement dressé pour cette tâche. Seuls les mâles sont sélectionnés. Le dressage commence à l'âge de six mois et en dure trois. L'animal, attaché à une longue laisse, est mené jusqu'à l'arbre. À l'injonction de son maître, le singe se met à grimper le long du tronc. À mesure qu'il monte, le dresseur déroule la laisse. Lorsque le singe s'arrête en route, comme cela arrive parfois, l'homme l'encourage de la voix. Une fois que l'animal a atteint le bouquet de palmes, le dresseur lance un nouvel ordre et tire sur la laisse. Le singe détache alors les noix de coco qui tombent au sol. Il travaille jusqu'à ce qu'une nouvelle injonction le fasse redescendre.

La noix de coco se compose d'une bourre épaisse et fibreuse, de couleur verte à orange, qui renferme une coque très dure de couleur brun foncé. À l'intérieur de celle-ci se cache l'amande de la noix de coco, de couleur blanche.

Le liquide contenu dans une noix de coco de huit mois (elle arrive à maturité à douze mois), que l'on appelle eau ou jus de coco (à ne pas confondre avec le lait de coco) est légèrement sucré et très rafraîchissant. Pour le boire, il suffit de trancher le sommet de la coque. À l'intérieur, on découvre ensuite la chair, gélatineuse et d'un blanc opalin. Pour la déguster, les Malais ont l'habitude de tailler une sorte de cuillère rudimentaire dans la coque. Les Chinois, quant à eux, évitent de boire de grandes quantités d'eau de coco, car ils pensent que cela modifie l'équilibre entre *yin* et *yang*. Les noix de coco mûres contiennent moins de jus et leur pulpe, beaucoup plus ferme, se détache plus difficilement. Dans les fruits très mûrs, on trouve parfois un germe de la taille d'un oignon ou d'une orange. Ce germe, comestible, est très sucré.

Les produits issus du cocotier, et notamment la noix de coco, font l'objet d'utilisations très diverses, en dehors de toute considération culinaire. Une fois la chair retirée, la coque dure peut être transformée

Les singes, dressés pour la cueillette des noix de coco, sont tenus par une longue laisse.

Un singe bien dressé fait tomber le fruit de l'arbre par l'action de la pesanteur.

La chair blanche de la noix de coco est mise à sécher au soleil. Lorsque sa teneur en eau a baissé de 50 % à 5 %, elle prend l'appellation de « coprah ». Elle est ensuite passée au moulin pour l'extraction de l'huile.

La bourre fibreuse qui entoure la noix de coco est comparable, d'un point de vue botanique, à la chair de n'importe quel fruit à noyau. Mais, sur un plan économique, elle offre beaucoup plus de possibilités.

en récipients de toutes sortes, louches, cuillères et autres ustensiles de cuisine. Les palmes du cocotier, quant à elles, sont séchées et peuvent servir de chaume pour recouvrir les toits (attap).

Les jeunes feuilles servent à la confection aussi bien de paniers, de chapeaux et de tapis, que de *ketupat* (pochettes pour les gâteaux de riz). Avec les feuilles plus anciennes, on enveloppe les aliments afin de les griller ensuite au feu de bois (*otak-otak*). Enfin, la nervure principale est assez solide pour y piquer des morceaux de viande et faire ainsi de savoureuses brochettes (*satay*). Ces nervures médianes conviennent aussi parfaitement à la fabrication de balais et de brosses.

Les fibres solides et élastiques de la bourre servent à rembourrer les matelas. Elles sont également utilisées dans la confection des brosses, des balais et des tapis, mais aussi comme combustible. Enfin, leur résistance à l'eau de mer en faisait autrefois le matériau privilégié des cordages utilisés dans les bateaux.

Le tronc du cocotier constitue aussi un important matériau de construction en Malaisie et il est très apprécié des ébénistes.

Le coprah

Une fois séchée, l'amande de la noix de coco, qui peut contenir jusqu'à 70 % de matière grasse, est pressée pour en extraire l'huile dite « de coco » ou « de coprah ». L'huile brute dégage une forte odeur et ne peut donc pas être utilisée telle quelle pour la cuisine. Elle est employée dans les lampes à huile et sert à fabriquer savons, cosmétiques et cire. Mélangée notamment à de l'extrait de jasmin, elle devient une huile capillaire très appréciée. Le tourteau de coprah, issu de cette huile, entre dans la composition d'aliments pour le bétail.

L'huile de coco raffinée sert à la fabrication de graisses végétales. Elle est utilisée en pâtisserie comme nappage. Sa température de solidification étant comprise entre 18 °C et 25 °C, cette matière grasse est généralement solide à température ambiante dans les pays occidentaux, alors qu'elle est liquide dans son pays d'origine. Traditionnellement, la fabrication de l'huile de coco se fait à feu très doux, dans l'âtre familial. On cuit du lait de coco qui se transforme en huile ; le résidu grumeleux laissé après la cuisson sert de garniture à certains plats.

Pour détacher la bourre de la noix, on frappe le fruit sur un pieu enfoncé dans le sol.

Il faut beaucoup d'adresse pour fendre la noix de coco d'un seul coup de tranchoir.

La chair blanche peut être retirée au moyen d'un grattoir en métal.

Pour faire du lait de coco, mélangez progressivement l'eau avec la noix de coco fraîche râpée.

Déposez une poignée de noix de coco humide dans un carré de mousseline.

Le lait de coco

Le lait de coco, qu'il ne faut pas confondre avec le jus (ou l'eau) de coco contenu dans la coque, s'obtient en râpant et en pressant la chair de la noix de coco fraîche, avec ou sans adjonction d'eau. Pour fabriquer ce liquide épais (encore appelé « lait issu de la première pression »), il faut presser la noix de coco râpée dans une mousseline. Si l'on désire obtenir une plus grande quantité de liquide, il suffit de mélanger la chair râpée de la noix de coco avec de l'eau et surtout bien la malaxer avant d'en presser le lait.

Pour obtenir un lait moins épais (ou « lait issu de la deuxième pression »), on incorporera progressivement 25 cl d'eau à la noix de coco râpée et déjà pressée une première fois. Puis on travaillera la préparation à la main. Ensuite, le mélange sera déposé dans un carré de mousseline que l'on pressera pour en extraire le lait. Les femmes du Sud-Est asiatique, dans un geste millénaire, sont passées maîtres dans l'art de presser la chair de la noix de coco à main nue.

Lorsqu'une recette demande l'emploi des deux laits, on utilise toujours le lait de deuxième pression en premier. Le liquide plus épais sera ajouté en fin de cuisson et on ne le laissera bouillir que quelques minutes. Si on laisse reposer le lait de coco, une couche épaisse de crème se forme à sa surface. Certaines recettes font appel à cette « crème » de coco.

Pour râper la noix de coco, il existe divers appareils ménagers. La petite râpe manuelle est le plus habituel. Les Malais possèdent aussi de grandes râpes métalliques directement fixées à un banc en bois sur lequel on s'assoit à califourchon. Ils frottent alors la demi-noix de coco sur la râpe en la tenant des deux mains, dans un mouvement enroulant. Mais les appareils électriques sont aujourd'hui assez répandus. De plus, le lait de coco étant un ingrédient indispensable de la cuisine asiatique, on trouve très facilement dans ces pays de la noix de coco râpée fraîche dans les magasins.

Il est certes plus difficile de s'en procurer en Europe, mais la noix de coco séchée peut parfaitement la remplacer à condition de la faire ramollir 30 minutes dans le double de volume d'eau avant de la presser. Enfin, le lait de coco existe aussi en poudre ou en boîte. Lisez attentivement le mode d'emploi avant toute utilisation.

Puis pressez jusqu'à extraction totale du liquide, appelé « lait de première pression ».

Le lait de coco ainsi obtenu constitue un ingrédient incontournable de la cuisine asiatique.

Sambal kelapa
Sambal à la noix de coco

2 piments rouges frais coupés en 3 ou 4 morceaux, sans les graines
5 échalotes pelées et hachées
¹/₄ de noix de coco râpée (soit environ 100 g, après avoir ôté la peau brune)
1 cuil. à café de jus de tamarin mélangé à 2 cuil. à soupe d'eau
Sel
Sucre

Écrasez les morceaux de piments au mortier, ajoutez l'échalote et pilez le tout. Lorsque ces ingrédients sont finement broyés, ajoutez la noix de coco et un peu de sel. Travaillez le mélange jusqu'à obtenir une pâte lisse. Déposez la pâte dans un bol. Ajoutez le jus de tamarin, du sel et du sucre. Mélangez bien.

Ce *sambal*, qui ouvre l'appétit, est l'un des nombreux mets qui composent un repas malais. Il est conseillé d'utiliser un mortier plutôt qu'un robot ménager : le goût n'en sera que plus intense.

Farce à la noix de coco

120 g de sucre de palme (*gula melaka*) râpé ou en morceaux
60 g de sucre brun
12,5 cl d'eau
2 feuilles de pandanus
¹/₃ de noix de coco râpée (environ 150 g)
1 pincée de sel

Dans une casserole, faites fondre le sucre de palme et le sucre brun avec l'eau et les feuilles de pandanus. Faites cuire à feu moyen en remuant de temps en temps, jusqu'à obtenir un sirop. Retirez les feuilles et filtrez le liquide. Reversez alors celui-ci dans la casserole, puis ajoutez la noix de coco et le sel. Laissez frémir à feu très doux, sans cesser de remuer, jusqu'à obtenir un mélange épais et crémeux.

Cette préparation sert de garniture pour les crêpes. Vous pouvez remplacer le sucre de palme par du sucre de canne. Dans ce cas, veillez toutefois à diminuer la quantité employée, en raison du plus fort pouvoir édulcorant du sucre de canne.

Tahi minyak
Garniture à la noix de coco

1 noix de coco râpée
50 cl d'eau

Mélangez la noix de coco avec l'eau et extrayez-en le lait. Versez le lait de coco dans une casserole et portez à ébullition. Poursuivez la cuisson à feu moyen. Réduisez encore la flamme lorsque l'huile se sépare de la pulpe. Remuez jusqu'à ce que les fragments de noix de coco brunissent. Retirez-les, laissez-les refroidir et conservez-les dans un récipient étanche. Ils serviront de garniture.

L'huile de coco peut servir à enduire la viande ou le poisson avant de les griller. Au total, prévoyez une heure à une heure et demi de cuisson.

Les ingrédients nécessaires à la préparation du *hobung sinamayan sada kinoring om santan* : poisson séché, noix de coco râpée et pousses de bambou.

Détaillez le poisson en petits morceaux.

Faites cuire le poisson et les pousses de bambou.

Transférez dans une casserole et poursuivez la cuisson avec le lait de coco.

Serunding daging
Bœuf piquant

500 g de viande de bœuf maigre
1 cuil. à soupe de coriandre en poudre
1 cuil. à soupe de pulpe de tamarin mélangée à 12,5 cl d'eau
1 noix de coco râpée
50 cl d'eau
Sel
1 cuil. à soupe de sucre

Pour la pâte épicée :
10 piments séchés
10 échalotes pelées et hachées
2 gousses d'ail pelées et coupées en quatre
2 morceaux de gingembre d'environ 1 cm d'épaisseur

Faites ramollir les piments dans l'eau et retirez les graines. Mélangez la noix de coco avec l'eau et extrayez-en le lait. Retirez tout gras de la viande. Découpez-la en gros dés et attendrissez-la en la plongeant quelques instants dans de l'eau bouillante. Égouttez-la, laissez-la refroidir et découpez-la en tranches fines.
Préparez la pâte épicée : pilez les piments avec les échalotes, l'ail et le gingembre, jusqu'à obtenir une pâte fine. N'hésitez pas à enfiler des gants pour manipuler les piments. Mélangez la viande avec la pâte et la coriandre puis versez dans une poêle. Ajoutez le jus de tamarin, le lait de coco et le sel. Portez à ébullition puis versez le sucre. Poursuivez la cuisson en remuant : la préparation va épaissir puis rendre son eau. Cessez la cuisson lorsque toute l'eau est évaporée et que l'arôme se déploie.
Accompagnez ce plat avec du riz cuit à l'étuvée ou des *ketupat* (gâteaux de riz pressé). Vous pouvez acheter des *ketupat* prêts à l'emploi. Ils se conservent quelques jours.

Sayur lodeh
Légumes à la sauce de noix de coco

1 noix de coco 1/2 râpée (environ 700 g)
1,25 l d'eau
1 feuille de curcuma
2 feuilles de laurier
1 tige de lemon-grass froissée
200 g de chou coupé en morceaux de 2 cm
200 g d'igname coupée en lanières
200 g de haricots verts détaillés en morceaux de 2 cm
100 g de jeune maïs en grains
4 pâtés de *tofu* coupés en deux, en diagonale
sel
4 cuil. à soupe d'huile

Pour la pâte :
100 g de crevettes séchées
3 oignons pelés et hachés
3 gousses d'ail pelées et coupées en quartiers
1 racine de lemon-grass (1 cm) coupée en fines lamelles
1 part de pâte aux crevettes (*blacan*) de 2 x 2 x 1 cm
1 cuil. à café de curcuma

Mélangez la noix de coco avec 25 cl d'eau, puis pressez-en le lait. Répétez l'opération avec le reste d'eau pour obtenir un lait plus clair.
Préparez la pâte : faites ramollir les crevettes dans de l'eau, puis pilez au mortier tous les ingrédients de la pâte. Faites-la revenir dans l'huile chaude avec le curcuma, le laurier et le lemon-grass. Lorsque les arômes se développent, ajoutez le lait de coco le plus clair. Portez à ébullition et laissez mijoter 5 minutes. Incorporez le chou, l'igname, les haricots et le maïs. Salez. Lorsque les légumes sont presque cuits, ajoutez le *tofu* et le lait le plus épais. Portez à nouveau à ébullition, puis laissez mijoter jusqu'à ce que les légumes soient cuits.

Ci-dessus : l'huile extraite de la pulpe du palmiste doit sa couleur intense à la teneur élevée de ce fruit en carotène. Si cette coloration est tout à fait acceptable pour la fabrication de la margarine, en revanche, on blanchit l'huile de palme avant de l'utiliser dans l'industrie agro-alimentaire.

À gauche : fruits (drupes) et noyaux du palmier à huile.

À droite : récolte de palmistes.

Le palmier à huile

La Malaisie doit ses palmiers à huile (*Elaeis guineensis*) à ses colonisateurs britanniques qui avaient rapporté cet arbre du Golfe de Guinée. À cette époque, les colonies étaient considérées comme un vaste jardin dans lequel on pouvait cultiver toutes sortes de végétaux promettant de juteux bénéfices. Aujourd'hui, l'huile de palme revêt encore une importance économique considérable en Malaisie.

Le palmier à huile fournit trois types de produits : l'huile de palme, extraite de la pulpe du fruit ; l'huile de palmiste, qui provient de l'amande du noyau ; et les tourteaux de palmiste, résidus de la fabrication de l'huile de palmiste. Avec une forte teneur en matières grasses et 20 % de protéines, les tourteaux constituent un aliment très nourrissant pour le bétail. Tout comme l'huile de coco, les deux huiles produites par *Elaeis guineensis* entrent dans la composition de la margarine et des huiles de cuisson, du moins lorsque les fruits sont exploités le jour même de la récolte. Sinon, l'une des enzymes contenues dans les palmistes décompose la graisse en glycérine et en acides gras. Dès que la teneur en acides gras libres est supérieure à 5 %, l'huile de palme ne peut pas être utilisée en cuisine. Elle trouve toutefois d'importants débouchés en savonnerie et en cosmétique. Avec sa composition particulière, différente de celle de l'huile de palme, l'huile de palmiste confère aux savons un haut pouvoir moussant.

Le palmier à huile est un arbre pouvant atteindre 30 mètres de haut. Le tronc (ou stipe) élancé porte à son sommet 30 à 40 palmes. Lorsque l'arbre atteint trois ans, des régimes compacts apparaissent sous les palmes. Un régime peut compter jusqu'à 2 000 palmistes ; les plus grands mesurent 70 cm de long et 50 cm de diamètre. Leur poids peut atteindre 50 kg. Le rendement atteint son maximum à partir de la douzième année et pendant vingt-cinq ans. Cet arbre tropical requiert une température moyenne d'environ 26 °C. Il supporte mal des températures inférieures à 15 °C, ainsi que les périodes de sécheresse de plus de trois mois. Par ailleurs, il lui faut un sol profond et riche. Lorsque toutes ces conditions sont réunies, un palmier à huile peut produire toute l'année. La possibilité d'extraire de l'huile du fruit et de l'amande range le palmiste parmi les plantes oléagineuses tropicales offrant le meilleur rendement. La cueillette se fait avec une faucille fixée à un bambou. La lame est passée derrière la tige du régime et l'on tire dessus d'un coup sec.

Les innombrables fruits (ou drupes) qui composent un régime sont égrappés avant extraction de l'huile.

Du fruit à l'huile

Une fois récoltés, les régimes de palmistes sont tout d'abord stérilisés à la vapeur, afin de désactiver une enzyme entraînant la décomposition de l'huile en glycérine et en acides gras libres. Ensuite, les fruits sont égrappés. La grappe vide est déposée sur un tas d'humus et servira par la suite d'engrais pour les palmiers.

Lors de l'étape suivante, la chair des fruits est séparée mécaniquement du noyau et l'huile est pressée. Cette huile brute, à la coloration orange foncé, est mise en conteneurs afin de servir à la fabrication des margarines et des huiles alimentaires.

Deux machines séparent la pulpe fibreuse des noyaux. Les noyaux sont séchés, puis triés et concassés pour en extraire l'amande. Les amandes sont elles aussi séchées avant d'être livrées, dans de grands sacs, aux huileries. Les résidus du pressage ainsi que la coque des noyaux servent de combustible aux fours de séchage. On extrait l'huile de palmiste en passant les amandes au moulin. Avec le résidu, on fabrique les tourteaux qui servent d'aliment au bétail.

Les fruits du jaquier poussent sur le tronc; leur poids
est tel qu'ils ne tiendraient pas sur une branche.

La taille du fruit du jaquier est trompeuse: un tiers à
peine de ce que contient l'écorce est comestible.

Les parties comestibles sont protégées par une
coque épaisse et une pulpe charnue et fibreuse.

En Malaisie, on trouve très facilement au marché
des graines do jaquier décortiquées.

Ci-dessus : le jus de palme cuit durant 4 à 5 heures dans de grandes poêles en fer.
Ci-contre : lorsque le sucre de palme durcit dans les tiges de bambou, il diminue de volume.

L'enveloppe qui entoure les bouquets de fleurs (spathe) est attachée afin d'éviter l'ouverture des bourgeons.

La spathe est progressivement inclinée, puis on coupe l'extrémité de sa tige pour laisser s'écouler le jus.

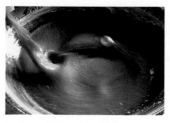

Le jus cuit et se transforme en une masse épaisse, orange foncé. Le sirop est remué jusqu'à sa cristallisation.

Le sirop est versé dans des tiges de bambou. Il refroidit et devient alors tellement dur qu'il faut le hacher ou le râper.

Le sucre de palme

Le sucre de palme est extrait des grappes de fleurs (ou inflorescences) du palmier à sucre de Java (*Arenga pinnata*) et du palmier Nipah (*Nipa fruticans*). Ces arbres sont exploités exclusivement pour leur précieux jus sucré et ne peuvent donc pas porter de fruits. En règle générale, l'extraction du jus ne se fait pas avant que le palmier ait trois ou quatre ans.

Pour éviter l'ouverture de la spathe (l'enveloppe contenant les fleurs), on l'attache avec un fil spécial. Pour stimuler la production de jus, on frappe la fleur pendant plusieurs jours, à petits coups de rondin, afin de blesser le tissu cellulaire. Par ailleurs, on incline progressivement l'inflorescence vers le bas. Au bout de trois à quatre semaines, l'extrémité de la spathe est tranchée. Le jus s'écoule alors lentement dans un récipient, qui doit être vidé deux fois par jour les premiers temps, lorsque l'arbre est le plus productif. Il est aussi nécessaire de couper chaque jour l'extrémité de la spathe, pour permettre un écoulement optimal du liquide.

Dans la chaleur tropicale, ce jus blanchâtre fermente au bout de quelques heures. Pour éviter qu'il ne se gâte, on dépose une pâte à base de chaux dans le fond des récipients collecteurs. Le jus doit toutefois être traité dès sa récolte. Il est tout d'abord filtré, puis cuit durant quatre à cinq heures dans de grandes marmites. En général, on dépose un morceau de noix de coco au fond de la marmite pour éviter que le liquide ne déborde. Afin de vérifier que le sirop est suffisamment cuit, on en verse une goutte dans de l'eau. S'il « prend », le sirop, qui a épaissi et pris une belle couleur orange foncé, est transvasé dans une grande poêle ; il est alors vigoureusement battu pendant vingt minutes au moyen d'un bâton, jusqu'à ce qu'il commence à cristalliser. Enfin, la préparation est versée dans des tiges de bambou posées à la verticale. Au bout d'une quinzaine de minutes, si l'on soulève délicatement la tige de bambou, on peut constater que le sucre qu'elle contient s'est solidifié. Une fois démoulé, le bloc de sucre cylindrique est utilisé tel quel. Il est tellement dur qu'il faut le râper ou le couper au hachoir. Le sucre de palme est connu sous le nom de *gula melaka* en Malaisie et à Singapour, *gula jawa* en Indonésie et *jaggery* au Sri Lanka. Il confère aux gâteaux et aux desserts un arôme particulier, que ne possède aucun autre type de sucre. Le cas échéant, il peut être remplacé par du sucre de canne ou du sucre candi. Il faut alors tenir compte du fait que ceux-ci possèdent un plus fort pouvoir édulcorant.

Le *toddy*

Le jus du palmier à sucre n'est sucré que lorsqu'il est frais. S'il est conservé pendant plus de 24 heures, il fermente et donne du vin de palme ou *toddy*. Distillé, ce vin naturel produit un alcool fort, appelé *tuak* en Indonésie ou encore *arrack* au Sri Lanka. Le vin de palme était très apprécié autrefois par les ouvriers des plantations d'hévéas et autres cultures. Mais aujourd'hui, les lois alimentaires islamiques étant très strictes en Malaisie, il est désormais interdit de fabriquer du vin ou de l'alcool de palme.

Sago gula melaka
Gâteau de *sagou*

250 g de sagou rincé et égoutté

Pour la sauce à la noix de coco :
1 noix de coco râpée (env. 450 g) sans la peau brune
1/2 l d'eau bouillie et refroidie
Sel

Pour le sirop de sucre :
300 g de sucre de palme râpé ou haché
37,5 cl d'eau

Faites bouillir de l'eau dans une casserole. Déposez-y le sagou. Il est cuit lorsqu'il devient translucide. Rincez-le à l'eau courante, dans une passoire, afin d'éliminer l'amidon en excès. Remplissez un grand moule ou quatre ramequins de sagou. Réservez au réfrigérateur.

Préparez la sauce à la noix de coco : mélangez la noix de coco avec l'eau et pressez-en le lait. Filtrez le lait, ajoutez un peu de sel et mélangez. Versez dans un récipient. Réservez.

Préparez le sirop de sucre : faites mijoter le sucre de palme dans l'eau à feu très doux, jusqu'à dissolution du sucre, en remuant de temps en temps. Filtrez le mélange et versez-le dans une carafe.

Pour servir, démoulez les gâteaux sur une assiette à dessert. Chaque convive versera lui-même la sauce à la noix de coco et le sirop, qui seront servis dans des récipients à part. Ce dessert mettra un agréable point d'orgue à un repas à base de curry.

Le «pain du petit homme»

Le jaquier

Atteindre les parties comestibles de l'énorme fruit du jaquier n'est pas une opération très aisée. Pour commencer, il faut vaincre l'odeur désagréable de l'écorce verruqueuse et noueuse. Ensuite, pour ne pas avoir les mains collantes à cause du jus qui s'échappe du fruit lorsqu'on le coupe, il est préférable de les enduire d'huile, ainsi que la lame du couteau. Les enveloppes jaunes des graines qui se trouvent à l'intérieur sont sucrées et croquantes. Elles contiennent un noyau relativement gros, qui se consomme cuit dans les currys et dont le goût rappelle celui de la pomme de terre. Les graines parfaitement mûres peuvent se manger crues. Une fois cuit, le fruit vert est utilisé dans de nombreux plats. Enfin, l'enveloppe de la graine peut servir de coupelle comestible pour des boules de glace.

Le jaquier (*Artocarpus heterophyllus*), originaire de l'Inde et de l'île de Sumatra, peut atteindre 20 mètres de hauteur. Les fruits (appelés jaques) poussent directement sur le tronc. Certains peuvent peser plus de 55 kg et mesurer 90 x 50 cm. À peine un tiers du fruit est comestible.

Nangka lemak
Fruit de jaquier au lait de coco

500 g de fruit du jaquier vert
1 noix de coco râpée
75 cl d'eau
120 g de poisson rincé et égoutté
(morue séchée, par exemple)
200 g de crevettes décortiquées
sel

Pour la pâte épicée:

2 piments séchés sans les graines
6 échalotes pelées et hachées
1 tranche fine de curcuma frais
ou 1 cuil. à café de curcuma en poudre
1/2 cuil. à café de grains de poivre

Faites ramollir les piments dans de l'eau. Après avoir enduit avec de l'huile vos mains ainsi que la lame du couteau que vous allez utiliser, pelez le fruit du jaquier et détaillez-le en tranches. Mélangez 25 cl d'eau avec la noix de coco et pressez-en le lait. Réservez. Répétez l'opération avec le demi-litre d'eau restant. Vous obtiendrez un lait plus clair, que vous réserverez.
Préparez la pâte épicée: pilez au mortier les piments, les échalotes, le curcuma et le poivre.
Faites cuire le fruit du jaquier *al dente*, dans de l'eau légèrement salée. Égouttez. Dans une casserole, faites cuire le poisson avec les crevettes, la pâte épicée et le lait de coco clair, à feu moyen, en remuant de temps en temps. Ajoutez le lait de coco épais. Portez de nouveau à ébullition et poursuivez la cuisson pendant 10 minutes en remuant constamment. Servez avec du riz.

Un bijou dans un écrin malodorant

Le durian

En malais, *duri* signifie « piquant ». Car le durian (*Durio zibethinus*) est bien un fruit qui ne manque pas de piquant ! Cette friandise, très recherchée en Asie du Sud-Est, est précédée par ses effluves particulièrement marquées, ce qui explique sans doute que les Occidentaux n'en soient pas de grands amateurs. L'odeur du durian est en effet si repoussante et si tenace – elle peut rester imprégnée dans une pièce pendant plusieurs jours – que certains hôteliers affichent des panneaux interdisant d'en introduire dans leur établissement. Les durians sont également interdits dans les véhicules de location. Et bien sûr, au réfrigérateur, le fruit doit être conservé dans un récipient étanche, faute de quoi les autres aliments prendront cette même odeur désagréable.
À l'étalage d'un marché malais, le choix d'un durian prend des allures de rituel : on en examine l'écorce et la couleur, on secoue le fruit pour écouter si les graines sont bien détachées à l'intérieur – une indi-

Le durian est sans doute le seul fruit pour lequel aient été conçus des panneaux d'interdiction ! Il faut avouer qu'il mérite bien sa réputation malodorante.

L'odeur du durian est parfois comparée à un mélange d'oignons, de fromage, d'œufs et de viande pourris, plongés dans de la térébenthine.

cation de sa maturité –, on le hume, et ce n'est qu'alors qu'on se décide. La consommation du durian est un véritable événement social. En général, un durian ne suffit pas. On en achète donc plusieurs. Lorsque les fruits sont ouverts, l'eau vient à la bouche des convives. On goûte chaque durian séparément, on compare minutieusement les saveurs. Il serait très inconvenant de boire de l'alcool après avoir mangé du durian. En revanche, on remplit une coque vide avec de l'eau, on y ajoute un peu de sel et on boit directement dans ce bol improvisé. Selon la conception chinoise de l'équilibre alimentaire, boire cette eau – ou manger un mangoustan – est une façon d'apaiser la « chaleur » du fruit. Le durian se mange avec les doigts. Le seul moyen de débarrasser ses mains de cette odeur qui ne demande qu'à s'y imprégner, c'est de les rincer dans l'eau que l'on fait couler sur l'écorce d'une coque vide. Le savon ne vous sera, dans ce cas précis, d'aucun secours. En général, les durians se consomment tels quels et crus. La pulpe est toutefois utilisée dans certains desserts au lait de coco, gâteaux, crèmes glacées et soufflés. Pour confectionner l'une des friandises les plus appréciées en Asie du Sud-Est, il faut faire

L'écorce hérissée de grosses épines du durian ne peut être entamée qu'à un endroit précis.

Une fois l'écorce du durian entaillée, il devient assez aisé de la casser.

L'épaisse écorce s'ouvre alors, faisant apparaître une chair savoureuse.

C'est de cette pulpe blanchâtre et crémeuse entourant les graines que les Asiatiques sont si friands.

cuire de la pulpe de durian dans du sucre, jusqu'à obtenir un rouleau de pâte brun foncé, de la taille d'une petite saucisse. Ces rouleaux sont appelés « gâteaux » ou « pâte de durian » à Singapour, en Malaisie et en Thaïlande. Ceux-ci sont débités en tranches que l'on croque comme des friandises.

Le *tempoyak* est une spécialité malaise à partir de durian fermenté. La pulpe, légèrement salée, repose pendant une semaine dans de larges récipients hermétiquement fermés. Lorsque la pâte a fermenté, il s'en dégage une forte odeur acide. Le *tempoyak* sert à épicer certains plats de légumes. Mélangé avec du piment, il constitue aussi une sauce au goût inhabituel.

Le durian pousse sur la péninsule occidentale de Malaisie. L'arbre a besoin d'un climat tropical humide et ne supporte pas la sécheresse. Il prospère sur les terrains argileux et bien drainés. Les arbres donnent des fruits une à deux fois par an. Le rendement augmente avec l'âge, un arbre de dix ans peut produire jusqu'à 200 fruits. On ne cueille pas les durians car les fruits tombent tout seuls de l'arbre lorsqu'ils sont mûrs. Il convient donc d'y réfléchir à deux fois avant de s'installer à l'ombre d'un durian !

Pengat durian
Durian au lait de coco et à la sauce au sucre de palme

1 noix de coco râpée (pulpe blanche uniquement)
75 cl d'eau
Graines et pulpe d'un durian moyen, pas trop mûr
180 g de sucre de palme râpé ou haché
2 feuilles de pandanus

Confectionnez un lait de coco avec la noix de coco et l'eau. Faites cuire la pulpe et les graines de durian dans un peu d'eau. Ajoutez le lait de coco, le sucre de palme et les feuilles de pandanus. Laissez mijoter à feu moyen en remuant jusqu'à dissolution du sucre. À ébullition, retirez du feu et enlevez les feuilles de pandanus. Servez dans des ramequins, comme dessert ou en-cas.

Kuah durian
Sauce au durian

1 noix de coco râpée (pulpe blanche uniquement)
50 cl d'eau
180 g de sucre de palme
2 cuil. à soupe de farine de riz mélangées à 2 cuil. à café d'eau
120 g de pulpe de durian

Confectionnez du lait de coco. Versez-le dans une casserole avec le sucre de palme. Faites chauffer à feu moyen en remuant jusqu'à dissolution du sucre. Filtrez la préparation et reversez-la dans la casserole. Liez avec la farine de riz sans cesser de remuer. Lorsque la préparation arrive à ébullition, ajoutez la pulpe de durian. Servez comme sauce avec des crêpes.

L'ananas

Ceux qui pensent bien connaître l'ananas frais devraient en goûter mélangé à de la sauce de soja, agrémenté de piment rouge coupé en rondelles. En Malaisie, l'ananas destiné à être consommé frais est tout d'abord épluché puis frotté avec du sel et rincé avant d'être débité. Cette opération en atténue l'acidité piquante. Coupé en dés et cuit avec du sucre, l'ananas devient une garniture pour les tartes. Enfin, on prépare de la confiture et de l'ananas confit avec les fruits frais. Si tous ces apprêts ne choquent pas les palais occidentaux, il faut savoir que cette broméliacée entre dans la composition des currys de poisson ou de crevettes à la sauce de tamarin, mais aussi dans la sauce aigre-douce qui accompagne le poisson à la vapeur et ainsi que dans certaines salades.

Variétés malaises d'ananas

Gandol: ce croisement entre *mas merah* et *Smooth Cayenne* est généralement destiné à être mis en conserve. Les feuilles portent quelques piquants. Le fruit, cylindrique, qui pèse environ 1 kg, est surmonté d'une touffe conséquente. La chair du fruit est assez transparente et d'une belle couleur jaune.

Mas merah: mûr, le fruit peut atteindre 2 kg. Les feuilles sont dépourvues d'épines. La pulpe est ferme, fibreuse, translucide et dorée. Cet ananas se prête bien à la mise en conserve.

Sarawak: cet ananas plus fuselé que les autres variétés pèse entre 2 et 4 kg. Les feuilles, terminées par un piquant, sont reconnaissables à leur nervure médiane rouge. La chair est jaune pâle et très sucrée. Cette variété est généralement destinée à être consommée fraîche, car sa chair peu ferme ne se prête pas à la mise en conserve.

Smooth Cayenne: cette variété d'ananas est proche du *sarawak*, originaire d'Australie.

De taille moyenne, le plant de l'ananas se présente comme une « rosette » de feuilles, au centre desquelles apparaît l'inflorescence qui se transformera en fruit.

On sait qu'un ananas est mûr lorsque les feuilles de la touffe située au sommet du fruit se détachent facilement.

La culture d'un plant d'ananas à l'air libre peut durer 22 mois, soit deux fois plus longtemps qu'en serre, mais elle est plus rentable.

Ci-contre: avant d'être mis en conserve, les dés d'ananas sont rincés une dernière fois pour retirer tous les débris d'écorce.

L'ananas *gandol* est une variété que l'on reconnaît aisément à ses écailles très marquées.

Dans cette conserverie, l'ananas est encore coupé à la main, en tranches ou en cubes.

Ce sont des ouvrières qui remplissent les boîtes de conserve, à la main.

Les tranches d'ananas sont soigneusement empilées dans leur boîte de conserve.

Les gâteaux malais

Contrairement à ce qui se pratique en Occident, la consommation de « gâteaux » (*kueh*) ne se fait pas à un moment précis de la journée en Malaisie et en Indonésie ; elle n'est pas non plus liée à des occasions particulières. D'ailleurs, lorsque l'on parle de « gâteaux », il ne s'agit pas forcément de préparations sucrées ou cuites au four. De délicieuses spécialités salées, cuites à la vapeur, frites ou cuites à l'étouffée, sont aussi servies au petit-déjeuner, au cours du repas ou encore peuvent être grignotées tout au long de la journée.

Pour faire un gâteau, il faut de la farine : n'importe quel enfant vous le dira. En Malaisie, pourtant, elle n'est pas forcément extraite du blé, mais du riz, de la patate

douce, du manioc ou de la moelle du sagoutier. En règle générale, le sucre est remplacé par la *gula melaka*, ce jus extrait des fleurs du palmier à sucre, ou par du sucre de canne brun. Le lait de coco, qui apporte les matières grasses, remplace le lait de vache. Les feuilles de pandanus donnent un léger arôme de vanille et une belle coloration à la pâtisserie. Enfin, les Malais recourent abondamment à toutes sortes de colorants alimentaires : leurs réalisations ont parfois même des couleurs criardes.

Nombre de ces « gâteaux » sont cuits dans des feuilles de bananier. Des mains adroites confectionnent de petits paquets carrés, triangulaires ou coniques. Des bâtonnets, taillés dans la nervure centrale de la palme du cocotier, servent à fermer ces paquets. Le « gâteau » subit une cuisson à la vapeur, en friture ou, plus rarement, au four. Enfin, on pourra savourer aussi une sorte de gaufre très fine, parfumée à la cannelle, que l'on met à dorer entre deux plaques métalliques préalablement chauffées.

Une façon différente de préparer la pâtisserie : cette Malaise accroupie sur le sol a installé tout le nécessaire autour d'elle.

Confection des *kueh denderam* : la pâte est d'abord étalée sur un plan de travail fariné, sur environ 1 centimètre d'épaisseur.

Ensuite, au moyen d'un emporte-pièce, on crée des formes dans lesquelles on pratique quelques orifices suivant un motif précis.

Les gâteaux sont ensuite frits dans de l'huile chaude.

Les *kueh denderam* après cuisson. Leur goût rappelle celui du pain d'épice.

Le *kueh bakar manis* est cuit au feu de bois. Le moule est posé dans une grande marmite en fonte recouverte d'une tôle chargée de braises.

Kueh denderam

Pour ce gâteau, la farine de riz est travaillée avec du sucre de canne ou du sirop de sucre brun et du lait de coco, jusqu'à obtenir une pâte souple. Celle-ci est étalée sur environ 1 centimètre d'épaisseur. À l'aide d'un emporte-pièce en trèfle à quatre feuilles, on crée des formes grandes comme la paume de la main. Des orifices sont pratiqués dans la pâte selon un motif précis, à l'aide d'un bâtonnet. Enfin, la pâte est frite dans de l'huile chaude. Le goût de ces pâtisseries rappelle celui du pain d'épice.

Kueh bakar manis

La pâte de cette pâtisserie est un mélange de sucre, d'œufs, de lait de coco et de farine. On ajoute ensuite de la cannelle moulue, des graines de fenouil et de l'anis étoilé. Le jus de quelques feuilles de pandanus pressées apporte arôme et couleur. La préparation est versée dans un moule, lui-même déposé dans une marmite fermée par un couvercle. On recouvre la marmite de braises, ce qui permet une cuisson comme dans un four.

Rempeyek

En Malaisie, ces chips piquantes se dégustent à tout moment de la journée. Leur confection nécessite un matériel spécial. Cinq petits moules métalliques (ressemblant à des couvercles de boîtes de conserve) sont disposés en cercle, attachés en leur centre à une longue tige métallique verticale. On confectionne une pâte liquide à partir de farine de riz, d'œufs et de lait de coco, que l'on aromatise avec des anchois séchés et hachés, des graines de coriandre, de cumin et de fenouil, sans oublier le sel. On réchauffe les moules en les plongeant quelques instants dans de l'huile chaude. On pose ensuite quelques arachides sur les plaques, que l'on recouvre d'une couche fine de pâte. Les moules sont plongés à nouveau dans un *wok* rempli d'huile chaude. La pâte coagule en un clin d'œil, puis elle prend une belle teinte dorée. Les chips sont retirées du *wok* et égouttées.

Rempeyek (chips à la farine de riz et aux cacahuètes) et leurs ingrédients.

Kueh bakar manis

Ingrédients pour les *krepik bawang* et chips terminées.

Krepik bawang

Pour confectionner ces chips piquantes aux oignons, il faut mélanger dans un bol de la farine de riz avec du curry, des anchois hachés, de l'oignon et du sel. On sépare la préparation en deux moitiés, l'une étant colorée avec de la poudre de piment. Les deux préparations sont ensuite séparément travaillées en pâte, que l'on étale et que l'on découpe en bandes. On dispose une bande jaune sur une rouge, on enroule les deux bandes et on les découpe en tranches fines. On obtient ainsi des chips bicolores, qu'il ne reste plus qu'à faire frire.

Kueh sepit

Ces « lettres d'amour » sont des gaufres aussi fines que de la dentelle. La pâte, à base de lait de coco, de farine, d'œufs et de sucre, est parfumée avec des graines de fenouil moulues, de l'anis étoilé et de l'écorce de cannelle. La préparation, que l'on verse en couche fine, cuit entre deux plaques métalliques très chaudes, puis est enroulée sur un bâton lorsqu'elle est encore chaude. Il ne faut pas attendre pour le démoulage. En effet, en refroidissant, la dentelle de pâte devient cassante.

Dodol

Le riz gluant, le lait de coco, le sucre de palme, le sucre cristallisé brun et blanc, et les feuilles de pandanus entrent dans la composition de ce pudding au riz gluant. Lorsqu'il est préparé industriellement, il cuit pendant 9 heures dans une casserole, sous l'action incessante d'une tige métallique qui tourne en continu. Au final, on obtient une

Cette « lettre d'amour » a été composée sur un joli moule ancien ressemblant à un gaufrier. La pâte, aussi fine que de la dentelle, est aromatisée au fenouil, à l'anis et à la cannelle.

Ingrédients pour la confection du *dodol* et produit fini (au premier plan, au centre). A l'arrière-plan, pâte en cours de réalisation.

Kueh baulu

La pâte de ces petits gâteaux secs est confectionnée avec de la farine, du sucre, des œufs et de l'essence de vanille. On y ajoute du colorant jaune à volonté. La préparation est ensuite versée dans de petits moules. La cuisson se fait au feu de bois, les moules étant recouverts d'une tôle sur laquelle on a posé des braises, comme pour le *kueh bakar manis*.

Epok-epok

La pâte utilisée pour confectionner ces petits chaussons est à base de farine de blé, de sel, de margarine et d'eau. La farce est un mélange d'anchois hachés, de noix de coco râpée grillée, de lemon-grass haché et d'ail, sans oublier la poudre de piment et le sucre. La pâte est étalée en couche mince sur un moule à charnières. On verse une petite quantité de farce sur la pâte et on presse les bords du moule. La pâte se détache et l'on obtient un chausson, que l'on peut alors faire frire.

Les chaussons de grande taille sont généralement farcis de pommes de terre, d'oignons et de viande de bœuf, de poulet ou de mouton.

Kueh baulu (petits gâteaux secs)

pâte visqueuse, brillante et brune, ayant l'aspect du caramel mou, qui est mise à refroidir dans des pochettes fabriquées avec les feuilles d'un arbre proche du pandanus. Les feuilles sont découpées en bandes très étroites ramollies dans de l'eau, puis séchées avant d'être travaillées.

Si l'on prépare ce dessert chez soi, le temps de cuisson ne dépasse pas 2 heures environ. Ce gâteau très sucré et extrêmement nourrissant, qui se déguste aussi entre les repas, est désormais proposé en tranches enveloppées individuellement dans une feuille de plastique.

Pour confectionner un *epok-epok*, disposez d'abord la pâte sur le moule à charnière.

Déposez ensuite un peu de farce sur la pâte étalée.

Repliez le moule et pressez pour détacher la pâte qui dépasse du moule.

Rouvrez le moule : le chausson est prêt à être frit.

Krepik pisang

Pour confectionner ces chips à la banane, il faut des bananes plantain (*pisang tanduk*). La préparation est simple. Les bananes sont cuites, pelées, détaillées en tranches, puis frites. On peut aussi plonger les tranches de banane dans un sirop de sucre avant friture.

Mangkok kueh

Ce gâteau de riz cuit à la vapeur demande du temps. Une fois cuit et refroidi, le riz est mélangé à de la levure et repose toute une nuit. On le travaille ensuite avec du sucre, de la farine de riz et de l'eau, jusqu'à obtenir une pâte lisse. Il doit encore reposer 6 heures avant d'être mélangé à du bicarbonate de soude. La pâte peut alors être divisée en plusieurs parties, auxquelles on ajoute des colorants alimentaires. Elle est versée dans des moules individuels et cuite à la vapeur. On obtient des gâteaux légers, qui se savourent saupoudrés de sucre de canne et de noix de coco râpée, au petit-déjeuner ou comme une friandise.

Putu piring

Pour préparer les gâteaux de riz à la vapeur farcis au sucre de palme, on verse tout d'abord de la farine de riz dans un moule. On dépose ensuite un morceau de sucre de palme au centre, puis on recouvre la préparation d'un petit monticule de farine. Un fragment de feuille de pandanus est inséré dans le gâteau, de façon à pouvoir être retiré facilement avant consommation. On retourne ensuite les boules de farine sur des carrés en coton, puis on dépose les carrés, dont on a relevé les bords, et leur contenu, dans l'entonnoir d'un moule spécial, lui-même situé dans l'appareil de cuisson à la vapeur. Les moules sont recouverts d'un couvercle. La vapeur qui s'échappe de l'entonnoir fait cuire les gâteaux. Ces gâteaux sont servis accompagnés de noix de coco fraîche râpée.

Mangkok kueh (gâteaux de riz à la vapeur)

Pour faire un *putu piring*, on remplit d'abord un moule de farine de riz.

On dispose ensuite un morceau de sucre de palme au centre du gâteau.

On termine le gâteau en confectionnant une montagne de farine.

À l'aide du fond du moule, on lisse le petit monticule.

Les boules de farine sont enveloppées dans du coton et retournées sur les moules.

Le *putu piring* est servi brûlant, accompagné de noix de coco râpée.

Les moules servant à la confection des gâteaux se composent d'une base en entonnoir, par où remonte la vapeur, et d'un couvercle conique.

Déjeuner à l'extérieur

Les *coffee shops*

Dans ces cafés traditionnels, on peut consommer du thé, du café et d'autres boissons chaudes ou froides. On y sert aussi des petits-déjeuners composés de tartines de pain grillé, d'un œuf dur et de gâteaux. Un nombre croissant de *coffee shops* louent des emplacements à des vendeurs de nouilles, de porridge et de riz. L'ambiance y est décontractée, le service rapide et chaleureux. Des ventilateurs brassent l'air, mais il n'y a pas de climatisation. On choisit son menu aux différents stands, puis on va s'asseoir. Quelqu'un vient alors prendre la commande des boissons. Dans certains établissements, on paie dès que les plats sont servis ; dans d'autres, on règle après le repas, auprès du vendeur. Les boissons peuvent être payées auprès du serveur. Le pourboire n'est pas connu.

Les *hawker centres*

Dès que l'on a repéré une place libre dans un *hawker centre* malais, il faut s'y précipiter. Aux heures de pointe, c'est la rapidité qui compte. On mémorise alors le numéro de table et pendant que l'un des convives garde les places, les autres se rendent directement devant les stands, où ils commandent en donnant leur numéro de table. On paie le repas lorsque le serveur apporte les couverts. On peut acheter autant de plats que l'on souhaite, auprès de vendeurs différents, mais il faut alors régler auprès de chacun d'entre eux. Les vendeurs ont une mémoire extraordinaire : ils savent en effet retrouver le client à coup sûr, même lorsque les tables ne sont pas numérotées.

Les *hawker centres* proposent une grande variété de plats uniques : nouilles ou riz accompagnés de porc à la chinoise ou de canard grillé. Le client a la choix entre cuisine malaise, chinoise et indienne. Un stand propose toujours de nombreuses boissons. Ces restaurants à l'ambiance détendue, aux tables simples entourées de tabourets, sont souvent situés à proximité des grands marchés.

Les *food courts*

Les *food courts* constituent en quelque sorte la version raffinée des *hawker centres*. Les salles sont climatisées et les sièges, parfois des banquettes, offrent un confort qui conviendra mieux à ceux qui ne désirent pas faire l'expérience de l'ambiance plutôt rustique des *hawker centres*. En revanche, la commande s'y fait de la même façon. Souvent, les *food courts* sont des libres-services.

Les restaurants

Il en existe de très simples, où un menu unique est affiché au mur, et d'autres, élégants, avec une carte très variée. Le serveur prend la commande à table et l'on peut se faire conseiller. Des spécialités de la maison sont souvent proposées.

À gauche : dans les *hawker centres*, les allées et venues sont incessantes. L'atmosphère est très détendue, mais les tabourets peu confortables.

Ci-dessus : les plats proposés dans les *hawker centres* sont de qualités différentes et englobent les mets les plus simples aux plus raffinés.

Les soupes

Si, en Malaisie, la soupe fait toujours partie des repas, elle n'a pas le même rôle que dans la cuisine chinoise ou occidentale. Elle est proposée avec d'autres plats et se consomme au cours du repas (ce qui conditionne aussi la quantité des ingrédients donnée). On verse souvent quelques cuillerées de soupe sur le riz pour le rendre plus moelleux et plus agréable à consommer. Il faut bien faire la distinction entre les soupes « légères » pour les jours chauds, et les soupes plus consistantes, davantage adaptées au froid. Parmi les bouillons, les plus appréciés sont le *sayur bening* (soupe de légumes), le *lauk pindang* (soupe de poisson avec de l'ail, du *galanga*, de l'oignon éminc é et du lemon-grass) et le *lauk asam* (soupe à la pulpe de tamarin, avec du poisson ou des légumes). Les recettes sont des variantes plus ou moins complexes d'une préparation à base d'anchois séchés et grossièrement moulus, d'échalotes, de piment frais, d'un peu de pâte de crevettes et de poisson ou de légumes.

Les soupes plus complètes, comme la *sop ayam* (soupe de poulet), la *sop ekor lembu* (soupe à la queue de bœuf) ou la *sop kambing* (soupe de mouton) doivent leur arôme particulier à des épices aussi variées que la coriandre, le fenouil, le cumin, le poivre, l'anis étoilé et la cannelle. Ces soupes sont généralement garnies d'oignons émincés et d'ail grillés, d'oignon nouveau haché et de feuilles de coriandre.

Lauk pindang
Soupe de poisson

4 filets de vivaneau
ou, à défaut, de poisson à chair blanche et ferme
1 gousse d'ail pelée et coupée en quartiers
1 tranche fine de rhizome de *galanga*
125 cl d'eau
4 échalotes pelées et détaillées en anneaux
1 tige de lemon-grass froissée
2 tranches de tamarin séché
Sel
1 oignon pelé et détaillé en anneaux

Pilez au mortier le rhizome de *galanga* et l'ail jusqu'à obtenir une pâte. Dans une casserole, faites cuire les échalotes, le lemon-grass, le tamarin. Salez, versez l'eau, ajoutez la pâte de *galanga* et d'ail, puis mélangez. Lorsque le mélange arrive à ébullition, ajoutez l'oignon et le poisson. Laissez bouillir quelques instants, réduisez la température et laissez la cuisson se terminer à feu doux. Retirez le poisson de la soupe dès qu'il est cuit et répartissez-le dans des bols individuels. Arrosez de bouillon et servez aussitôt.

Sayur bening
Soupe de légumes

300 g de chou détaillé en tranches fines
3 cuil. à soupe d'anchois séchés
coupés en deux et étêtés
6 échalotes pelées et coupées en quartiers
1 à 2 piments frais
1 l d'eau
Sel

Rincez les anchois et pilez-les grossièrement. Faites de même avec les échalotes et les piments.
Faites chauffer l'eau dans une casserole, ajoutez les épices et mélangez. Lorsqu'elle arrive à ébullition, salez. Ajoutez le chou et faites à nouveau bouillir quelques minutes. Vous pouvez remplacer le chou par d'autres légumes de saison.

Sop ekor lembu
Soupe à la queue de bœuf

600 g de queue de bœuf découpée en morceaux
aux articulations
1 oignon pelé et détaillé en anneaux
1 bâton de cannelle
1 cuil. à café de graines de coriandre
1/2 cuil. à café de cumin
1 l d'eau (ou une quantité suffisante
pour couvrir entièrement la viande)
4 pommes de terres pelées et coupées en quatre
Sel

Pour la garniture :
Anneaux d'oignons grillés
2 oignons nouveaux et le vert coupés en anneaux

Nettoyez soigneusement la queue de bœuf. Déposez les morceaux dans une casserole avec l'oignon, la cannelle, la coriandre et le cumin. Recouvrez d'eau froide, puis mettez à cuire. Lorsque la soupe commence à bouillir, retirez l'écume qui se forme à la surface à l'aide d'une écumoire et réduisez le feu. Laissez mijoter à feu doux jusqu'à ce que la viande devienne tendre : elle ne doit pas toutefois se détacher de l'os. Ajoutez les pommes de terre, salez, puis laissez bouillir encore quelques minutes avant de remettre cuire à feu doux.
Lorsque les pommes de terre sont cuites et que la viande est tendre, retirez les morceaux de queue de bœuf. Séparez la viande de l'os et répartissez-la dans des bols individuels. Remplissez de bouillon et décorez avec l'oignon grillé et les oignons nouveaux.

Sop ayam
Soupe de poulet

2 petits blancs de poulet ou deux gros pilons (env. 400 g)	
3 cuil. à soupe d'huile	
1 petit oignon pelé et détaillé en anneaux	
1 bâton de cannelle de 4 cm	
4 capsules de cardamome	
4 clous de girofle	
125 cl d'eau	
2 brins de lemon-grass (partie inférieure uniquement) froissés	
10 g de vermicelles ramollis, égouttés et coupés	
2 pommes de terre cuites, pelées et coupées en cubes	

Pour la marinade :

1 tranche de gingembre de 5 mm d'épaisseur
2 gousses d'ail pelées et coupées en quartiers
1 cuil. à café de coriandre en poudre
1/2 cuil. à café de cumin
1/2 cuil. à café de curcuma
1/2 cuil. à café de poivre du moulin
12,5 cl d'eau

Pour la garniture :

3 échalotes détaillées en anneaux et grillées
1 jeune oignon finement haché
2 branches de coriandre hachée

Préparez la marinade : pilez l'ail et le gingembre dans un mortier. Ajoutez la coriandre, le cumin, le curcuma, le poivre et l'eau, puis mélangez jusqu'à obtenir une pâte homogène. Frottez la chair du poulet avec cette marinade et laissez reposer 15 minutes.

Faites revenir l'oignon, la cannelle, la cardamome et le clou de girofle dans l'huile chaude. Lorsque les oignons sont dorés, ajoutez le poulet et poursuivez la cuisson jusqu'à ce que les arôme se déploient. Ajoutez le lemon-grass et 12,5 cl d'eau. Portez à ébullition. Réduisez le feu et laissez mijoter jusqu'à ce que le poulet soit cuit. Retirez le poulet, laissez-le refroidir et découpez-le en tranches.

Déposez les vermicelles dans la soupe et portez de nouveau à ébullition. Répartissez le poulet et les pommes de terre dans des bols individuels. Versez la soupe chaude par-dessus et décorez avec les anneaux d'échalote, l'oignon haché et la coriandre.

Sop ayam (soupe de poulet)

Un plat à part entière

Les nouilles

Les nouilles de blé et de riz constituent, à elles seules, un repas. Il serait faux néanmoins de parler de plat unique car, à en juger par la diversité des ingrédients utilisés, on y trouve réunis toute une foule de mets dans une seule assiette, ce qui n'est pas le cas des repas à base de riz servis dans plusieurs bols. Les plats à base de nouilles frites sont élaborés avec toutes sortes de légumes, du tofu, des calamars, des crevettes ou de la viande de bœuf. Les garnitures sont variées : piments frais rouges ou verts, concombre râpé, oignons nouveaux, ciboulette-ail, oignon grillé en anneaux, fines herbes, voire citron vert. Les sauces qui accompagnent les nouilles sont de deux types différents : légères et piquantes, et alliant le sucré au salé, elles sont à base de tamarin, tandis que celles au lait de coco sont plus nourrissantes.

Mee goreng
Nouilles de blé épicées

500 g de nouilles de blé fraîches jaunes (mee) coupées en petits morceaux
300 g de crevettes décortiquées (conserver les têtes pour le fond de sauce)
6 cuil. à soupe d'huile
2 gousses d'ail pelées et hachées
1 cuil. à soupe de sauce de soja
250 g de calamars nettoyés, sans la peau, coupés en morceaux
300 g de chou chinois fleuri (Choi-Sum) coupé en morceaux de 4 cm, tiges et feuilles séparées
200 g de pousses de soja, sans les racines
Sel

Pour la pâte épicée :

10 g de piments séchés, ramollis et sans les graines
2 piments rouges frais sans les graines
1 oignon pelé et haché

Saupoudrez les têtes des crevettes avec du sel. Laissez reposer pendant 10 à 15 minutes, puis rincez et mixez le tout avec 12,5 cl d'eau. Passez ensuite cette purée au tamis. Vous obtiendrez un fond de sauce que vous réserverez.
Préparez la pâte épicée : pilez au mortier les piments frais et les piments séchés avec l'oignon.
Faites chauffer l'huile dans un wok. Faites-y brunir l'ail. Ajoutez la pâte épicée et faites revenir jusqu'à ce que les arômes se développent. Ajoutez le fond de sauce et portez à ébullition. Versez la sauce au soja, les calamars et les crevettes. Mélangez. Ajoutez tout d'abord les tiges, puis les feuilles de chou chinois. Mélangez bien. Égouttez rapidement les nouilles, versez-les dans le wok et faites cuire pendant 5 minutes tout en remuant. Ajoutez les pousses de soja et salez. Servez dès que les pousses sont cuites.

Kwei teow goreng
Nouilles de riz frites au bœuf

800 g de nouilles de riz plates (kwei teow)
250 g de filet de bœuf coupé en tranches
200 g de pousses de soja sans les racines
250 g de crevettes décortiquées
200 g de cresson haché
1 1/2 cuil. à soupe de sauce de soja
5 cuil. à soupe d'huile

Pour la pâte épicée :

8 piments séchés, ramollis et sans les graines
4 piments rouges frais sans les graines
1 oignon pelé et haché
1 gousse d'ail pelée et coupée en quatre

Préparez la pâte épicée : pilez les piments, l'oignon et l'ail au mortier. Faites chauffer l'huile dans un wok et faites-y revenir la pâte épicée, jusqu'à ce que les arômes se déploient. Ajoutez la viande et mélangez. Ajoutez la sauce de soja et les crevettes. Faites cuire quelques minutes. Ajoutez les nouilles. Remuez bien. Enfin, versez le cresson et les pousses de soja. Remuez jusqu'à ce que les légumes soient cuits.

Mee rebus
Nouilles de blé fraîches à la sauce épaisse

500 g de nouilles de blé jaunes rondes (mee)
200 g de pousses de soja sans les racines
2 blocs de tofu coupés en bandes et revenus à la poêle avec un peu de sel
2 cuil. à soupe de coriandre en poudre
1 cuil. à soupe de pâte au soja (tauceo)
1,5 l de bouillon de poulet
1 grosse patate douce pelée et écrasée
2 tomates coupées en morceaux
4 cuil. à soupe d'huile

Pour la pâte épicée :

12 piments séchés, ramollis et sans les graines
8 échalotes pelées et hachées
2 gousses d'ail pelées et coupées en quartiers
6 tranches fines de rhizome de galanga

Pour la garniture :

2 œufs durs coupés en quatre
100 g de ciboulette-ail finement hachée
6 échalotes coupées en anneaux et grillées
4 piments verts frais coupés en anneaux
2 petits citrons verts coupés en deux

Préparez la pâte épicée : pilez au mortier les piments, les échalotes, l'ail et le rhizome de galanga jusqu'à obtenir une pâte de consistance fine. Dans une casserole contenant l'huile chaude, faites revenir la pâte épicée, jusqu'à ce que les arômes se développent. Ajoutez le tofu et la coriandre et poursuivez la cuisson pendant 2 minutes. Déposez la patate douce dans un bol et mélangez-la avec un peu de bouillon jusqu'à obtenir un mélange homogène. Ajoutez-la, avec la pâte de soja et le bouillon de poulet, au contenu de la casserole. Sans cesser de remuer, portez à ébullition et salez. La sauce doit avoir une consistance crémeuse. Ajoutez les tomates en fin de cuisson. Pour la soupe, faites blanchir tout d'abord les pousses de soja, puis les nouilles. Égouttez. Répartissez le soja et les nouilles dans des bols individuels. Versez la sauce par-dessus et disposez tous les ingrédient qui constituent la garniture. Arrosez les nouilles avec le jus du citron vert pressé au moment de servir.

L'idée géniale de Momofuku

Pratiquement tous les Asiatiques consomment ou ont consommé des nouilles instantanées. Depuis leur invention en 1958 par Momofuku Ando, un Japonais d'Osaka, elles ont connu un succès mondial qui ne s'est jamais démenti et se décline toujours sous de nouvelles formes. En Malaisie, on trouve des plats à base de nouilles instantanées dans de petits bols en plastique, dans lesquels il suffit de verser de l'eau bouillante. Le plat est prêt en quelques minutes. Les voyageurs asiatiques craignant de ne pas s'habituer à la cuisine occidentale emportent souvent dans leurs bagages une réserve suffisante de boîtes avec leur précieuse préparation.

Penang laksa
Nouilles de riz à la sauce piquante

800 g de nouilles de riz épaisses fraîches ou séchées (beehoon kasar)
600 g de bar (ikan parang) cuit à la vapeur, sans arêtes et coupé on cubes
Le jus de 6 cuil. à soupe de pulpe de tamarin mélangé à 25 cl d'eau
2 tranches de tamarin séché
6 tiges de coriandre vietnamienne (daun kesum), feuilles coupées en julienne
2 cuil. à soupe de sucre
1 cuil. à café de sel

Pour la pâte épicée :

14 piments séchés, ramollis, sans les graines, coupés en dés
1 morceau de pâte aux crevettes (blacan) de 1,5 x 15 x 1 cm
2 brins de lemon-grass (parties inférieures seulement) détaillés en fines lamelles
2 tranches de rhizome de galanga de 4 mm d'épaisseur
120 g d'échalotes pelées et hachées

Pour la garniture :

1/2 petit ananas coupé en dés ou en julienne
1 concombre pelé et coupé en julienne
6 feuilles de salade chinoise grossièrement hachées
3 piments rouges frais coupés en rondelles, sans les graines
Feuilles hachées de 3 branches de menthe
Sauce piquante
3 cuil. à café de pâte aux crevettes (petis) dissoute dans un peu d'eau tiède

Préparez la pâte épicée : pilez au mortier tous les ingrédients. Dans une casserole contenant 1,5 l d'eau, faites bouillir cette pâte avec le jus et les tranches de tamarin, ainsi que la coriandre. Réduisez le feu puis laissez mijoter le bouillon pendant 20 minutes.
Plongez les nouilles pendant 15 minutes dans de l'eau froide pour les ramollir, faites-les blanchir et égouttez-les. Si vous utilisez des nouilles fraîches, faites-les blanchir directement.
Dans le bouillon, versez le poisson, le sucre et le sel. Arrêtez la cuisson et laissez infuser pendant 10 minutes. Retirez les tranches de tamarin avant de servir. Répartissez les nouilles dans des assiettes ou des bols individuels. Décorez avec la garniture et recouvrez de sauce piquante. Terminez par une cuil. à café de pâte de crevette dans chaque bol.
Le petis, sorte de pâte foncée au goût très relevé, à base de crevettes et à la consistance sirupeuse et gluante, est vendue dans les épiceries asiatiques.

Bunga cengkih: clou de girofle (*Szygium aromaticum*) ; ici, sous forme de bouton sur le giroflier (indon. : *bunga cengkeh*, chin. : *ding xiang*).

Kucai: ciboulette-ail, ou ciboulette de Chine (*Allium tuberosum*). Cette herbe allie l'odeur de la ciboulette à celle de l'ail (chin. : *jiu cai*).

Daun bawang: oignon nouveau (*Allium fistulosum*). Cette variété est proche de l'oignon nouveau que l'on trouve en Europe (chin. : *cong*).

Bunga kantan: bourgeon de la famille du gingembre (*Phaemeria speciosa*). Utilisé dans les salades et les currys (indon. : *honje, palang* ; chin. : *xiang hua*).

Daun selaseh: basilic (*Ocimum basilicum*). Entre dans la composition du curry (indon. : *daun kemangi*).

Daun cari: feuilles du buis de Chine (*Murraya koenigii* ; chin. : *gah li ye*). Dans la cuisine indonésienne, elles sont remplacées par des feuilles d'eugénier (*daun salam*).

Cecur: racine de kaempférie (*Kaempferia galanga*). Parfum proche du gingembre (indon. : *kencur* ; chin. : *sha jiang*).

Lada kering: les piments séchés doivent d'abord être ramollis dans l'eau tiède. Sans les graines, ils sont plus doux (indon. : *cabai/cabe kering* ; chin. : *la jiao gan*).

Lada merah/lada hijau: piments rouges et verts frais. Les piments allongés sont plus forts que les ronds (indon. : *cabai/cabe merah/hijau* ; chin. : *hong/qing la jiao*).

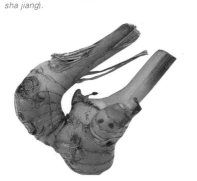

Lengkuas: rhizome de *galanga* (*Alpinia galanga* ou *Galanga major*) ressemblant au gingembre ; doit être employé plus modérément (indon. : *laos* ; chin. : *lan jiang*).

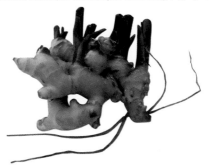

Halia tua: rhizome de gingembre mûr (*Zingiber officinale*) ; son goût est extrêmement marqué (indon. : *jahe tua* ; chin. : *jiang*).

Halia muda: rhizome de gingembre jeune (*Zingiber officinale* ; indon. : *jahe muda* ; chin. *nen jiang*).

Serai: lemon-grass (*Cymbopogon citratus*). Le bulbe ressemble à celui de l'oignon ; son parfum est citronné. On n'utilise que 10 à 15 cm des feuilles à partir du bulbe (indon. *sereh* ; chin. : *xiang mao*).

Daun limau purut: feuilles de limettier hérissé (*Citrus hystrix*) ; donnent un parfum citronné aux currys et aux grillades (indon. : *daun jeruk purut* ; chin. : *suan gan ye*).

Daun kesum: coriandre vietnamienne (*Polygonum odoratum*) ; herbe poivrée utilisée dans les sauces à base de noix de coco (chin. : *ku wo ye*).

Asam keping: tranches de tamarin (*Tamarindus indicus*) séchées. Donne un goût acide aux soupes et aux sauces (indon. : *asam gelugur* ; chin. : *a shen pian*).

Limau kesturi: lime, citron vert (*Citrus aurantiifolia*) à l'écorce fine, utilisé pour son jus (indon. : *jeruk nipis* ; chin. : *suan gan*).

Buah keras: noix des Moluques, aleurite (*Aleurites moluccana*). Sert à lier et à épaissir les sauces (indon. : *kemiri* ; chin. : *ma jia la*).

Daun seladeri: céleri (*Apium graveolens* ; indon. : *daun seledri* ; chin. : *qin cai*).

Daun kunyit: feuilles de curcuma. Le curcuma (*Curcuma domestica*) est cultivé en Inde et en Indonésie depuis plus de 2 500 ans.

Kunyit basah: rhizome de curcuma (*Curcuma domestica*). Confère aux currys leur couleur jaune intense (chin. : *huang jiang*).

Daun kunyit: feuille de curcuma (*Curcuma domestica*). Utilisée dans les currys ; sert également à envelopper le poisson grillé (chin. : *huang jiang ye*).

Daun ketumbar: feuilles de coriandre (*Coriandrum sativum* ; chin. : *yan sui ye*).

Les salades

Les salades malaises sont soit servies en accompagnement, soit consommées seules, entre les repas. Il s'agit alors généralement de préparations à base de légumes crus, avec ou sans fruits. Elles auraient plutôt pour fonction d'ouvrir que de calmer l'appétit. En revanche, les salades réalisées avec des légumes cuits peuvent constituer un repas à part entière. En Malaisie, la vinaigrette telle qu'elle est préparée en Europe, avec de l'huile et du vinaigre, est parfaitement inconnue. Les sauces de salades sont plus souvent un mélange de sucré, de salé et de piquant, le vinaigre étant remplacé par du jus de tamarin ou de citron vert. Le lait de coco et les arachides broyées entrent dans la composition de sauces plus lourdes.

Kerabu timun
Salade de concombres

2 concombres coupés en morceaux
2 cuil. à soupe de noix de coco râpée dorée à sec à la poêle
3 cuil. à soupe de crevettes séchées ramollies dans un peu d'eau
6 piments rouges frais, sans les graines
1 cuil. à soupe de crevettes séchées, broyées, dorées à sec à la poêle
1 bourgeon de *Paemeria speciosa* (famille du gingembre) détaillé en fines lamelles
1 cuil. à soupe de sucre
Sel
Le jus de 2 citrons verts

Pilez au mortier la noix de coco râpée avec les 3 cuil. à soupe de crevettes séchées. Ajoutez les piments et le reste des ingrédients puis broyez bien le tout. Déposez les concombres dans un bol avec la pâte et saupoudrez des lamelles de *Paemeria speciosa*. Dans un deuxième bol, mélangez le jus de citron vert avec le sel et le sucre. Préparez cette salade juste avant de la servir.

Jengganan
Salade de légumes cuits

3 blocs de *tofu* ferme, coupés en quatre en diagonale
2 paquets de *tempeh* (fromage de graines de soja)
150 g de pousses de soja
100 g de haricots verts coupés en bâtons de 2 cm
300 g de liseron d'eau coupé en morceaux de 4 cm ou haché
150 g de chou détaillé en lanières
Huile de friture
Sel

Faites frire le *tofu* dans l'huile jusqu'à ce qu'il prenne une coloration dorée. Égouttez et réservez. Faites alors frire le *tempeh* jusqu'à ce qu'il prenne une teinte dorée. Égouttez-le. Lorsqu'il a refroidi, coupez-le en dés.
Faites bouillir de l'eau avec 1 cuil. à café de sel et faites-y blanchir séparément les légumes dans l'ordre suivant: pousses de soja, haricots verts, liseron d'eau et chou. Égouttez les légumes.
Disposez les légumes dans un plat, avec le *tempeh* et le *tofu*. Au moment de servir, arrosez la salade d'une sauce piquante aux arachides (*sambal jengganan*, voir recette p. 165).
Si cette salade doit constituer un plat unique, les quantités indiquées sont pour deux personnes. En revanche, si vous envisagez de la servir en accompagnement, ces ingrédients suffiront pour quatre personnes.

Gadoh-gadoh
(salade de légumes crus et cuits)

Kerabu timun (salade de concombres)

Gadoh-gadoh
Salade de légumes crus et cuits
(pour 4 à 6 personnes)

150 g de chou coupé en dés et blanchi
200 g de pousses de soja
blanchies quelques instants dans de l'eau bouillante
150 g de liseron d'eau
coupé en morceaux de 6 cm et blanchis
150 g de haricots verts
détaillés en bâtons de 5 cm et blanchis
3 blocs de tofu ferme, frits et coupés en 9 cubes
2 paquets de tempeh (fromage de graines de soja)
frit et coupé en dés
4 pommes de terres cuites,
pelées et coupées en tranches épaisses
3 œufs durs coupés en quartiers ou en rondelles
2 concombres coupés en morceaux
1 petite igname coupée en cubes
6 à 8 chips aux crevettes

Pour la sauce d'accompagnement:
2/3 de noix de coco râpée (env. 300 g)
20 piments rouges frais, sans les graines
1 morceau de pâte aux crevettes (blacan)
de 3 x 3 x 1 cm
2 cuil. à soupe d'huile
200 g d'arachides grillées, finement moulues
Le jus d'1 cuil. à soupe de pulpe de tamarin
mélangée à 12,5 cl d'eau
1 cuil. à soupe de sucre de palme
(ou 1 cuil. à café de sucre brun)
Sel

Préparez la sauce d'accompagnement: mélangez la noix de coco avec 75 cl d'eau, et pressez-en le lait. Pilez les piments au mortier. Ajoutez la pâte aux crevettes, écrasez-la et mélangez-la aux piments. Faites revenir le mélange dans l'huile chaude, jusqu'à ce que les arômes se développent. Ajoutez un peu de lait de coco et l'arachide. Remuez jusqu'à obtenir un mélange homogène. Ajoutez le reste du lait de coco, le jus de tamarin, le sucre et le sel. Faites cuire à feu doux, jusqu'à ébullition. Assaisonnez à votre convenance avec du sucre ou du sel.

Disposez les légumes, le tofu, le tempeh et les œufs durs dans un grand plat ou dans des assiettes individuelles. Arrosez la salade d'un peu de sauce et décorez avec les chips de crevettes brisées en deux ou trois morceaux.

Gadoh-gadoh signifie «querelle», ce qui fait sans doute référence à l'union «contre nature» de ces différents légumes. Les quantités indiquées sont pour quatre personnes si la salade est servi en plat unique, pour six s'il s'agit d'un accompagnement.

Rojak
Salade de fruits et de légumes

1 concombre coupé en deux dans le sens de la longueur
et détaillé en rondelles de 5 mm
1/2 ananas coupé en dés de 5 mm
1 petite igname détaillée en dés de 5 mm
Côtés d'une carambole détaillés en petits morceaux
1 mangue verte pelée et coupée en dés
1 goyave coupée en dés
1 bourgeon de Paemeria speciosa (famille du gingembre)
détaillée en fines lamelles

Pour la sauce d'accompagnement
10 piments rouges frais sans les graines
1 cuil. à soupe de crevettes séchées et hachées,
puis grillées à sec à la poêle
3 cuil. à soupe de pâte aux crevettes noire
2 cuil. à soupe de sucre
Le jus de 6 citrons verts

Déposez tous les fruits et les légumes coupés en morceaux dans un grand saladier.
Préparez la sauce d'accompagnement: pilez les piments au mortier jusqu'à obtenir une pâte. Incorporez les crevettes grillées et mélangez. Dans un bol, mélangez cette préparation avec la pâte aux crevettes noire, le sucre et le jus de citron. Versez la sauce d'accompagnement sur les fruits et les légumes au moment de servir. Le bourgeon de Paemeria speciosa confère à cette salade un parfum très agréable.

Rojak (salade de fruits et de légumes)

Un légume rare

Le liseron d'eau

Le liseron d'eau (*Ipomoea aquatica*) est un légume à feuilles originaire des régions tropicales dont il existe deux variétés principales. La première présente des tiges creuses et des feuilles relativement grandes, en forme de cœur, qui flottent à la surface de l'eau, l'élément dans lequel prospère cette plante. À l'achat, on privilégiera les tiges fermes et les feuilles bien vertes. La seconde variété pousse sur la terre ferme, mais a tout de même besoin de beaucoup d'humidité. Les feuilles sont plus foncées et plus petites. D'un point de vue culinaire, ces deux variétés se distinguent à peine l'une de l'autre. Toutes les deux ont une teneur élevée en vitamine C et un léger effet laxatif. Le liseron d'eau a de jolies fleurs blanches, roses ou orange, mais il est rare de les voir s'épanouir.

Il est déconseillé de conserver ce légume trop longtemps. En effet, les feuilles jaunissent en l'espace de quelques jours et les tiges perdent de leur fermeté. Tout comme les autres légumes à feuilles, le liseron d'eau diminue considérablement de volume à la cuisson. Après cuisson, un beau bouquet de feuilles fraîches peut avoir réduit des deux tiers.

Avant de le cuire, le liseron d'eau doit être soigneusement nettoyé et les extrémités dures de ses tiges éliminées. On séparera les feuilles des tiges, car ces deux éléments ne doivent pas cuire dans le même récipient. Le goût du liseron d'eau est assez proche de celui de l'épinard. Le liseron est blanchi, puis servi en salade ou dans des soupes. Préparé dans un *wok*, avec une pâte piquante à base de piments et de crevettes séchés, il est très apprécié en Malaisie.

Kangkong goreng blacan
Liseron d'eau frit à la pâte de crevettes

600 g de liseron d'eau
2 cuil. à soupe de crevettes séchées, ramollies et écrasées
Sel
4 cuil. à soupe d'huile

Pour la pâte épicée
8 piments séchés ramollis dans de l'eau, sans les graines
8 échalotes pelées et hachées
2 gousses d'ail pelées et coupées en quatre
1 morceau de *blacan* (pâte aux crevettes) de 2 x 2 x 1 cm

Séparez les feuilles des tiges et détaillez ces dernières en tronçons de 6 cm. Préparez la pâte épicée : pilez-en tous les ingrédients dans un mortier. Faites revenir l'huile dans un *wok*. Versez-y la pâte épicée, salez puis faites revenir jusqu'à ce que les arômes se développent. Ajoutez les crevettes séchées et faites revenir 1 minute. Ajoutez alors les tiges du liseron et laissez cuire 1 minute sans cesser de remuer. Enfin, ajoutez les feuilles. Remuez jusqu'à cuisson complète des légumes : tous ingrédients doivent être bien liés.

Page de droite : étalage d'un petit marchand de légumes. Outre diverses herbes, on trouve deux variétés de liserons d'eau (rangée du bas à gauche), une sorte de haricots (au milieu) et du lemon-grass (rangée du bas à droite). Sur la rangée du haut, on découvre des oignons nouveaux, des feuilles et des boutons de bananier.

Ci-dessous : culture maraîchère. Au premier plan, du safran des Indes ou curcuma.

Kangkong goreng blacan
(Liseron d'eau frit à la pâte aux crevettes)

Les petai

De loin, ils ressemblent à des gousses de petits pois surdimensionnées. Ces cosses géantes, qui peuvent mesurer entre 30 et 50 cm de long, sont suspendues au feuillage d'un arbre sauvage (*Parkia speciosa*), qui peut atteindre 25 mètres de haut. Chaque gousse peut contenir jusqu'à 18 graines (*petai* en malais). On brise ou on coupe les gousses, dont on extrait les graines que l'on fait cuire entières ou cou-pées en deux. Les *petai*, au goût d'ail très prononcé, sont souvent grignotées crues, par exemple avec du *sambal blacan*. Ces pois consommés crus posséderaient des vertus antidiabétiques. En Malaisie, certains magasins proposent également des *petai* grillées et salées. Cuit, ce légume est le plus souvent apprêté avec du *sambal*, des crevettes ou des anchois séchés. Les feuilles de *petai* ont le même effet sur l'organisme que l'ail ou l'asperge. Pour éviter d'avoir mauvaise haleine après les avoir dégustés, on accompagnera ces pois de concombre cru.

Un arbre sur lequel poussent des pois a de quoi étonner un Européen.

Les *petai* sont rarement cultivées en plantations. Les arbres poussent librement. Pour faire une bonne récolte, il suffit d'un peu d'agilité.

Ces pois au goût particulier sont vendus attachés en bouquets sur les marchés. Les *petai* se consomment crues, grillées ou cuites à l'étouffée, en accompagnement du poisson.

Les pousses de soja

Pour les enfants malais, la connaissance de la nature passe de façon incontournable par l'observation de la croissance des pousses de soja, qu'ils observent dès leur première leçon de sciences naturelles. Ils mettent les graines dans un peu d'eau et, au bout de deux à trois heures, celles-ci commencent à germer. Les graines sont alors déposées sur un peu de coton humide et mises sous cloche; leur croissance peut ainsi être observée en permanence. Les germes sont ensuite entreposés à l'abri de la lumière. En 24 heures à peine apparaît une racine et une tige, tandis que l'enveloppe se détache de la graine. Au bout de quelques jours, les pousses ont atteint une belle hauteur. Les enfants doivent alors simplement veiller à ce que le coton reste toujours humide. Ce qui ravit aujourd'hui les écoliers faisait aussi la joie des étudiants asiatiques venus en Occident à l'époque où les pousses de soja étaient impossibles à trouver dans les magasins d'alimentation: il leur suffisait de faire germer les graines dans leur chambre. Les germes de soja que l'on trouve dans le commerce sont généralement issus de *Vigna radiata* (variété *mungo*), plus rarement de *Glycine max*. Si la cuisine dite «naturelle» a découvert seulement récemment l'exceptionnelle valeur nutritionnelle des pousses provenant de graines non traitées, cela fait plusieurs milliers d'années que les Chinois connaissent l'importance des germes frais, en particulier dans les régions aux hivers rigoureux. Une poignée de germes consommés à intervalles réguliers écartait le scorbut, cette maladie liée à une carence en vitamines.

Dans la cuisine malaise et chinoise, les pousses de soja ne sont pas utilisées uniquement pour leurs vertus nutritives, mais aussi pour leur consistance. En effet, les habitants de ces régions du monde apprécient tout particulièrement leur croquant, qui sera mis en valeur par des effets de contraste. C'est ainsi que les pousses de soja entrent souvent dans la composition des soupes et des plats de nouilles. Il faut, bien entendu, veiller à ne pas les faire cuire trop longtemps.

Avant d'être vendus dans le commerce, les germes de soja sont débarrassés de leurs petites feuilles vertes.

Jour 1   Jour 2   Jour 3

Germination des graines de soja.

Les jeunes germes sont arrosés régulièrement.

Le quatrième jour, les pousses ont déjà atteint une taille respectable.

À l'achat, il faut que les pousses soient propres, courtes, fermes et lisses.

Jour 5   Jour 6

Taugeh goreng kucai
Pousses de soja frites à la ciboulette-ail

400 g de pousses de soja lavées et égouttées
1 cuil. à soupe d'huile
2 gousses d'ail pelées et hachées
3 branches de ciboulette-ail détaillées en brins de 3 cm
Sel
2 piments rouges frais coupés en anneaux, sans les graines

Faites légèrement revenir l'ail dans l'huile chaude. Ajoutez les pousses de soja et la ciboulette-ail. Salez. Augmentez le feu et faites revenir 1 minute. Ajoutez le piment et mélangez. Servez avec du riz. Vous pouvez remplacer la ciboulette-ail par de l'oignon nouveau.
Variante : faites frire une petite quantité de poisson salé et hachez-le grossièrement et disposez-le sur les légumes.

Taugeh masak kerang
Pousses de soja aux coques

400 g de pousses de soja lavées et égouttées
500 g de coques fraîches
2 cuil. à soupe d'huile
2 gousses d'ail pelées et hachées
2 piments rouges frais détaillés en julienne, sans les graines
2 branches de céleri coupées en morceaux de 5 cm
Sel

Nettoyez les coques et retirez la chair. Faites revenir l'ail et le piment dans l'huile chaude, jusqu'à ce que les arômes se développent. Ajoutez les pousses de soja et le céleri. Augmentez la flamme et mélangez : le soja doit rester ferme. Ajoutez les coques. Salez et poursuivez la cuisson pendant 1 minute, tout en remuant. Les coques peuvent être remplacées par des moules.

Tahu goreng
Tofu aux pousses de soja
(pour 2 ou 4 personnes)

4 blocs de *tofu* ferme
1 concombre coupé en deux dans la longueur, puis détaillé en tranches ou en bâtons
300 g de pousses de soja

Pour la sauce :

1 piment rouge frais sans les graines
2 piments verts frais sans les graines
1 gousse d'ail pelée et coupée en quatre
1 petit morceau (1 cm) de sucre de palme pilé (à défaut, 1 cuil. à café de sucre brun)
80 g d'arachides grillées et finement moulues
2 cuil. à café de sauce de soja
2 cuil. à café de vinaigre
12,5 cl d'eau froide

Faites frire le *tofu* sur toutes les faces jusqu'à ce qu'il prenne une belle teinte dorée. Laissez-le refroidir et coupez chaque bloc en neuf cubes.
Préparez la sauce : pilez au mortier les piments et l'ail. Ajoutez le sucre de palme, les arachides, la sauce de soja, le vinaigre et l'eau. Mélangez bien les ingrédients. Disposez le *tofu* avec le concombre et les pousses de soja sur un plat de service. Arrosez avec un peu de sauce et servez le reste de la sauce à part.
Ce plat peut constituer un repas à part entière : les quantités indiquées sont alors pour 2 personnes. S'il est servi en accompagnement, il sera suffisant pour 4 personnes.

Taugeh goreng kucai
(pousses de soja à la ciboulette-ail)

Tahu goreng (*tofu* aux pousses de soja)

Bihun goreng
Nouilles de riz frites

600 g de nouilles de riz ramollies selon les indications du paquet
150 g de crevettes décortiquées
500 g de pousses de soja
2 cuil. à soupe d'huile
12,5 cl d'eau ou de bouillon
Sel

Pour la pâte épicée :

6 piments séchés, ramollis dans de l'eau, puis hachés (sans les graines)
2 gousses d'ail pelées et coupées en quatre

Pour la garniture :

1 bloc de *tofu* ferme (environ 200 g)
2 œufs durs coupés en quartiers
1 brin de ciboulette-ail coupé en morceaux de 2 cm
2 cuil. à soupe d'oignons frits coupés en anneaux
2 citrons verts coupés en deux

Préparez le *tofu* pour la garniture : essuyez-le avec du papier absorbant et faites-le revenir dans l'huile jusqu'à ce qu'il prenne une belle teinte dorée. Égouttez-le et laissez-le refroidir. Détaillez-le en cubes de mêmes dimensions

Préparez la pâte épicée : pilez au mortier les piments et l'ail. Faites revenir cette pâte dans l'huile, jusqu'à ce que les arômes se développent.

Mouillez la pâte épicée avec de l'eau ou du bouillon. Mélangez, ajoutez les crevettes et salez. Portez à ébullition et incorporez d'abord les nouilles, puis les pousses de soja. Faites frémir à petits bouillons pendant 5 minutes. Au moment de servir, répartissez dans des bols individuels et disposez par dessus le *tofu* et les autres éléments de la garniture. Arrosez de jus de citron à table.

Urap taugeh
Pousses de soja frites à la noix de coco râpée

450 g de pousses de soja
1/3 de noix de coco râpée (env. 150 g)
1/2 cuil. à café de sel
Le jus de 2 citrons verts

Pour la pâte épicée :

8 piments séchés ramollis dans de l'eau, puis hachés (sans les graines)
6 échalotes pelées et hachées
20 crevettes séchées, lavées, ramollies et égouttées

Préparez la pâte épicée : pilez au mortier les piments séchés, les échalotes et les crevettes jusqu'à obtenir une pâte.

Dans une casserole à fond épais, faites griller la noix de coco, le sel et la pâte épicée à feu doux, sans cesser de remuer, jusqu'à ce que les arômes se développent. Ajoutez les pousses de soja et mélangez pendant 1 à 2 minutes, avec la noix de coco. Retirez du feu et arrosez de jus de citron.

Il est inutile d'utiliser de l'huile pour réaliser cette recette.

Urap taugeh
(pousses de soja à la noix de coco râpée)

Les aubergines

Les aubergines asiatiques (*terong* en malais) ont une peau plus fine que les variétés d'Europe ou d'Australie. De forme allongée, arrondie ou ronde, elles présentent une couleur qui va du violet foncé au vert pâle. Sur les marchés, la variété à peau blanche est rare.

Dans la cuisine malaise, l'aubergine est surtout utilisée dans les currys ; elle peut aussi être apprêtée avec de la sauce de tamarin ou du *sambal*. Les Chinois emploient les variétés à peau violette ou verte principalement dans les plats braisés ou sautés. Un autre mode de préparation consiste à couper les aubergines en tranches épaisses dans la diagonale, puis à les entailler comme du pain pour les sandwiches avant de les farcir d'une pâte à base de poisson ou avec de la viande de mouton hachée.

À l'achat, choisissez des légumes fermes, à peau bien lisse. Après avoir coupé les aubergines en deux dans le sens de la longueur ou les avoir détaillées en tranches, il faut les tremper dans de l'eau salée, ce qui évite leur décoloration et supprime leur amertume. Avant de les cuisiner, elles doivent être soigneusement rincées, égouttées et essuyées avec du papier absorbant.

Kari ikan dengan terong
Curry de poisson aux aubergines

600 g de poisson (maquereau, par exemple) en darnes ou en filets
3 aubergines coupées en deux dans la longueur
10 échalotes
2 cuil. à soupe de curry pour poisson
2 gousses d'ail
1/2 noix de coco râpée (env. 200 g)
50 cl d'eau
2 cuil. à soupe de pulpe de tamarin
2 tranches fines de gingembre frais
4 cuil. à soupe d'huile
1 tige de feuilles du buis de Chine
Sel

Coupez le poisson en morceaux. Détaillez chaque moitié d'aubergine en trois. Pelez et émincez les échalotes en anneaux. Pelez et détaillez l'ail en lamelles. Mélangez le curry avec un peu d'eau jusqu'à obtenir une pâte homogène. Mélangez la noix de coco avec l'eau et extrayez-en le lait. Mélangez la pulpe de tamarin à 25 cl d'eau pour faire un jus.
Faites revenir l'ail, les échalotes et le gingembre dans de l'huile chaude, jusqu'à ce que ces ingrédients soient tendres. Ajoutez la pâte et les feuilles de buis de Chine. Mélangez bien et faites revenir une minute.
Ajoutez le lait de coco et le jus de tamarin. Salez et portez à ébullition. Déposez les aubergines, diminuez la flamme et faites cuire 5 minutes à petits bouillons. Enfin, ajoutez le poisson et laissez mijoter jusqu'à ce qu'il soit cuit. Servez aussitôt.

Terong asam
Aubergines au tamarin

400 g d'aubergines coupées en deux dans la longueur
30 g de crevettes séchées
1/2 noix de coco râpée (env. 200 g)
2 cuil. à soupe de pulpe de tamarin
200 g de crevettes fraîches
4 cuil. à soupe d'huile
1 lamelle de *galanga* pressée
1 oignon pelé et coupé en quatre
1 cuil. à café de sucre
sel

Pour la pâte épicée :
12 piments séchés
1 gousse d'ail pelée et coupées en quatre
1 morceau de pâte aux crevettes (*blacan*) de 2 x 2 x 1 cm
2 noix des Moluques

Coupez chaque moitié d'aubergines en 3 à 4 morceaux. Déposez-les dans de l'eau salée. Faites ramollir les crevettes séchées dans de l'eau et hachez-les. Mélangez la noix de coco avec 25 cl d'eau et extrayez-en le lait. Mélangez la pulpe de tamarin à 25 cl d'eau et pour faire un jus. Décortiquez les crevettes fraîches.
Préparez la pâte épicée : faites ramollir les piments dans de l'eau puis retirez les graines. Pilez-les au mortier avec les autres ingrédients de la pâte épicée, puis faites-la revenir dans de l'huile chaude avec le *galanga* et l'oignon jusqu'à ce que les arômes se développent. Ajoutez les crevettes hachées et faites-les cuire. Déposez les aubergines avec le lait de coco, le sucre et le sel. Faites cuire à feu moyen en remuant. Lorsque les aubergines sont cuites, ajoutez le jus de tamarin et les crevettes fraîches. Dès que les crevettes changent de couleur, retirez du feu et servez.

Sambal terong
Sambal d'aubergines (pour poisson, volaille ou viande)

200 g d'aubergines
1/2 cuil. à café de curcuma
3 à 4 cuil. à soupe d'huile
4 piments verts frais hachés sans les graines
1 oignon pelé et haché
1 1/2 cuil. à café de sucre
Sel
4 cuil. à soupe de jus de citron vert

Rincez les aubergines et détaillez-les en tranches d'épaisseur moyenne. Frottez-les dans le curcuma puis faites-les dorer dans l'huile chaude. Dans un saladier, mélangez les piments, l'oignon, le sucre, le sel et le jus de citron. Ajoutez les aubergines, mélangez et servez.

Terong belado
Aubergines à la sauce épicée

500 g d'aubergines
4 piments rouges frais
4 piments verts frais
1 oignon pelé et haché
2 cuil. à soupe d'huile
Sel
Jus de 4 citrons verts

Coupez les aubergines en deux dans la longueur. Retirez les graines des piments. Faites frire les aubergines jusqu'à ce qu'elles soient à moitié cuites. Égouttez-les et réservez-les. Dans un mortier, pilez les piments et l'oignon. Salez et faites revenir cette pâte dans l'huile jusqu'à ce que les arômes se développent. Ajoutez le jus de citron, puis les aubergines. Mélangez et servez.

Terong asam (aubergines au jus de tamarin)

Sambal terong (*sambal* d'aubergines, à servir avec poisson, volaille ou viande)

159

Le concombre chinois

Momordica charantia, ou *peria* en malais, est une cucurbitacée très appréciée en Asie du Sud-Est. En Malaisie, ce légume est sauté avec des piments et des épices, braisé dans de la sauce à la noix de coco ou consommé cru, en salade. Détaillé en fines lamelles et accompagné d'une sauce à base de noix de coco râpée et de crevettes séchées et hachées, il constitue un plat de choix.

Le concombre chinois, fruit d'une plante annuelle à tiges rampantes, possède une certaine amertume qu'il est préférable d'éliminer. À l'achat, on choisira les spécimens bien fermes et un peu verts, moins amers. Si le concombre est destiné à la cuisson, il faudra d'abord en gratter la peau. On le coupera ensuite en deux et on retirera les pépins et la moelle. La chair, détaillée en tranches ou en dés, sera salée, puis mise à reposer pendant une vingtaine de minutes. Ensuite, il faudra bien rincer le concombre pour éliminer le sel et l'amertume, avant d'égoutter.

Peria goreng udang
Concombre chinois aux crevettes

1 grand concombre chinois (env. 400 g)
300 g de crevettes fraîches
3 cuil. à soupe d'huile
Sel
100 g de noix de coco râpée

Pour la pâte épicée :
8 piments séchés
1 oignon
1 gousse d'ail

Grattez la peau du concombre. Coupez-le en deux dans le sens de la longueur et retirez les pépins et la moelle. Détaillez la chair en tranches épaisses. Saupoudrez-les de sel sur les deux faces et laissez dégorger pendant 20 minutes.

Pendant ce temps, préparez la pâte épicée : faites tremper les piments dans de l'eau et retirez-en les graines. Pelez et hachez l'oignon. Pelez l'ail et coupez-le en quatre. Pilez ensuite au mortier les piments, l'oignon et l'ail, jusqu'à obtenir une pâte fine.

Rincez et pressez le concombre. Retirez la tête des crevettes et décortiquez-les. Salez la pâte épicée puis faites-la revenir dans de l'huile chaude jusqu'à ce que les arômes se développent. Mélangez la noix de coco avec 25 cl d'eau et extrayez-en le lait. Dans la poêle où cuit la pâte épicée, ajoutez les crevettes et faites-les cuire en remuant constamment. Versez le lait de coco et portez à ébullition. Lorsque la sauce devient crémeuse, ajoutez le concombre. Mélangez et laissez frémir à feu moyen, jusqu'à évaporation quasi-complète du liquide.

Hinava
Poisson cru mariné au concombre chinois

1 petit concombre chinois
200 g de maquereau
(la queue de préférence)
7 échalotes
1 morceau de gingembre (1,5 cm d'épaisseur)
2 piments rouges frais
Le jus de 5 à 6 citrons verts
(davantage si nécessaire)
Sel
1 amande de *bambagan* râpée

Grattez la peau du concombre, coupez-le en deux et retirez-en la moelle et les pépins. Épluchez les échalotes et détaillez-les en anneaux fins. Coupez le gingembre en julienne. Coupez les piments en deux dans le sens de la longueur, retirez-en les graines et détaillez-les en julienne.

Levez les filets de poisson et détaillez-les en tranches fines. Pressez les citrons dans un bol et faites mariner le poisson dans le jus obtenu jusqu'à ce qu'il devienne légèrement translucide (le jus doit recouvrir entièrement le poisson). Détaillez le concombre en lamelles. Pressez le poisson pour bien éliminer le jus de citron. Mélangez le concombre, l'échalote, le gingembre et le piment au poisson. Salez à votre convenance et saupoudrez de *bambagan*. Travaillez le mélange à la main jusqu'à ce que le poisson donne l'impression d'avoir été haché. Servez accompagné de riz.

Le *bambagan* est un fruit de Bornéo. L'amande râpée de ce fruit voisin de la mangue acidifie et conserve les aliments rapidement périssables.

1 Pour le poisson cru mariné au concombre chinois (*hinava*), levez d'abord les filets sur un poisson très frais et retirez la peau.
2 Pressez une grande quantité de citrons verts et recueillez le jus dans un bol.
3 Coupez des piments frais en deux dans le sens de la longueur et retirez les pépins.

4 Grattez la peau du concombre, retirez-en les graines et la moelle et détaillez la chair en fines lamelles.
5 Pressez le poisson mariné pour éliminer le jus de citron.
6 Mélangez bien le poisson avec les autres ingrédients.

Une portion de *hinava*, la spécialité de Kadazan, à Sabah, en Malaisie orientale, présentée sur une feuille.

Les principaux ingrédients du *hinava* : poisson frais, concombre chinois, citrons verts, échalotes et piments.

Les richesses de la terre

Les tubercules

Le manioc

Le manioc (*Manihot esculenta*; *ubi kayu* en malais), originaire du Brésil, fut introduit en Indonésie à la fin du XVIIIᵉ siècle, avec les bateaux portugais qui faisaient trafic d'esclaves. Pour que les tubercules de cette plante arbustive pluriannuelle aient une teneur optimale en amidon, il faut que certaines conditions de température, de lumière et de précipitations soient réunies, que seuls des climats tropicaux peuvent offrir. On fait la distinction entre les variétés douces et amères. L'une et l'autre ne peuvent être consommées crues, en raison de l'acide cyanhydrique qu'elles contiennent, mais qui s'élimine à la cuisson. Les tubercules du manioc produits par l'agriculture intensive peuvent être récoltés tous les six mois environ. Les feuilles du manioc entrent également dans la composition des currys et les jeunes pousses sont cuites à l'étuvée et servies avec du *sambal* au *blacan*. Les jeunes tubercules sont cuits à la vapeur et servis avec du sucre et de la noix de coco râpée. Les tubercules sont également râpés et entrent dans la composition des gâteaux et des puddings; enfin, détaillé en lamelles, le manioc se transforme en chips.

Ce tubercule se conserve difficilement. On parvient cependant à en préserver les qualités sous forme d'amidon. Une fois épluchés, les tubercules sont réduits en bouillie; celle-ci est séchée, puis moulue, ou mélangée avec de l'eau, l'amidon remontant alors à la surface. C'est à partir de cet amidon que l'on fabrique le tapioca aux utilisations multiples.

On ne consomme pas seulement le tubercule du manioc. Les feuilles sont employées comme légumes.

Des tubercules anciens et durs, on extrait l'amidon qui servira à produire le tapioca.

L'igname

Dioscorea alata (*ubi keladi* en malais) est le principal représentant en Asie du Sud-Est des 250 variétés d'ignames existant dans le monde. Cette plante grimpante est cultivée sur des tuteurs, une bonne exposition à la lumière étant indispensable pour obtenir la meilleure croissance possible du tubercule. Comme pour le manioc et la patate douce, la culture de l'igname nécessite une main d'œuvre importante. C'est d'ailleurs ce coût élevé qui explique son recul.

Les racines ont besoin d'une période de sécheresse pour se former. Au bout de dix mois de croissance, les parties aériennes meurent et l'on peut alors déterrer les tubercules – une opération assez éprouvante. Le nombre et la taille des tubercules dépend de la variété. Certaines ignames développent des rhizomes latéraux élancés qui, une fois pelés, s'emploient comme légumes.

L'igname est bouillie ou cuite à l'étuvée, puis apprêtée dans des plats sucrés ou salés. Détaillée en petits dés, elle cuit dans du lait de coco, avec des patates douces, donnant l'un des desserts préférés des Malais, le *bubur cha cha*.

Si les variétés produites par l'agriculture sont parfaitement comestibles, certaines ignames sauvages, en revanche, contiennent de la dioscorine, un alcaloïde vénéneux qui s'élimine cependant à la cuisson, ou un stéroïde dont sont issues la cortisone, l'hydrocortisone et la progestérone. Les variétés d'Amérique centrale sont toutefois celles qui présentent les teneurs les plus élevées de ce stéroïde.

La patate douce

Bien que son continent d'origine soit l'Amérique du Sud, la politique coloniale a permis la diffusion de la patate douce dans toutes les régions tropicales et subtropicales du monde. Aujourd'hui, environ 80 % de la production vient de Chine.

Les pousses d'*Ipomea batatas* (*ubi keledek* en malais) forment des rhizomes dont quelques-uns se seront transformés en tubercules au bout de quatre mois environ. Dès que les feuilles de cette plante annuelle sèchent, la récolte peut commencer. Les patates douces sont cuites au four ou à la vapeur, puis écrasées en purée pour servir à confectionner des gâteaux. Elles peuvent aussi être détaillées en tranches, saupoudrées de panure et cuites à la poêle. Les jeunes feuilles et les pousses sont également consommées comme légumes.

De par sa composition, l'igname est très proche de la pomme de terre. Ces deux tubercules ont une consistance farineuse après cuisson.

Les rhizomes de l'igname sont comestibles. Ils sont pelés et cuits comme des légumes.

Après s'être développée pendant quatre mois, la patate douce peut être déterrée.

163

Les sauces

Dans la cuisine malaise, les sauces sont toujours relevées, leur principal ingrédient étant le piment, en quantité plus ou moins importante. Outre cette épice, on trouve également les ingrédients suivants : le *blacan*, l'incontournable pâte à base de crevettes séchées, la pâte noire aux crevettes, les échalotes, le gingembre et l'ail. Ces mélanges sont délayés avec du vinaigre, du jus de tamarin ou de citron vert, de la sauce de soja épaisse ou de l'eau. Le goût sucré provient du sucre de canne ou de palmier (*gula melaka*). Enfin, les arachides grillées et moulues donnent corps et moelleux à la sauce. Les sauces décrites ci-après se conservent une semaine au réfrigérateur dans des bocaux en verre.

Sambal cuka
Sauce au piment et au vinaigre

2 gousses d'ail
10 piments rouges frais
1 tranche de gingembre frais de 1 cm d'épaisseur
2 cuil. à soupe de vinaigre
1 cuil. à soupe de sucre
1 cuil. à café de sel

Pelez et coupez les gousses d'ail en quatre. Dans un mortier, pilez les piments. Ajoutez le gingembre, puis l'ail et continuez à piler. Mélangez la pâte ainsi obtenue avec le vinaigre, le sucre et le sel. Cette sauce accompagne agréablement les fruits de mer ou la volaille.

Sambal asam
Sauce au piment et au tamarin

10 piments séchés
1 morceau de pâte aux crevettes (*blacan*) de 2 x 2 x 1 cm
1 cuil. à café de pulpe de tamarin
2 cuil. à café de sucre
1/4 de cuil. à café de sel

Faites tremper les piments dans de l'eau, puis retirez les graines. Faites griller le *blacan* à sec dans une poêle. Mélangez la pulpe de tamarin avec 12,5 cl d'eau, puis filtrez le jus obtenu. Pilez les piments au mortier et ajoutez la pâte aux crevettes. Continuez de piler jusqu'à obtenir une pâte que vous déposerez dans un bol. Ajoutez le jus de tamarin, le sucre et le sel. Mélangez bien tous les ingrédients.
Cette sauce se marie parfaitement au poisson grillé et aux légumes cuits.

Sambal chili kecap
Sauce au piment et au soja

1 morceau de pâte aux crevettes (*blacan*) de 2 x 2 x 1 cm
8 piments rouges frais sans les graines
4 échalotes pelées et hachées
2 gousses d'ail pelées et coupées en quatre
5 cuil. à soupe de sauce de soja foncée
1 cuil. à soupe de sucre de canne
Jus de 4 citrons verts

Faites griller le *blacan* dans une poêle à sec. Pilez les piments au mortier. Ajoutez d'abord le *blacan*, puis les échalotes et l'ail. Mélangez bien le tout jusqu'à obtenir une pâte homogène. Versez la pâte dans un bol. Ajoutez la sauce de soja, le sucre et le jus de citron. Mélangez.
Cette sauce est servie avec du poisson grillé.

Sambal chili kecap
(sauce au piment et au soja)

Sambal cuka
(sauce au piment et au vinaigre)

Sambal asam
(sauce au piment et au tamarin)

Sambal jengganan
Sauce piquante aux arachides

15 piments séchés, ramollis dans de l'eau, égouttés, sans les graines
2 cuil. à soupe d'huile
2 gousses d'ail pelées
1 cuil. à soupe de pulpe de tamarin
1 morceau de pâte aux crevettes (*blacan*) de 1 cm de côté
3 cuil. à soupe de sucre de canne
1/4 de cuil. à café de sel
200 g d'arachides grillées et grossièrement hachées

Faites revenir les piments 30 secondes dans l'huile chaude. Retirez du feu et réservez. Faites revenir l'ail et réservez. Faites de même avec la pulpe de tamarin. Enfin, faites revenir la pâte aux crevettes jusqu'à ce que l'arôme se développe, puis réservez. Faites fondre le tamarin dans 50 cl d'eau et filtrez le jus. Dans un mortier, pilez le piment, la pâte aux crevettes et l'ail. Versez cette préparation dans un bol. Mélangez avec le jus de tamarin, le sucre et le sel, puis ajoutez les arachides. Mélangez bien. Cette sauce doit avoir une consistance épaisse.

Sambal satay
Sauce aux arachides pour *satay*

20 piments séchés ramollis dans de l'eau, sans les graines
1 brin de lemon-grass détaillé en tranches
3 lamelles de rhizome de *galanga*
2 gousses d'ail pelées et coupées en quatre
1 cuil. à soupe de graines de coriandre grillées à sec à la poêle
1 cuil. à café de cumin grillé à sec à la poêle
3 cuil. à soupe de pulpe de tamarin
4 cuil. à soupe d'huile
200 g d'arachides grillées et grossièrement hachées
3 cuil. à soupe de sucre
1/2 cuil. à café de sel

Dans un mortier, pilez le piment, le lemon-grass, le *galanga*, l'ail, la coriandre et le cumin. Faites fondre la pulpe de tamarin dans 50 cl d'eau, puis filtrez-en le jus. Faites revenir les ingrédients pilés dans de l'huile chaude jusqu'à ce que les arômes se développent et que l'huile soit absorbée. Ajoutez les arachides, le jus de tamarin, le sucre et le sel. Mélangez bien et portez à ébullition en continuant de remuer. Diminuez le feu et laissez cuire à petits bouillons, jusqu'à ce que la sauce épaississe et que l'huile remonte à la surface.
Cette sauce accompagne les *satay*, petites brochettes de volaille, de bœuf ou de mouton grillées au feu de bois.

Sambal satay (sauce aux arachides pour *satay*)

Sambal jengganan
(sauce piquante aux arachides)

Les satay

Ces petites brochettes, vendues à tous les coins de rue, de Singapour à l'Indonésie en passant par la Malaisie, raviront tous ceux qui aiment grignoter de petits en-cas. Les recettes pour la marinade et la sauce aux arachides varient d'une région à l'autre. Le satay provient sans doute du kebab originaire du Moyen-Orient. En effet, les Arabes, qui commerçaient autrefois avec la Malaisie, y ont aussi importé certaines de leurs coutumes alimentaires.

À Singapour et en Malaisie, les satay furent d'abord proposés par des marchands ambulants, qui finirent par installer des échoppes dans les rues. Pour les découvrir, il suffit de se laisser guider par l'appétissant fumet qui se dégage du feu de bois. On commande une première portion. Pendant qu'on la déguste, le marchand continue la cuisson pour approvisionner son client au fur et à mesure, ce qu'il fait d'ailleurs sans qu'on le lui demande. Lorsque l'on est repu, il suffit de le faire savoir d'un signe de la main. Pour l'addition, le marchand compte simplement le nombre de bâtonnets vides. Il faut avoir observé la cuisson des brochettes : le marchand opère avec une rapidité incroyable, éventant avec une grande dextérité les flammes qui jaillissent lorsque de l'huile tombe sur les braises.

La journée des vendeurs de satay commence bien avant qu'ils n'aient ouvert leur échoppe et allumé leur feu. Ils doivent tout d'abord détailler la viande de bœuf, de mouton et les tripes en petits morceaux, désosser les volailles, puis les couper en dés. Toutes ces viandes marinent pendant plusieurs heures dans un mélange épicé dont chaque vendeur a sa propre recette qu'il garde secrète. Les brochettes elles-mêmes sont taillées dans la nervure médiane des palmes du cocotier. La viande marinée est embrochée sur les bâtonnets, badigeonnée d'un mélange d'huile et de sucre, puis grillée. Pendant toute la durée de la cuisson, les brochettes sont régulièrement badigeonnées du mélange pour éviter que la viande ne se dessèche, mais aussi pour glacer sa surface. Les satay sont servis avec des ketupat (feuilles de cocotier farcies avec du riz), du concombre, de l'oignon cru et une coupelle de sauce aux arachides. Aujourd'hui, on trouve même des satay aux crevettes. Les Chinois préparent aussi des satay au porc inspirés de la cuisine malaise.

Les ingrédients du satay :

1 Sucre	7 Arachides
2 Sel	8 Coriandre
3 Curcuma frais	9 Curcuma frais pelé
4 Cumin	10 Viande de bœuf
5 Rhizome de gingembre	11 Lemon-grass
6 Ail	12 Oignons
	13 Piments frais

Ces petites brochettes marinées et grillées, au bœuf ou au poulet, se dégustent sur le pouce.

Les otak-otak

Après avoir succombé à la tentation d'un étal de *satay*, il n'est pas rare de humer, au coin de rue suivant, la délicieuse odeur de l'*otak-otak*. Les Malais sont en effet tout aussi friands de ces sortes de papillotes de poisson que des brochettes de viande.

Pour confectionner un *otak-otak*, il faut tout d'abord hacher finement des filets de maquereau, puis les mélanger à des épices râpées – lemon-grass, *galanga*, piments frais, curcuma, échalotes, feuilles de limettier hachées et poudre de curry – jusqu'à former une pâte de consistance homogène. Outre l'arôme qu'elles apportent, la noix de coco râpée et grillée et la « crème » de coco, qui se forme à la surface du lait de coco, confèrent à la pâte sa malléabilité et donnent les matières grasses nécessaires.

Un peu de pâte est étalée sur une lanière de feuille de cocotier. Une seconde bande est posée par-dessus et les deux parties sont attachées, à chaque extrémité, par des bâtonnets en bois. Ces papillotes improvisées sont ensuite grillées au four ou au feu de bois, jusqu'à ce que les feuilles aient légèrement noirci. La pâte de poisson des *otak-otak* se consomme aussi avec du riz, ou sert de garniture à des sandwiches.

La partie médiane des feuilles de cocotier fournit les lanières utilisées comme enveloppes. Comme elles sont très raides, il faut les tremper dans de l'eau. La Malaisie exporte des feuilles prêtes à l'emploi vers Singapour.

Il existe également une version vapeur de l'*otak-otak*. Le poisson est coupé en tranches fines, badigeonné avec le mélange d'épices, puis enveloppé non pas dans des palmes de cocotier mais dans des feuilles de bananier.

On étale un peu de pâte de poisson sur une lanière de feuille de cocotier.

Les deux morceaux de feuilles sont attachés à chaque extrémité avec des bâtonnets en bois.

Si l'on demande à un Malais quelles sont les principales utilisations des palmes du cocotier, il répondra sans hésiter et en tout premier lieu l'*otak-otak*. Cette spécialité au poisson est en effet très populaire.

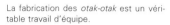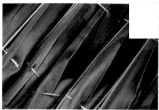

La fabrication des *otak-otak* est un véritable travail d'équipe.

Les papillotes de poisson sont prêtes à être cuites sur le gril.

C'est la cuisson au feu de bois et les feuilles qui donnent cet arôme particulier.

Le poisson est cuit lorsque les feuilles sont noircies.

Le blacan

À la marée montante, les petites crevettes se prennent dans les filets des pêcheurs.

La pâte est encore travaillée à la main, avant d'être placée dans des moules métalliques.

Sur la côte de Malacca et l'île de Penang, on voit parfois des pêcheurs, dans l'eau jusqu'à la ceinture, traquer le *geragau*. Ces petites crevettes saisonnières sont pêchées à la marée montante. Pour cela, les pêcheurs utilisent un filet triangulaire à mailles fines, tendu sur deux perches croisées.

Les filets pleins sont rapportés sur la plage où l'on enlève immédiatement les crevettes de grande taille, les petits poissons et les impuretés. Les petites crevettes sont ensuite rincées dans de l'eau de mer et mises à sécher sur la plage. Puis elles sont mélangées à du sel et exposées à nouveau au soleil pendant cinq à huit heures, avant d'être écrasées en pâte dans un baquet en bois.

Dans les usines de fabrication industrielle du *blacan*, toutes ces opérations sont automatisées. La pâte est conservée durant une à deux semaines dans des baquets étanches, puis elle est remise à sécher au soleil et pilée de nouveau. Le processus est répété plusieurs fois, les étapes de séchage empê-

chant l'altération du produit. Une fois prête, la pâte est pressée dans des moules carrés ou circulaires, puis exposée une dernière fois au soleil, avant d'être emballée. Aujourd'hui, le papier a remplacé les petits carrés de feuilles de cocotier dans lesquels on emballait autrefois le *blacan*. La couleur naturelle de la pâte est brun foncé. Mais on trouve également du *blacan* teinté, la couleur allant du rose fuchsia au violet foncé. Sa teneur élevée en sel permet une bonne conservation, en particulier si on le remet à sécher de temps en temps au soleil. Le *blacan* sert principalement d'épice. On en pile de petites quantités au mortier, avec du piment, des échalotes et d'autres ingrédients, pour obtenir l'un des composants de base de la cuisine malaise.

Le *blacan* existe aussi en Indonésie, où ce produit s'appelle *trassi*. En Thaïlande, le *blacan* est vendu sous le nom de *kapi*.

Ci-dessous : l'un des facteurs importants dans la fabrication du *blacan* est le séchage répété au soleil, procédé qui permet de prolonger la durée de conservation de ce produit fragile.

Les tourteaux de *blacan* sèchent une dernière fois, avant d'être emballés.

Le *sambal blacan* est parfois appelé « caviar de l'Asie du Sud-Est ».

Ci-dessus : c'est autour de l'immense bassine que se fait le remplissage des bouteilles de *cinkaluk*.

Le *blacan* est l'ingrédient de base d'un condiment appelé *sambal blacan*, un accompagnement incontournable des repas malais. Il sert à épicer le riz à l'étuvée. Recueillir le reste de sauce avec un peu de riz chaud procure le même plaisir que la « dégustation » des restes de la pâte sucrée d'un gâteau en Occident.

Sambal blacan

1 morceau de blacan de 2 x 2,5 x 1 cm
8 piments rouges frais détaillés en 3 à 4 morceaux chacun
Sel
2 petits citrons verts coupés en deux

Faites revenir le *blacan* dans une poêle, sans huile, jusqu'à ce que les arômes se développent. Dans un mortier, pilez quelques piments avec du sel. Ajoutez progressivement le reste des piments puis pilez le tout. Ajoutez le *blacan* et mélangez bien tous les ingrédients. La pâte ainsi obtenue ne doit être ni trop fine, ni trop grumeleuse. Servez accompagné des citrons verts coupés en deux. On presse leur jus sur le condiment juste avant de le déguster.

Le *cinkaluk*

L'ingrédient de base du *cinkaluk* sont les mêmes petites crevettes qui servent à fabriquer le *blacan*. Comme la pâte aux crevettes, le *cinkaluk* est fabriqué directement dans les villages de pêcheurs, bien que la tendance soit actuellement à créer de petites entreprises industrielles. La production industrielle est toutefois rendue difficile, du fait que les crevettes ne sont pas disponibles tout au long de l'année.

Dans les régions côtières, les femmes préparent elles-mêmes le *cinkaluk* pour leur propre consommation. Il suffit pour cela de disposer des petites crevettes, de sel et de riz cuit. Les crevettes, préalablement triées à la main, sont rincées dans de l'eau de mer et égouttées. Une fois sèches, elles sont mélangées avec du sel et environ 6 % de riz cuit. Elles sont alors déposées dans une grande bassine. La préparation fermente pendant trois à quatre semaines. Lorsque le mélange est prêt à être mis en bouteille, il a pris une teinte rose. Le sel et le riz se sont dissous et la masse est devenue beaucoup plus fluide.

Le *cinkaluk* est servi en hors-d'œuvre, avec des tranches d'oignon rouge, des piments et quelques gouttes de jus de citron vert. Il accompagne aussi le poisson, le riz et les jeunes pousses de légumes. Ce produit est très salé et son goût est assez prononcé. Son odeur est aussi forte que celle du *blacan*.

Pour préparer du *cinkaluk*, il faut d'abord séparer les crevettes des mollusques et crustacés inutilisables.

Le *cinkaluk* est vendu en petites bouteilles. Celles-ci proviennent d'une fabrication domestique.

Dans les élevages, les crevettes sont pêchées dès que leur poids atteint 25 à 35 g. Certaines peuvent alors mesurer 30 cm de long.

Les crevettes fraîchement pêchées, de l'espèce *Penaeus monodon*, trouvent preneur dans le monde entier.

Les queues de crevettes sont classées en fonction de leur taille et de leur poids, de U7 (moins de 7 unités pour 454 g) à U91-110 (nombre d'unités pour 454 g).

Des tigres dans un étang

Les crevettes d'élevage

Les plus grands représentants de la famille des décapodes, les crevettes géantes tigrées (*Penaeus monodon*), jouent un rôle d'une importance primordiale dans l'économie du Sud-Est asiatique. Élevées pour leur chair ferme et très parfumée, ces crevettes sont appréciées dans le monde entier. En Malaisie, leur élevage se fait sur toute l'année. C'est une activité très lucrative, qui ne comporte que peu de risques, car les crevettes grandissent rapidement et sont faciles à nourrir. En élevage, leur croissance dure de trois à quatre mois. Les crustacés, qui pèsent à maturité entre 25 et 35 g, peuvent alors être commercialisés. On peut pêcher la totalité des crevettes de l'élevage en vidant tout simplement le bassin, après avoir installé des filets aux points d'écoulement de l'eau. Mais si l'on désire ne pêcher que les spécimens les plus gros et laisser les autres achever leur croissance, on utilisera des filets à mailles larges. Chaque fois que l'étang est entièrement vidé de tous les animaux, il subit un nettoyage profond. Dans le Sud-Est asiatique, l'élevage concerne aussi bien les crevettes d'eau de mer que les espèces d'eau douce.

Les crevettes fraîches sont toujours cuites à la vapeur et servies accompagnées d'une sauce au piment et au vinaigre. Dans les recettes chinoises, leur cuisson se fait parfois avec du vin, des oignons nouveaux ou du gingembre. En Malaisie, en revanche, ces crustacés sont cuits, avec ou sans tête, dans un *sambal* ou une sauce au tamarin relevés. Les cuisines malaise et chinoise mélangent les crevettes de petite taille aux nouilles et aux légumes, tandis que les grandes sont de préférence grillées.

En Asie du Sud-Est, les crevettes sont vendues crues, rafraîchies ou sur un lit de glace pilée. Lors de l'achat, veillez à choisir des crevettes à la chair ferme et aux têtes intactes.

De temps à autre, les bassins sont entièrement vidés de leur eau, ce qui permet d'en capturer toute la population, puis de les nettoyer.

Le crabe

Alors que dans les pays occidentaux, les crabes sont souvent vendus décortiqués et la chair déjà cuite, donc parfaitement méconnaissables – les distances étant beaucoup trop importantes pour permettre le transport des crustacés vivants – sur les marchés du Sud-Est asiatique, ils sont proposés vivants avec les pinces attachées, ou cuits, entiers ou en morceaux. Lors de l'achat de crabes vivants, il faut privilégier les animaux dont les pinces et les pattes sont intactes. Les grands crabes du Sri Lanka, très charnus, sont les plus recherchés. On déguste les crabes avec les doigts. Dans les restaurants spécialisés, des pinces sont néanmoins mises à la disposition des convives ; les carapaces ont généralement été fendues avant la cuisson. Si les crabes sont très frais, la manière la plus simple de les préparer est de les cuire à la vapeur. Ils seront délicieux accompagnés d'une sauce au piment et au vinaigre. On peut aussi les faire griller au feu de bois, les braiser dans une sauce piquante ou les incorporer à un curry. Enfin, la chair de crabe se marie très bien avec des pousses de soja salées.

Charybdis cruciata

Comme son nom l'indique (crux signifie « croix » en latin), cette espèce possède une carapace sur laquelle une croix semble avoir été dessinée. D'après la légende, le jésuite François-Xavier, venu prêcher la bonne parole au XVIᵉ siècle, notamment à Goa en Inde, à Malacca en Malaisie et dans les Moluques en Indonésie, s'était un jour embarqué sur un voilier avec deux seigneurs portugais. Un orage terrible éclata ; les deux compagnons de voyage du saint abandonnèrent tout espoir de survie. Conservant son calme, François-Xavier saisit son crucifix et le plongea dans la mer. L'orage s'arrêta brusquement, mais la croix lui glissa des mains et sombra dans les flots. Le lendemain, les voyageurs accostaient sur l'île de Baramurah. Alors que François-Xavier et ses compagnons longeaient la plage, un crabe sortit de l'eau, portant un crucifix entre ses pinces. Il se dirigea vers le jésuite, qui tomba à genoux et reprit sa croix. Le crabe disparut à nouveau dans l'océan. Le père en joie baisa le crucifix et pria pendant une heure. Depuis cette époque, ces crabes, que certains n'osent même pas manger, ont pris le nom de « crabes de Saint François-Xavier ». On les trouve dans le détroit de Malacca.

C'est au mois de juin, période durant laquelle est fêté le saint, que les crabes sont les plus nombreux. Les pêcheurs les rapportent chez eux, les empaillent pour les conserver ou les offrir en cadeau. Et plus d'un enfant écoutera alors avec émotion l'histoire du crabe et de François-Xavier.

Crabe de vase d'Australie
(*Scylla serrata*, malais : *ketam batu*)

Charybdis cruciata
(malais : *ketam topeng*)

Crabe de vase d'Australie

Cette espèce très charnue est la plus importante en Asie du Sud-Est, aussi bien dans la cuisine que dans l'économie des pays. La carapace du mâle peut atteindre 22 centimètres de diamètre. Ces crabes se défendent vigoureusement avant de se laisser attraper. Sur les marchés, ils sont généralement vendus pinces attachées.

Crabe bleu

On rencontre cette espèce dans l'Océan Indien et le Pacifique, notamment sur les rives sablonneuses et boueuses des deltas des fleuves. La carapace des mâles a une teinte bleu gris avec des points blancs, tandis que les femelles sont de couleur brune, avec les mêmes taches blanches. Quand ces crabes délicieux muent et perdent leur carapace, on peut les consommer entiers.

Crabe bleu (*Portunus pelagicus*, malais : *ketam renjong*)

Ketam masak nanas
Curry au crabe

2 crabes (env. 1,5 kg)
350 g de noix de coco râpée
65 cl d'eau
1/2 ananas moyen, pas trop mûr
2 cuil. à soupe de coriandre moulue
1 cuil. à soupe de piment en poudre
1 cuil. à café de curcuma
1 brin de lemon-grass légèrement pilé
5 cuil. à soupe d'huile
Sel

Pour la pâte épicée :
10 échalotes pelées et hachées
4 gousses d'ail pelées et coupées en quartiers
1 tranche de rhizome de gingembre de 1 cm d'épaisseur
100 g de noix de coco râpée et dorée à sec dans une poêle

Mélangez la noix de coco aux 65 cl d'eau et extrayez-en le lait. Brossez soigneusement les crabes à l'eau courante et ébouillantez-les. Retirez les pinces, brisez légèrement la carapace et coupez-la en quatre morceaux. Préparez la pâte épicée : pilez au mortier les échalotes, l'ail, le gingembre et la noix de coco râpée et dorée, jusqu'à obtenir une pâte. Dans une grosse poêle, faites revenir la pâte épicée avec la coriandre, le piment, le curcuma et le lemon-grass dans de l'huile chaude, jusqu'à ce que les arômes se développent. Ajoutez le crabe et mélangez bien aux épices. Versez le lait de coco. Salez si nécessaire et portez à ébullition.
Tranchez le demi-ananas en deux dans le sens de la longueur, puis en huit. Ajoutez les morceaux d'ananas dans la poêle. Réduisez le feu et laissez mijoter à feux doux, jusqu'à ce que le crabe soit cuit.

Pour tuer les crabes, il faut les plonger dans de l'eau bouillante. Il est conseillé de ne pas prolonger cette opération plus de deux minutes, afin de ne pas faire cuire la chair. Il convient aussi de savoir qu'il est interdit, en Europe, de dépecer un animal vivant.

Les mollusques

Depuis des temps immémoriaux, les coques et les moules sont élevées dans les eaux côtières de Malaisie, à une profondeur d'environ 1,80 m. Il faut à peu près un an aux coques pour arriver à maturité. Lorsqu'arrive la période de la récolte, les pêcheurs partent en bateau jusqu'aux bancs de coques, qu'ils ramassent en traînant sur le fond marin des nasses rectangulaires fixées à l'extrémité de grandes perches. Une fois les nasses remplies et hissées à bord, les coques sont débarrassées une première fois de leur sable.

Coques, moules et palourdes sont vendues vivantes sur les marchés, ou du moins devraient l'être. Une moule vit encore si les deux coquilles, légèrement entrouvertes, se referment au moindre coup sur leur surface. En l'absence de toute réaction, il est préférable de ne pas consommer le mollusque. De même, ne consommez pas les moules qui ne se seraient pas ouvertes pendant la cuisson.

Selon les recettes, les coques (malais : *kerang*) sont préparées avec ou sans leurs coquilles.

Sambal kepah
Palourdes piquantes

600 g de palourdes fraîches, dans leur coquille
1 cuil. à soupe d'huile
1 branche de lemon-grass légèrement froissée

Pour la pâte épicée :

3 piments rouges frais, sans les graines
4 échalotes pelées et hachées
1 gousse d'ail pelée et coupée en quatre
Sel

Rincez les palourdes. Préparez la pâte épicée : dans un mortier, pilez les piments, l'échalote et l'ail. Faites revenir la pâte épicée avec du sel dans de l'huile chaude, jusqu'à ce que les arômes se développent. Ajoutez le lemon-grass et poursuivez la cuisson quelques instants. Ajoutez 12,5 cl d'eau et les palourdes. Faites cuire à feu moyen en remuant régulièrement, jusqu'à ce que les coquilles s'ouvrent.

Kerang masak papaya
Coques à la papaye

600 g de coques dégorgées et nettoyées
2 cuil. à café d'anchois séchés moulus
4 échalotes pelées et émincées
1/2 cuil. à café de poivre noir du moulin
1 papaye verte (env. 400 g) pelée et coupée en dés
75 cl d'eau
1 brin de lemon-grass légèrement froissé
Sel

Déposez tous les ingrédients dans un fait-tout. Portez à ébullition et faites cuire cinq minutes.

Des pêcheurs malais reviennent au port, rapportant leurs nasses.

Lorsque la pêche a été bonne, le bateau est rempli à ras bord de coques.

Au cours de la pêche, le fond de la mer est ratissé par une longue perche attachée à une nasse.

La pêche n'est pas toujours bonne. Il arrive même que les pêcheurs rentrent bredouilles.

Moule (malais : *kupang*) ouverte.

Couteau (malais : *siput*), que l'on reconnaît à sa coquille droite et allongée.

Les strombes (malais : *gonggong*) sont moins savoureux que les moules.

Coque (à gauche) et vénus (à droite). Ces deux mollusques sont délicieux accompagnés d'une sauce au vinaigre et au piment.

Kupang masak asam
Moules à la sauce aigre-douce
(pour 2 à 4 personnes)

1 kg de moules bien nettoyées
2 tranches de tamarin
2 brins de basilic
1 brin de lemon-grass légèrement froissé
1 cuil. à soupe de sucre
2 cuil. à café de sel
1 l d'eau

Pour la pâte épicée :
4 piments rouges frais, sans les graines
4 échalotes pelées et hachées
1 gousse d'ail pelée et détaillée en quartiers

Préparez la pâte épicée : dans un mortier, pilez les piments, les échalotes et l'ail, jusqu'à obtenir une pâte homogène.
Déposez-la, avec tous les autres ingrédients, dans une casserole et portez à ébullition. Réduisez alors le feu et laissez mijoter. Retirez du feu dès que les moules sont ouvertes. Répartissez les moules dans des plats individuels. Arrosez avec un peu du jus de cuisson et servez aussitôt.

Comme le *sambal kepah* (voir p. 176), cette recette peut composer un plat unique.

En haut : *Kupang*. Les moules peuvent être présentées avec leur coquille dans une soupe, cuites à la vapeur ou braisées dans un *sambal* ou une sauce aux haricots.

Gonggong masak ubi kledek
Strombes à la sauce coco

1 kg de strombes
1 noix de coco râpée (env. 500 g)
4 cuil. à soupe de fèves trempées 24 h dans de l'eau
400 g de patates douces
10 à 15 crevettes séchées, ramollies et écrasées
Sel

Pour la pâte épicée :
1 oignon pelé et haché
5 gousses d'ail pelées et coupées en quartier
1 morceau de pâte de crevettes (*blacan*) de 2 x 2 x 1 cm
1 tranche de curcuma frais de 1 cm d'épaisseur (à défaut, 1/2 cuil. à café de curcuma en poudre)

Préparez un lait de coco : mélangez la noix de coco râpée à 1,25 l d'eau, puis pressez-en la pulpe et réservez le lait.
Préparez la pâte épicée : dans un mortier, pilez l'oignon, l'ail, la pâte de crevettes et le curcuma, jusqu'à obtenir une pâte lisse.
Égouttez les fèves. Coupez les patates douces en gros dés. Dans une casserole, mélangez la pâte épicée avec le lait de coco, les patates douces, les fèves et le sel. Laissez mijoter le tout à feu doux, jusqu'à 10 minutes avant cuisson complète des fèves. Pendant ce temps, rincez les strombes à l'eau et brossez-les soigneusement, puis ôtez-en l'extrémité allongée. Ajoutez-les dans la casserole et poursuivez la cuisson pendant encore 10 minutes.

La coquille du strombe est foncée et en forme de corne. Le strombe se mange comme un escargot.

Kelong
et palangres

Les *kelong* sont de grands pièges à poissons sophistiqués que l'on trouve sur les côtes orientale et occidentale de la péninsule malaise, ainsi qu'en Indonésie, où ils sont dénommés *batawei*. Un *kelong* se compose d'au moins trois parties, reliées entre elles par d'étroites ouvertures. Les perches, qui servent à délimiter les pièges, sont généralement taillées dans du bambou ou du *nibong* (*Oncosperma tigillaria*), des matériaux particulièrement résistants à l'eau de mer. Des filets sont tendus entre les perches pour compléter le piège. Les rangées de perche forment une sorte de clôture qui mène directement à l'entrée du piège. Le courant pousse les poissons vers l'avant, la « clôture » de bois les guidant vers le piège. Dans le fond du piège est disposé un filet, que les pêcheurs, qui passent la nuit dans une petite cabane installée sur le *kelong*, relèvent à intervalles réguliers. Le lendemain matin, les prises sont ramenées sur la terre ferme en bateau.

La capture de poissons de mer tels que brèmes, vivaneaux et bars, se fait avec des palangres. Pour fabriquer une palangre, il faut tout d'abord un cadre de bois dur et résistant à l'eau de mer, généralement en *nibong*, qui flottera sur l'eau. Cette plate-forme, qui doit être attachée à une ancre, supporte de grandes nasses en fil de fer épais qui sont plongées dans l'eau. Les palangres sont surtout utilisées dans les lagunes et les baies abritées, où le courant et la marée ne sont pas trop importants. La marée doit toutefois avoir une certaine force pour permettre le renouvellement de l'eau, qui apporte l'oxygène et la nourriture nécessaire dans les nasses, ainsi que l'élimination des déjections des poissons.

Les palangres flottantes sont surtout fréquentes dans les baies abritées où le courant de marée est assez fort, mais non extrême.

Les villages de pêcheurs de la Malaisie occidentale s'animent au lever et à la tombée du jour, lors de l'arrivée et du départ des bateaux.

De petites cabanes sur pilotis abritent les pêcheurs qui, de nuit, surveillent les *kelong*, ces grands pièges à poissons.

179

Tenggiri batang: maquereau-bonite (*Scombridae*, indon.: *tenggiris*). D'une longueur pouvant atteindre 1 m, ce poisson à la chair ferme et parfumée est découpé en darnes que l'on cuit ensuite à la poêle ou que l'on prépare avec une sauce au tamarin ou à la noix de coco.

Pari nyiru (mal. et indon.): raie (*Trygonidae*). D'un poids atteignant parfois 10 kg, la raie possède des arêtes cartilagineuses. Elle est grillée avec des fines herbes, pochée dans une sauce au tamarin ou cuite au *wok* avec des légumes.

Selar kuning: sériole (*Carangidae*, indon.: *selar*). Ce poisson est pêché par bancs entiers au large de la côte orientale de la péninsule malaise. D'une longueur de 12 cm, il est généralement frit ou poché dans une sauce au tamarin.

1 *Udang merah ros*: les crevettes d'élevage *metapenaeus* (*Metapenaeus affinis*, indon.: *udang api-api*), à la chair ferme, se prêtent à la cuisson à la vapeur et au *wok*.
2 *Udang minyak*: crevette tropicale (*Parapenaeopsis hardwickii*).
3 *Udang merah ros*: ces crevettes d'élevage (*Metapenaeus ensis*) sont exportées dans le monde entier.

Kerang (mal., indon.): coque (*Cardiidae*)

Kepah: palourde (*Veneridae*; indon.: *remis*)

Kurau (mal., indon.): capitaine de l'Indo-Pacifique (*Polynemidae*). Les plus petits mesurent 30 cm, mais les plus grands peuvent atteindre 120 cm. La chair de ce poisson, très répandu sur la côte occidentale de Malaisie, est délicieuse et s'apprête de différentes façons. Les têtes des grands capitaines sont utilisées dans les currys au poisson.

Selar (mal., indon. :) : chinchard commun (*Carangidae*). D'une taille de 20 cm environ, le chinchard possède une chair ferme, qui a toutefois tendance à se dessécher à la cuisson. En Malaisie, il est préparé avec du *sambal* et une sauce au tamarin. Il se prête bien à la conservation et sert à la confection de courts-bouillons.

Kembong: maquereau du Pacifique (*Rastrelliger kanagurta*; indon. : *kembung*). La chair de ce poisson, qui mesure en moyenne 20 cm, est plus savoureuse que celle du chinchard et ne se dessèche pas aussi vite. Il est délicieux grillé ou poêlé (avec une farce au *sambal*), mais aussi poché.

Kledek: vivaneau à queue jaune (*Caesio erythrogaster*, indon. : *ekor kuning*). La chair de ce poisson du récif corallien, très tendre, est principalement utilisée pour les pâtés et les quenelles. En revanche, la cuisson au feu de bois avec des fines herbes demande un certain doigté.

Bawal puteh: stromaté ou aileron argenté (*Pampus argenteus*, indon. : *bawal putih*). D'une longueur de 30 cm au maximum, ce poisson à la chair blanche se prête bien à la cuisson à la vapeur.

Bawal hitam (mal., indon.) : castanoline noire (*Formio niger*). Ce poisson est moins grand et moins apprécié que le stromaté argenté, bien que sa chair soit suffisamment ferme pour être grillée. Il est mis en conserve, séché et sert à confectionner des courts-bouillons.

Rambai: poisson de la famille des chinchards (*Carangidae*). La chair de ce poisson de 15 à 20 centimètres est surtout pochée, mais peut aussi être grillée.

Bawal mas (mal., indon.) : stromaté lune (*Peprilus alepidotus*). Ce poisson d'élevage n'est pas aussi fin que le stromaté argenté.

Kunyit-kunyit (mal., indon.): vivaneau (*Lutianus vitta*). La grande famille des vivaneaux ou *lutjans* est très bien représentée dans les eaux malaises. Tous les poissons de cette espèce se prêtent à divers modes de préparation. En particulier, ils sont délicieux grillés ou pochés.

Dengkis: poisson-lapin (*Siganidae*, indon.: *beronang lada*). Sa chair ferme est très appréciée. Il peut être grillé ou poché.

Kerapu: mérou rouge à points bleus (*Epinephelus*, indon.: *garoupa, kerapu*). On les rencontre dans toutes les eaux tropicales du globe. Leur couleur leur servant de camouflage, elle peut varier d'une région à une autre. D'un point de vue culinaire, les variétés rouges sont les plus intéressantes. Frais, ce mérou est poché ou cuit en ragoût aigre-doux.

Ikan sabelah (mal., indon.): turbot tropical (*Psettodidae*, thai.: *pla lin ma*). Ce poisson plat, importé de Thaïlande, est utilisé pour le plat de *fish and chips* à la mode malaise.

Belanak (mal., indon.): mulet (*Mugilidae*). D'une longueur de 30 cm environ, le mulet se nourrit de petits animaux vivant dans la vase, ce qui peut altérer sa saveur.

Selayur: poisson-sabre (*Trichiuridae*, indo. *tajur, selayur*). De 1 à 2 m de long, on le rencontre dans les eaux côtières de la mer de Chine. C'est dans la partie antérieure que la chair est la plus savoureuse. Les darnes sont principalement frites ou grillées.

Barat-barat: bourse ou baliste gris (*Aluteridae*, indon.: *pakol*). Ce poisson peut mesurer jusqu'à 50 cm. Sa peau est si coriace qu'elle est généralement retirée avant la cuisson. Poché, grillé ou braisé dans un curry, c'est un poisson à la saveur agréable.

Ikan merah: vivaneau des mangroves (*Lutianus argentimaculatus*, indon.: *kakap merah*). D'une longueur de 60 cm, il s'agit du vivaneau le plus connu. On le trouve en mer de Chine, mais il est également servi dans les restaurants du Mexique ou d'Hawaii. De saveur agréable, sa chair est toutefois peu abondante, en raison de la taille importante de la tête et de grosses arêtes.

Kerapu bunga (mal., indon.): mérou commun. Il est le plus souvent poché ou cuit en sauce et, comme celle du mérou rouge, sa chair est ferme et savoureuse. Les têtes des plus grands spécimens sont utilisées dans les soupes chinoises.

Belut kuning: congre-brochet (*Muraenesocidae*, indon.: *pucok nipah*, *remang*). Il peut atteindre 1 m à 1,5 m de long. On le découpe en tranches que l'on fait cuire à la vapeur avec des haricots noirs.

Sotong: calamar (*Loginidae*, indon.: *cumi-cumi*). Les plus grands sont marinés et grillés, ceux de taille moyenne sont farcis ou coupés en anneaux, puis braisés dans une sauce au tamarin ou à la noix de coco et servis en accompagnement d'un plat de nouilles frites. Les petits calamars sont frits entiers.

Les anchois, qui ont déjà été cuits et salés à bord des bateaux de pêche, sont mis à sécher.

Les anchois sont très abondants dans le Pacifique.

Des petits poissons très appréciés

Les anchois

L'île de Pangkor se trouve à la hauteur d'Ipoh, sur la côte occidentale de la péninsule malaise. Sa côte est parsemée de petits villages de pêcheurs aux maisons sur pilotis et bariolées. Les bateaux de pêche sortent deux fois par jour. À peine capturés, les anchois (*ikan bilis* en malais) sont pochés dans de l'eau bouillante salée sur les bateaux. En effet, ils ne se conservent pas longtemps et ne peuvent être vendus frais qu'à proximité immédiate de leur lieu de pêche. C'est donc sous forme de conserve qu'ils sont le plus souvent proposés dans le commerce. Le séchage, effectué sur les plages des villages de pêcheurs, ne suffirait pas à garantir la qualité des anchois, s'il n'existait d'autres moyens permettant de garder au frais la prise du soir. Selon les conditions météorologiques, le séchage du poisson dure entre cinq heures et une journée.

Ikan bilis goreng kacang
Anchois frits aux arachides

100 g d'anchois séchés, étêtés, rincés et bien égouttés
100 g d'arachides
Huile pour friture
2 piments rouges frais, sans les graines
2 gousses d'ail pelées et détaillées en quartiers
2 cuil. à soupe d'huile
Le jus de 3 citrons verts
2 cuil. à café de sucre brun

Faites frire les anchois jusqu'à ce qu'ils prennent une belle teinte dorée. Égouttez-les et réservez-les.
Faites frire les arachides à feu moyen, jusqu'à ce qu'elles soient aussi bien dorées. Égouttez-les et mettez-les aussi de côté.
Pilez au mortier le piment et l'ail, jusqu'à obtenir une pâte homogène. Faites revenir cette pâte dans une poêle contenant 2 cuil. à soupe d'huile, jusqu'à ce que les arômes se développent. Ajoutez le jus de citron et le sucre. Dès que la sauce arrive à ébullition, remettez les anchois et les arachides dans la poêle. Mélangez bien les anchois, les arachides et la sauce dans la poêle, et faites cuire sans cesser de remuer.

Les recettes décrites sur cette page ne correspondent pas à des plats complets mais à des hors-d'œuvre, ce qui explique les petites quantités indiquées.

Ikan bilis fritters
Petits anchois en friture

100 g de petits anchois
150 g de farine de blé
80 g de farine de riz
1/4 de cuil. à café de sel
1 1/4 cuil. à café de coriandre grillée et pilée
1 1/4 cuil. à café de cumin grillé et pilé
1 petit bouquet de feuilles de coriandre hachées
2 œufs
12,5 cl d'eau
Huile pour friture

Dans un bol, mélangez les farines, le sel, la coriandre, le cumin et les feuilles de coriandre. Ajoutez les œufs, puis l'eau progressivement, jusqu'à obtenir une pâte à beignet épaisse. Déposez les anchois dans cette pâte. Versez la préparation, cuillerée par cuillerée, dans l'huile chaude et faites frire. Égouttez et servez accompagné d'une sauce pimentée.

Les petits anchois utilisés dans cette recette ne dépassent pas 2 centimètres. Ils peuvent être achetés séchés ou déjà pochés, prêts à l'emploi.

Sambal ikan bilis kukus
Sambal aux anchois pochés

250 g d'anchois pochés et étêtés
2 piments rouges frais pilés
1/4 de cuil. à café de curcuma
3 cuil. à soupe d'huile
5 échalotes pelées et coupées en anneaux
1/2 cuil. à café de sauce de soja
Le jus d'un citron vert
1 cuil. à soupe d'eau

Mélangez les piments pilés avec le curcuma, puis avec les anchois. Faites revenir la préparation dans 2 cuil. à soupe d'huile, jusqu'à ce que les anchois deviennent légèrement croustillants. Retirez-les du feu et réservez. Faites revenir les échalotes dans 1 cuil. à soupe d'huile. Remettez les anchois dans la poêle. Versez la sauce de soja, le jus de citron et l'eau. Mélangez bien et laissez mijoter jusqu'à évaporation totale du liquide. Goûtez avant d'ajouter de la sauce de soja, les anchois étant généralement déjà très salés.

Ikan bilis goreng bawang
Anchois frits aux oignons, aux piments et aux arachides

100 g d'anchois séchés, étêtés, rincés et bien égouttés
Huile pour friture
1 oignon pelé, coupé en 2 dans le sens de la longueur, puis émincé
50 g d'arachides grillées
1 à 2 piments rouges frais, sans les graines, coupés en anneaux

Faites frire les anchois. Retirez-les du feu et égouttez-les. Faites dorer l'oignon dans 1 cuil. à soupe d'huile, dans une poêle. Ajoutez les anchois, puis les arachides et mélangez rapidement. Ajoutez le piment, mélangez, retirez du feu et servez aussitôt.

Ikan bilis goreng bawang
(anchois frits à l'oignon, au piment et aux arachides)

Les poissons d'eau douce

Dans l'État du Perak, sur la péninsule malaise, les anciennes carrières d'étain ont trouvé une seconde vie depuis qu'elles abritent des bassins d'élevage de perches, de poissons-chats et de *tilapias*.

Le *tilapia*, également appelé «perche du Nil», est très répandu dans les pays tropicaux, mais est aussi élevé dans les pays industrialisés. Si le *tilapia* rouge (du Mozambique) est plus courant, la Malaisie et l'Indonésie se sont spécialisées dans le *tilapia* du Nil. Ce poisson ne possède presque pas d'arêtes et sa chair blanche et tendre est délicieuse pochée, frite ou grillée.

Dans les bassins d'élevage, les poissons reçoivent une quantité très précise d'aliments afin d'atteindre aussi vite que possible leur poids maximum.

Lorsqu'ils atteignent l'âge de trois semaines, les alevins de *tilapia* sont transférés dans un bassin d'élevage, où ils passeront les trois prochains mois de leur existence, jusqu'à ce qu'ils pèsent environ 200 g. Ils séjournent ensuite durant trois autres mois dans des étangs où ils sont engraissés. Lorsqu'ils auront atteint un poids compris entre 800 g et 1 kg, ils seront prêts à être vendus. Un étang peut contenir jusqu'à 30 000 poissons. Des machines renouvellent l'oxygène contenu dans l'eau, afin d'en maintenir la qualité. Pour inciter les poissons à se rendre dans l'étang où ils seront triés pour la vente, il suffit de fermer l'alimentation en oxygène du bassin d'élevage et d'ouvrir l'accès au bassin voisin : les *tilapias* se ruent alors tous dans la même direction. Si la méthode peut paraître quelque peu déloyale, elle a du moins le mérite d'être efficace.

Tilapia du Nil, de la famille des ciclidés.

Ikan duri (indon.: *ikan lele*) : les poissons-chats de mer sont généralement plus grands et bien plus foncés que ceux d'eau douce. On trouve aussi, dans les cours d'eau de Thaïlande, du Vietnam, du Laos, de Birmanie et du Cambodge, les espèces de petite taille et de couleur brun foncé (il existe des variétés albinos), dépourvues d'écailles. Les poissons-chats mesurent entre 25 et 80 centimètres. En Malaisie, ils sont principalement braisés dans une sauce piquante au tamarin.

Ikan siakap (indon.: *kakap utih*) : la perche est un poisson d'eau douce que l'on retrouve très fréquemment dans les bassins d'élevage de Malaisie. Sa chair ferme est en effet extrêmement savoureuse et trouve une grande diversité d'apprêts. Les bars, cousins maritimes de la perche, sont toutefois nettement meilleurs. La saveur assez inhabituelle de ces poissons est particulièrement bien mise en valeur par les modes de cuisson utilisant la vapeur.

Ce poisson, de la famille des carpes, mesure entre 30 et 50 cm. Malgré ses nombreuses arêtes, il est très apprécié dans la cuisine chinoise, où il est apprêté sous forme de *beehoon*. Pour cela, on cuit le poisson (tête comprise) avec des vermicelles, dans une soupe. Il est conseillé de le faire griller avant de l'intégrer à la soupe, étant donné son odeur assez forte. Les Malais préparent généralement ce poisson dans une sauce au tamarin.

Cuisines malaise et chinoise : deux façons différentes de préparer le poisson

Au quotidien, les Malais optent généralement pour des poissons qu'ils peuvent cuire entiers – chinchards, maquereaux du Pacifique ou stromatés –, bien que les anchois séchés, le maquereau, la raie et certains poissons d'eau douce comme le *tilapia* et le poisson-chat soient aussi très appréciés. En règle générale, la cuisson se fait à la poêle, le poisson ayant été préalablement frotté ou farci avec des épices, généralement un mélange d'échalotes, de piments, d'ail et de noix des Moluques pilés. Lors-

qu'il se présente en darnes ou en filets, le poisson peut également être cuit dans une sauce piquante au tamarin.

Les Chinois, en revanche, préfèrent les poissons de plus grande taille dont ils cuisinent les darnes ou les filets : bar, mérou ou vivaneau. Le poisson frais est généralement cuit tout simplement à la vapeur, afin qu'il conserve tout son arôme. Les Occidentaux sont souvent étonnés de voir les Chinois servir de gros poissons entiers, avec la tête. En effet, les parties cartilagineuses sont considérées là-bas comme des morceaux de choix. Les yeux sont aussi très appréciés des Chinois, pour leur consistance gélati-

neuse. Le poisson peut également être rôti ou cuit dans une sauce. Les darnes sont apprêtées dans un *wok*, avec des légumes et d'autres ingrédients. Elles peuvent aussi faire partie d'une soupe ou accompagner des nouilles ou des galettes de riz. La chair de la sériole et du hareng-loup des Indes est le plus souvent réduite en purée, mélangée avec de la farine de maïs, de l'eau et du sel, puis travaillée en boulettes ou en croquettes que l'on sert ensuite dans une soupe ou avec des nouilles. Le *tofu* ou certains légumes comme l'aubergine, le *gombo* et les poivrons, sont parfois aussi farcis de purée de poisson.

À l'aide d'un couteau mince et effilé, le ventre des poissons (ici, un chinchard) est d'abord ouvert et vidé.

Le ventre du poisson est ensuite soigneusement rempli d'une délicieuse farce à base d'épices.

Si le poisson doit être cuit à la poêle, il est entièrement roulé dans une préparation à base de curry.

Enfin, les poissons sont dorés dans une poêle, de chaque côté, à feu moyen, puis servis immédiatement.

Un délice unique en son genre

Curry à la tête de poisson

Voilà bientôt trente ans, dans un petit restaurant de Singapour, un cuisinier indien du nom de Gomez créa un plat à base de tête de poisson qui allait bientôt connaître un grand succès dans toute l'Asie du Sud-Est. Ce cuisinier ne l'avait pourtant pas destiné à ses compatriotes, la tête de poisson· n'étant guère estimée en Inde. Il s'agissait plutôt de se mettre au diapason des goûts des Chinois de Singapour, très friands de ce morceau pourtant presque toujours dédaigné par la cuisine occidentale. Gomez accommoda la tête de poisson avec une sauce très relevée, ce qui explique sans doute le succès de ce curry tant à Singapour qu'en Malaisie.

Si vous avez vous-même l'intention de goûter l'un de ces currys à la tête de poisson au restaurant, préparez-vous à une expérience gastronomique absolument unique. Dans le bol rempli à ras bord d'un curry brûlant que l'on vous sert en l'espace de quelques minutes, vous apercevez la grosse tête du poisson. Devant chaque convive, le serveur dépose une feuille de bananier sur laquelle est disposée une portion de riz. Il est d'usage de déguster tout d'abord la chair tendre des joues puis de s'attaquer aux autres parties molles. Bien sûr, on se réserve le meilleur pour la fin... à savoir les yeux et les lèvres. Le repas n'est véritablement terminé que lorsqu'il ne reste que plus les arêtes. Pour tous ceux qui désireraient s'initier à ce plaisir particulier, il est conseillé de commencer par des têtes plus petites. Il paraît que certains novices ont même demandé une deuxième portion de ce délice qui peut sembler si étrange à nos palais...

Pour préparez un curry à la tête de poisson, frottez d'abord celle-ci au sel puis rincez-la abondamment à l'eau courante.

Dans un bol, mélangez oignon, ail, piment, tomate, poudre et feuilles du buis de Chine avec de l'eau.

Préparez alors un jus de tamarin que vous verserez dans la préparation. Réservez ce curry.

Faites revenir un deuxième oignon, le reste des feuilles du buis de Chine et le mélange de graines dans un peu d'huile.

Ajoutez les *gombos* (coupez éventuellement les plus grands en deux) et poursuivez la cuisson.

Versez ensuite dans la casserole le curry préparé et réservé, puis portez le tout à ébullition.

Juste avant la fin de la cuisson des légumes, ajoutez le lait de coco dans la casserole.

Mélangez bien tous les ingrédients et portez à nouveau la sauce lentement à ébullition.

Déposez la tête du poisson dans la casserole. Arrosez-la de sauce et laissez la cuisson s'achever, feu éteint.

Curry à la tête de poisson
(pour 2 à 4 personnes)

La tête d'un gros poisson (env. 900 g)
Sel
2 cuil. à soupe de pulpe de tamarin mélangée à 75 cl d'eau
100 g de noix de coco râpée mélangée à 12,5 cl d'eau
1 1/2 oignon pelé et émincé
1 gousse d'ail pelée et émincée
1 piment rouge frais coupé en 3 à 4 morceaux, sans les graines
1 piment vert frais coupé en 3 à 4 morceaux, sans les graines
1 tomate coupée en quartiers
2 branche de feuilles du buis de Chine
4 cuil. à soupe de poudre de curry (pour curry au poisson)
3 cuil. à soupe d'huile
2 cuil. à café d'épices en graines
8 gombos

Frottez la tête du poisson avec du sel et rincez-la à l'eau courante. Diluez la pulpe de tamarin dans l'eau, filtrez-en le jus et réservez-le. Confectionnez un lait de coco en mélangeant la noix de coco râpée et l'eau, puis en en extrayant le jus. Réservez.

Préparez le curry : dans un bol, mélangez une moitié d'oignon, l'ail, les piments rouges et verts, la tomate, une branche de buis de Chine, la poudre de curry, du sel, 12,5 cl d'eau et le jus de tamarin. Laissez infuser. Pendant ce temps, faites revenir un oignon dans l'huile chaude, avec les autres feuilles du buis de Chine et les épices en graines, jusqu'à ce que les arômes se développent. Ajoutez les *gombos* après avoir pris soin de couper les plus grands en deux. Poursuivez la cuisson. Ajoutez ensuite la préparation au curry, couvrez et portez à ébullition. Versez alors le lait de coco et portez à nouveau à ébullition. À ce moment-là seulement, déposez la tête du poisson et laissez la cuisson se poursuivre feu éteint. Servez accompagné de riz.

Les quantités indiquées dans cette recette dépendent de la taille de la tête et du type de poisson employé. Avec un accompagnement, ces proportions sont suffisantes pour 4 personnes.

Le mélange d'épices en graines dont il est question est généralement vendu dans les épiceries indiennes. Sa composition peut varier. En effet, tout comme le curry ou le *masala*, chaque région, pour ne pas dire chaque famille, en possède sa propre recette. Cependant, on y retrouvera toujours du cumin, des graines de moutarde, du fenugrec, des graines de soja *mungo* pelées, voire des haricots blancs.

Daun kari : les feuilles de l'arbuste *Murraya koenigii*, (buis de Chine) qui appartient à la famille des agrumes, constitue un ingrédient essentiel dans la cuisine de Malaisie, mais aussi du Sri Lanka et du Sud de l'Inde. Les feuilles, qui mesurent 4 à 5 cm de long, lancéolées et d'un vert foncé, ont une saveur assez forte, légèrement mordante. Elles peuvent être utilisées en début de cuisson. Toutefois, comme elles développent leur arôme en cinq minutes, elles sont généralement ajoutées en fin de cuisson. Séchées, les feuilles ont un arôme moins prononcé ; elles entrent dans la composition du curry de Madras que l'on trouve dans le commerce. En Indonésie, ce sont les feuilles de *daun salam*, une plante très proche, qui sont utilisées en cuisine.

Le riz

Le riz constitue un ingrédient de base aux utilisations étonnamment variées. Le riz blanc à grains longs de Thaïlande est très apprécié à Singapour pour son arôme particulier. Les Malais, en revanche, cultivent leur propre variété. Cette céréale peut être bouillie, cuite à la vapeur, poêlée, cuite dans de l'eau ou dans du lait de coco, avec des épices et des fines herbes. Lorsqu'il est servi dans des rouleaux, des pochettes en feuilles de cocotier ou des tiges de bambou, on parle de riz pressé. Pour réussir un bon *nasi goreng* (riz frit), il faut utiliser un riz cuit la veille, qui a commencé à sécher. Dans le Kelantana, au nord de la Malaisie, le riz brun fraîchement récolté est cuit à l'étouffée avec des fines herbes et du lait de coco. Le *nasi kandar* est un mets indien, originaire de Penang, l'île située au large de la côte occidentale de Malaisie. Ce fut le premier plat que vendirent les marchands ambulants. Le riz cuit et encore chaud était alors transporté dans des tonneaux de bois (remplacés aujourd'hui par des récipients en plastique), et servi au moyen d'une coque de noix de coco. Le riz peut être servi avec un curry à la viande, un poisson poêlé, un curry de calamars ou de têtes de poisson, et bien d'autres accompagnements encore. Le riz *basmati* (riz à grains longs indien) est plus cher que celui produit sur place et reste donc réservé aux occasions spéciales. On l'utilise notamment pour préparer le *biriani*, un plat indien très riche préparé avec du beurre clarifié, du lait, des épices et du safran. Le riz gluant, noir ou blanc, ainsi que la farine de riz, sont indispensables à la confection des desserts. Enfin, le riz complet est idéal pour les enfants en pleine croissance. Mais le riz représente bien davantage en Malaisie. Lorsqu'une famille a été frappée par un malheur, on trouvera à sa table du *bubur merah bubur putih* (*porridge* rouge *porridge* blanc). Ce plat de riz est cuit avec du lait de coco, des feuilles de pandanus et du sel. La moitié du riz est mélangée à du sucre de palmier (*gula merah*, *merah* signifiant « rouge »). Ce riz « rouge » accompagné de riz blanc symbolise le triomphe de la pureté sur la méchanceté. On prononce une prière et on déguste ce plat en signe de purification et afin de se protéger des puissances maléfiques.

Ici, la marmite de riz est posée simplement sur deux tiges qui reposent elles-mêmes sur deux briques. La cuisson du riz n'est souvent pas plus compliquée que cela.

Une grande quantité de riz est souvent cuite en une fois pour les besoins de la journée. Il trouvera ensuite divers apprêts.

Pour préparer le riz servi dans des feuilles de bananier, on le bat après cuisson jusqu'à obtenir une bouillie.

Une cuillerée de bouillie de riz est déposée au milieu d'une feuille de bananier, puis enveloppée.

Les paquets, cuits à la vapeur, donnent de petits gâteaux sucrés ou relevés que l'on savoure tout au long de la journée.

Les rizières sont encore cultivées à la main, ce qui explique la relation étroite qui unit le paysan à sa terre.

Nasi kuning
Riz jaune

400 g de riz rincé et égoutté
1 tranche de rhizome de gingembre d'1 cm d'épaisseur
2 gousses d'ail pelées et coupées en 4
3 cuil. à soupe de beurre clarifié (*ghee*)
1 oignon pelé et émincé
4 échalotes pelées et émincées
1 bâton de cannelle de 4 cm de long
2 clous de girofles
2 graines de cardamome
2 graines d'anis étoilé
3 cuil. à soupe de lait concentré non sucré
Sel

Pour la couleur :
Filaments de safran ramollis dans 2 cuil. à soupe d'eau à défaut 1/2 cuil. à café de colorant alimentaire jaune mélangé à 2 cuil. à café d'eau (ou eau de rose)

Pour la garniture :
Oignons coupés en anneaux et frits

Pilez au mortier le gingembre et l'ail jusqu'à obtenir une pâte homogène. Faites dorer l'oignon dans le beurre clarifié. Ajoutez la pâte de gingembre et d'ail, les échalotes, la cannelle, les clous de girofle, la cardamome et l'anis, et faites cuire jusqu'à ce que les arômes se développent. Ajoutez le riz et remuez jusqu'à ce qu'il devienne transparent. Mouillez avec 1 l d'eau. Ajoutez le lait et le sel puis mélangez bien. Portez à ébullition, réduisez la flamme et laissez mijoter. Lorsque le liquide est presque entièrement évaporé, ajoutez l'eau colorée au safran et faites cuire à couvert jusqu'à ce que la totalité du liquide se soit évaporée. Lorsque la cuisson est terminée, remuez avec une cuillère pour que la couleur se mélange bien. Décorez d'oignons frits coupés en anneaux et servez en accompagnement à un curry de viande.

Nasi kunyit
Riz au curcuma

400 g de riz gluant
1 morceau de curcuma frais de 6 cm de long
300 g de noix de coco râpée (sans la peau brune)
1/4 cuil. à café de sel

Pelez le curcuma, écrasez-le au mortier et enveloppez-le dans un linge.
Lavez soigneusement le riz, frottez-le entre vos mains puis égouttez-le. Dans une grande casserole remplie d'eau, déposez le mouchoir comprenant le curcuma puis faites-y tremper le riz pendant 3 heures, jusqu'à ce que les grains aient pris la couleur voulue.
Mélangez la noix de coco avec de l'eau et extrayez-en le lait en pressant la pulpe à travers une mousseline. Il faut au moins 30 cl de lait de coco. Si nécessaire, ajoutez un peu d'eau et recommencez l'opération, jusqu'à ce que vous ayez obtenu la quantité de lait de coco souhaitée. Salez le lait de coco.
Dans une cocotte pour cuisson à la vapeur, portez de l'eau à ébullition. Égouttez le riz et versez-le dans la cocotte. Puis faites-le cuire à la vapeur pendant 30 minutes. Ajoutez alors le lait de coco et poursuivez la cuisson pendant 10 à 15 minutes, jusqu'à ce que tout le liquide ait été absorbé.

Ce riz est surtout servi aux grandes occasions (mariage, circoncision). Au moment de servir, on presse le riz dans un récipient rond peu profond, puis on le renverse sur le plat de service. On découpe ensuite une feuille de bananier, que l'on dépose par-dessus le riz. Quelques cuillerées de *sambal* aux crevettes suffisent à terminer la décoration. Divers currys sont servis en accompagnement.

Nasi tomato
Riz aux tomates

400 g de riz lavé et égoutté
1 gousse d'ail pelée et coupée en 4
1 tranche de gingembre de 3 mm d'épaisseur
1 1/4 cuil. à soupe de beurre clarifié (*ghee*)
1 oignon pelé, coupé en deux et émincé
37,5 cl d'eau
20 cl de soupe à la tomate
1/2 cuil. à café de sel

Pilez l'ail et le gingembre au mortier, jusqu'à obtenir une pâte. Faites revenir l'oignon dans le beurre chaud. Ajoutez la pâte au gingembre et faites cuire jusqu'à ce que les arômes se développent. Ajoutez le riz et mélangez-le bien aux autres ingrédients. Mélangez l'eau et la soupe de tomate et versez-les dans le riz. Portez à ébullition, réduisez le feu et faites cuire à couvert jusqu'à ce que le liquide ait été absorbé. Ajoutez alors le sel et, à feu très doux, poursuivez la cuisson jusqu'à ce que le riz soit parfaitement sec.
Le *nasi tomato* constitue un accompagnement idéal pour un curry de poulet ou de poisson.

En Asie, il est courant de laver le riz avant de le faire cuire. Cela a non seulement pour effet d'éliminer les impuretés, mais aussi de réduire la teneur en amidon. Le riz « nouveau », qui vient d'être récolté, nécessite beaucoup moins d'eau que le riz qui a été stocké pendant un certain temps. À la cuisson, le riz « nouveau » gonflera moins. De nombreux ménages asiatiques possèdent un appareil électrique de cuisson du riz. Ces appareils, très efficaces, disposent généralement aussi d'une fonction de réchauffage. Il est déconseillé de préparer le riz au four à micro-ondes, car ce mode de cuisson lui fait perdre une partie de son arôme.

Nasi goreng
Riz frit malais
(pour 2 ou 4 personnes)

225 g de riz lavé et égoutté
80 g de haricots verts frais
60 g d'anchois séchés, sans les têtes, lavés et égouttés
3 cuil. à soupe d'huile
1 cuil. à café de sel

Pour la pâte épicée :
4 piments rouges frais, coupés en 3 à 4 morceaux, sans les graines
4 échalotes pelées et hachées
1 gousse d'ail pelée et coupée en quatre

Faites cuire le riz et laissez-le refroidir, l'idéal étant de le faire cuire la veille.
Préparez la pâte épicée : dans un mortier, pilez les piments, les échalotes et l'ail, jusqu'à obtenir une pâte homogène.
Coupez les haricots verts en brunoise. Faites revenir les anchois séchés dans l'huile, jusqu'à ce qu'ils foncent légèrement. Retirez-les du feu et égouttez-les. Remettez l'huile à chauffer et faites-y revenir la pâte épicée, jusqu'à ce que les arômes se développent. Ajoutez ensuite les haricots verts. À mi-cuisson, ajoutez le riz et mélangez-le bien aux autres ingrédients. Terminez par les anchois. Mélangez et salez si nécessaire.

Les proportions indiquées dans cette recette suffisent pour deux personnes s'il s'agit d'un plat unique. Les quantités de riz données sur ces deux pages sont conformes aux traditions asiatiques, mais peuvent être jugées excessives pour les goûts occidentaux.

Nasi kuning (riz jaune)

Nasi lemak
Riz à la noix de coco

400 g de riz lavé et égoutté
1/2 noix de coco râpée (environ 250 g)
4 x 25 cl d'eau pour la confection du lait de coco
1/2 cuil. à café de sel
1 morceau de rhizome de gingembre
de 2 cm d'épaisseur, pelé et légèrement écrasé
3 feuilles de pandanus lavées et ficelées ensemble

Pour obtenir 1 l de lait de coco, mélangez 25 cl d'eau avec la noix de coco râpée, déposez la pulpe dans une mousseline, pressez-en le lait et recommencez trois fois cette opération. Dans une casserole, déposez le riz, le lait de coco et les autres ingrédients. Portez à ébullition. Réduisez ensuite le feu et laissez mijoter jusqu'à ce que le riz soit cuit et qu'il ait absorbé tout le liquide.

Ikan bilis sambal
Sambal aux anchois séchés
(accompagnement du *nasi lemak*)

50 g d'anchois séchés
Le jus d'1 cuil. à café de pulpe de tamarin
mélangé à 3 cuil. à soupe d'eau
4 cuil. à soupe d'huile
1 cuil. à soupe de sucre
1/4 de cuil. à café de sel

Pour la pâte épicée :
20 g de piments séchés,
trempés dans de l'eau et coupés en morceaux
2 oignons pelés et hachés
1 gousse d'ail pelée et coupée en quatre

Retirez les têtes des anchois, coupez chaque poisson en deux dans le sens de la longueur, rincez-les, égouttez-les et essuyez-les bien. (Certaines épiceries asiatiques proposent des anchois prêts à l'emploi, ne nécessitant pas cette préparation.) Mélangez la pulpe de tamarin avec l'eau et filtrez-en le jus.
Préparez la pâte épicée : dans un mortier, pilez les piments, les oignons et l'ail, jusqu'à obtenir une pâte. Dans une poêle, faites revenir les anchois dans un peu d'huile jusqu'à qu'ils soient légèrement bruns, sans être croustillants. Égouttez-les et réservez-les. Déposez la pâte épicée dans 4 cuil. à soupe d'huile et faites revenir jusqu'à ce que les arômes se développent. Ajoutez le jus de tamarin, le sucre et le sel puis mélangez jusqu'à ce que le sucre soit dissous. Pour finir, ajoutez les anchois et poursuivez la cuisson pendant encore 5 minutes. La sauce doit avoir une consistance très épaisse.

Le riz à la noix de coco, dont nous donnons ici la recette originale, est très apprécié aussi bien en Malaisie qu'à Singapour, et se consomme au petit-déjeuner comme au déjeuner ou en-cas. La recette de l'*ikan bilis sambal* peut naturellement varier d'une famille à l'autre. Le riz à la noix de coco est présenté enveloppé dans une feuille de bananier, avec une sauce aux anchois et quelques tranches de concombres lorsqu'il est vendu aux étals des rues et dans les *coffee shops*. Le *nasi lemak* a même maintenant droit de cité dans les restaurants, voire dans les hôtels où il est proposé au petit-déjeuner et au déjeuner, mais accompagné de nombreux autres plats : légumes, curry au poulet, bœuf *rendang*, anchois grillés aux arachides ou omelette. À Singapour, une variante chinoise de ce plat est également proposée. Les pochettes de riz à la noix de coco que l'on trouve aujourd'hui dans les *coffee shops* et les marchés contiennent aussi un petit poisson frit, un morceau d'omelette, quelques tranches de concombre et un peu de sauce au piment.

Lontong – du riz en cylindre

Une tasse de riz suffit pour confectionner un « rouleau » de riz. Trempez des feuilles de bananier dans de l'eau tiède, afin de les assouplir. Essuyez-les, puis découpez-y des rectangles qui serviront à chemiser des moules cylindriques servant à la cuisson du riz. Les bandes de feuilles de bananier doivent avoir exactement la longueur qui permettra d'habiller le cylindre et se chevaucher. Lavez le riz, égouttez-le bien et faites-le sécher sur un plan de travail. Versez-le ensuite dans les cylindres métalliques (20 x 6 cm) perforés, garnis des feuilles de bananier. Dans une grande casserole, faites bouillir de l'eau. Les bords de la casserole doivent être plus hauts que les cylindres. Lorsque l'eau bout, déposez les cylindres debout, les uns à côté des autres, et faites cuire pendant quatre heures. Plus le riz cuira longtemps, plus sa conservation sera facile. Extrayez les rouleaux de riz des cylindres et laissez-les refroidir. Le riz se conserve plusieurs jours dans le compartiment à légumes du réfrigérateur.
Juste avant de servir, retirez l'enveloppe en feuille de bananier. Coupez le bloc de riz en dés et servez-le avec un plat de légumes ou un curry à la noix de coco. Versez toujours le plat chaud par-dessus le riz froid.
Si vous ne disposez pas des ustensiles nécessaires, vous pouvez également préparer un riz pressé. Pour cela, rincez 400 g de riz, versez-le dans une casserole avec 125 cl d'eau et un peu de sel. Faites cuire en remuant de temps en temps, jusqu'à obtenir une bouillie lisse. Lorsque la quasi-totalité du liquide s'est évaporée, réduisez le feu puis laissez refroidir le riz. Transférez-le dans un plat creux. Recouvrez d'un torchon humide. Déposez un autre plat par-dessus et lestez avec un objet lourd. Laissez reposer trois heures. Pour servir, coupez le riz en cubes en plongeant plusieurs fois le couteau dans de l'eau froide.

Le riz *lontong* est cuit dans des moules métalliques cylindriques perforés et tapissés, à l'intérieur, de feuilles de bananier. Afin qu'il se conserve plusieurs jours, sa cuisson dure au moins quatre heures.

Il est parfois conseillé de trier le riz, afin d'éliminer les petits cailloux ou d'autres impuretés.

Ensuite, on rince soigneusement le riz, trois à quatre fois, tout en le frottant vigoureusement dans ses mains.

On commence la cuisson dans l'eau froide. Le niveau de l'eau ne doit pas dépasser celui du riz de plus d'une phalange.

Lorsque l'eau est entièrement évaporée, le riz, qui a fini de cuire, a doublé de volume.

Bien cuit, le riz ne doit pas être collant. Il sera présenté sur un plat dont l'intérieur a été garni d'une feuille de bananier.

Le riz en habit tressé

Les ketupat

Les *ketupat* sont tressés avec des lanières découpées dans les palmes les plus jeunes des cocotiers. Les feuilles plus âgées, d'un vert foncé, sont plus raides et difficiles à travailler. La plupart des femmes malaises apprennent à confectionner ces pochettes dès leur plus tendre enfance et quelques hommes maîtrisent eux aussi cette technique. Avec de la pratique et un peu d'adresse, certains arrivent à réaliser plusieurs centaines de *ketupat* par jour.

Pour préparer un *ketupat*, il faut tout d'abord bien nettoyer le riz, puis l'égoutter. Le plus simple est de le laisser sécher sur une planche. Les pochettes ne sont remplies qu'à moitié, afin que le riz puisse gonfler. Une petite ouverture, qui sera par la suite refermée, est pratiquée pour introduire le riz dans la pochette.

Les *ketupat* sont attachés par groupes de cinq à dix. Ils sont déposés dans une grande marmite remplie d'eau bouillante. La cuisson à feu doux dure au moins quatre heures. Il faut veiller à ce que les pochettes restent couvertes d'eau. Tout comme pour le *lontong*, cette longue cuisson permet de conserver le riz plus longtemps. Lorsque la cuisson est terminée, on retire les pochettes de la casserole et on les laisse refroidir. Le riz pressé cuit de la sorte peut se manger froid. Le *ketupat* accompagne les *satay* (brochettes), mais aussi des currys de viande et de légumes en sauce. Pour les *satay*, on plonge les petits blocs de riz dans une sauce piquante à l'arachide. Les *ketupat* ne sont ouverts qu'au moment où le riz sera utilisé. Ils sont coupés en deux moitiés au moyen d'un couteau tranchant, puis chaque moitié est détaillée en six morceaux.

Les *ketupat* se gardent un ou deux jours dans un endroit frais. Pour les conserver plus longtemps, il est conseillé de les entreposer au réfrigérateur (non pas dans le compartiment le plus froid car ils durciraient). Avant emploi, il suffit de plonger la pochette de riz quelques instants dans l'eau bouillante.

De leurs mains habiles, et avec de la pratique, certaines femmes parviennent à confectionner plusieurs centaines de *ketupat* par jour. Leur travail est d'ailleurs fascinant à observer.

Pour confectionner un *ketupat*, il faut couper des bandelettes dans une feuille de palmier et ôter les nervures.

Une première bandelette est déposée sur la paume de la main gauche et retenue avec le pouce.

La bande est ensuite enroulée autour des doigts, puis maintenue fermement en place.

Une autre bandelette est enroulée de la même façon que la première, sur la main droite.

C'est alors que les choses se compliquent. Il faut en effet tresser les deux bandelettes ensemble.

La bandelette dans la main droite et celle de la main gauche sont entrelacées selon une méthode transmise de génération en génération.

La pochette est terminée. Il ne reste plus qu'une petite ouverture, dans laquelle le riz sera versé.

Le riz est versé dans la pochette, puis l'ouverture est refermée et les pochettes plongées dans de l'eau bouillante.

195

Alimentation et religion

Le ramadan, ou période de jeûne, est l'un des cinq piliers de l'islam, religion d'État en Malaisie. Les musulmans de Malaisie ne peuvent consommer que des aliments « purs », à savoir conformes aux prescriptions alimentaires que leur dicte leur religion. Celle-ci revêt un aspect très concret dans la vie quotidienne des croyants. Un musulman pratiquant ne peut pas consommer de viande de porc, sous quelque forme que ce soit, ni le sang ou la chair d'animaux qui n'auraient pas été abattus selon un rituel précis. L'alcool, bien entendu, lui est interdit.

Au moment de l'abattage de l'animal (volaille ou autre), il faut invoquer le nom d'Allah. Le processus lui-même doit se dérouler aussi vite que possible, et avec l'aide d'un couteau soigneusement aiguisé, afin d'éviter toute souffrance inutile à l'animal. La gorge, la trachée et la veine jugulaire sont tranchées, mais la moelle épinière doit rester intacte. L'animal doit être complètement saigné avant que sa tête ne soit coupée. Ce rituel se justifie par des considérations d'hygiène, le sang constituant un milieu de culture très propice aux bactéries. Par ailleurs, en tranchant la moelle épinière trop vite, on risquerait de provoquer un arrêt cardiaque et ainsi la stagnation du sang dans les vaisseaux.

Dans les régions où la population musulmane est dominante, les volailles et la viande proposées sur les marchés et dans les supermarchés ont été abattues selon les prescriptions de l'islam. Cette indication figure d'ailleurs généralement sur l'étiquette. Malais et Indiens consomment souvent du mouton et de l'agneau, contrairement aux Chinois, qui ont plus de difficultés à tirer parti de cette viande au goût très prononcé. Les Malais préparent des currys, des soupes et des *satay* ou des côtelettes très parfumés avec du mouton et de l'agneau, mais aussi avec du veau, voire de la chèvre. Les chèvres sont également élevées pour leur lait.

Boucheries proposant de la viande fraîche d'agneau, dans le marché d'une grande agglomération. Elles sont fréquentées par une grande majorité de musulmans, ce qui prouve que, dans les grandes villes, la tradition de l'abattage des animaux par le chef de famille se perd de plus en plus.

Dalca
Mouton aux lentilles
(pour 4 à 6 personnes)

300 g de côtelettes de mouton
sans graisse, coupées en 2 à 3 morceaux
300 g de noix de coco râpée
2 gousses d'ail pelées et coupées en quartiers
2 tranches de gingembre de 3 mm chacune
3 cuil. à soupe de curry en poudre
(curry pour la viande)
1 bâton de cannelle de 3 cm de long
3 clous de girofle
2 capsules de cardamome
1 branche de buis de Chine
150 g de lentilles (dhal)
rincées et trempées pendant 15 minutes
300 g de pommes de terres épluchées et coupées en 4
2 aubergines coupées en cubes de 3 cm d'épaisseur
2 cuil. à soupe de jus de pulpe de tamarin
mélangée à 4 cuil. à soupe d'eau
1 cuil. à café de sel
2 tomates coupées en 2
3 piments verts coupés en morceaux
3 cuil. à soupe d'huile
1 oignon pelé et émincé

Confectionnez le lait de coco en procédant en deux étapes. Mélangez la noix de coco râpée avec 25 cl d'eau et extrayez-en le lait (épais). Répétez l'opération avec 50 cl d'eau. Vous obtiendrez un lait plus liquide. Réservez les deux laits.

Pilez au mortier l'ail et le gingembre, jusqu'à obtenir une pâte homogène. Dans un fait-tout, déposez la viande, la poudre de curry, la pâte à l'ail, la cannelle, la girofle, la cardamome, les feuilles d'une tige de buis de Chine et les 50 cl de lait de coco liquide. Portez à ébullition à feu moyen. Baissez le feu et laissez mijoter, jusqu'à ce que la viande soit à moitié cuite. Ajoutez alors les lentilles et les pommes de terre. Après 15 minutes, incorporez les aubergines et poursuivez la cuisson pendant 5 minutes. Ajoutez les 25 cl de lait de coco épais et le jus de tamarin. Salez et poursuivez la cuisson 5 minutes. Versez les tomates et le piment, faites cuire quelques instants et retirez du feu.

Faites dorer l'oignon et le reste des feuilles du buis de Chine dans de l'huile chaude. Ajoutez le tout (huile comprise) au curry et fermez aussitôt le fait-tout, de façon à éviter que les arômes ne s'échappent. Laissez reposer quelques minutes avant de servir.

Les côtelettes peuvent être remplacées par du gigot de mouton. On peut aussi utiliser du bœuf à la place du mouton.

Kari kambing
Curry de mouton
(pour 4 à 6 personnes)

500 g de viande de mouton ou d'agneau
dégraissée, coupée en tranches
1 noix de coco râpée
5 cuil. à soupe d'huile
1 bâton de cannelle de 3 cm de long
3 capsules de cardamome
4 clous de girofles
2 graines d'anis étoilé
5 cuil. à soupe de curry en poudre
(curry pour la viande)
4 pommes de terre pelées et coupées en 4
2 tomates coupées en 2
1 cuil. à café de sel

Pour la pâte épicée :

8 échalotes pelées et hachées
4 gousses d'ail pelées et coupées en 4
3 tranches de gingembre de 1 cm d'épaisseur
2 tranches de *galanga* de 1 cm d'épaisseur

Confectionnez du lait de coco en procédant en deux étapes. Mélangez la noix de coco râpée avec 25 cl d'eau et extrayez-en le lait (épais). Répétez l'opération avec 75 cl d'eau. Vous obtiendrez un lait plus liquide. Réservez les deux laits.

Préparez la pâte épicée : dans un mortier, pilez et mélangez tous les ingrédients. Dans un fait-tout, faites revenir la cannelle, la cardamome, la girofle et l'anis dans l'huile chaude. Ajoutez la pâte épicée et faites revenir jusqu'à ce que les arômes se développent. Déposez ensuite la viande et mélangez. Versez les 75 cl de lait de coco, ajoutez le curry en poudre et faites mijoter à feu doux, jusqu'à ce que la viande soit à moitié cuite. Ajoutez alors les pommes de terre et poursuivez la cuisson à feu doux. Lorsque les pommes de terre sont presque cuites, ajoutez les tomates, puis les 25 cl de lait de coco épais et le sel. Portez de nouveau à ébullition, puis retirez du feu et servez aussitôt, avec du riz.

Kari kambing (curry de mouton)

Sop kambing
Soupe de mouton
(pour 4 à 6 personnes)

500 g de côtelettes de mouton
dégraissées et coupées en morceaux
1/4 cuil. à café de coriandre en poudre
1/4 de cuil. à café de cumin en poudre
1/4 de cuil. à café d'anis en poudre
4 cuil. à soupe d'huile
1 oignon pelé et haché
3 gousses d'ail pelées et hachées
2 tranches de gingembre de 3 mm d'épaisseur
1 tomate coupée en cubes
1 bâton de cannelle de 3 cm de long
3 capsules de cardamome
3 clous de girofle
125 cl d'eau
Sel

Pour la décoration :

3 échalotes coupées en anneaux
2 tiges de coriandre fraîche

Préparez une pâte en mélangeant la coriandre, le cumin et l'anis avec un peu d'eau. Dans un fait-tout, faites revenir l'oignon, l'ail, le gingembre et la tomate dans l'huile chaude, jusqu'à ce que les arômes se développent. Ajoutez la pâte aux épices, la cannelle, la cardamome et la girofle. Faites revenir 1 minute. Faites sauter les côtelettes, mélangez-les aux épices, puis mouillez avec de l'eau et ajoutez le sel. Portez à ébullition, réduisez la flamme et laissez mijoter jusqu'à ce que la viande soit tendre. Versez dans des assiettes à soupe et décorez avec les échalotes frites et les feuilles de coriandre.

Kambing kecup
Mouton à la sauce de soja, aux oignons et aux tomates
(pour 4 à 6 personnes)

500 g de mouton ou d'agneau
dégraissé et coupé en dés
1 cuil. à café de poivre blanc fraîchement moulu
Sel
2 cuil. à soupe d'huile
1 oignon pelé et émincé
2 tomates coupées en quartiers
1 bâton de cannelle de 3 cm de long
1 cuil. à soupe de sauce de soja
37,5 cl d'eau

Frottez la viande avec le poivre et le sel et laissez reposer 15 minutes. Saisissez alors la viande dans une marmite contenant l'huile chaude. Ajoutez l'oignon, les tomates, la cannelle et la sauce de soja et mélangez bien. Versez l'eau et faites mijoter à feu doux, jusqu'à ce que la viande soit tendre. Si le liquide est entièrement évaporé avant que la viande ne soit cuite, complétez avec un peu d'eau chaude. Lorsque la viande est tendre, il ne doit pratiquement plus rester de sauce.

Rendang daging lembu
Bœuf au lait de coco
(pour 4 à 6 personnes)

600 g de viande de bœuf détaillée en dés
2 feuilles de limettier hérissé
1 feuille de safran
1 brin de lemon-grass froissé
1 morceau de *galanga* de la taille d'une noix, légèrement écrasé
4 cuil. à soupe de coriandre en poudre
1 cuil. à café de cumin
2 cuil. à café de sucre
Sel

Pour la pâte épicée :
10 piments séchés, trempés dans l'eau et sans les graines
8 échalotes pelées et hachées
1 noix de coco râpée

Faites griller à sec 2 cuil. à soupe de noix de coco râpée. Mélangez le reste avec 125 cl d'eau et pressez à travers une mousseline pour en extraire le lait.
Préparez la pâte épicée : dans un mortier, pilez les piments, les échalotes et la noix de coco grillée, jusqu'à obtenir une pâte. Dans un fait-tout à bords hauts, mélangez la viande avec la pâte épicée. Ajoutez tous les autres ingrédients, versez le lait de coco et mélangez bien. Portez la préparation à ébullition, puis réduisez le feu et laissez mijoter à découvert, jusqu'à ce que la viande soit tendre. Remuez de temps en temps. Lorsque l'essentiel du liquide s'est évaporé, que la sauce a pris une consistance très crémeuse et que la graisse de coco commence à remonter à la surface, retirez le fait-tout du feu. En fin de cuisson, il faut remuer souvent pour que le ragoût n'attache pas. Au total, la cuisson peut durer jusqu'à une heure.

À Singapour, en Malaisie et en Indonésie, le *rendang* est généralement confectionné avec de la viande de bœuf, mais parfois aussi avec du poulet ou du mouton. La recette varie d'une région à l'autre. Ce plat s'accompagne généralement de riz simple ou pressé (*ketupat*).

Semur
Ragoût de bœuf
(pour 4 à 6 personnes)

600 g de bœuf détaillé en cubes de 4 cm de côté
4 gousses d'ail pelées et coupées en 4
2 tranches de gingembre
2 cuil. à soupe d'huile
4 piments rouges frais, sans les graines, réduits en pâte
1 bâton de cannelle de 3 cm de long
2 capsules de cardamome
3 clous de girofle
2 morceaux d'anis étoilé
1 brin de lemon-grass froissé
1 morceau de *galanga* de la taille d'une noix, légèrement écrasé
37,5 cl d'eau
12,5 cl de sauce de soja
1 tranche de tamarin séché
1 cuil. à café de sucre
Sel

Dans un mortier, pilez l'ail et le gingembre jusqu'à obtenir une pâte. Faites-la revenir dans de l'huile chaude, jusqu'à ce que les arômes se développent. Ajoutez les autres épices, y compris le lemon-grass et le *galanga*, et faites cuire quelques instants. Mouillez avec l'eau. Ajoutez la sauce de soja, le tamarin et le sucre. Refaites bouillir, ajoutez la viande. Portez de nouveau à ébullition, puis réduisez la flamme et laissez mijoter jusqu'à ce que la viande soit tendre. Salez en fin de cuisson.

Le *semur* de Malaisie et d'Indonésie s'appelle *adobo* aux Philippines, tandis qu'en Chine, il est connu sous le nom de « ragoût à la sauce de soja ». Il s'agit de bœuf, de poulet ou de poisson braisé dans une sauce au soja, auquel on ajoute des ingrédients pouvant varier d'un pays à l'autre. Les Malais et les Indonésiens parfument le plat avec du tamarin et des piments, tandis que les Philippins préfèrent le vinaigre et le poivre en grains. Les Chinois, quant à eux, épicent le plat avec de l'anis étoilé et de la poudre aux cinq épices. Tous utilisent de l'ail, soit réduit en pâte, soit en gousse. Réchauffé, ce plat présente un arôme encore plus intense (on le conserve en y additionnant du vinaigre ou du jus de tamarin).

Kurma
Curry doux au bœuf
(pour 4 à 6 personnes)

600 g de viande de bœuf coupée en dés de 3 cm
1 noix de coco râpée (env. 400 g)
3 cuil. à soupe de graines de coriandre
1 cuil. à café de graines de cumin
1 cuil. à café de poivre blanc en grains
1 cuil. à café de graines de pavot
3 cuil. à café de beurre clarifié (*ghee*)
2 capsules de cardamome
2 clous de girofle
1 bâton de cannelle de 2 cm de long
3 pommes de terre pelées et coupées en 4
Sel
Le jus d'1 citron vert

Pour la pâte épicée :
2 morceaux de gingembre de 1 cm d'épaisseur
6 échalotes pelées et hachées
4 gousses d'ail pelées et coupées en 4

Mélangez la noix de coco râpée à 75 cl d'eau et extrayezen le lait. Préparez la pâte épicée : dans un mortier, pilez le gingembre, les échalotes et l'ail. Réduisez la coriandre, le cumin, le poivre et les graines de pavot en poudre. Faites revenir toutes les épices dans le beurre fondu. Ajoutez la viande, saisissez-la, puis mouillez avec du lait de coco et laissez mijoter. Après 15 minutes, ajoutez les pommes de terre et salez. Lorsqu'elles sont cuites, que la viande est tendre et la sauce crémeuse, arrosez de jus de citron et servez.

Daging masak asam
Bœuf à la sauce de tamarin
(pour 4 à 6 personnes)

500 g de viande de bœuf détaillée en tranches
3 cuil. à soupe de pulpe de tamarin
4 cuil. à soupe d'huile
1 brin de lemon-grass légèrement froissé
1 morceau de *galanga* de la taille d'une noix, légèrement écrasé
1 cuil. à café de sel

Pour la pâte épicée :
24 piments séchés, trempés et sans les graines
12 échalotes pelées et hachées
2 gousses d'ail pelées et coupées en 4
1 morceau de curcuma frais de 1,5 cm

Mélangez la pulpe de tamarin à 50 cl d'eau et extrayezen le jus. Pilez les piments, les échalotes, l'ail et le curcuma. Faites-les revenir dans l'huile chaude, jusqu'à ce que les arômes se développent. Ajoutez la viande, le lemon-grass et le *galanga*. Mélangez. Versez le jus de tamarin, salez et portez à ébullition. Laissez mijoter jusqu'à ce que la viande soit tendre et la sauce crémeuse.

Sop kambing (soupe de mouton)

Rendang daging lembu
(bœuf au lait de coco)

Hari Raya

En Malaisie, la fin du ramadan est fêtée en grande pompe par la population musulmane. Les quatre semaines pendant lesquelles dure le jeûne sont une période de purification physique et spirituelle, qui met à l'épreuve la volonté et la capacité de résistance des croyants. L'obligation de jeûner, à laquelle sont soumis tous les musulmans, ne concerne toutefois pas les enfants de moins de sept ans et les personnes âgées ou malades. Le jeûne commence au lever du jour et jusqu'au coucher du soleil, il est interdit de manger et de boire (il est également interdit de fumer et de médire de ses semblables). Deux à trois dattes grignotées en fin de journée marquent la fin du jeûne quotidien. Avant de manger, il convient de prier, mais si l'on n'en a pas la possibilité, la prière peut se faire après le repas.

Entre le coucher et le lever du soleil, il est permis de manger et de boire. Si certaines familles profitent de l'occasion pour organiser des repas somptueux (dont la préparation occupe les femmes pendant pratiquement toute la journée), d'autres suivent les préceptes à la lettre et profitent de ce mois pour ne se nourrir que frugalement de deux repas pris aux premières heures de la nuit et à l'aube.

Le musulman croyant, fondamentalement tenu de faire le bien, est plus particulièrement sollicité pendant le ramadan. La dîme, par exemple, est versée aux personnes âgées, à celles qui vivent dans le veuvage et, d'une manière générale, à tous les nécessiteux. Pendant le mois du ramadan, on voit surgir, à tous les coins de rues, toutes sortes de petites échoppes proposant de la nourriture crue ou cuite, mais aussi des pâtisseries et des boissons. Une partie du produit des ventes est consacrée à la charité. C'est dans ces échoppes que les femmes musulmanes se procurent les friandises qui viendront enrichir les repas préparés à la maison. Parmi les boissons proposées, citons l'*air bandung* (sirop au lait), l'*air nenas* (jus d'ananas), l'*air selaseh* (eau aux épices, dont des graines de basilic) et le *mata kucing* (thé au longane séché), sans oublier le *katira* (lait condensé, sirop, eau de rose et graines de basilic).

La veille de la fête d'Hari Raya (*hari raya a'id el fitr*), la maison est décorée et son intérieur est même parfois rénové, des activités auxquelles participent tous les membres de la famille. Par ailleurs, les plats pouvant être préparés à l'avance sont réalisés ce soir-là.

Aux premières heures du jour, avant le départ des hommes pour la mosquée, les jeunes doivent marquer leur respect vis-à-vis des plus anciens, notamment en demandant pardon à leurs parents pour toutes les fois où ils les ont offensés. Ensuite, les hommes prennent le chemin de la mosquée et les femmes, qui prient à la maison, se dirigent vers la cuisine. Lorsque les hommes reviennent de la prière, toute la maisonnée se réunit autour d'un *brunch* copieux. Les enfants reçoivent de l'argent enveloppé dans du papier vert, qui est la couleur de l'islam; le jaune est la couleur royale et le noir celle des festivités. Au cours de la journée, amis et famille viennent en visite. Ils sont accueillis avec toutes sortes de mets, de gâteaux et de friandises. Les non-musulmans sont eux aussi invités à participer à la fête.

Autrefois, on recevait et on tenait table ouverte durant trente jours, mais aujourd'hui, on ne se rend chez ses proches qu'au deuxième ou troisième jour de la fête, et certains week-ends. Les nombreuses visites se font dans le respect de certaines règles. Afin d'éviter que tout le monde ne se retrouve le même jour devant des portes closes, le premier jour, ce sont les jeunes gens qui rendent visite à leurs parents et amis, tandis que les plus âgés restent à la maison pour recevoir. Le deuxième jour, ce sont les parents qui rendent visite tout d'abord à la famille, puis aux amis.

Une fête célébrée pendant trente jours était de rigueur à l'époque où l'on vivait encore dans les *kampungs* (villages). Il n'y avait alors ni barrières, ni clôtures et le sentiment communautaire était beaucoup plus fort qu'aujourd'hui. On n'hésitait pas à aller chez son voisin à la moindre occasion. Très souvent, les plats étaient partagés et échangés, au point que les tables menaçaient de s'écrouler sous le poids des innombrables bols, coupes et plats. Parmi les plats traditionnels de cette époque, on trouve les *ketupat*, le *lontong*, le *lepat* (riz gluant aux haricots noirs enveloppé dans des feuilles de cocotier), le *sayur lodeh*, le *serunding*, le *rendang*, l'*opor ayam*, le *sambal goreng* et le *sambal udang*. Ces plats sont servis avec du thé, du café, des sirops et des boissons gazeuses.

Le mois du ramadan se termine par une grande fête, où l'on peut de nouveau se rassasier en toute bonne conscience. Les *ketupat*, ces pochettes fabriquées avec des feuilles de palmier dans lesquelles cuira le riz pressé, constituent un élément indispensable au festin.

Quelques jours avant la fête, une animation considérable s'empare des rues. Le commerce va bon train. On achète même du tissu pour changer les rideaux ou redécorer les pièces de la maison.

Tribus aborigènes
Les Orang Asli

Il a fallu beaucoup de décennies pour que les Malais de la côte occidentale, qui s'enfonçaient de plus en plus profondément à l'intérieur du pays, surmontent les préjugés et la discrimination raciale envers les tribus aborigènes, habitant la forêt vierge, qui ne cherchaient qu'à vivre selon leurs traditions ancestrales. À l'origine, les *Orang Asli* vivaient de ce que produisait la nature. Ils se nourrissaient des fruits de la jungle, de feuilles et de jeunes pousses. Ils connaissaient les vertus curatives de plantes et chassaient avec des arcs ou des sarbacanes.

Les *Orang Asli* sont divisés en deux principaux groupes : les *Semang*, à l'origine entièrement nomades, et les *Senoi*, à moitié sédentarisés. La destruction progressive de leur environnement et les actions du gouvernement malais ont influencé leur mode de vie. Un grand nombre d'entre eux se sont totalement sédentarisés. Ils n'ont pas migré vers les grandes villes, mais sont devenus de petits éleveurs ou cultivateurs. Certains ont même renoncé à leur religion animiste pour se convertir à l'islam.

Pour les *Orang Asli* animistes, la nature reste habitée d'esprits et de divinités auxquels il faut faire des sacrifices et des offrandes, en particulier si l'on a le malheur de transgresser l'un des nombreux tabous qui règlent la vie quotidienne. La liste des interdictions est longue et va de l'inceste à la torture infligée aux animaux, en passant par une trop grande exubérance dans les festivités et l'espièglerie des enfants. Le gardien suprême est le dieu Karai, omniprésent. Il envoie le tonnerre et c'est lorsque l'éclair jaillit qu'il rencontre sa compagne, qui vit sur la Terre. Cette déesse terrienne bienveillante est à l'origine de la plupart des mythes de la création. C'est elle, en effet, qui a peuplé la terre de plantes et d'être vivants.

Bien que les *Orang Asli* habitent aujourd'hui de petits villages, où ils élèvent poules et chèvres et cultivent le manioc, ils rendent encore grâce à la déesse Terre de leur avoir donné la vie. Ils consomment d'ailleurs toujours les feuilles, les pousses et les fruits des plantes qui les entourent. Le coco trouve lui aussi de multiples utilisations. Le jus de la noix de coco constitue la boisson de tous les jours, la coque vide sert de combustible et la chair est consommée telle quelle ou sert à la fabrication du lait de coco.

Pour la confection d'un *lemang*, il faut une feuille de bananier, du riz gluant, du lait de coco et une tige de bambou fermée à l'une de ses extrémités.

L'intérieur de la tige de bambou est garnie, sur toute sa longueur, avec la feuille de bananier.

Le riz est déposé dans ce fait-tout improvisé et il est arrosé de lait de coco salé.

Les tiges de bambou sont placées pendant environ deux heures sur les braises.
Le riz cuit est alors retiré de la tige de bambou et coupé en morceaux.

De temps en temps, un poulet est sacrifié pour enrichir les repas. On lui tranche la gorge, puis on le plonge dans de l'eau bouillante avant de le plumer. Les petites plumes qui restent seront brûlées sur une flamme nue. La préparation est ensuite très simple. On frotte le poulet dans du sel, puis on le fait griller ou braiser dans du lait de coco.

Les oiseaux, les chauve-souris, les cochons sauvages, voire les singes, sont chassés pour leur chair. Certains *Orang Asli* utilisent d'ailleurs encore des sarbacanes, composées de deux tiges de bambou mises bout à bout et pouvant mesurer environ deux mètres de long. Un dispositif de protection évite que la flèche ne pénètre dans la bouche. Un entonnoir en bois maintient en place la fine flèche dont la pointe a été plongée dans le suc vénéneux d'*Antiaris toxicurrya*. Un bourrage en fibres végétales, situé à l'autre extrémité de la sarbacane, sert de guide. Soufflant d'un coup sec, le chasseur exerce une pression sur le bourrage, qui propulse la flèche directement sur la proie. L'animal blessé meurt en l'espace de quelques minutes.

Ci-contre, en haut : démonstration de sarbacane.
Ci-contre, en bas : un poulet est aspergé d'eau bouillante, afin de pouvoir être plumé plus facilement.

L'aliment de base traditionnel

Lemang : pour préparer ce plat, on cueille des tiges de bambou, puis on les coupe en segments d'environ 40 cm de long, en veillant à conserver un nœud qui fournira une fermeture naturelle. On garnit l'intérieur des tiges de feuilles de bananier, puis on les remplit aux quatre cinquièmes de riz gluant préalablement trempé dans de l'eau. On remplit ensuite le bambou de lait de coco salé. On referme la partie qui dépasse de la feuille de bananier par-dessus la tige de bambou. Le bambou est ensuite déposé sur les braises et il y reste deux heures, durant lesquelles on prend soin de le retourner de temps en temps, afin de permettre une cuisson uniforme. Dès que le riz est cuit, il est extrait de la tige de bambou et découpé en morceaux.

Kueh lepat ubi : pour confectionner ce gâteau de manioc, on mélange de la farine de manioc avec du sucre de palme, puis on fait cuire cette préparation à la vapeur, dans une feuille de bananier.

Carquois, flèches et embout d'une sarbacane.

Les petits singes constituent des proies de choix.

Un grand nombre d'*Orang Asli* se sont sédentarisés.

Préparé au lait de coco, le poulet est un mets apprécié des *Orang Asli*.

Ayam masak merah
Poulet à la sauce rouge
(pour 4 à 6 personnes)

1 poulet d'environ 1,2 kg découpé en morceaux
12,5 cl d'huile
2 cuil. à soupe de pâte de piments frais
(à défaut, piment en poudre mélangé avec de l'eau)
1 cuil. à soupe de curry en poudre (curry pour viande)
délayé dans un peu d'eau
1 bâton de cannelle de 4 cm de long
3 capsules de cardamome
3 clous de girofle
3 anis étoilés
2 à 3 feuilles de laurier
1 boîte (425 g) de purée de tomates
50 cl d'eau
1 cuil. à soupe de sucre
Sel

Pour la pâte épicée :
15 gousses d'ail pelées et coupées en quatre
1 rhizome de gingembre de 5 cm de long
3 oignons pelés et hachés

Préparez la pâte épicée : dans un mortier, pilez l'ail, le gingembre et les oignons.
Faites revenir la pâte épicée dans l'huile chaude, jusqu'à ce que les arômes se développent. Ajoutez les piments et le curry, ainsi que le reste des épices et les feuilles de laurier. Faites revenir le tout pendant une minute, puis ajoutez la purée de tomate et l'eau. Versez le sucre, mélangez et portez à ébullition. Déposez le poulet, portez à nouveau à ébullition, réduisez le feu et laissez mijoter à feu doux, jusqu'à ce que la viande soit cuite. Salez en fin de cuisson.

Ayam gulai kecap
Poulet à la sauce de soja
(pour 4 à 6 personnes)

1 poulet d'1,2 kg découpé en morceaux
12,5 cl d'huile
2 cuil. à soupe de pâte de piment frais
1 bâton de cannelle de 4 cm de long
3 capsules de cardamome
3 clous de girofle
3 anis étoilés
25 cl de sauce de soja
75 cl d'eau
2 tranches de tamarin séché
1/2 cuil. à soupe de sucre
2 tomates coupées en quartiers
2 piments verts coupés en 2 dans la longueur
2 piments rouges coupés en 2 dans la longueur
Sel

Pour la pâte épicée :
5 gousses d'ail pelées et coupées en 4
2 oignons pelés et hachés
1 tranche de gingembre de 2 cm d'épaisseur

Préparez la pâte épicée : dans un mortier, pilez l'ail, les oignons et le gingembre. Dans un fait-tout, faites revenir la pâte épicée dans l'huile chaude jusqu'à ce que les arômes se développent. Ajoutez la pâte aux piments, les épices, la sauce de soja, l'eau, le tamarin et le sucre. Mélangez bien et portez à ébullition. Déposez le poulet dans le fait-tout et laissez mijoter jusqu'à ce que la viande soit cuite. Ajoutez les tomates et les piments en fin de cuisson et salez.

Ayam sambal asam
Poulet grillé aux épices et au tamarin
(pour 4 à 6 personnes)

1 poulet d'1,2 kg découpé en morceaux
5 cuil. à soupe d'huile
Le jus de 2 cuil. à soupe de pulpe de tamarin
mélangée à 4 cuil. à soupe d'eau
2 cuil. à café de sucre
Sel

Pour la pâte épicée :
15 piments séchés, trempés dans l'eau, sans les graines
1 oignon pelé et haché
1 brin de lemon-grass (5 cm du côté du bulbe) émincé
2 morceaux de gingembre d'1 cm d'épaisseur

Préparez la pâte épicée : dans un mortier, pilez les piments, l'oignon, le lemon-grass et le gingembre. Faites chauffer l'huile dans une poêle et faites-y revenir la pâte épicée, jusqu'à ce que les arômes se développent. Ajoutez le jus de tamarin, le sucre et le sel. Faites mijoter jusqu'à ce que l'eau soit presque entièrement évaporée. Déposez le poulet dans la poêle, mélangez avec les épices, couvrez et faites mijoter à feu moyen, jusqu'à ce que le poulet soit cuit, en remuant de temps à autre.

Kari ayam (curry de poulet)

Ayam masak merah (poulet à la sauce rouge)

Ayam percik (poulet grillé sauce piquante)

Kari ayam
Curry de poulet
(pour 4 à 6 personnes)

1 poulet d'1,2 kg découpé en morceaux
12,5 cl d'huile
6 cuil. à soupe de curry en poudre
(curry pour viande)
1 bâton de cannelle de 4 cm de long
3 capsules de cardamome
2 clous de girofle
1 anis étoilé
1 noix de coco râpée
Sel
4 pommes de terre épluchées et coupées en deux
2 tomates coupées en deux

Pour la pâte épicée :

10 échalotes pelées et hachées
6 gousses d'ail pelées et coupées en 4
1 morceau de gingembre de 3 cm de long

Prélevez 2 cuil. à soupe sur la noix de coco râpée. Faites-la dorer à sec et réservez-la. Extrayez le lait du reste de la noix de coco râpée mélangée à 25 cl d'eau. Répétez l'opération avec 75 cl d'eau et extrayez à nouveau le lait, moins épais. Préparez la pâte épicée : dans un mortier, pilez les échalotes, l'ail et le gingembre. Faites revenir la pâte épicée dans l'huile, jusqu'à ce que les arômes se développent. Ajoutez le curry et les épices entières et faites encore revenir le tout pendant quelques instants. Ajoutez les morceaux de poulet et mélangez-les avec les épices. Saupoudrez de noix de coco et mélangez bien. Mouillez avec les 75 cl de lait de coco, salez et ajoutez les pommes de terre. Portez à ébullition, puis réduisez le feu et faites mijoter à feu moyen. Lorsque le poulet et les pommes de terre sont presque cuits, ajoutez les 25 cl de lait de coco épais. Faites bouillir, ajoutez les tomates et servez aussitôt.

Ayam percik
Poulet grillé sauce piquante
(pour 4 à 6 personnes)

1 poulet d'environ 1,5 kg (ou poids identique
de cuisses de poulet), découpé en morceaux
Poivre noir en grains
Sel
1 cuil. à soupe de coriandre en poudre
2 cuil. à café de cumin en poudre
1 noix de coco râpée
1 cuil. à café de sel
4 cuil. à soupe d'huile

Pour la pâte épicée :

18 échalotes pelées et hachées
2 brins de lemon-grass (5 cm du côté du bulbe) émincés
1 morceau de *galanga* de la taille d'une noix, émincé
4 noix des Moluques

Mélangez la noix de coco à 37,5 cl d'eau et extrayez-en le lait.
Frottez les morceaux de poulet avec le poivre noir grossièrement moulu et le sel et laissez-les mariner pendant au moins 30 minutes.
Préparez la pâte épicée : dans un mortier, pilez les échalotes, le lemon-grass, le *galanga* et les noix des Moluques, jusqu'à obtenir une pâte. Ajoutez la coriandre et le cumin et mélangez. Faites revenir la pâte épicée dans l'huile chaude, jusqu'à ce que les arômes se développent. Mouillez avec le lait de coco et salez. Faites mijoter 10 minutes à feu doux. Dès que la sauce devient crémeuse et que la graisse de coco commence à remonter à la surface, retirez la casserole du feu. Séchez le poulet en le tamponnant avec un torchon, recouvrez-le de sauce et déposez-le sur le grill préalablement recouvert d'une feuille d'aluminium. Badigeonnez de temps en temps le poulet avec la sauce, tout au long de la cuisson.

Ayam masak putih
Poulet à la sauce blanche
(pour 4 à 6 personnes)

1 poulet d'environ 1,2 kg découpé en morceaux
Sel
1/2 noix de coco râpée (env. 230 g),
sans la peau brune
4 cuil. à soupe d'huile
2 tomates coupées en quartiers
Sel

Pour la pâte épicée :

1 1/2 cuil. à café de poivre noir en grains
1 1/2 cuil. à café de poivre blanc en grains
6 échalotes pelées et hachées
1 morceau de gingembre de 2,5 cm d'épaisseur
1 morceau de *galanga* de 2,5 cm

Mélangez la noix de coco à 25 cl d'eau et extrayez-en le lait. Répétez l'opération avec 50 cl d'eau. Vous obtiendrez un lait plus liquide.
Frottez les morceaux de poulet avec un peu de sel et laissez-les reposer pendant au moins 30 minutes.
Pendant ce temps, préparez la pâte épicée : pilez les deux poivres au mortier. Ajoutez les échalotes, le gingembre et le *galanga* puis écrasez le tout jusqu'à obtenir une pâte.
Tamponnez le poulet avec un torchon. Faites chauffer un peu l'huile dans un fait-tout puis faites-y revenir la pâte épicée jusqu'à ce que les arômes se développent. Salez. Déposez le poulet dans le fait-tout puis saisissez-le de tous les côtés en le recouvrant des épices. Mouillez avec les 50 cl de lait de coco. Portez à ébullition, réduisez la flamme, ajoutez les tomates et faites mijoter à feu doux, jusqu'à ce que la viande soit presque cuite. Versez ensuite les 25 cl de lait de coco épais et faites à nouveau bouillir quelques instants avant de servir.

La vie dans les « longues maisons »

Le Sarawak

La Malaisie orientale se compose des États du Sarawak et du Sabah, situés sur l'ancienne île de Bornéo. Entre ces deux États se trouve le sultanat de Brunei. Le reste de l'île, connu sous le nom de Kalimantan, appartient à l'Indonésie.

Les *Iban* (*Dayak* de la mer) constituent le groupe aborigène le plus important du Sarawak. Ils représentent environ un tiers de la population totale. Les *Bidayuh* (*Dayak* de la terre) constituent 8 % de la population, les *Melanau* 5,8 % et les *Orang Ulu* 5,5 %. Les Malais et les Chinois représentent respectivement 20 et 30 % de la population indigène. Les *Iban* étaient agriculteurs et vivaient dans de grandes maisons en bois recouvertes de feuilles, les « longues maisons ». Elles étaient et sont encore érigées sur de hauts pilotis, afin de se protéger des ennemis. Un escalier en troncs d'arbre mène généralement à une véranda extérieure (*tanju*) qui, comme la deuxième véranda située à l'intérieur de la maison, est destinée aux activités communautaires. Entre les deux se trouve un espace réservé aux invités (*pantar*). La véranda intérieure aboutit à un couloir qui dessert les pièces habitées par les différentes familles (*bilek*). Jusqu'à 60 familles peuvent résider dans une longue maison.

Les femmes *Iban* sont expertes dans l'art du tissage. Elles travaillent également dans les champs et s'occupent des tâches ménagères. Ce sont aussi elles qui préparent

un alcool très fort à base de riz gluant (*tuak*). Pour se protéger de leurs ennemis, les *Bidayuh* érigeaient leurs maisons longues sur le flanc de montagnes abruptes. Le bambou servait à la construction ainsi qu'à la fabrication des ustensiles de cuisine. Tout comme les *Iban*, ils confectionnent encore de l'alcool de riz et du vin de palme. Le riz, qui constitue l'aliment de base, est traité avec un grand respect. Le riz battu était autrefois entreposé dans des silos bâtis à proximité des longues maisons et protégés de façon extrêmement efficace contre les rongeurs.

Les *Melanau* vivaient à proximité de la mer, dans des maisons qui s'élevaient à une dizaine de mètres au-dessus du sol, les attaques de pirates étant alors fréquentes. Aujourd'hui, cette tribu occupe principalement la partie centrale des régions côtières de l'île. Les *Melanau* se nourrissent plutôt de sagou que de riz. En fonction des saisons, l'agriculture ou la pêche prédominent. L'une des spécialités des *Melanau* est le poisson crû découpé en tranches fines et préparé avec un fruit acide, l'*asam paya*.

Les *Orang Ulu*, qui vivent en amont du fleuve, viennent à l'origine du centre de Bornéo et étaient réputés pour leur travail du métal. Leurs maisons longues étaient très solidement bâties, ce qui leur laissait beaucoup de temps pour cultiver la terre. Cette ethnie est à l'origine d'un système ingénieux d'irrigation des rizières. Les *Orang Ulu* possèdent un talent artistique certain, notamment dans le domaine de la broderie. Les femmes portent des bonnets de perles dont les motifs varient en fonction de la place qu'elles occupent dans la société. Plus les perles sont grosses et les motifs colorés, plus la position sociale est élevée.

Les poteries de Sarawak

Les *Iban* et les *Kelabit* – ces derniers appartenant à l'ethnie des *Orang Ulu* – fabriquent leurs propres pots de terre. Ces récipients sont tournés à la main, avec de l'argile noire ou brune, prélevée sur place. L'artisan pétrit d'abord un cylindre d'argile dans lequel il enfonce profondément et soigneusement une tige épaisse de bois. Une fois l'ouverture pratiquée, la poterie est travaillée à la main, puis battue avec une sorte de battoir en bois. Cette opération a pour objectif de chasser les bulles d'air et permet en outre de lisser et d'égaliser les parois. Sur le battoir figure un motif qui s'imprime sur l'argile. Les pots sont ensuite cuits pendant une heure, ouverture vers le bas, puis trempés dans une solution d'eau rougie par l'écorce d'un arbre. Cette opération évite l'apparition de fissures. La surface peut aussi être traitée à la résine afin d'éviter les cassures.

Ces pots de terre font partie de l'équipement standard de toutes les cuisines (*dapor*) des « longues maisons ». (Il convient de préciser que ces constructions ont une architecture similaire quelles que soient les ethnies qui les habitent.) Chaque famille dispose de sa propre cuisine, intégrée à la pièce unique où vivent et dorment les membres d'une même famille. Cette pièce est jonchée de tapis, la cuisine se fait sur un feu de bois. Le repas est généralement préparé à même le sol, sur lequel les femmes se tiennent assises ou accroupies. Les plats et les assiettes sont recouverts de feuilles, qui servent également à envelopper les aliments avant comme après leur cuisson.

Les poteries les plus grandes servent aussi pour le stockage du riz, du poisson et de la viande de cochon sauvage en saumure. Elles contiennent par ailleurs les boissons comme l'alcool de riz.

Les habitants de Malaisie orientale troquent de plus en plus leurs « longues maisons » traditionnelles pour de charmantes habitations individuelles aux toits pentus.

Les danses tribales des *Iban* constituent aujourd'hui des attractions très prisées dans les sites touristiques.

La fabrication d'une poterie commence par la confection d'un rouleau en argile.

Avec une tige en bois, on pratique une ouverture au centre du cylindre.

Cette ouverture est élargie, puis la poterie est travaillée à la main.

Les poteries cuisent pendant environ une heure, ouverture vers le bas.

Ce sont principalement les femmes qui veillent au maintien des traditions artisanales.

Luang senunuh
Maquereaux en papillotes de feuilles de bananiers
(recette *Orang Ulu*)

4 maquereaux du Pacifique
(à défaut, petits maquereaux)
4 feuilles de bananier découpées en rectangles
Feuilles de curcuma coupées en fines lamelles
Bâtonnets d'apéritif

Pour la pâte épicée:
Gingembre frais
Gousses d'ail pelées et coupées en 4
Échalotes pelées et hachées

Préparez d'abord la pâte épicée: dans un mortier, pilez la quantité souhaitée de gingembre, d'ail et d'échalote, jusqu'à obtenir une pâte homogène.
Évidez les poissons, puis pratiquez deux à trois entailles dans la chair. Enduisez les poissons de pâte épicée, puis laissez-les mariner pendant 30 minutes. Disposez chaque poisson sur une feuille de bananier, parsemez-les de curcuma et repliez la feuille. Maintenez la feuille bien fermée au moyen de bâtonnets en bois. Faites griller ces papillotes sur un feu de bois.
Vous pouvez remplacer les feuilles de bananier par des feuilles de chêne. Dans ce cas, il est conseillé de faire griller le poisson au four, sur un lèchefrite.

Afin de respecter l'authenticité de ces recettes typiques de la Malaisie orientale, il a été décidé de ne donner aucune indication de quantité. En effet, les femmes qui nous ont aimablement ouvert les portes de leur cuisine n'utilisaient ni balance, ni verre mesureur.

Ce sont les feuilles de curcuma qui confèrent à ce poisson en papillotes sa saveur particulière.

Enveloppé dans une feuille de bananier, le poisson est mis à cuire sans jamais être au contact direct du feu.

Avant d'être enveloppé dans sa feuille de bananier, le poisson marine pendant 30 minutes dans les épices.

1 petit poulet prêt à cuire
Sel
Feuilles de curcuma finement émincées
Lemon-grass (côté bulbe) détaillée en fines lamelles
Feuilles de manioc
Tiges de bambou
Gousses d'ail
Échalotes
Gingembre
Pousses de cocotier (*tepus*)
Daun singkeh

Les ingrédients du *manok pansoh*: *daun singkeh*, feuilles de manioc, lemon-grass, poulet, échalotes, ail, gingembre, curcuma et pousses de cocotier.

Faites d'abord mariner le poulet pendant 30 minutes au moins dans un mélange de sel, de feuilles de curcuma et de lemon-grass.

Désossez le poulet et détaillez-le en petits morceaux. Mélangez les feuilles de curcuma et le lemon-grass avec du sel puis faites-y mariner les morceaux de poulet pendant 30 minutes au moins.

Pendant ce temps, dans un mortier, hachez grossièrement les feuilles de manioc, salez-les et écrasez-les. Choisissez une tige de bambou ouverte à l'une des extrémités, l'autre étant fermée naturellement par le nœud végétal. Remplissez la tige de bambou en disposant les ingrédients dans l'ordre suivant: d'abord les feuilles de manioc, puis le reste du mélange au curcuma et au lemon-grass, le poulet, l'ail, l'échalote, le gingembre et enfin les pousses de cocotier (*tepus*) émincées. Remplissez jusqu'à ce que le niveau soit situé à environ 10 centimètres en dessous de l'ouverture. Terminez par le *daun singkeh* (il s'agit des feuilles d'une plante de la jungle). Posez ensuite la tige de bambou sur le feu et laissez cuire entre une demi-heure et une heure. Lorsque la cuisson est terminée, il suffit de renverser le contenu de la tige de bambou sur une feuille de bananier.

Remplissez la tige de bambou avec les différents ingrédients, en procédant par strates successives. Terminez par le *daun singkeh*.

La cuisson, qui doit être très lente, se fait directement sur le feu de bois.

Au bout d'une demi-heure à une heure, la viande est cuite. Le plat peut alors être présenté sur une feuille de bananier.

Le Sabah

Cette région, qui s'étend sur une superficie représentant deux fois celle de la Suisse, est très peu densément peuplée puisqu'elle ne compte que quatre habitants par kilomètre carré. Les premiers habitants du Sabah (l'ancien Nord-Bornéo) se répartissent entre *Kadazan* (autrefois connus sous le nom de *Dusun*), *Murut* et *Bajau*, les autres ethnies étant beaucoup plus minoritaires. Les *Dusun*, traditionnellement riziculteurs, s'installèrent dans la partie occidentale de la région. Les *Bajau* et quelques ethnies minoritaires préféraient piller les voiliers croisant dans les eaux malaises. Ils étaient de religion musulmane et occupèrent le littoral, lieu de leurs activités. Lorsque l'époque de la piraterie fut révolue, ils se recyclèrent dans la pêche, la riziculture et l'élevage. Les *Murut*, installés à l'intérieur, vivaient des produits de la terre et de la chasse. Chaque ethnie possède sa propre langue, ses propres coutumes et ses propres croyances. La culture autochtone est toutefois en recul.

Les *Kadazan* représentent l'ethnie majoritaire du Sabah.
Ci-dessous : pour attiser le feu, il suffit d'une tige de bambou et d'un peu de souffle.

Le nettoyage des légumes et toutes les autres activités ayant trait à la cuisine se font à même le sol.

Lorsque l'on n'a pas l'eau courante, chaque litre d'eau est précieux et on en utilise aussi peu que possible pour la vaisselle.

Sago Delight
Délice aux larves du sagoutier
(recette *Kadazan*)

| Larves vivantes de sagoutier |
| Huile |
| Gingembre |
| Échalotes pelées et hachées |
| Sel |

Consommer des larves peut sembler pour le moins étrange au goût d'un Européen. Pourtant, les Malais ont fait de ce mets un véritable délice. Grillées avec un peu de gingembre et des échalotes, elles sont aussi très appréciées pour leur forte teneur en protéines.

Les larves sont prélevées sur le sagoutier, cet arbre tropical de la famille des palmiers. On en extrait l'amidon dont on fait le sagou, un aliment féculent. C'est après l'abattage des arbres que des coléoptères viennent pondre sur les troncs. Ce sont ces œufs, devenues des larves, qui font le délice des *Sarawak*. Avant de les cuisiner, il faut bien les rincer puis les égoutter.

Pelez et râpez très finement le gingembre. Pelez les échalotes et détaillez-les en tous petits dés. Dans un *wok*, faites revenir le gingembre et l'échalote dans un peu d'huile jusqu'à ce que les arômes se développent et que les échalotes deviennent transparentes. Salez. Déposez les larves vivantes dans l'huile chaude et remuez pendant cinq minutes, jusqu'à ce qu'elles soient cuites. Servez aussitôt. On ne consomme pas les têtes.

Ceux qui craignent qu'un tel plat ne leur coupe l'appétit se souviendront qu'ils ne rechignent pas à déguster des huîtres ou du crabe. Un *Kadazan* pourrait lui aussi s'offusquer à l'idée qu'en Europe, on mange du cheval !

Ces larves du sagoutier qui se tortillent autour de quelques échalotes sont bel et bien vivantes.

Il est conseillé de rincer très soigneusement les larves, ce que leur anatomie et leurs mouvements ne facilitent pas.

Larves frites au gingembre et aux échalotes.

Ingrédients du *nomson tuhau*: pousses de palmier, crevettes séchées et citron vert.

Nomsom tuhau
Salade aux pousses de palmier
et aux crevettes
(recette *Kadazan*)

Crevettes séchées
Pousses fraîches de palmier
Jus de citron vert

Faites trempez les crevettes dans de l'eau. Pendant ce
temps, retirez l'extrémité dure des pousses de palmier
et épluchez-les comme des asperges. Hachez ensuite
les pousses et déposez-les dans un saladier. Égouttez
les crevettes, mélangez-les aux pousses, arrosez cette
préparation avec du jus de citron vert et travaillez le tout
à la main, avant de servir.

Retirez l'extrémité dure des pousses de palmier et épluchez-les comme des asperges.

Hachez finement les pousses.

Dans un saladier, travaillez à la main tous les ingrédients.

Certaines plantes vertes de la forêt tropicale peuvent être apprêtées avec des échalotes et des crevettes.

Les feuilles réduisent beaucoup à la cuisson.

Lombiding sinayan kinoring giban
Feuilles sautées au *wok*
(recette *Kadazan*)

Feuilles fraîches (à défaut, épinards)
Crevettes séchées
Huile
Échalotes pelées et émincées

Les feuilles utilisées dans cette recette proviennent de plantes qui poussent le long des cours d'eau. Étant donné qu'elles réduisent considérablement de volume en cours de cuisson, il convient de prévoir des quantités très généreuses.

Faites d'abord tremper les crevettes séchées dans de l'eau. Pendant ce temps, détachez les feuilles des tiges et coupez ces dernières en petits morceaux. Égouttez soigneusement les crevettes.

Faites chauffer un peu d'huile dans un *wok*. Faites-y revenir quelques instants les échalotes ainsi que les crevettes. Ajoutez ensuite les tiges, puis les feuilles et laissez cuire sans cesser de remuer. Servez ce plat en accompagnement.

En Malaisie, ces mets traditionnels sont présentés dans des plats très simples, en bois ou en terre, recouverts d'une feuille de bananier fraîche. Cela est non seulement esthétique, mais présente l'avantage de ne pas trop salir les plats, qui pourront ensuite être nettoyés avec une petite quantité d'eau. La feuille de bananier constitue pour ainsi dire le papier absorbant de la forêt tropicale. La vaisselle est encore parfois fabriquée à la main, certaines ethnies étant très réputées pour la beauté de leur poterie.

Pakis
Fougères sautées au *wok*
(recette *Kadazan*)

Fougères fraîches
Crevettes séchées
Huile
Échalotes pelées et émincées

Tout comme les légumes mentionnés ci-contre, les fougères utilisées dans cette recette poussent le long des cours d'eau malais. À défaut, elles peuvent être remplacées par un légume vert à feuilles (épinard ou liseron d'eau, par exemple).

Faites d'abord tremper les crevettes dans de l'eau. Pendant ce temps, détachez les feuilles des tiges et coupez ces dernières en petits morceaux. Dans un *wok*, faites chauffer un peu d'huile, puis faites-y fondre les échalotes. Ajoutez ensuite les crevettes et faites-les revenir. Déposez alors les tiges des fougères dans le *wok* sans jamais cesser de remuer, puis incorporez les feuilles. Leur cuisson doit être de courte durée.

Les crevettes séchées se conservent très bien, même par les températures élevées qui règnent en Malaisie. Leur saveur est suffisamment intense pour qu'elles servent d'épice plutôt que d'accompagnement dans ces préparations aux légumes. C'est d'ailleurs ce qui explique l'absence d'ail et de piment dans cette recette. Les crevettes séchées entrent souvent dans la composition des plats chauds ou froids. Il convient simplement de les faire tremper dans un peu d'eau avant l'emploi.

Les fougères sont elles aussi cuites avec de l'échalote et des crevettes séchées.

Quelques minutes dans un *wok* suffisent pour préparer des fougères sautées.

Outre la noix de coco râpée et la farine de sagou, cette recette ne nécessite qu'un peu d'eau.

La noix de coco est tout d'abord grillée à sec dans le *wok*, jusqu'à être entièrement sèche.

Pinompoh
Crêpes à la farine de sagou
(recette *Kadazan*)

1/4 de noix de coco râpée, sans la peau brune
Farine de sagou
(même quantité que la noix de coco râpée)
Eau

Dans un *wok*, faites griller la noix de coco sans ajout d'aucune graisse, jusqu'à ce qu'elle soit bien sèche. Ajoutez la farine de sagou et mélangez. Avant que le mélange n'ait complètement séché, ajoutez progressivement de l'eau pour obtenir une pâte. Mélangez très soigneusement tous les ingrédients. À l'aide d'une spatule, étalez la pâte sur le *wok*, couvrez et laissez cuire pendant environ 10 minutes à feu moyen, jusqu'à ce que le mélange durcisse.
Cette crêpe, extrêmement nourrissante, se consomme au petit-déjeuner ou avec un café.

Comme le montrent toutes ces recettes, qui ne représentent pourtant qu'une infime partie des spécialités de la Malaisie orientale, les ethnies de ces régions seraient probablement encore capables de vivre en autarcie complète au cœur de la forêt vierge. En effet, quelques membres de ces ethnies connaissent encore parfaitement les plantes de leur environnement, savent distinguer celles qui sont comestibles et celles qui possèdent des vertus curatives, même si une grande partie de leurs connaissances disparaît à mesure que s'éteignent les anciens. En l'absence de toute culture écrite, des pans entiers de cette culture sont malheureusement amenés à disparaître.

Le sagoutier

Le sagoutier (*Metroxylon sagu*) pousse à l'état sauvage dans les zones marécageuses de la côte, mais il est aussi cultivé. Cette plante tropicale prospère sous des climats où règnent une température élevée, une humidité importante et un fort ensoleillement. L'amidon produit par le palmier est stocké dans la moelle du tronc. Juste avant que la floraison ne commence, en général vers la fin de sa quinzième année, le tronc se met à grossir. L'arbre est alors abattu et le tronc vendu à une usine qui extraira l'amidon, à moins que l'opération ne soit réalisée sur place, par les planteurs. On fend le tronc pour extraire la moelle qui peut atteindre 80 centimètres de diamètre. L'amidon est ensuite moulu et donne une farine qui sert également à la fabrication du sagou perlé. Pour cela, on presse le sagou brut à travers un tamis. Les gouttelettes d'amidon tombent sur une plaque chaude, qui oscille en permanence, de telle sorte que l'amidon durcit en formant des grains ronds.
Avant l'introduction des méthodes modernes de transformation de l'amidon, on râpait la moelle du sagoutier à la main, jusqu'à obtenir une bouillie fine que l'on détrempait dans de grands baquets en bois. L'amidon, qui se déposait au fond du baquet, était ensuite séché, puis moulu.
Après avoir été abattus, les troncs des sagoutiers sont laissés sur place pendant quelques jours. Des coléoptères viennent y pondre leurs œufs, qui donnent naissance à des larves très appréciées des *Kadazan* pour leur teneur élevée en protéines.

La noix de coco est ensuite mélangée avec la même proportion de farine de sagou.

On ajoute enfin l'eau peu à peu, jusqu'à obtenir une pâte que l'on fait cuire à couvert.

L'Indonésie

**Asam digunung
garam dilaut
bertemu dalam
belanga.**

Dans nos marmites,
même le tamarin
des hautes montagnes
peut se marier
au sel des océans.

Ci-contre: rizière non loin de Bali.

Double page précédente:
en provenance directe de la plantation,
ces bananes seront bientôt convoyées
vers les marchés locaux.

L'Indonésie: plus de 13 000 îles, dont moins de la moitié seulement sont habitées. Parmi les plus grandes, Java, bien sûr, mais aussi Sumatra et Kalimantan (ou Bornéo), ainsi que l'extrémité occidentale de la Nouvelle-Guinée connue sous le nom d'Irian Jaya. Le reste du pays couvre une multitude de petites îles ou archipels éparpillés de part et d'autre de l'équateur, principalement au sud de celui-ci. L'origine volcanique de ces terres en fait toute leur richesse et le climat équatorial, à la fois chaud et humide, crée les conditions idéales pour cultiver le riz et faire pousser fruits exotiques et légumes de toutes sortes. Les régions montagneuses conviennent par ailleurs parfaitement à la culture du thé, du café et des épices.

Les épices… Ce sont elles, si prisées, qui ont attiré les commerçants et les colons du monde entier: Portugais, Hollandais, Arabes, Indiens et Chinois. Et grâce à elles, les différentes cultures, religions et habitudes culinaires de ces peuples ont pu influencer les autochtones au point qu'aujourd'hui l'Indonésie est véritablement une terre de contrastes. Les habitants de Java et Sumatra sont ainsi majoritairement musulmans mais, au nord de Sumatra, là où vivent les Bataks, les religions chrétiennes s'imposent. À Bali, une forme d'hindouisme mêle la cosmologie hindoue à la mythologie locale, fondée sur les esprits et les démons.

En Indonésie comme dans toute l'Asie du sud-est, l'aliment de base est le riz, servi à tous les repas et accompagné de mets épicés dont la préparation demande beaucoup de temps. Sous un même toit abritant encore traditionnellement plusieurs générations, les femmes se partagent les tâches et préparent une cuisine généralement abondante pour toute la famille et d'éventuels invités. On s'assoit en tailleur sur le sol couvert de nattes et on se voit offrir, en plus du riz, des soupes et du sambal, un assortiment de volailles, de viandes, de poissons et de légumes. Tout comme en Malaisie, le repas se déguste avec la main droite, et la cuisinière se sentira toujours honorée si les convives montrent un bel appétit. Pour accompagner les repas, on servira le plus souvent de l'eau, des jus de fruits, du thé sucré ou un café bien noir. Dans les familles où la religion l'autorise, on trouvera aussi sur la table du vin de riz.

Nasi tumpeng

Le cône de riz

Dès que l'on célèbre quelque chose – que la fête soit familiale comme une naissance, professionnelle comme la création d'une entreprise, ou publique telle qu'une bonne récolte – ce plat traditionnel est incontournable. Le cône de riz cuit dans le lait de coco ou à la vapeur attire tous les regards par sa forme et la chaude couleur jaune que lui a transmise le curcuma. Le riz est cuit à la vapeur dans de petits paniers en bambou tressé qui facilitent également la mise en forme. Dans les pays situés autour de l'équateur, tels que l'Indonésie, on utilise aussi souvent en cuisine les feuilles de bananier. Les femmes tissent celles-ci pour former une poche qu'elles rempliront de riz déjà cuit. Le *nasi tumpeng* sera par ailleurs servi sur un plat garni de feuilles de bananier. Placé au centre, le cône est entouré des mets choisis en fonction de l'événement célébré et selon des principes ancestraux. Les différentes formes de la vie doivent être représentées : la viande de bœuf évoque ce qui foule la terre ; la volaille, ce qui vole dans les airs ; le poisson, ce qui glisse dans les eaux ; et les légumes, ce qui naît de la terre. Pour les obsèques, deux cônes placés côte à côte indiquent que le cercle de la vie s'est refermé.

La personne la plus importante de l'assemblée, ou l'invité d'honneur, coupe le sommet du cône et le sert respectueusement au plus âgé. Les autres convives se servent ensuite eux-mêmes. Ils ont un choix de différents accompagnements :

- *Telur dadar :* omelette coupée en fines lanières (1) ;
- *Sambal goreng kentang :* dés de pommes de terre pimentés (2) ;
- *Ayam goreng :* poulet frit (3 et 6) ;
- *Pergedel goreng :* galettes de pommes de terre (4) ;
- *Sambal goreng tempe :* languettes de *tofu* frites au piment (5) ;
- *Timun acar :* concombres marinés ;
- *Krupuk udang :* beignets de crevettes.

Le *gudeg*

Le *gudeg*, riz mélangé au fruit du jaquier encore vert, est cuit dans une sauce sucrée et servi avec d'autres plats. C'est une spécialité javanaise de la ville de Jogjakarta où elle est servie dans les restaurants mais aussi aux étals des marchands ambulants. Le riz est accompagné d'un peu de ce fruit, d'une portion de poulet, d'un œuf, de *tofu* et de couenne de buffle croustillante au *sambal*. Ceci constitue un repas largement complet que l'on emporte dans une petite boîte tressée et garnie d'une feuille de bananier. Le *gudeg* surprend agréablement par sa douceur.

Pour la préparation, on enlève tout d'abord l'épaisse peau du fruit. La chair est ensuite coupée en dés qui devront cuire près d'une heure dans l'eau salée. Une fois égouttés, les dés sont mis de côté pour qu'ils refroidissent pendant les autres préparatifs. On commence par faire cuire et par écaler les œufs durs.

La sauce dans laquelle mijoteront les dés de fruit et le poulet, désossé et découpé en lanières, se compose d'échalotes, d'ail, de *kemiri* (noix des Moluques), de coriandre, de *laos* (rhizomes de *galanga* de l'Inde) et de feuilles de laurier, le tout pilé dans un mortier pour constituer une pâte que l'on mélangera avec du sucre de palme et du lait de coco. Les œufs seront plongés dans cette préparation pendant environ cinq minutes. Ce n'est qu'après 45 à 60 minutes de cuisson à petits bouillons que la sauce atteint sa consistance idéale et que le fruit du jaquier et le poulet sont cuits. L'un des accompagnements les plus fréquents du *gudeg* est le *tahu goreng bacem*, c'est-à-dire du *tofu* (*tahu* en indonésien) cuit avec des épices, puis frit. Les morceaux de *tofu* coupés en diagonale sont mis à cuire dans un bouillon parfumé d'échalotes, d'ail et de coriandre écrasés, de sucre de palme, de *laos* et de laurier. Il faut attendre que l'eau soit pratiquement évaporée avant de retirer le *tofu* pour le griller à la poêle.

Le *sambal goreng krecek* réunit *sambal* et couenne de buffle. Pour cette recette, la couenne est frite de manière à être croquante, puis servie avec un mélange épicé d'échalote, d'ail, de piment, de feuille de limettier hérissé et de lait de coco cuits ensemble.

Les jeunes pousses sont retirées de la pépinière après 25 jours pour être repiquées dans les rizières.

Une fois la rizière préparée et la déesse du riz apaisée par une cérémonie et des offrandes, le repiquage peut commencer.

Après trois mois d'une croissance bien protégée, le riz est mûr ; la récolte sera bonne.

Les champs inondés sont encore labourés avec des buffles, car la déesse du riz n'accomplit pas tous les travaux.

Munie d'une faucille spéciale, les ouvrières coupent les tiges.

Après le battage, la paille est brûlée ; ses cendres retourneront à la rizière sous forme d'engrais.

Avant d'être dépouillé de sa balle, le grain de riz brut (*paddy*) doit sécher deux ou trois jours au soleil.

La déesse du riz

Le riz, c'est la vie et il est en cela sacré. C'est pourquoi sa culture, depuis la semence jusqu'à la récolte des grains mûrs, est profondément ancrée dans la vie sociale et religieuse des Indonésiens.

Pour utiliser efficacement les systèmes d'irrigation, les riziculteurs de Bali se regroupent en coopératives, les *subak*, à l'intérieur desquelles on décide non seulement de la surveillance des digues et de l'entretien des canaux, mais aussi du meilleur moment pour semer, récolter, faire les offrandes ou prier. Chaque *subak* possède un petit temple au milieu des rizières. Point de rassemblement pour les cérémonies religieuses, il ne doit en aucun cas être laissé à l'abandon, car c'est ici qu'habite la déesse du riz lorsqu'elle séjourne sur terre. Le reste du temps, elle est incarnée par les grains de riz. Avant la première irrigation des champs, chaque *subak* se rend en procession jusqu'au célèbre temple de Pura Ulu Danau, sur les rives du lac Bratan où ses membres prient pour que l'eau ne tarisse jamais.

Le riz est incarné, sous sa forme féminine, par la déesse *Devi 'Sri*, la divinité la plus importante aux yeux des paysans balinais, qui vénèrent également *Devi Nini*, le pendant masculin de la déesse. Toute chose possède, dans la culture indonésienne, un aspect féminin et un aspect masculin. Avant les récoltes, des figurines en paille de riz représentant *Devi Nini* sont tressées, puis dispersées dans les rizières. Pour qu'un nouveau cycle de culture puisse commencer, il faut débarrasser la rizière asséchée du chaume laissé par la dernière récolte. Ce jour-là, les villageois font des offrandes, puis ils prient et aspergent le sol d'eau sacrée. Les mauvais esprits ne sont pas oubliés : pour les adoucir, on éparpille du riz sur la terre, puis on le mouille avec du vin de palme. Ce n'est qu'après cette cérémonie que le travail pourra commencer. Dès que le sol est prêt, les rizières sont inondées et labourées à l'aide des buffles. Une partie de la superficie cultivée servira de pépinière, mais avant de confier à la terre la semence germée, on procède à de nouvelles offrandes. Après environ 25 jours, les jeunes pousses peuvent être repiquées. Chaque *subak* décide du jour approprié et l'on fume la terre avant de l'inonder à nouveau. Les ouvriers déracinent les plants, les déposent en bottes dans des paniers en bambou qu'ils

Riz blanc : ce terme s'applique au grain de riz poli auquel on a ôté son enveloppe argentée.

Riz gluant : la forte proportion d'amidon de ses grains font qu'ils collent les uns aux autres une fois cuits, ce qui est très pratique pour manger avec des baguettes.

Riz rouge : cette sorte de riz reste brute ; les grains conservent leur enveloppe rouge.

Le *nasi goreng*, ou riz frit, est un classique de la cuisine indonésienne ; il en existe d'innombrables variantes.

répartissent dans les champs. Avant que le repiquage ne commence, on effectue une nouvelle cérémonie : une fois les offrandes déposées et les prières récitées, neuf pousses sont mises en terre près des dons – huit d'entre elles forment une rose des vents au centre de laquelle on plante la neuvième. Le riz peut alors être repiqué.

Tout au long du premier mois se succèdent les processions. Au second mois, les paysans honorent la déesse en lui offrant riz, fleurs, eau sacrée et vin de riz. Les plants commencent à mûrir. Avec la fin du troisième mois, la moisson approche. Les canaux d'irrigation sont fermés depuis deux semaines et les rizières sont maintenant asséchées. Juste avant la récolte, les villageois rendent encore hommage à *Devi 'Sri* avec des dons de feuilles de palmier tressées. Mais la plus belle fête demeure celle de la moisson. Des jours à l'avance, les femmes préparent des offrandes de gâteaux de riz, de fruits et de fleurs qu'elles portent en procession au temple une fois la récolte rentrée.

Le *nasi* (riz) *goreng* (frit) est un plat d'origine chinoise servi au petit déjeuner ou à midi. Chaque famille a sa recette. Les variantes les plus appréciées comportent des œufs frits.

Nasi goreng
Riz frit

225 g de riz
1 oignon finement haché
1 gousse d'ail râpée
1 cuil. à café de pâte aux crevettes (*trassi*) fouettée
2 ou 3 piments rouges coupés en anneaux
4 cuil. à soupe d'huile
2 blancs de poulet coupés en dés
250 g de crevettes décortiquées
1/2 cuil. à café de piment en poudre
1/2 cuil. à café de curcuma
1 cuil. à soupe de sauce de soja éclaircie
2 cuil. à soupe de concentré de tomates
Sel

Pour la garniture :

2 œufs
Des anneaux d'oignon grillés
Des *krupuk* (beignets de crevettes)
Du concombre et des tomates en rondelles
Sel

Faites cuire le riz et égouttez-le. Faites chauffer l'huile dans le *wok* ou dans une grosse poêle et ajoutez-y l'oignon, l'ail, la pâte de crevettes et les piments. Dès que l'arôme se dégage, faites-y cuire les dés de poulet et les crevettes. Saupoudrez de piment et de curcuma, puis arrosez de sauce de soja et de concentré de tomates. Salez et remuez de temps en temps.
Préparez la garniture : battez les œufs, salez légèrement, puis faites une omelette et laissez-la refroidir. Roulez-la et coupez-la en lanières.
Ajoutez le riz dans le *wok* ou la poêle et poursuivez la cuisson en remuant. Servez avec l'omelette, l'oignon grillé, les beignets de crevettes, le concombre et les tomates.

Nasi Padang

Riz à la mode de Padang: on désigne sous cette appellation toute la cuisine de l'ethnie Minangkabau qui vit dans l'ouest de Sumatra, notamment dans la capitale régionale Padang. Ces plats jouissent d'une telle renommée que l'on trouve maintenant dans la plupart des grandes villes indonésiennes de Java et de Sumatra des *rumah makan Padang* (restaurants de Padang). Il s'agit d'une cuisine simple, mais très riche. Il n'est pas rare de se voir proposer plus d'une douzaine de mets, non pas à la carte, mais directement à table: il ne reste plus qu'à choisir. Le riz en est toujours l'accompagnement. Si vous vous attendez à un repas chaud, vous risqueriez d'être déçu: tous les aliments sont servis tièdes. Dans les restaurants Padang de Singapour, où les normes sanitaires sont différentes, les assortiments sont présentés dans des vitrines réfrigérées et seuls les plats commandés vous seront servis.
La sauce qui relève les aliments est le plus souvent à base d'une pâte d'échalotes, d'ail et de rhizome de curcuma broyés au pilon et mélangés à diverses autres épices. Lors de la cuisson, les ingrédients sont tout d'abord arrosés d'un lait de coco léger, puis d'un lait plus épais dans lequel leur goût s'affinera.

Ayam gulai (curry de poulet à la sauce coco): faites mijoter dans du lait de coco léger la noix de coco râpée et grillée, la pâte d'assaisonnement, la coriandre, le cumin de Malte, le piment en poudre, la noix des Moluques et le gingembre. Ajoutez lemon-grass, clous de girofle et un bâton de cannelle. Faites-y cuire le poulet en versant du lait de coco plus épais.

Ayam goreng pop (poulet blanc grillé): faites mariner pendant deux heures les morceaux de poulet dans du jus de coco relevé d'ail, de jus de citron vert et de vinaigre. Faites-les ensuite dorer à feu doux et ôtez la peau avant de servir.

Cumi-cumi sambal (calmars aux haricots): faites mitonner les haricots (type *parkia speciosa*, ou *petaï*) dans une sauce au lait de coco assaisonnée de curcuma, de piment en poudre, d'ail et d'échalote, puis plongez-y les morceaux de calmars précuits.

Cumi-cumi gulai (calmars à la sauce coco): faites cuire les calmars avec des piments dans un bouillon avec des feuilles de safran des Indes, des échalotes écrasées et du safran des Indes frais. Ajoutez du basilic et laissez épaissir.

Gulai kikil (curry de bœuf à la sauce coco): faites cuire l'épaule et découpez-la. Faites rissoler la pâte d'assaisonnement, les piments pilés, les noix des Moluques, la coriandre, le poivre et le lemon-grass ainsi que le *galanga* et la feuille d'eugénier. Versez le lait de coco et ajoutez la viande précuite.

Gulai limpa (curry de foie de bœuf): faites revenir la pâte d'assaisonnement, les piments, les grains de coriandre, le poivre et la noix des Moluques broyés avec le lemon-grass et le *galanga*. Mouillez de lait de coco et faites mijoter le foie.

Paru goreng (poumon de bœuf grillé): découpez le poumon cuit en tranches et laissez-le reposer à sec dans du sel, du curcuma en poudre et de la coriandre moulue avant de le faire griller.

Gulai hati sapi (curry de cœur de bœuf): portez à ébullition le lait de coco contenant la pâte d'assaisonnement, les piments, les grains de coriandre, le poivre et la noix des Moluques pilés. Coupez le cœur en fines tranches que vous ferez cuire dans la sauce.

Sambal kentang dengan tempe (chips et *tempeh*): faites frire les rondelles de pommes de terre et les morceaux de *tempeh*, puis tournez-les dans du sucre de canne caramélisé et du piment en poudre.

Tumis bayem (épinards aux carottes): faites revenir les échalotes et l'ail. Ajoutez les tomates et la sauce de soja. Faites ensuite cuire les carottes à l'étouffée dans cette sauce, puis les épinards.

Tumis daun singkong (feuilles de manioc): faites revenir l'ail et les échalotes. Ajoutez les tomates et la sauce de soja. Faites ensuite cuire les feuilles de manioc à l'étouffée dans cette sauce.

Lalapan (crudités avec sauce *sambal* à la noix des Moluques): faites griller les cacahuètes, les noix des Moluques et les piments, puis broyez le tout. Salez, sucrez et arrosez d'eau et de vinaigre.

Ayam panggang (poulet grillé) : faites revenir, dans la pâte d'assaisonnement, gingembre râpé, *galanga*, noix de Moluques, coriandre et cumin de Malte. Salez, poivrez, ajoutez des feuilles de limettier et du lemon-grass, puis déposez les morceaux de poulet et recouvrez de lait de coco. Une fois la viande cuite, badigeonnez-la d'huile et faites griller.

Sop ayam (soupe au poulet) : faites mijoter les morceaux de poulet jusqu'à ce qu'ils soient à moitié cuits. Faites dorer les échalotes, l'ail, le poivre et la noix muscade pilés avec des clous de girofle entiers. Mettez dans un bouillon porté à ébullition. Ajoutez carottes, feuilles de coriandre et pommes de terre. Servez avec des œufs de caille et des oignons dorés.

Sambal hati telur puyu (œufs de caille et cœurs de poulet) : portez à ébullition un lait de coco épais relevé de piments écrasés, de curcuma frais et d'échalotes. Ajoutez alors les cœurs de poulet grillés, les œufs de caille cuits et les *petai* (*Parkia speciosa*). Pour servir, garnissez le plat de piments coupés en fines lamelles.

Kari kambing (curry de mouton) : faites revenir à la poêle les échalotes et l'ail avec la cannelle, les clous de girofle et la cardamome. Mélangez cette préparation avec la pâte d'assaisonnement, les piments écrasés, la coriandre et le cumin de Malte. Versez alors le lait de coco puis faites cuire la viande de mouton dans ce mélange.

Pindang baung (poisson à la sauce au tamarin) : faites mariner 10 minutes les filets de poisson dans du jus de citron vert et du sel, puis faites-les cuire dans un court-bouillon contenant échalotes, ail, piments, curcuma, *galanga*, lemon-grass et tamarin. Servez avec des tomates.

Ikan pecel lele (silure grillé à l'ail) : frottez le poisson avec de l'ail, puis faites-le griller et servez avec un *sambal* richement pimenté à la pâte aux crevettes.

Ikan asin pari (friture de poisson séché) : avant de frire le poisson séché, attendrissez-le en le plongeant dans l'eau bouillante.

Ikan mas goreng (friture de carpe) : faites mariner la carpe 1/4 d'heure dans un jus de citron vert salé. Rincez-la et séchez-la avant de la plonger dans la friture. Pour le *sambal*, mélangez jus de citron vert, piments et échalotes coupés en anneaux avec de la sauce de soja.

Ikan mas dengan rebung (carpe aux pousses de bambou à la sauce coco) : faites mariner le poisson dans un jus de citron vert salé. Dans le lait de coco, ajoutez anneaux d'échalote, ail, piments en purée, rhizome de curcuma, gingembre, *galanga*, lemon-grass et une feuille d'eugénier. Salez et portez à ébullition. Faites-y ensuite cuire la carpe jusqu'à ce que la sauce ait épaissi. À la fin de la cuisson, ajoutez les pousses de bambou cuites.

Nouilles et vermicelles

Tout comme les plats à base de riz frit, les recettes de nouilles et de vermicelles ont généralement une origine chinoise. Les Indonésiens les ont ensuite agrémentées à leur goût et adaptées selon leurs principes religieux. Quels que soient les motifs qui ont conduit à certaines interdictions, force est de constater que la viande de porc, fort estimée en Chine, n'accompagne que très peu de plats de pâtes indonésiens ; elle est le plus souvent remplacée par du poulet ou du bœuf. Dans un pays comme dans l'autre, crevettes, légumes et sauce de soja semblent au contraire faire l'unanimité, tandis que la tomate et les noix des Moluques semblent plus particulièrement réservées aux spécialités indonésiennes. La présentation des nouilles est également très variée : elles peuvent être cuites dans un bouillon, servir de garniture dans une soupe ou être grillées à la poêle après une première cuisson à l'eau.

Laksa ayam
Vermicelles de riz au poulet et à la sauce coco

500 g de poulet (morceaux variés)
250 g de crevettes
1/2 noix de coco râpée (env. 250 g)
75 cl d'eau pour faire tremper la noix de coco râpée et en recueillir le lait
4 échalotes, épluchées et hachées
3 gousses d'ail épluchées et coupées en quatre
4 noix des Moluques
3 cuil. à soupe d'huile
1 feuille d'eugénier
1 branche de lemon-grass légèrement écrasée
200 g de vermicelles de riz sec (*bihun*) trempés dans l'eau chaude et égouttés
Sel

Pour la garniture :

2 œufs durs coupés en rondelles
1 cuil. à soupe d'oignons frits émincés
Quelques brins de basilic

Mettez les morceaux de poulet dans une grande casserole, couvrez d'eau froide salée et portez à ébullition. Baissez le feu et laissez le bouillon mijoter doucement jusqu'à ce que la viande soit cuite. Retirez le poulet de la casserole, laissez refroidir, puis détachez la viande des os et coupez-la en petits morceaux. Réservez le bouillon. Faites cuire les crevettes et décortiquez-les. Faites ramollir la noix de coco râpée dans l'eau et pressez-en le lait. Pilez ensuite les échalotes, les gousses d'ail et les noix des Moluques dans un mortier jusqu'à obtenir une pâte.
Faites chauffer l'huile et la pâte d'assaisonnement pour y faire revenir la feuille d'eugénier et le lemon-grass jusqu'à en dégager tout l'arôme. Arrosez avec le bouillon de poulet, ajoutez les crevettes et les morceaux de poulet, puis versez le lait de coco et portez à ébullition sur un feu moyen en remuant de temps à autre.
Servez chaque portion de vermicelles dans un bol et garnissez de rondelles d'œuf, de quelques cuillerées de *laksa ayam* (préparation précédente) et d'oignons grillés, puis parsemez de feuilles de basilic.

Bakmie goreng
Nouilles sautées

500 g de pâtes aux œufs
200 g de pousses de soja
3 gousses d'ail épluchées et coupées en quatre
4 noix des Moluques
4 cuil. à s. d'huile
10 échalotes coupées en fines rondelles
200 g de bœuf coupé en dés
150 g de crevettes décortiquées
4 feuilles de chou hachées grossièrement
2 carottes coupées en fines rondelles
4 tomates blanchies, pelées, épépinées et coupées en dés
5 cuil. à café de sauce de soja
5 oignons nouveaux hachés menu
Sel

Pour la garniture :

Quelques brins de coriandre fraîche
Des anneaux d'oignons frits

Faites bouillir les pâtes pendant 5 minutes. Videz la casserole, passez les pâtes sous l'eau froide et laissez-les égoutter. Lavez les pousses de soja, laissez-les égoutter et ôtez les racines. Pilez l'ail et les noix des Moluques dans un mortier jusqu'à obtenir une pâte. Faites chauffer l'huile dans un *wok* et faites-y brièvement revenir l'échalote. Ajoutez la pâte d'assaisonnement et les dés de bœuf. Dès que la viande s'est raffermie à la cuisson, ajoutez les crevettes et faites rissoler jusqu'à ce qu'elles aient une couleur rosée. Versez le chou et les carottes coupés, puis remuez jusqu'à ce que les légumes soient cuits.
Ajoutez les pâtes puis les pousses de soja et poursuivez la cuisson pendant 4 minutes tout en remuant. Ajoutez les dés de tomate, la sauce de soja et les oignons, puis remuez pour bien mélanger les ingrédients. Arrêtez la cuisson dès que les nouilles sont chaudes. Salez.
Servez dans les assiettes après avoir garni de quelques brins de coriandre et d'oignons frits à la poêle.

Laksa ayam
(vermicelles de riz au poulet et à la sauce coco)

Bakmie goreng (nouilles sautées)

Mee soto
Soupe de nouilles au poulet

500 g de poulet (morceaux variés)
2 cuil. à café de grains de coriandre
1/2 cuil. à café de cumin de Malte
1/2 cuil. à café de graines de fenouil moulues
Sel
300 g de pousses de soja débarrassées des racines
600 g de nouilles chinoises au blé

Pour la pâte d'assaisonnement :

8 échalotes hachées menu
4 noix des Moluques
1 tranche de rhizome de *galanga*
1 branche de lemon-grass, partie inférieure uniquement, coupée en fines rondelles
1 cuil. à café de poivre blanc en grains

Pour la garniture :

Des anneaux d'oignon frits
De l'oignon nouveau haché menu
Des feuilles de coriandre hachées
Des galettes de pommes de terre (voir recette suivante)

Pour la sauce aux piments :

3 ou 4 piments rouges hachés
1 ou 2 cuil. à soupe de sauce de soja

Préparez la pâte d'assaisonnement : dans un mortier, pilez les échalotes, les noix des Moluques, le *galanga*, le lemon-grass et les grains de poivre. Placez les morceaux de poulet dans une grande casserole contenant 1,5 l d'eau, la pâte d'assaisonnement, les grains de coriandre, le cumin et les graines de fenouil moulues. Salez et portez à ébullition. Retirez le poulet pour le faire dorer sur toutes ses faces pendant 20 à 25 minutes et réservez le bouillon. Laissez refroidir le poulet, puis détachez la chair des os et coupez-la en fines tranches. Faites blanchir les pousses de soja dans l'eau bouillante, laissez égoutter sans oublier de récupérer l'eau de cuisson. Portez de nouveau l'eau à ébullition, puis plongez-y les pâtes pendant 5 minutes. Égouttez. Chauffez alors le bouillon.

Pour servir, remplissez chaque bol de nouilles, de pousses de soja et de morceaux de poulet, puis couvrez de bouillon. Garnissez ensuite avec les anneaux d'oignon, l'oignon nouveau et les feuilles de coriandre. Servez avec des galettes de pommes de terre et une sauce aux piments.

Pergedel goreng
Galettes de pommes de terre frites

500 g de pommes de terre cuites
6 échalotes épluchées et coupées en anneaux
4 oignons nouveaux hachés menu
Sel
Poivre
1 ou 2 œufs battus
Huile de friture

Écrasez les pommes de terre en purée dans un saladier. Faites dorer les échalotes et laissez-les refroidir un peu avant de les mélanger à la purée avec l'oignon nouveau. Salez, poivrez, puis pétrissez. Avec une cuillère à soupe, formez les petites galettes, aplatissez-les et roulez-les dans l'œuf avant de les faire frire.

Lorsque les galettes servent d'accompagnement, comme dans la recette du *mee soto*, on peut diminuer la quantité d'ingrédients nécessaire et réduire la taille des galettes à celle d'une pièce de cinq francs.

Mee soto (soupe de nouilles au poulet)

Les herbes dans la cuisine indonésienne

Adas : feuilles, fleurs et graines de fenouil.

Asam : tamarin ; la pulpe séchée des fruits du tamarinier sert d'acidifiant. On la trouve dans le commerce sous forme de blocs dont on ramollit les morceaux dans l'eau bouillante selon les besoins pour en presser le jus, qui sera utilisé en assaisonnement. Le tamarin a un léger effet purgatif.

Bawang putih : ail.

Bunga cengkeh : clous de girofle.

Cabe hijau, cabe merah : piments verts et rouges

Daun bawang : oignon nouveau.

Daun jeruk purut : feuilles de limettier hérissé vendues fraîches, congelées, ou séchées, dans ce cas à faire tremper avant utilisation.

Daun kemangi : basilic.

Daun ketumbar : feuilles de coriandre.

Daun pandan : feuilles de pandanus ; fines feuilles lancéolées utilisées surtout pour donner aux desserts une teinte verte et un arôme semblable à celui de la vanille.

Daun salam : feuilles d'eugénier ; très aromatiques, à utiliser en petites quantités (peuvent être remplacées par des feuilles du buis de Chine ou, parfois, par du laurier).

Jahe : gingembre.

Jinten : cumin de Malte ; l'un des éléments de base du curry.

Kayu manis : cannelle.

Kemiri : noix des Moluques (ou aleurite) ; genre de noisette ressemblant à la noix de Macadamia mais utilisée uniquement sous sa forme cuite, car elle contient à l'état frais des substances toxiques. Les noix des Moluques sont dures et extrêmement oléifères. On les broie en petites quantités pour lier les sauces dans les currys. Son arôme est inimitable. On peut la remplacer dans les recettes par des amandes, noix de Macadamia ou noix du Brésil, mais ce sont des ersatz médiocres. Les épiceries asiatiques vendent des sachets de noix des Moluques prêtes à l'emploi.

Kencur : racine de kaempférie *(kaempferia galanga,* syn. *galanga minor).*

Kunyit : curcuma (ou safran des Indes) ; ses rhizomes sont utilisés frais, comme ceux du gingembre, mais aussi séchés et réduits en poudre. C'est l'un des ingrédients essentiels de ce mélange d'épices que l'on appelle curry. Il donne aux aliments une couleur jaune intense, caractéristique, que cette épice conserve longtemps alors que son parfum disparaît plus rapidement. (Dans nos recettes, « curcuma frais » désigne le rhizome par rapport au curcuma en poudre).

Laos : rhizome de *galanga (Alpinia galanga,* syn. *Galanga major) ;* parfum très prononcé, à utiliser avec modération.

Pala : noix muscade.

Sereh : lemon-grass ; on tire de l'épaisse racine de cet arbrisseau l'« essence des Indes occidentale ». En cuisine, on utilise principalement l'extrêmité inférieure qui forme une sorte d'oignon.

Les graines trempées, libérées de leur écorce, sont partagées en deux, cuites, puis mélangées à la levure avant d'être tassées dans un boyau. La levure se chargera toute seule de la suite du processus.

On peut maintenant se reposer. Il n'y a plus qu'à maintenir la température ambiante entre 25° et 30°C pour que le *tempeh* prenne vie dans les tuyaux stockés sur des grilles de bois.

Protégés par l'enveloppe, mais disposant de suffisamment d'oxygène et de chaleur, les micro-organismes vont transformer les graines de soja en une sorte de fromage compact : le *tempeh*. Le produit conserve les caractéristiques des graines de soja et exhale un agréable parfum de noisette.

La magie de la levure

Le tempeh

Alors que le *tofu* (*tahu*, en indonésien) est fabriqué à partir de graines de soja réduites en purée, ce qui lui donne une consistance lisse et homogène, les graines servant à la production du *tempeh* sont simplement partagées en deux et restent visibles dans le produit fini. Les Indonésiens consomment beaucoup plus de *tempeh* que de *tofu*, car il contient non seulement plus d'albumine et de vitamines, mais il donne également un goût de noisette plus prononcé et apporte plus de calories (même si *tofu* et *tempeh* sont relativement peu caloriques). Le *tempeh* avait autrefois piètre réputation : il servait essentiellement à remplacer la viande lorsque celle-ci manquait. Mais depuis que les diététiciens ont mis à l'honneur les repas légers, l'intérêt pour ce produit renaît et on le trouve de plus en plus sur les étals, joliment emballé dans des feuilles de bananier ou de teck.

L'utilisation du *tempeh,* dont la consistance rappelle celle du brie ou du camembert, ressemble en de nombreux points à celle du *tofu.* Il est mariné à sec ou dans une préparation liquide, frit, sauté, parfois sauté et ensuite recuit dans une sauce coco épicée. Les Indonésiens le servent avec une sauce ou dans des légumes en salade.

La fabrication du *tempeh* peut être familiale, artisanale ou industrielle. Les graines de soja lavées doivent tremper jusqu'à ce qu'elles soient gonflées et que leur enveloppe se détache. Elles sont alors triées, séparées de leur peau, puis coupées en deux à la main ou à la machine. Après une cuisson d'environ une heure, on les étale sur de grandes tables pour les saupoudrer d'une sorte de levure (*rhizopus oligosporus*). On laisse ensuite reposer le tout pendant 25 minutes avant de tasser graines et levure dans de longs boyaux en plastique perforés çà et là pour assurer la circulation de l'air. Pour que les micro-organismes de la levure entrent en action, la température doit être maintenue entre 25 et 30°C. Après 48 heures, ils auront déjà transformé les graines en une masse compacte riche en protéines contenant plus de vitamines que le produit d'origine. Les boyaux sont ensuite coupés en portions qui seront roulées dans des feuilles de bananier avant d'être mises en vente. Aujourd'hui purement décorative, cette présentation rappelle l'époque à laquelle la fermentation ne s'effectuait que dans des feuilles de bananier.

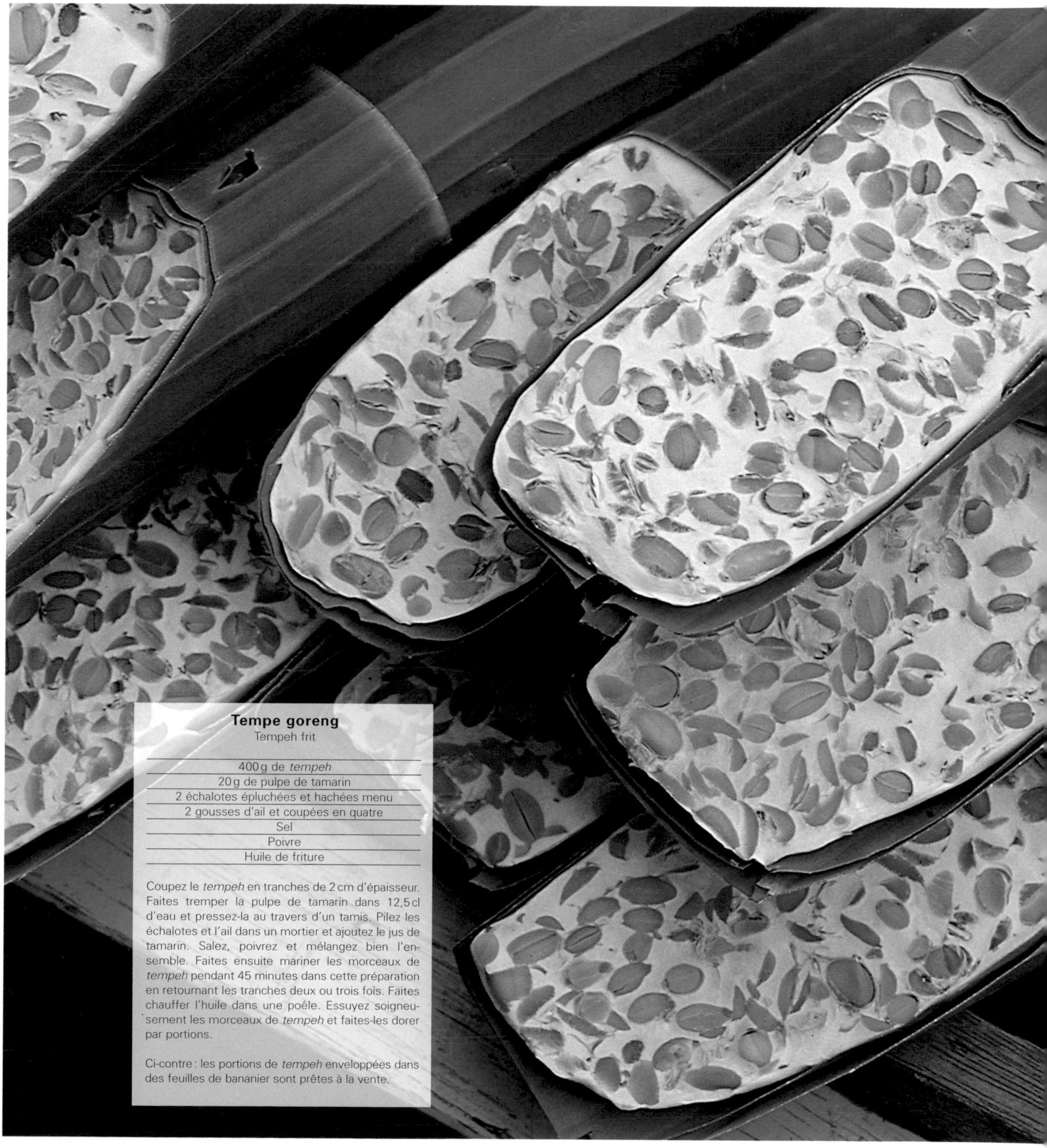

Tempe goreng
Tempeh frit

400 g de *tempeh*
20 g de pulpe de tamarin
2 échalotes épluchées et hachées menu
2 gousses d'ail et coupées en quatre
Sel
Poivre
Huile de friture

Coupez le *tempeh* en tranches de 2 cm d'épaisseur. Faites tremper la pulpe de tamarin dans 12,5 cl d'eau et pressez-la au travers d'un tamis. Pilez les échalotes et l'ail dans un mortier et ajoutez le jus de tamarin. Salez, poivrez et mélangez bien l'ensemble. Faites ensuite mariner les morceaux de *tempeh* pendant 45 minutes dans cette préparation en retournant les tranches deux ou trois fois. Faites chauffer l'huile dans une poêle. Essuyez soigneusement les morceaux de *tempeh* et faites-les dorer par portions.

Ci-contre: les portions de *tempeh* enveloppées dans des feuilles de bananier sont prêtes à la vente.

Les épices

La vanille

Le vanillier (*vanilla planifolia*) est une orchi-dacée grimpante qui ne pousse que dans les régions chaudes et humides, telles que la côte australe du Mexique, l'Amérique cen-trale, les Caraïbes, l'Indonésie et le reste de l'Asie du sud-est. Ses fleurs jaune vert ne s'ouvrent qu'un seul jour, lors d'une après-midi pendant laquelle seuls les colibris et certains insectes viennent les butiner. Même dans les meilleures conditions, la pol-linisation naturelle relève donc du plus grand des hasards ; elle est impossible à mettre en œuvre si l'on replante le vanillier sans re-constituer son environnement. Les boutures rapportées de Java par les Hollandais en 1819, par exemple, ont certes poussé mais n'ont jamais donné de fruits. Ce n'est qu'après le développement de méthodes de pollinisation artificielles en 1841 que la cul-ture a pu commencer sur l'île de Java, en 1846, brisant ainsi le monopole mexicain.
Dans le mois qui suit la pollinisation, de longues gousses de 16 à 20 centimètres poussent. Elles mettront cinq à sept mois pour mûrir. La récolte a lieu juste avant que les gousses ne s'ouvrent. Elles sont alors mises à sécher au soleil toute la journée et couvertes la nuit pour qu'elles puissent rendre leur eau. Cette fermentation noircit et dessèche les gousses en donnant du glu-cose et de la vanilline, substance qui confère aux fruits tout leur arôme.

Ci-dessus : d'abord inodore, la gousse de vanille doit subir une longue cure de « sudation » avant de prendre cette saveur aromatique que nous aimons tant.
Ci-contre : seule la pollinisation artificielle pratiquée de-puis 1841 peut permettre la croissance d'autant de fruits.

À l'état sauvage, le cannelier peut atteindre 20 mètres.
Même ses feuilles fleurent bon l'essence de cannelle.

Tous les six ou sept ans, on coupe le tronc du cannelier très près du sol pour en décortiquer l'écorce.

La cannelle

Dans le commerce, on désigne par ce nom
l'écorce de deux arbres : le cannelier de Ceylan (*Cinnamomum zeylanicum*), qui pousse à
l'état sauvage au Sri Lanka, et le cannelier de
Chine (*Cinnamomum cassia*), importé entre
autres sur l'île de Sumatra. Les précieux bâtons de cannelle sont tirés de jeunes plants
taillés dont on entaille l'écorce une fois dans
sa hauteur, puis plusieurs fois sur toute sa
circonférence pour pouvoir l'enlever ultérieu-
rement. Les bâtons proviennent de la
couche interne de l'écorce mise au jour, parfois si mince que ses deux bords s'enroulent
sur eux-mêmes après qu'on l'a décortiquée.
On reconnaît la cannelle de Chine en cela
qu'elle est plus épaisse et ne s'enroule que
sur un côté. Le tanin contenu dans les
couches externes de l'écorce donne à la cannelle son goût légèrement âpre. La cannelle
de Chine se marie mieux aux plats salés, tandis que la cannelle de Ceylan conviendra parfaitement aux recettes sucrées.
En Indonésie, il est coutume de servir aux
jeunes gens qui se fiancent une boisson à
base de deux bourgeons de cannelier ayant
poussé côte à côte : cela porte bonheur.

Les « tuyaux » formés par l'écorce sont emboîtés pour
former des bâtons ; le reste est réduit en poudre.

231

La noix muscade et son macis

Le muscadier (*Myristica fragrans*) est, semble-t-il, originaire des Moluques, cet archipel indonésien qui s'étend entre les îles de Morotai au nord, d'Aru à l'est et de Wetar à l'ouest. On le trouve sur de nombreuses autres îles de ce pays, ainsi qu'aux Antilles. Sa croissance est lente et, bien qu'il puisse atteindre plus de 20 mètres, les cultivateurs le taillent à des hauteurs plus raisonnables pour l'exploitation. Les jeunes plants ne fournissent une première récolte modeste qu'après sept ans. Année après année, celle-ci devient de plus en plus riche, puis se stabilise jusqu'à ce que, âgé de 70 ans, l'arbre montre les premiers signes de fatigue. Vert toute l'année, le muscadier se couvre, à la floraison, de fleurs jaunes qui donneront six mois plus tard des fruits semblables à nos prunes dont les Indonésiens font d'ailleurs une excellente confiture. Lorsque le fruit est mûr, on l'ouvre pour en retirer le noyau brun foncé et zébré par un réseau de filaments rouges : le macis. Pour découvrir la noix muscade proprement dite, au brun chaud et étincelant, il faut encore casser cette enveloppe. Après la récolte, on ôte d'abord la pulpe du fruit et l'on détache le macis du noyau. Macis et noyaux sécheront séparément au soleil. La période de séchage dure trois à six semaines pendant lesquelles les noix perdent environ un quart de leur poids, au point qu'on les entend bouger à l'intérieur des coques. Il est donc temps de casser l'enveloppe. Les noix muscades ainsi que les macis sont distillés à la vapeur pour en conserver leurs huiles essentielles, puis sont commercialisés entiers ou sous forme de poudre. Malgré ces procédés de conservation, il est conseillé de râper ou de moudre la noix juste avant son utilisation car elle perd très vite de sa saveur. Moulue, cette épice entre dans la composition de nombreux plats de viande ou de légumes, mais donne aussi un parfum unique à certaines pâtisseries et confiseries. Chaque pays a ses préférences quant à son utilisation en cuisine. Ses qualités ne se limitent d'ailleurs pas au domaine culinaire puisque cette noix, par ses caractéristiques et ses principes actifs, rend également bien des services dans les industries cosmétique et pharmaceutique.

La muscade, qui renferme en son cœur deux des principaux produits d'exportation indonésiens, est consommée dans son pays d'origine sous forme de confiserie ou de confiture.

Le muscadier pousse lentement, mais peut atteindre des hauteurs et un âge impressionnants.

Le muscadier porte en permanence des fruits mûrs qui ne sont pourtant récoltés que 2 à 3 fois par an.

Le poivre

Le poivre (*Piper nigrum*) compte parmi les plus anciennes épices connues et est jusqu'à nos jours apprécié dans le monde entier. Plus de la moitié de la production mondiale annuelle provient d'Inde et d'Indonésie. Cette plante grimpante tropicale est sans doute originaire des forêts du sud de l'Inde. Ce sont les Indiens qui instaurèrent sa culture en Indonésie. Grâce aux marchands arabes, ce fut la première épice tropicale à pénétrer en Europe où elle acquit vite une valeur commerciale telle qu'elle servit de monnaie d'échange notamment pour les rançons ou les dots. Au XVᵉ siècle, les Portugais réussirent à évincer les marchands arabes et italiens de ce commerce lucratif. Ils établirent une route des épices sur laquelle ils régnèrent en maîtres jusqu'à ce que les Hollandais les détrônent au XVIIᵉ siècle. Un siècle plus tard, les Anglais l'emportaient cette fois sur les Hollandais.

Dans de bonnes conditions climatiques, les poivriers des plantations de Sumatra peuvent produire pendant environ 20 ans à partir, en moyenne, de leur cinquième année. Les fruits mettent neuf mois à mûrir après la floraison et, selon la période de la récolte et son traitement, le poivre mis en vente dans le commerce sera noir, blanc, vert ou rouge. Pour le poivre noir, les grains sont cueillis encore verts mais ont déjà atteint un plein développement. Ils fermentent quelques jours en tas, puis sont étalés au soleil un ou deux jours jusqu'à ce qu'ils acquièrent une teinte brun foncé et un aspect fripé. Le *lampung* noir du sud de Sumatra sera très fort, tandis que le poivre noir de Sarawak, en Malaisie, sera plus doux. Le meilleur est sans doute le *tellicherry* produit sur la côte nord de Malabar, en Inde.

Pour le poivre blanc, on attend que les grains commencent à rougir pour les ramasser dans des sacs où ils resteront pendant une semaine, le temps que leur chair s'attendrisse et que leur peau se détache facilement (généralement, on piétine les sacs pour cela). Les grains sont ensuite lavés et mis à sécher au soleil. Le *Muntok*, le plus fin des poivres blancs, se cultive sur l'île de Bangka au large de la côte sud-est de Sumatra. Son piquant est plus prononcé que celui du poivre de Sarawak. Le poivre blanc est plus doux que le poivre noir. On peut arriver au même résultat en débarrassant le poivre noir de son enveloppe, mais le produit est alors de moins bonne qualité. Le poivre vert et le poivre rouge, nommés selon leurs stades de maturation respectifs, sont conservés dans la saumure ou déshydratés.

La grande majorité des fruits récoltés sont traités pour obtenir du poivre noir. La part de marché du poivre vert mariné dans la saumure est en comparaison très réduite.

Le poivre blanc est obtenu à partir du fruit très mûr débarrassé de son enveloppe rouge. Devenu ainsi plus léger et moins fort que le poivre noir, il est aussi considéré comme moins rentable.

Un plant produit pendant une quinzaine d'années environ 50 grappes par an. Les fruits, qui ressemblent à des baies, comportent en réalité un noyau entouré d'une coque. Séchés après la récolte, ils prennent un aspect fripé et une couleur foncée. De 100 kg de grains de poivre frais, il ne restera plus que 35 kg de poivre noir.

Les clous de girofle

Le giroflier (*Syzygium aromaticum*) appartient à la famille des myrtacées. Il reste vert toute l'année et peut mesurer jusqu'à 12 mètres de haut. Il connaît ses premières floraisons entre 6 et 8 ans. Celles-ci sont bisannuelles et d'une couleur rouge carmin. Dans les plantations, il est toutefois rare de laisser l'arbre fleurir complètement car le goût et le parfum des clous de girofle, dont on tire de merveilleuses huiles essentielles, sont à leur maximum lorsque les bourgeons, à peine rosés, ne sont pas encore éclos. La récolte commence donc à ce stade. Elle s'effectue à la main pour ne pas endommager les brindilles. Les cueilleurs rapportent chez eux des corbeilles remplies de tiges portant des boutons qu'ils détachent en battant les tiges dans la paume de la main. La production sera ensuite séchée au soleil, puis triée et nettoyée avant emballage.

Tout comme le poivre, les clous de girofle ont fait l'objet de toutes les convoitises depuis des siècles. Sous la dynastie Han (206 av. J.-C. à 200 ap. J.-C.), les officiers de la cour connaissaient déjà leurs bienfaits : ils mâchaient des clous de girofle avant les audiences pour ne pas risquer d'être repoussés avec dégoût par leur empereur.

Les propriétés antiseptiques et analgésiques de l'eugénol contenu dans les bourgeons sont encore de nos jours utilisées en dentisterie et, plus généralement, pour l'hygiène buccale et les dentifrices.

Pourtant, la quête des clous de girofle, dont les arbres producteurs se trouvaient à l'origine uniquement dans l'archipel des Moluques, n'a pas apporté que des agréments aux Indonésiens. Dans leur âpreté au gain, Portugais et Hollandais, qui rivalisèrent longtemps pour le monopole juteux de ce commerce, ne furent pas des plus tendres. Pour conserver le contrôle des marchés et maintenir les prix au plus haut, les Hollandais décrétèrent que les girofliers devaient être cultivés uniquement sur l'île d'Ambon et arrachèrent tous les autres plants poussant dans les Moluques. Les Hollandais faisaient fortune, au grand désespoir des Indonésiens : depuis des générations, il était coutume de planter un giroflier à chaque naissance et ce qu'il advenait de chaque arbre symbolisait l'avenir de l'enfant.

Aujourd'hui, on trouve des girofliers à Sumatra, sur les collines autour de Bali et au nord de la Sulawesi. Cependant, leur rendement ne permet pas de couvrir les besoins nationaux en raison des volumes nécessaires à l'industrie de la cigarette locale : la *kretek*.

La *kretek*

C'est le nom pittoresque d'une spécialité typiquement javanaise, la cigarette au clou de girofle, qui crépite fortement lorsqu'on la fume. La proportion de tabac et de clou de girofle est de 2 pour 1. Chaque bouffée dégage un doux parfum facilement identifiable et laisse dans la gorge du fumeur une agréable sensation de fraîcheur. La popularité de cette cigarette est à l'origine d'une industrie rentable dont les principales manufactures se situent à Kudus, Surabaya, Malang et Kediri, sur l'île de Java. Pour préparer les clous de girofle, on les fait tout d'abord tremper dans de grands conteneurs en béton remplis d'eau à laquelle on ajoute des arômes fruités. Les bourgeons sont ensuite partiellement séchés au soleil. Broyés à la machine alors qu'ils sont encore humides, ils seront ensuite mélangés à diverses essences de tabac javanais.

1 Comme on le remarque sur la photo de cet atelier bondé d'ouvrières, cette manufacture a conservé un mode de production manuelle des *kretek*.
2 La fabrication d'une *kretek* ne demande que peu de gestes. On insère tout d'abord la feuille de cigarette (à l'origine du maïs) dans la rouleuse.
3 Le mélange de tabac et de clous de girofle déposé sur la feuille varie d'un fabricant à l'autre. Il ne reste plus ensuite qu'à rouler la *kretek*.

4 À longueur de journées, les ouvrières taillent soigneusement les brins de tabac qui dépassent.
5 Le paquet doit tenir dans la main : quelque 50 cigarettes peuvent être ainsi regroupées.
6 Les *kretek* sont enfin reliées par une bande de papier pour former un paquet.

Le tabac de Sumatra

1863 : Jacobus Nienhuys, fils d'un négociant en tabac, prend la mer à Amsterdam pour s'installer comme planteur dans les environs de Medan. Son exemple fut largement suivi et de nombreuses plantations furent établies qui travaillèrent en relation avec des firmes hollandaises. La région nord-est de Sumatra s'est révélée idéale pour la culture du tabac : il y fait suffisamment chaud toute l'année, le niveau des précipitations sur la côte et le sol volcanique, fertile et perméable, conviennent parfaitement à cette plante. On retrouve ces mêmes conditions sur les montagnes du centre et de l'est de Java. Le tabac est semé en mars puis repiqué et, deux mois plus tard, les feuilles sont déjà prêtes à être récoltées. Elles sont ramassées de la base au sommet du plant, en plusieurs étapes selon leur degré de maturité.

Celles de meilleure qualité, les « basses », poussent près du sol. Chaque pied en donnera quatre à six. Les six à huit feuilles suivantes seront de qualité moyenne et le haut de la plante fournira les couronnes : six à huit feuilles de dernière catégorie, malgré tout de qualité assez bonne pour constituer la cape des cigares. Le tabac n'est récolté qu'une fois par an, le sol servant le reste du temps à la culture de la canne à sucre. Ses feuilles vertes sont suspendues pendant deux à trois semaines dans de grands hangars, les séchoirs à tabac, où elles perdent leur eau, aidées par la fumée à laquelle elles sont soumises. La phase de fumage commence le sixième jour. Une fois séchées, les feuilles sont stockées à plat pendant soixante-dix jours pour une fermentation. Viennent ensuite les tris, par couleur, qualité et taille : on profite de cette opération pour déplisser les feuilles et les lier par paquets, les manoques. Ce travail est généralement réservé aux femmes.

Rassemblés en ballots, les manoques sont à nouveau mis à fermenter dans des salles humides. Les feuilles ne doivent en aucun cas devenir trop sèches car elles pourraient se déchirer. Leur souplesse est donc sans cesse surveillée. Les jours les plus chauds, les stocks ont besoin d'être humidifiés par fines pulvérisations. On prend également soin de débarrasser les feuilles de la poussière et des scories. Les feuilles sont ensuite placées dans des corbeilles ou des caisses, pressées et liées entre elles. Après la pesée, les balles seront marquées, numérotées et éventuellement à nouveau fumées pour éliminer les derniers parasites. Ce n'est qu'à la fin de ce long processus que le tabac est prêt à être exporté.

Classification des feuilles de tabac indonésiennes

BH = *baik hijau* (bonnes, vertes)
BK = *baik kuning* (bonnes, jaunes)
BI = *baik impit* (bonnes, humides)

Une seconde classification est réservée aux feuilles abîmées ou défectueuses.
PH = *pecah hijau* (abîmées, vertes)
PK = *pecah kuning* (abîmées, jaunes)
PI = *pecah impit* (abîmées, humides)
PB = *pecah besar* (abîmées, larges)

Les ouvrières trient les feuilles de tabac d'abord en fonction de la couleur et de la qualité.

Les feuilles de couleur et qualité identiques sont lissées à la main.

Avant la phase suivante, les feuilles sont soigneusement empilées.

La seconde phase de triage, selon la taille des feuilles, peut alors commencer.

Le tabac trié est alors mis à fermenter par paquets de 25 à 30 feuilles, les manoques.

Pour que le luxe parte en fumée
Les cigares

Comme le tri du tabac, la confection des cigares reste une affaire de femmes. De nombreuses manufactures de Java produisent des cigares (*cerutu* en indonésien) répondant aux exigences des marchés les plus divers. Les désirs des clients sont très variés. Pour les Européens, les intérieurs de cigare, ou les tripes, doivent comporter un mélange de tabacs javanais, brésilien et cubain. Pour leur part, les manufacturiers américains envoient aux Indonésiens différentes sortes de feuilles déjà hachées destinées à la tripe des cigares qui seront roulés selon leurs instructions. Quant aux fumeurs philippins, seuls les cigares confectionnée exclusivement avec du tabac brésilien font réellement battre leur cœur.

Les cigares se composent d'une tripe, l'intérieur constitué de feuilles roulées ou en morceaux, d'une première enveloppe et d'une cape, l'enveloppe extérieure appelée également robe. Les capes claires proviennent du nord de Sumatra où les conditions pour la croissance des feuilles de cette qualité sont idéales. Pour la première enveloppe, on choisit généralement des feuilles plus fortes, de moindre qualité et plus foncées. L'ouvrière ôte dans un premier temps la nervure médiane de la feuille en tirant vivement dessus après l'avoir enroulée autour de sa main. Ce geste apparemment simple, appelé «écôtage», demande une grande habileté. Elle lisse ensuite les deux moitiés qui seront taillées à la mesure des premières enveloppes de chaque type de cigares au moyen de gabarits. Les brins de tabac qui tombent au cours de cette opération sont utilisés dans les intérieurs de coronas et de doubles coronas.

Les feuilles sont soumises à un bref trempage qui augmente leur souplesse, puis séchées à couvert pendant 90 minutes. Ceci leur redonne l'élasticité nécessaire pour que l'on puisse les ployer facilement. Elles doivent être suffisamment molles et flexibles tout en gardant une certaine résistance.

On enferme dans un premier temps les intérieurs dans les premières enveloppes. À ce stade, les cigares non terminés portent le joli nom de poupée. Pour les confectionner, on pose les tabacs des tripes dans une sorte de rouleuse, puis on étale la moitié de feuille qui sert de première enveloppe sur la tablette afin de l'enrouler autour des tripes. Lors de cette phase, on pèse les cigares toutes les 30 minutes. Ainsi, l'ouvrière peut aussi déceler une éventuelle variation du degré hygrométrique. Les poupées doivent reposer une heure dans des moules-blocs placés sous presse. On ébarbe ensuite leurs extrémités avant de les retourner et de les presser à nouveau. Elles ont maintenant un aspect très présentable et peuvent être enveloppées, à la main, dans des feuilles de cape taillées sur mesure. De nombreuses marques de cigares ne ferment leurs produits qu'à l'une des extrémités, celle que l'on mettra en bouche : la tête. Le pied, que l'on allumera, est le plus souvent coupé. Le tabac récupéré sera recyclé sous forme de tripes.

Les produits finis sont conservés trois semaines dans un entrepôt de séchage pour que les mélanges fermentent. Après un passage dans une chambre à basse température, ils séjournent pendant deux jours dans des bacs de fumage pour anéantir le moindre insecte. Maintenant, les cigares peuvent enfiler leur bague et rejoindre leur boîte, fabriquée à la main, généralement à partir de bois de cèdre pour tenir à l'écart tout «locataire indésirable». Ce processus de fabrication, de la préparation de la première enveloppe à l'emballage, peut ainsi prendre jusqu'à trois mois.

Page de droite, en bas :
les boîtes de cigares qui quittent cette manufacture de Java sont fabriquées à 95 % à la main et sont considérées, avec leur contenu, comme des produits de luxe.

La feuille coupée constituant la première enveloppe enroule la tripe dans la machine.

Les poupées, cigares semi-finis composés de tripes et premières enveloppes, sont pressées dans des moules.

Pour standardiser la forme des cigares, on les place deux fois et pour de courtes durées sous presse.

Il faut encore quelques finitions à la main pour que la poupée revête une cape qui lui siéra à la perfection.

Les extrémités roulées du cigare sont ébarbées avec soin à l'aide de ciseaux...

... puis fermées au moyen d'une colle végétale à base de manioc.

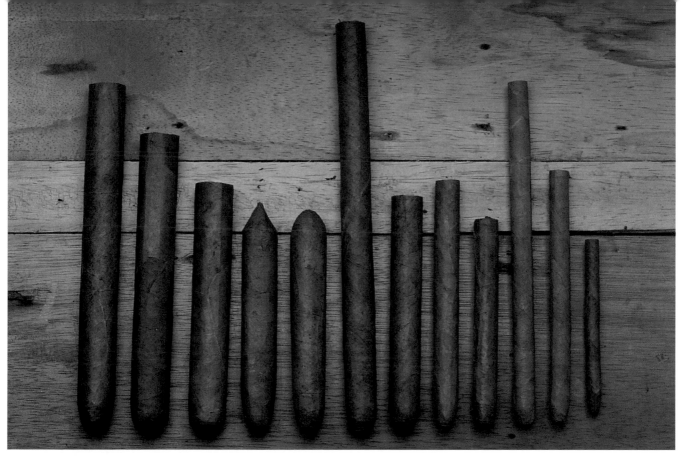

Churchill   Rothschild   Delicados   Corona   Senoritas   Slim Special
      Super Rothschild   Senator Boheme   Double Corona   Panetela   Panetela fina   Borobudur (Zigarillo)

Le café

Au début du XVIIIe siècle, lorsque les Hollandais testèrent les premiers plants de café en Indonésie, ils optèrent pour l'arabica. L'avenir leur donna en partie raison : les plantations et le commerce de ce produit fleurirent jusqu'à ce qu'une maladie dévaste tout, en 1869. Ce n'est qu'au début du siècle suivant que les Hollandais risquèrent une seconde tentative, cette fois avec du robusta. Cette variété, mieux adaptée aux basses altitudes – entre 300 et 600 mètres – recueille la préférence des Indonésiens. Pourtant, elle ne constitue qu'une part mineure des marchés, car la demande mondiale porte essentiellement sur l'arabica. L'Indonésie a donc replanté des pieds d'arabica dans les régions de montagne moyenne (entre 600 et 1200 mètres). Si ceux-ci poussent moins rapidement, ils fournissent des graines de meilleure qualité qui atteignent des prix plus intéressants.

Les caféiers sont cultivés sous forme d'arbustes que l'on étête à environ 2 mètres pour éviter que l'arbre, laissé à sa croissance normale, n'atteigne sa hauteur naturelle : 10 mètres. Les petites fleurs blanches, qui s'ouvrent brièvement et presque toutes en même temps, deviennent en huit ou douze mois des « cerises » d'un rouge intense. Chaque fruit comporte deux grains, protégés par une pulpe sucrée et deux enveloppes. Pour séparer les grains de celles-ci, il faut les faire tremper puis les broyer au rouleau. Après deux jours de fermentation, les grains sont lavés pour être débarrassés du reste de la pulpe, puis séchés au soleil. Une autre machine élimine la dernière enveloppe du grain qui apparaît encore vert. Son arôme ne se dévoilera qu'après la torréfaction, que l'importateur préfère en général se réserver.

Outre cette méthode dite « humide », il existe une technique sèche encore employée par les petits récoltants. Les cerises de café sont d'abord broyées au mortier. La pâte obtenue est séchée à l'air libre, puis on sépare les grains des enveloppes comme on vanne le blé pour enlever les glumes.

Les Indonésiens boivent un café noir, corsé et très sucré qu'ils ne filtrent pas mais font bouillir un peu à la façon du café turc : ils remuent brièvement le mélange d'eau et de café et le consomment dès que la mouture est redescendue au fond de la tasse.

Pour les petits paysans qui possèdent des plants, la préparation d'une bonne tasse de café commence par le broyage des cerises dans un mortier.

Les fruits du caféier ont la taille de petits grains de raisin et se colorent d'un rouge vif en mûrissant.

Les cerises pilées et séchées au soleil seront vannées de la même façon que le blé.

Les grains de robusta fraîchement torréfiés ont la préférence des Indonésiens.

Spécialités indonésiennes à base de café

Kopi bubuk : café moulu fraîchement torréfié, parfois mêlé de maïs cuit, grillé et moulu directement avec les grains de café.

Kopi jahe : café au gingembre. On met du gingembre légèrement écrasé et du sucre dans l'eau. Dès que l'eau frémit, on ajoute le café moulu et on remue. La préparation doit infuser 5 minutes. Après quoi l'on retire le gingembre avant de servir.

Kopi luak : la *luak* est une espèce javanaise de civette qui se régale des cerises de café, de préférence bien mûres, probablement en raison de leur goût sucré. Elle rejette sans cesse les grains de café sans les avoir digérés et il ne reste plus qu'à les ramasser pour les torréfier.

Kopi telur : un café bien chaud versé sur un jaune d'œuf battu avec du sucre. C'est le petit-déjeuner préféré des habitants de Sumatra.

Mandheling-café : café puissant, à fort arôme, servi à Sumatra.

Toraja-café : café très fort de Sulawesi.

Les catégories de thés indonésiens

(*Tips*: feuilles aux pointes jeunes et claires; *Flowery*: arôme particulièrement fleuri; *Orange Pekoe*: thé doux provenant des feuilles poussant juste sous celles des bourgeons; *Pekoe*: thé composé des feuilles des bourgeons)

Feuilles entières:
OP sup: *Orange Pekoe Superior*, contenant beaucoup de *tips*, souvent petites.
OP: *Orange Pekoe*, première qualité de feuilles à Java, feuilles souvent longues et fibreuses, sans *tips*.

Feuilles broyées:
FBOP: *Flowery Broken Orange Pekoe*, feuilles broyées grossièrement avec peu de *tips*.
BOP grob: *Broken Orange Pekoe simple*, synonyme indonésien de *Pekoe*.
BOP: *Broken Orange Pekoe*, première qualité de thé broyé à Java.
BP/BOP 2: *Broken Pekoe/Broken Orange Pekoe 2*, thé très noir, contenant souvent des brindilles.

Fannings:
PF: *Pekoe Fannings* (syn.: *Broken Orange Pekoe Fannings*), première qualité de *fannings* en Indonésie, feuilles de thé noir, grains réguliers, pas de *tips*, presque pas de brindilles.

Le travail des cueilleuses de thé est éreintant et très mal payé.

Les feuilles fraîchement ramassées sont placées dans des bacs pour le flétrissage.

Les feuilles flétries et éventuellement broyées à la machine sont ensuite roulées.

Pendant la fermentation, les matières rendues par les feuilles s'oxydent.

Lors du séchage final, le thé devient noir sous l'effet de l'air chaud.

Le thé

L'Indonésie produit aujourd'hui à peine 5,5 %
du volume mondial de thé, se partageant
avec la Turquie la cinquième place dans la
courte liste des producteurs du monde entier. Le Sri Lanka occupe le quatrième rang et
son thé est toujours connu sous l'appellation
« thé de Ceylan ». Le nord de Sumatra et l'île
de Java cultivent essentiellement du thé de
type Assam acclimaté à des altitudes variant
de 900 à 1 800 mètres. Dans l'ouest de Java,
certaines zones de culture à flanc de montagne connaissent des températures beaucoup plus basses que les autres. Les plantations de ces régions produisent un thé noir
de bonne qualité pour l'exportation. Contrairement au thé de Sumatra toujours d'égale
qualité grâce à la position de l'île, à cheval
sur l'équateur, et au climat stable toute l'année, le thé javanais est soumis à des variations plus importantes de climat et de qualité. La meilleure récolte s'effectue à la fin
de la saison sèche, en septembre. Près de
80 % de la production indonésienne est destinée à l'exportation. Hormis quelques plantations situées à basse altitude sur l'île de
Java et spécialisées dans le thé vert, la plupart des planteurs fournissent un thé noir en
employant encore des méthodes traditionnelles. Le travail se fait certes avec l'aide de
machines, mais sans la principale d'entre
elles, la CTC (Cutting-Tearing-Curling: cylindres servant à couper, broyer et rouler les
feuilles de thé.) Pour que les feuilles de thé
vertes forment de petits brins de thé noir,
elles doivent subir tout un processus incluant
incluant flétrissage, roulage, fermentation et
séchage. En 17 à 20 heures, 4 kg de thé
vert seront réduits à 1 kg de thé noir.

En flétrissant, les feuilles perdent près d'un
tiers de leur eau et acquièrent la consistance
nécessaire pour l'opération suivante: le roulage. Dans les manufactures les plus modernes de Sumatra, on verse les feuilles
dans de grandes cuves munies de treillis métalliques qui laissent passer l'air soufflé par
des ventilateurs dans la direction, à la force
et à la température souhaitées. On écourte
ainsi le temps de flétrissage d'un tiers, voire
de moitié, et les feuilles sont prêtes pour la
phase suivante en huit à douze heures.

Le but du roulage est de briser la structure
des feuilles et d'en décomposer les cellules.
Cette opération était auparavant effectuée à
la main, mais les machines ont ici remplacé
les hommes même si elles ne traitent pas
les feuilles avec autant de soin. La fermentation commence dès les premières atteintes

Chaque tisanière à couvercle reçoit 5 g d'un thé différent
que l'on recouvre d'un quart de litre d'eau frémissante.

Après cinq minutes, le thé est versé dans un bol. Le goûteur examine les feuilles recueillies dans le couvercle.

Le contrôle commence par l'analyse de la couleur et du
parfum de chaque bol...

... et se poursuit par le goût et la teneur en caféine.
Bientôt, le goûteur saura tout du traitement subi par le thé.

puisque les enzymes, sous l'effet de l'air,
transforment aussitôt les cellules. Le « haché » de thé est alors trié sur un tamis: les
feuilles qui tombent vont dans la salle de fermentation tandis que celles qui restent dans
le tamis devront être roulées pendant encore
une demi-heure. C'est à ce stade, et non à la
cueillette, que se dessine la taille de la
feuille: un roulage plus long donne des
feuilles plus petites.

La fermentation influe sur le goût. Le thé
roulé est épandu en minces tapis et reste
pendant près de deux heures dans un air
chargé à presque 100 % d'humidité et maintenu entre 35 et 40°C. C'est là que les
arômes se développent, que le taux de
théine augmente tandis que les trois quarts
du tanin disparaissent (voilà pourquoi le thé
noir est moins amer que le thé vert non fermenté). Au parfum et au ton rouge cuivré
des feuilles, le spécialiste saura quand il doit
arrêter la fermentation. Il faut pour cela
désactiver les enzymes en desséchant
presque complètement les feuilles dans un
grand séchoir à air chaud. Cette opération
donne aux feuilles leur coloration noire.

Lors du tri final, le thé « brut » passe dans
plusieurs tamis qui permettent de différen-
cier les produits: feuilles entières, Broken,
Fannings et Dust. Les premières n'occupent
aujourd'hui qu'une part restreinte du marché, d'autant plus que l'utilisation de machines dans les nouveaux processus de fabrication diminue grandement leur qualité.
Les catégories Fannings et Dust servent
principalement pour la production de thé en
sachet. Cette classification repose uniquement sur la taille des feuilles ou des brins de
thé, et en aucune manière sur leur qualité.

Le contrôle de qualité est effectué par des
dégustateurs, l'équivalent de nos « nez » en
viticulture. Les goûteurs déposent 5 g des
thés à tester dans des tasses en porcelaine
blanche munies d'un couvercle, puis versent
par-dessus toujours la même quantité d'eau
frémissante (25 cl). Les thés infusent pendant exactement cinq minutes avant d'être
transvasés dans des bols de porcelaine
blanche. Les feuilles sont recueillies séparément au creux des couvercles de façon à ce
que le dégustateur contrôle à la fois le thé infusé, les feuilles de l'infusion et les feuilles
sèches. La couleur des feuilles humides permet, par exemple, d'établir si la fermentation
a été arrêtée à temps et si l'air des séchoirs
était à la bonne température. Une teinte cui-
vrée sombre indiquera une fabrication soi-
gnée ; si le ton tire sur le vert, la fermentation
n'a pas été assez longue ; si le goût est un
peu amer et la coloration terne, c'est que le
séchage n'était pas parfait.

Ci-dessus : fermentation et dessiccation intensifient l'arôme, réduisent l'amertume des grains et transforment le blanc crémeux de l'enveloppe en un brun très foncé.

Ci-contre : une fois la cabosse ouverte, les fèves devront fermenter. La transformation en poudre de cacao est généralement laissée aux soins des pays importateurs.

La douceur de l'amertume

Le cacao

On pense que c'est Christophe Colomb qui rapporta les premiers plants de cacaoyer en Espagne, au retour d'un voyage aux Amériques. Les Espagnols introduisirent la plante aux Philippines, d'où elle poursuit son chemin jusque Java, puis Sumatra. Symbole de richesse, le cacao servit d'abord à la préparation d'une boisson chaude prisée dans les cours européennes. À la cour d'Espagne, certaines recettes ne comptaient pas moins de vingt ingrédients parmi lesquels des épices comme la noix muscade, le poivre, les clous de girofle... tout ce qui était rare et donc cher.

Les variétés indonésiennes sont dérivées des anciennes variétés *Forastero* d'Amérique du sud (cacao de consommation courante) et *Criollo* du Mexique (cacao noble). Pour un rendement optimal, le cacaoyer a besoin d'ombre, d'eau en abondance, d'une température moyenne de 27°C et d'humidité constante. Les premiers fruits sont récoltés dans la deuxième année après la plantation de l'arbre. Appelés « cabosses », ils mettent environ six mois à mûrir après la floraison. Une cabosse contient plus de cinquante fèves alignées sur cinq rangées. Elles devront être extraites avec soin en conservant tout autour le mucilage blanc qui les protège. Les fèves sont ensuite rassemblées dans des caisses de fermentation en bois. Elles y séjourneront six jours au cours desquels on les retournera trois à six fois. Pour faciliter ce travail, les caisses sont réparties sur plusieurs niveaux. Dès que la fermentation est assez avancée, les fèves sont séchées à l'air chaud jusqu'à ce qu'elles ne contiennent plus que 7 % d'humidité.

Pour des raisons de climat, le cacaoyer est uniquement cultivé dans l'hémisphère sud alors que ces cultures répondent surtout aux besoins des pays industrialisés situés pour la plupart au nord de l'équateur et exerçant une forte influence sur des marchés aux variations très erratiques. Les cultivateurs des pays en développement supportent les aléas des récoltes et livrent le produit brut payé à bas prix, alors que le marché du cacao est extrêmement spéculatif : une récolte peut être revendue seize fois avant que le cacao ne soit devenu chocolat.

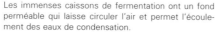

Les immenses caissons de fermentation ont un fond perméable qui laisse circuler l'air et permet l'écoulement des eaux de condensation.

Les fèves trop claires devront rester quelques heures supplémentaires dans les caissons pour que le processus chimique naturel qui les transforme finisse d'agir.

L'air brûlant est insufflé par en dessous pour mieux envelopper les graines et les dessécher. Ceci met également fin à la fermentation.

Les fèves séchées et triées sont prêtes pour l'exportation. Une grande partie de la récolte indonésienne prendra la mer pour l'Allemagne ou les États-Unis.

Des gâteaux pour tous les goûts

Bika ambon

Ces gâteaux plats au vin de palme sont une spécialité du nord de Sumatra où l'on a parfois l'impression que les magasins spécialisés passent leur journée à les fabriquer pour fournir, du matin au soir, des files interminables de clients patients.

Pour leur préparation, on cuit brièvement une grande quantité de feuilles de pandanus dans un lait de coco clair et légèrement salé. Les feuilles de pandanus restent dans le lait pendant qu'il refroidit ; on ne les retirera qu'avant de récupérer celui-ci pour poursuivre la préparation. Cet aromate donne au lait une couleur surprenante et laisse aux gâteaux un délicieux parfum.

Pendant ce temps, on mélange des œufs, du sucre et de la farine de manioc afin d'obtenir une pâte souple à laquelle on ajoutera autant de lait de coco bouilli qu'il le faut pour rendre la pâte liquide, mais épaisse. Pour que cette dernière lève, il faudra encore une bonne rasade de vin de palme, légèrement fermenté, qu'on peut toutefois remplacer par de la levure au besoin.

Un temps de repos de six heures est nécessaire pour que le vin de palme agisse. On verse ensuite la pâte dans des moules carrés avant de faire dorer les gâteaux au four, à température peu élevée. Pour que l'aspect doré soit parfait, il est conseillé, en fin de cuisson, d'augmenter la température ou d'allumer brièvement le grill du four. Pendant que la pâte cuit, d'innombrables petites bulles d'air remontent à la surface. C'est pourquoi il ne faut pas s'étonner, lorsqu'on coupe le gâteau, s'il donne l'impression d'être aussi poreux qu'une éponge.

À l'origine, ces gâteaux étaient cuits dans des fours au charbon de bois qui fournissaient une température stable. Dès que la pâte était cuite jusqu'à la surface, on la recouvrait d'une fine plaque métallique sur laquelle on posait des braises de charbon pour que la croûte dore.

Jajan pasar

Presque partout en Indonésie, on succombe à la tentation que représentent ces petits gâteaux aux couleurs éclatantes. (Le terme de « gâteau » peut d'ailleurs s'avérer trompeur !) Ils sont faits à base de riz ou de riz gluant en grains ou en farine, mais aussi de farine de manioc épaississante, de patates douces, de *taro* et de *petai*, haricots de type *Parkia speciosa*. La farine de blé ne fut introduite que sous la domination hollandaise. Le liant est presque toujours du lait de coco et le sucre utilisé, du sucre de palme. Chaque « gâteau » possède une saveur particulière selon qu'il est cuit au four, à la vapeur, bouilli ou trempé.

Prenez garde : tous les *jajan pasar* ne sont pas sucrés. En effet, certains contiennent une farce relevée.

À Jakarta, il existe un grand marché ouvert toute la nuit, jusqu'à l'aube, pour vendre ce type de gâteaux et bien d'autres encore. Biscuits, tartes, voire pièces montées à l'occidentale avec décors en sucre glace : on en trouve pour tous les goûts. L'activité frénétique de ce marché ne cesse qu'au petit matin, car la plupart des marchands ambulants de la ville s'approvisionnent ici.

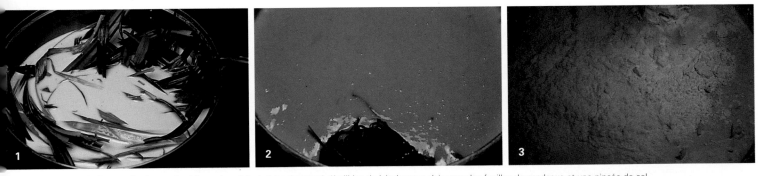

1 Pour confectionner des *bika ambon*, il faut d'abord porter à ébullition du lait de coco clair avec des feuilles de pandanus et une pincée de sel.
2 Le lait ne doit bouillir que quelques secondes et être retiré aussitôt du feu pour refroidir. Enlevez ensuite les feuilles de pandanus : le tour est joué.
3 La pâte visqueuse est composée d'œufs, de sucre, de tapioca, du lait de coco et de vin de palme. Saupoudrez la surface de farine et laissez reposer six heures.

4 Remplissez les moules carrés et faites cuire au four, à feu doux. Des milliers de petites bulles se forment et éclatent à la surface.
5 Une fois le gâteau cuit, sa croûte est d'un joli brun doré. Lorsqu'on le coupe, la texture spongieuse est tout de suite visible.
6 En magasin, les *bika ambon* sont vendus dans un cartonnage rudimentaire. Les Indonésiens en sont si friands qu'on n'est jamais certain qu'ils arriveront entiers à la maison !

De minuit aux premières lueurs de l'aube, ce marché de Jakarta propose tout ce dont on peut rêver en matière de pâtisserie asiatique. On y trouvera même d'énormes compositions décorées de sucre glace, d'allure très occidentale.

Jajan pasar: à chaque coin de rue sa petite douceur

Klepon: boule de farine de riz gluant garnie avec du sucre de palme et roulée dans de la noix de coco râpée.

Kue talam: biscuit vapeur compor tant deux couches de farine de riz l'une cuite avec du sucre roux et la seconde, avec un lait de coco épais

Lepet: riz gluant et haricots noirs cuits ensemble, puis enveloppés dans une feuille de cocotier.

Dadar enten: crêpe verte à la farine de blé, au lait de coco et aux œufs, sucrée avec du sucre de palme et remplie de coco.

Semar mendem: riz gluant cuit à la vapeur et roulé, avec une farce épicée au poulet, dans une crêpe faite avec de l'œuf et de la farine.

Kue lapis: biscuit vapeur dont les différentes épais seurs sont composées de farines de riz et de tapioca mélangées à du lait de coco.

Kue lapis: gâteau à la farine de riz constitué de deux couches roulées en escargot.

Kue bunga: gâteau bicolore à la farine de riz pré senté sous forme de fleur.

Lemper ayam: farce identique à celle du *semar mendem* (au centre, en haut) mais roulée dans une feuille de bananier.

Getuk lindri: tapioca coloré et cuit à la vapeur, puis saupou dré de noix de coco râpée.

Kue lopes: riz gluant enveloppé en triangle dans une feuille de bana nier, cuit à la vapeur et proposé avec du sucre de palme.

Serabi : biscuit blanc ou vert pandanus fait de farines de blé et de riz, mélangées avec des œufs et du lait de coco, cuit dans une coupelle de terre à couvercle, vendu avec du sucre de palme ou du sirop.

Roti kaya : pain vert avec une crème à l'œuf, au sucre et au lait de coco (*egg jam*, ressemblant un peu au lait de poule).

Spekkoek : biscuits d'origine hollandaise, composés d'au moins 12 fines couches cuites séparément et aromatisées à la cannelle, au clou de girofle et à la noix muscade.

Pacar cina : fèves vertes écrasées, bouillies avec du sucre et du lait de coco et mélangées avec des morceaux de haricots colorés (*petai*) ; pâte épaisse vendue en petits sachets pour permettre sa solidification.

Nagasari : pâte à base de fèves vertes écrasées et bouillies dans du lait de coco, épaissie, garnie d'un morceau de banane, puis enveloppée pour solidification dans une feuille de bananier. La farine de riz ou de maïs remplace parfois les fèves et la garniture peut varier.

Putu ayu : gâteau bicolore à la farine de riz colorée avec des feuilles de pandanus.

Wajik : riz gluant cuit avec du sucre de palme et proposé en différentes couleurs et formes.
Ongol-ongol (au centre) : farine de sagou cuite avec du sucre de palme.

Le palmier à *salak* n'a pas vraiment de tronc : ses feuilles, qui peuvent atteindre cinq mètres, s'appuient à la base sur les restes des anciennes palmes.

Ci-dessus : les fruits se partagent en trois une fois que l'on a enlevé la « peau de serpent » extérieure. Chaque partie contient un noyau non comestible qui peut être transformé en jouet musical.

Ci-contre : sur l'arbre, les fruits semblent opposer une défense épineuse à toute cueillette. Mais en réalité, ces fausses épines sont très faciles à enlever.

Le salak

Le *salak* (*Zalacca edulis*), encore appelé « za-laque » ou « salacca », fruit dont la coque rappelle la peau de serpent, est très apprécié en Malaisie et en Indonésie, mais n'est que rarement exporté car il se conserve mal. Les fruits les plus gros proviennent de Bali et la meilleure des variétés, au goût aigre-doux agréable, est le *salak pondoh* du centre de l'île de Java. En revanche, le *salak condet* de Jakarta reste très acide même lorsqu'il est mûr. La pulpe, croquante et sèche, rappelle celle de la pomme. Les fruits mûrs crus peuvent agrémenter les salades de fruits ou être cuisinés pour entrer dans la composition de desserts plus complexes. Lorsqu'ils sont verts, on préfère les cuire ou les faire mariner dans le vinaigre. On les trouve toute l'année dans leurs pays d'origine et, de février à avril, dans nos épiceries spécialisées.

L'arbre à *salak* aime les sols humides et les régions de plaine où le niveau des précipitations reste stable toute l'année. Il appartient à la famille des palmiers, mais ne présente aucun tronc. La partie inférieure des tiges est couverte d'épines ce qui ne facilite pas la cueillette des fruits les plus près du sol. Avec les noyaux, les enfants fabriquent un jeu : ils les percent et les relient par une ficelle qu'ils tendent ensuite pour produire des sons.

Les fleurs de ce palmier ressemblent aux épis de massettes et sont utilisées dans l'industrie des boissons.

C'est au cœur des branches qui forment le faux tronc du bananier que l'inflorescence apparaîtra.

Seules les fleurs femelles donneront des fruits, et ce sans pollinisation.

Les bananes sont récoltées alors qu'elles sont encore vertes, même pour les marchés locaux.

Les bananes

D'un point de vue botanique, le bananier n'est pas un arbre mais une plante qui ne porte qu'une seule inflorescence. Quand les fruits sont développés, la partie aérienne du bananier meurt, mais le rhizome a déjà donné naissance à de nouvelles pousses.

De nos jours, la banane est cultivée presque partout autour de l'équateur, mais sa région d'origine est le Sud-Est asiatique. Les Espagnols, puis les Portugais furent les premiers à l'implanter dans les Caraïbes. En Malaisie et en Indonésie, sa culture reste le domaine des petits paysans qui approvisionnent essentiellement les marchés régionaux, bien que la Malaisie exporte aussi vers Singapour. Il est important de savoir distinguer les bananes à manger crues comme dessert de celles que l'on sert cuites en légume. Il existe plus de trente variétés acclimatées à l'environnement indonésien, mais seulement quatorze sont cultivées, parmi lesquelles la *pisang Ambon putih* et la *pisang Ambon lumut*. Même pour les marchés locaux, certains fruits sont systématiquement récoltés encore verts car ils deviennent farineux et pourrissent vite lorsqu'ils sont mûrs.

Variétés indonésiennes :

Giant Cavendish : 15 à 22 cm ; peau épaisse, jaunit en mûrissant, chair délicate et blanc crème, douce et fruitée.

Pisang Ambon lumut (1) : (mal. : *p. masak hijau*) 15 à 20 cm ; fruit vert clair à verdâtre, jaunit en mûrissant, chair blanc crème, assez ferme, sucrée et fruitée.

Pisang Ambon putih (3) : (mal. : *p. ambun*) 15 à 20 cm ; peau lisse, jaunit en mûrissant, assez ferme, légèrement parfumée, sucrée, bonne résistance au stockage.

Pisang asam : bananes à cuire.

Pisang kepok : (mal. : *p. nipah*) 10 à 15 cm ; peau épaisse, jaunit en mûrissant, chair blanc crème.

Pisang klutuk : (mal. : *p. hatu*) banane contenant de nombreuses graines très dures, à cuire encore verte avec sa peau.

Pisang mas (5) : 8 à 12 cm ; peau fine, tirant sur le jaune or en mûrissant ; chair ferme orangée, sucrée et parfumée.

Pisang nangka (4) : 18 à 24 cm ; longue, pointue et courbée, peau épaisse, devient vert clair en mûrissant ; chair blanc crème délicate contenant beaucoup d'amidon ; bonne résistance au stockage.

Pisang raja : banane à dessert et à cuire ; 15 à 20 cm, grosse et courbée, peau épaisse et irrégulière, devient jaune orangé en mûrissant ; chair orange clair, très sucrée mais d'une consistance assez grossière.

Les bananes se mangent fraîches, séchées, cuites ou encore frites en beignets dans une pâte de farine de riz. Les *jantong pisang*, fleurs mâles du bananier qui ne donnent pas de fruit, sont servies en légumes. De leur côté, les feuilles servent à emballer toutes sortes d'aliments grillés, du poisson, des gâteaux de riz à la vapeur, voire un repas que l'on doit transporter. On les utilise aussi comme assiettes ou pour garnir des plats. Pour les assouplir, il suffit de les tremper dans l'eau chaude.

On dit aussi qu'il suffit de frotter les marques de varicelle avec une peau de banane *pisang susu* pour qu'elles disparaissent.

Pisang raja sereh (2) : (mal. : *p. rastali*) 10 à 15 cm ; très appréciée crue, comme dessert, peau très fine ; jaunit en mûrissant (des tâches brunes apparaissent à pleine maturité) ; chair blanche et moelleuse.

Pisang seribu : banane décorative.

Pisang susu (6) : 5 à 8 cm, peau et chair jaune clair, très sucrée, dont le goût ressemble à la *pisang mas* ; appartient au groupe des bananes Gros Michel, ou *pisang Ambon*.

Pisang tanduk (7) : banane à cuire ; 25 à 35 cm, environ 6 cm d'épaisseur ; jaunit en mûrissant ; chair jaune orangé, à la fois fine et ferme, très sucrée après la cuisson ; bonne résistance au stockage, largement commercialisée.

6 *Pisang susu*

2 *Pisang raja sereh*   **3** *Pisang Ambon putih*   **4** *Pisang nangka*   **5** *Pisang mas*

1 *Pisang Ambon lumut*

7 *Pisang tanduk*

D'ici et d'ailleurs
Les fruits

Les marchés indonésiens doivent beaucoup de leur charme à ces corbeilles pleines à ras bord de fruits plus colorés les uns que les autres. Dans ce pays, les fruits sont en effet relativement bon marché et constituent une part importante de l'alimentation de chacun. Les conditions climatiques sont si bonnes que de nombreuses variétés mûrissent deux fois par an, non seulement de mai à août, mais aussi en fin d'année. Certains fruits, comme les bananes ou les papayes, sont même récoltés tout au long de l'année. En fait, il n'existe pratiquement pas de fruits de saison sur l'archipel indonésien.

Apocat
Issu du Mexique, l'avocat (*Persea americana*) est cultivé sur les hauteurs. En Indonésie, on préfère le savourer sous forme liquide : réduit en purée avec du sucre et de l'eau ou mélangé avec d'autres fruits dans l'*es campur*.

Tamarillo
Cet sorte de tomate (*Cyphomandra betacea*), une solanacée originaire des Andes péruviennes, ne réclame pas vraiment un climat tropical. Les fruits atteignent leur pleine maturité de mars à mai. On les mange crus après les avoir coupés dans la longueur en les vidant à la petite cuillère. Leur goût, à la fois âpre et sucré, semble parfois un peu acide.

Kluwek / Keluwek
Les gros noyaux de ces fruits (*Pangium edule*) contiennent des substances toxiques et doivent subir une préparation spécifique avant d'être utilisés en cuisine. Après une première cuisson, on les fait tremper pendant 12 heures dans une eau changée régulièrement. Peu avant leur utilisation dans un mets appelé *rawon*, on broie leur coque pour en retirer l'amande noire et la piler dans un mortier avec des piments, des échalotes ainsi que d'autres herbes et épices. Une fois prête, la sauce est très sombre. Il vous faudra un certain temps pour vous habituer à son goût.

Asam kranji
Le tamarin (*Tamarindus indica*), arrivé dans le Sud-Est asiatique par l'Inde, est originaire d'Afrique de l'Ouest. Ses gousses couleur de cannelle poussent haut dans les arbres et abritent une pulpe contenant des graines, sèche et collante, riche en acides tartriques, qui sert de condiment. Pour la préparer, on la fait tremper dans de l'eau avant de la presser. Le jus de tamarin, tant estimé, donne aux plats une saveur légèrement amère. La pulpe se prépare également sous une autre forme : cuite avec du sucre, on en fait des sucreries. Les pousses et les feuilles se mangent crues, trempées dans du *sambal*. La médecine traditionnelle utilise les feuilles mélangées à du safran des Indes pour soigner les brûlures. Même trop mûrs, les fruits peuvent encore servir : ils feront briller cuivre et laiton.

Jambu meté
À l'origine, l'anacardier (*Anacardium occidentale*) est un arbre de l'ouest du Brésil et des Antilles. La partie ressemblant à une poire est en fait le pédoncule mou et pulpeux de la noix de cajou elle-même. La noix se trouve à son extrémité et se mange telle quelle. On fait de la confiture avec le pédoncule, également comestible. Dans l'ouest de Java, les jeunes feuilles sont préparées en salade et servies avec du riz et du *sambal*.

Kemiri
L'aleurite (*Aleurites moluccana*), dont sont issues les noix des Moluques, est en réalité originaire d'Australie. Les fruits poussent en touffes et leur enveloppe est extrêmement dure. On découvre à l'intérieur une noix blanche et oléagineuse que l'on utilise en cuisine, râpée et cuite avec d'autres épices. Il ne faut pas la manger crue.

Delima merah
Sous leur enveloppe coriace, les grenades (*Punica granatum*), à l'origine iraniennes, renferment une multitude de petites graines. On les aime particulièrement pour la peau de ces graines que l'on presse pour obtenir du jus. La consistance de l'enveloppe externe leur permet de bien résister au stockage. À Bali, les graines et l'écorce entrent dans la fabrication de nombreux médicaments.

Jambu biji
Originaire des régions tropicales d'Amérique, la goyave (*Psidium guajava*) est cultivée en Indonésie où l'on en trouve plusieurs variétés. Les morceaux de fruits encore verts sont présentés en salade, et la pulpe onctueuse des fruits mûrs est consommée telle quelle ou en jus. Les nombreux pépins sont comestibles, mais difficiles à digérer. Les feuilles sont utilisées en pharmacie.

Kedondong

Parfois appelé prunier de Tahiti, le *Spondias dulcis* et ses pommes Cythère, ou pommes d'or, poussait à l'origine en Polynésie. Les fruits ressemblent aux mangues et doivent être pelés de la même manière. Comme dans les mangues, le gros noyau est entouré d'un tissu de fibres rattachées à la pulpe. Lorsque le fruit commence juste à mûrir, son bouquet acide ressort à merveille dans les salades *rujak*.

Sirsak

Bien que les Indonésiens l'appellent aussi *durian balanda* en raison des épines qui couvrent la peau vert sombre de son fruit, le corossolier épineux (*Annona muricata*) n'appartient pas à la même famille que les *durians*. Il est originaire d'Amérique centrale. Ses fruits font partie de la famille des anones, et plus précisément des corossols. Fibreux, légèrement spongieux, ils ont la forme d'une poire. Ils contiennent de nombreux pépins noirs et leur goût aigre-doux est plus acide que celui des pommes cannelles. On n'en déguste que le jus.

Srikaya biasa

La pomme cannelle (*Annona squamosa*) est probablement originaire des Antilles (Indes occidentales). Sa peau écailleuse prend une teinte vert bleu aussi surprenante que belle, qui s'éclaircira à la maturité du fruit. Sa chair acidulée est blanche, crémeuse et parsemée de graines noires. On l'apprécie crue, en dessert ou en jus.

Asam selong

Le cerisier de Cayenne (*Eugenia uniflora*) vient du Brésil et fut apporté en Indonésie *via* l'Inde et les Indes orientales. À pleine maturité, sa peau, aux huit boursouflures, est rouge vif. Sa pulpe juteuse et onctueuse possède un goût fort, très agréable, légèrement acide lorsque le fruit est bien mûr.

Duku / Langsat

Ces fruits parfaitement ronds et de la taille d'une noisette poussent en grandes grappes sur un arbre appelé *dourou* (*Lansium domesticum*). Ils sont entourés d'une peau beige épaisse qui repousse les moustiques lorsqu'on la brûle. Pour extraire le fruit, on en presse la partie supérieure, ce qui ouvre la coque. La pulpe, au goût aigre-doux, est divisée en cinq ou six quartiers. Les plus gros renferment des graines très amères.

Mangga

L'Indonésie cultive plusieurs variétés de mangues (*Mangifera indica*). *La mangga manalagi* se trouve surtout sur les marchés de l'est et du centre de Java. Sa chair jaune orangé et sucrée ressemble à celle de la *mangga indramayu* qui pousse à l'ouest de l'île. La peau de la *mangga gedong*, la mangue papaye, est également jaune orangé et sa pulpe, rougeâtre à pleine maturité. Très douce, elle est considérée avec la *mangga arumanis*, ronde, tout aussi sucrée et parfumée, comme étant la meilleure. La saison de la récolte dure six à neuf semaines de mai à juin. Les arbres fleurissent en décembre ou janvier et, en moins de quatre mois, pendant la saison sèche, les fruits apparaissent et mûrissent. Les pays les plus au sud connaissent une seconde saison, vers la fin de l'année, avant la mousson. Le bois dur des arbres résiste bien aux insectes parasites et convient parfaitement pour la fabrication des bateaux.

Jambu bol

La jambose pousse sur un arbre de la même famille que le giroflier: le jamboisier (*Syzygium samarangense*). Outre cette variété verte, on trouve aussi des fruits d'un rouge vif se rapprochant de la pomme de Malaisie. La pulpe claire et croquante contient beaucoup d'eau. Son goût rappelle celui de certaines pommes cultivées plus pour leur jus que pour leur chair, mais elle peut être consommée crue.

Le melinjo

Le *melinjo*, ou gnète (*Gnetum gnemon*), atteint à l'état sauvage une hauteur de près de 20 mètres et offre un spectacle magnifique lorsque ses petits fruits ovales commencent à mûrir. À maturité, leur enveloppe prend une teinte orangée éclatante : c'est le moment de les cueillir. Lorsque l'orange commence à tirer sur le rouge, l'arbre est encore plus beau, mais il est déjà trop tard pour la cueillette : les fruits sont trop mûrs. Ces baies sont doublement appréciées pour leur éclat et pour le noyau en forme de gland qu'elles renferment.

Les feuilles sont également comestibles et on les retrouve dans des mets tels que le *sayur asam*, une soupe de légumes dont le goût un peu amer provient d'une forte proportion de jus de tamarin. On peut remplacer le *melinjo* par des cacahuètes et acidifier le *sayur asam* avec un jus de citron, mais le résultat ne sera pas tout à fait le même.

Les noyaux de *melinjo* sont le plus souvent préparés sous forme de petites galettes au goût de noisette un peu âpre. On les sert seules avec des boissons ou en accompagnement, comme on présente des beignets de crevettes avec le *gado-gado*. Les galettes sont aussi émiettées sur le riz ou trempées dans le *sambal*. Il existe une variante sucrée, nappée de sirop de palme.

Emping melinjo

Pour la préparation de ce petit en-cas, les noyaux sont d'abord brièvement grillés dans un *wok* rempli de sable brûlant. Ce n'est qu'après cette opération que l'on extrait les amandes blanches en brisant les noyaux. Puis on aplatit les amandes une à une sur un plan de travail solide à l'aide d'un maillet de bois. Il faut environ six amandes pour chaque *emping*. La cuisinière détache ensuite la galette très fine du support pour la déposer sur une grille de bambou et la faire sécher au soleil, ou du moins à l'air libre. La galette pourra alors être stockée. Les *emping melinjo* se dégustent aussi bien crus que frits. Dans le bain de friture, ils prendront une forme similaire à celle des beignets de crevettes. Les galettes sont toujours confectionnées à la main. Avec un peu d'habitude et un bon tour de main, une cuisinière peut en fournir jusqu'à 3 kg par jour.

Les *emping melinjo* se savourent également frits dans l'huile, comme des beignets.

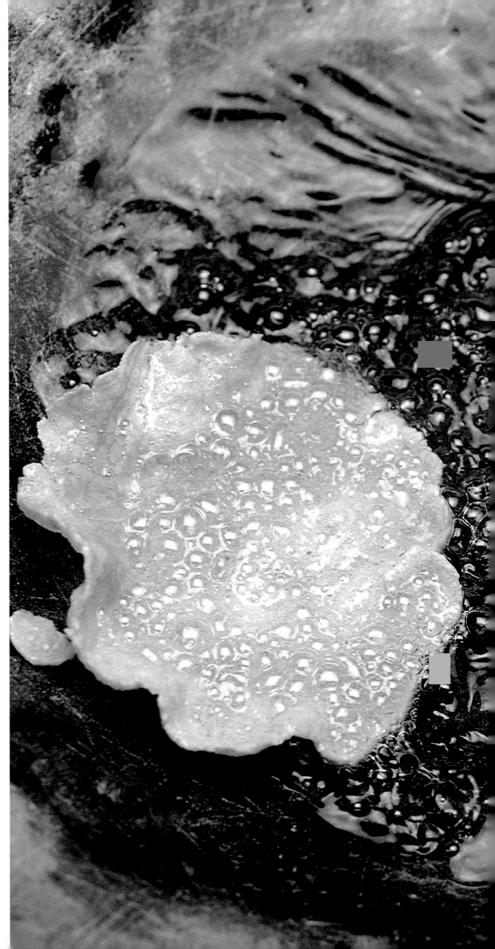

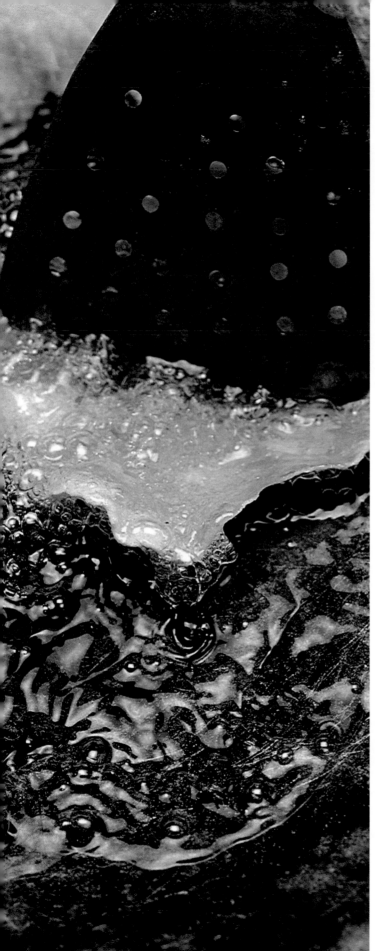

Le fruit du *melinjo* est déjà trop mûr lorsqu'il prend une teinte rouge vif très prononcée.

Un peu de place et quelques ustensiles : cela suffit pour préparer des *emping melinjo*.

On commence par faire griller les noyaux dans du sable pendant deux minutes à peine.

On les retourne à l'aide d'une écumoire, puis on les sort pour les casser et en retirer l'amande.

L'amande est ensuite aplatie sur une plaque de fer à l'aide d'une sorte de marteau en bois.

De façon générale, il faut compter entre quatre et six amandes pour préparer une galette.

Encore très friables, les galettes doivent être décollées de la plaque avec beaucoup de soin.

Une fois qu'elles auront séchées sur la grille de bambou, vous pourrez les savourer crues ou frites.

Kripik singkong

Épluchez les tubercules de manioc et coupez-les en allumettes ou émincez-les en fines rondelles. Lavez-les à l'eau claire et séchez-les avant de les faire frire dans un *wok*. Égouttez-les avant de les saler. Vous pouvez ensuite épicer les chips à votre goût, soit en les plongeant dans une épaisse sauce à base de piments écrasés, de sucre et de sel, soit en les badigeonnant d'une pâte de piments à l'aide d'un pinceau.

 Les snacks

Avant que l'Occident n'inonde leurs marchés de pop-corn et autres friandises, les Indonésiens avaient déjà leurs propres «biscuits d'apéritif»: sucrés, salés ou épicés, fruits confits (*manisan*) ou *pickles*, *crackers* et chips de toutes sortes… Le choix est vaste. Et malgré la concurrence, les snacks indonésiens remportent toujours un franc succès. C'est vraisemblablement par nécessité que les recettes locales se sont développées à l'origine. Sous ces climats, les fruits et les légumes sont récoltés en abondance toute l'année, mais ils risquent aussi de pourrir très vite. Les sécher avec ou sans piments et herbes, les saler ou les tremper dans du sirop permet de les conserver plus longtemps. Présentés en bocaux transparents, les *manisan* tentent les gourmands à tout moment et en tout lieu. Une autre manière de conserver ces aliments est de les faire frire. On obtient un autre type de friandises, à base de manioc, patate douce, noix, couenne de bœuf, peau de poisson, cette fois plutôt salées (*kripik*) et

Kripik singkong,
(chips à base de manioc,
de formes diverses)

ressemblant à des chips. Tout est possible ou presque, tant que l'aliment de base peut être coupé assez finement pour être frit à l'huile. Il existe un troisième type de «biscuits d'apéritif»: les *crackers*, faits d'une pâte de farine de riz, de mélanges de céréales (*rempeyek*) ou d'autres ingrédients. C'est le cas des *emping* ou des *krupuk* frits

sous forme de beignets: *emping melinjo* présentés à la page précédente, *krupuk udang* (beignets de crevettes), *krupuk ikan* (beignets de poisson), etc. Certaines de ces chips sont servies en accompagnement de plats de résistance tels que le *rendang* (bœuf cuit à l'étouffée), d'autres ne vous seront présentées qu'avec un bol de *sambal*.

1 Pour faire des *kripik*, on épluche, par exemple, un tubercule de manioc.
2 Le tubercule est ensuite émincé en fines rondelles ou coupé en petits bâtonnets.
3 Les rondelles ou allumettes seront frites par petites portions dans de l'huile bouillante où elles deviennent craquantes.

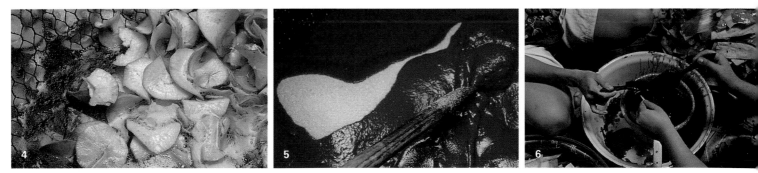

4 Dès qu'ils prennent de la couleur, le cuisinier retire les *kripik* de l'huile et les laisse égoutter avant de les saler.
5 Pour ceux qui aiment les chips qui titillent le palais, il suffit de choisir des *kripik* enrobés de pâte de piments.
6 On peut aussi relever le goût de ces chips en les enduisant au pinceau d'une sorte de laque épicée.

Les *manisan*

Salak manis : salaks cuits en sirop.

Bangkwang : morceaux d'igname cuits dans un sirop épicé aux piments.

Sayur asin sawi : moutarde de Sarepta en saumure utilisée, comme les *bangkwang*, dans les salades de légumes.

Salak pedas : salaks dans un sirop épicé aux piments.

Lobi-lobi : prunes de Madagascar, de type *Flacourtia inermis*, cuites en sirop.

Mangga manis : morceaux de mangue cuits en sirop.

Jambu bangkok : morceaux de goyave cuits en sirop.

Angur Bogor : raisins cuits en sirop.

Asam jawa manis : gousses de tamarin séchées et enrobées de sucre.

Belimbing : bilimbis confits (fruit appartenant à la famille des caramboles).

Buah ligo : baies acidulées légèrement confites (antidesme ; *antidesma bunius*).

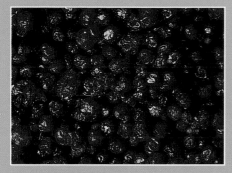

Ceremai : groseilles confites et colorées ; goût acidulé, avec noyaux.

Malaka : prunes de myrobolan confites et colorées ; fraîches, elles ont un goût acidulé.

Simanalagi : petites mangues confites dans une préparation acidulée et salée (spécialité de Kalimantan).

Mangga asin : morceaux de mangue séchés et salés.

Mangga asam : morceaux de mangue acidulés et séchés.

Mangga manis : morceaux de mangue séchés et sucrés.

Pala manis : muscades confites (pulpe du fruit recueillie à la récolte des noix et des fleurs de muscade).

Pala manis : pulpe de muscade séchée et sucrée.

Pala : pulpe de muscade séchée.

261

Kripik, krupuk et rempeyek

Rempeyek macho: cracker à la farine de riz avec poissons séchés et salés.

Kripik bayem: épinards frits à l'huile dans une pâte légère à la farine de riz.

Kue mayang: vermicelles de farine de riz frits à l'huile.

Krupuk kamang: crackers de manioc aux oignons nouveaux.

Kripik cakar ayam: patate douce râpée, cuite dans du sucre de palme, puis frite.

Sapang balam ubi rambat: rondelles de patate douce séchées et frites.

Kripik singkong pedas: rondelles et allumettes de manioc frites et fortement épicées.

Pisang sale Ambon : bananes cuites.

Pisang sale siam : purée de bananes séchée.

Kripik pisang : tranches de banane mûre séchées, puis frites.

Usus ayam : tripes de poulet coupées en morceaux, séchées, puis frites.

Krupuk kulit sapi : couenne de bœuf séchée, puis frite.

Kripik urat : tendons de buffle coupés en morceaux, séchés, puis frits.

Krupuk kulit jangat : couenne de buffle séchée, puis frite.

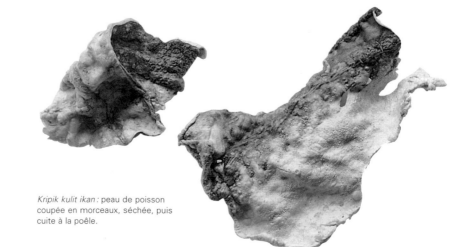

Kripik kulit ikan : peau de poisson coupée en morceaux, séchée, puis cuite à la poêle.

263

Cobek et *ulek-ulek* pour broyer les épices.

Louche, écumoire et cuillère en noix de coco avec manches en bois.

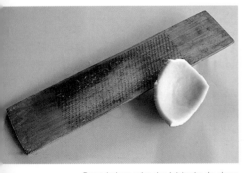

Parut kelapa : planche hérissée de clous et servant de râpe pour noix de coco.

Version moderne en aluminium du *dandang*, pour la cuisson du riz à la vapeur.

Dans la cuisine

En Indonésie, les conditions de vie varient beaucoup d'un endroit à l'autre. Tout un monde semble séparer les grandes villes des îles principales, des zones rurales et petits archipels. Dans ces derniers, l'électricité et le gaz ne sont pas fréquents et une cuisine indonésienne traditionnelle vous donnera parfois l'impression de remonter les siècles. Et pourtant, tout y est très fonctionnel. Aucun ustensile ou appareil nécessaire aux diverses tâches ne manque.

Les plats sont cuits sur un foyer au charbon de bois ou, lorsque cela est possible, à l'air libre, dans un foyer fabriqué en tuiles alimenté avec du bois. Un éventail en bambou tressé est indispensable pour attiser les flammes. Le four n'est souvent qu'un simple caisson métallique (ce qui est d'ailleurs le cas de tous les fours, même s'ils ont un fonctionnement ultra-moderne). La chaleur provient de deux couches de braises de charbon de bois placées au fond du caisson et sur le dessus. Le résultat est remarquable tant que l'on surveille soigneusement les plats mis à cuire, car il n'est pas facile de maintenir longtemps une chaleur constante. La cuisine étant considérée comme une activité sociale, il y a souvent du monde autour du feu et chacun veille à la cuisson.

Le réfrigérateur ne fait pas partie de l'équipement standard, mais l'on s'en passe facilement dans la mesure où l'on peut acheter tous les jours des produits frais sur le marché ou cueillir les légumes dans son jardin. Beaucoup de maisons comportent un cellier réservé au riz, dans lequel on peut stocker de grandes quantités de cette précieuse céréale. Il faut aussi savoir que beaucoup de familles ont encore l'habitude de moudre elles-mêmes leur farine de riz au moyen d'un mortier en pierre et d'un pilon en bois. Le *dandang* est un ustensile essentiel : c'est une marmite en aluminium qui sert à faire cuire le riz à la vapeur. On précuit le riz dans une casserole d'eau pour le faire gonfler et, dès qu'il a absorbé assez d'eau, on le transvase dans le *dandang* pour achever la cuisson. Le *dandang* traditionnel, en forme de cône, se compose de deux récipients avec une « cheminée » au milieu et est en cuivre. Il doit être rempli presque à moitié d'eau. On place ensuite une corbeille en bambou dans la partie supérieure. C'est là que le riz encore très ferme finira de cuire à la vapeur une fois le couvercle refermé. Outre le *dandang*, toute cuisine indonésienne possède aussi au moins un *wok* (*wajan*, en indonésien), dont le fond légèrement galbé, sans angles francs, assure une excellente répartition de la chaleur et de l'huile.

Lorsqu'il est indiqué, dans les recettes, « piler les ingrédients », l'image qui vient à l'esprit n'est peut-être pas forcément la bonne. Il faut s'imaginer le travail tel que l'effectuerait une cuisinière indonésienne avec un mortier et un pilon traditionnels : c'est-à-dire à l'aide d'une large écuelle en pierre, le *cobek*, et d'un pilon à angle droit très particulier, l'*ulek-ulek*, qui peut être en bois ou en pierre. Le geste ne consiste pas tant à concasser en laissant retomber le pilon, mais plutôt à déchiqueter ou à broyer. On tient le pilon dans une main et on le fait basculer de bas en haut dans un mouvement du poignet, ce qui paraît simple mais demande malgré tout une certaine habitude. Avant tout autre préparatif, on broie ainsi les épices et les autres ingrédients servant à l'assaisonnement : piments, échalotes, ail, cacahuètes, noix de coco râpée, noix des Moluques... bref tout ce qui peut entrer dans la composition de la pâte épicée. Pour ceux qui ont l'électricité, il est bien entendu plus facile d'utiliser un robot. Le résultat sera certes satisfaisant, mais la pâte épicée ne sera pas comparable à celle pilée dans un mortier. (Pour les puristes, cette différence est fondamentale.) Généralement, lorsqu'un *cobek* est utilisé pour la première fois, on y pile de la noix de coco râpée ou du pain rassis pour éliminer les petits débris de pierre qui risquent de se détacher sous l'action du pilon.

Toutes les cuisines indonésiennes sont également équipées d'une râpe à noix de coco (*parut kelapa*). Les plus simples sont constituées d'une planche de bois sur laquelle est plantée une multitude de clous, tandis que des variantes plus sophistiquées permettent de s'asseoir à cheval sur le bout de la planche afin de la bloquer. La râpe ressemble alors à une sorte de banc et les deux mains travaillent librement.

La plupart des cuillères, écumoires et passoires sont fabriquées avec une noix de coco à laquelle on attache un manche en bois ou en bambou. Les ustensiles sont donc simples, économiques et parfaitement adaptés à leur fonction. S'ils ne résistent que peu de temps, il est très facile d'en fabriquer de nouveaux. Les Indonésiens tressent également des couvercles de bambou pour protéger la nourriture. Enfin, pour compléter l'équipement d'une cuisine traditionnelle, il faut encore ajouter tout un assortiment de cruches, plats et saladiers selon les besoins.

Le sambal

Le *sambal* est une sauce qui accompagne les légumes cuits ou crus, le poulet au *wok* ou au grill, les poissons et bien d'autres mets. On le sert aussi en accompagnement du riz pour lui donner un peu de piquant. Si une recette n'est pas assez épicée au goût des convives, l'erreur peut être facilement réparée : chacun n'aura qu'à ajouter du *sambal* à volonté. En effet, il comporte généralement une dose généreuse de piments forts et s'utilise comme condiment.

Vous ne réussirez à obtenir la véritable consistance du *sambal* qu'en pilant les ingrédients à l'indonésienne, dans un mortier en pierre, le *cobek*, qui ressemble plutôt à une grande écuelle, et avec un pilon à angle droit, l'*ulek-ulek*. C'est sa consistance qui donne au *sambal* sa spécificité. Elle est indissociable de son goût qui n'est pas, comme on pourrait le penser, toujours très piquant. Le *sambal kacang*, à base de cacahuètes, en est la preuve : peu pimentée, cette sauce assaisonne souvent le *gado-gado*, une salade de légumes traditionnelle.

Sambal ulek
Pâte de piments

250 g de piments rouges frais
1 cuil. à café de sel
1 cuil. à café de vinaigre
1/4 cuil. à café de sucre
1 cuil. à café d'huile
1 cuil. à soupe d'eau bouillante

Ébouillantez les piments jusqu'à ce qu'ils soient tendres, égouttez-les et pilez-les avec les autres ingrédients dans un mortier pour obtenir une pâte assez lisse. Laissez refroidir avant de mettre le *sambal* dans un bocal hermétique. Au réfrigérateur, un pot se conservera une semaine. Le *sambal* pourra remplacer les piments frais dans beaucoup de recettes.

Sambal soto
Sambal pour la soupe

6 piments rouges frais
10 piments des oiseaux
1 gousse d'ail épluchée et coupée en quatre
3 noix des Moluques
1/2 cuil. à café de sel
Sucre
Jus de 3 citrons verts
3 cuil. à soupe d'eau froide bouillie

Faites ramollir les piments à l'eau bouillante. Faites dorer l'ail et les noix des Moluques dans une poêle sans huile. Pilez le tout dans un mortier pour obtenir une pâte. Salez et sucrez, puis versez l'eau et le jus de citron vert. Le *sambal soto* est servi avec la soupe de poulet (*soto ayam*) ou la soupe de bœuf (*soto daging*).

Sambal ayam goreng Kalasan
Sambal pour poulet grillé à la Kalasan

10 piments rouges frais
1 tomate
6 échalotes pelées et hachées menu
5 cuil. à soupe d'huile
3 cuil. à café de sucre de palme (*gula jawa* ou, à défaut, sucre de canne)
1/2 cuil. à café de sel
2 cuil. à soupe d'eau

Faites blanchir la tomate et les piments, égouttez-les, puis pilez-les avec les échalotes. Faire revenir cette pâte dans l'huile chaude. Ajoutez le sucre, le sel et l'eau. Laissez mitonner à feu doux jusqu'à ce que l'huile soit absorbée. Cette sauce est idéale pour accompagner le poulet grillé à la mode Kalasan.

Une règle d'or à ne pas oublier : plus le piment est fin, plus il sera fort.

Ingrédients pour une recette simple de *sambal*: piments, ail, sucre, sel, mais aussi vinaigre et eau.

Ci-dessus : les nombreux *sambal* vendus dans le commerce permettent d'éviter le travail de préparation à la maison.

Sambal bajak
Sambal cuit à la tomate (centre de Java)

10 piments rouges frais, coupés en anneaux
1 cuil. à soupe de pâte aux crevettes (*trassi*)
5 cuil. à soupe d'huile
2 tomates coupées fin
2 cuil. à soupe de sucre de palme (*gula jawa*, ou, à défaut, sucre de canne)
1/2 cuil. à café de sel
2 cuil. à soupe de pulpe de tamarin mélangée à 2 cuil. à soupe d'eau
1 feuille d'eugénier
1 branche de lemon-grass légèrement écrasée
1 morceau de racine de *galanga* (1 cm) légèrement écrasé

Dans un mortier, pilez les piments et la pâte aux crevettes. Faites revenir cette pâte dans l'huile chaude. Ajoutez les tomates, le jus de tamarin, la feuille d'eugénier, le lemon-grass et le *galanga*. Laissez mitonner à feu doux jusqu'à ce que tout soit bien mélangé.

Préparer des piments forts peut comporter des inconvénients. Évitez tout contact avec les yeux ou les muqueuses, surtout chez les jeunes enfants. Il est préférable de porter des gants et de bien se laver les mains une fois le travail fini.

Sambal trassi
Sambal aux crevettes

10 piments rouges frais, coupés en anneaux
3 piments des oiseaux, coupés en anneaux
2 tomates
1 cuil. à soupe de pâte aux crevettes (*trassi*), à faire revenir dans une poêle sans huile
1 cuil. à café de sel
1 cuil. à soupe de sucre de palme
Jus de 6 citrons verts

Pilez les piments et les tomates dans le mortier avec la pâte de crevettes. Ajoutez le sel, le sucre et le jus de citron vert. Servez comme sauce.

Sambal lado
Sambal aux anchois séchés (ouest de Sumatra)

10 piments verts frais
5 échalotes
8 cuil. à soupe de petits anchois séchés, sans les têtes, lavés et épongés dans un torchon
1 cuil. à café de sel (selon les goûts)
Jus de 2 citrons verts

Faites bouillir les piments et les échalotes puis égouttez-les. Faites revenir les anchois séchés dans une poêle sans huile. Pilez grossièrement les piments et les échalotes, puis mélangez cette pâte avec les anchois, le sel et le jus de citron vert. Servez avec des légumes cuits. On peut remplacer les anchois par deux tomates que l'on fera blanchir et que l'on pilera avec les piments et les échalotes. Salez, puis roulez des morceaux de poisson ou de poulet dans la pâte avant de les faire griller.

Les piments peuvent être passés au hachoir à viande avec l'ail. Vous ajouterez au fur et à mesure le sucre, le sel, le vinaigre et l'eau.

Les ingrédients (photographiés ici avant l'apport du vinaigre et de l'eau) sont ensuite bouillis. La consistance ne doit pas être trop lisse.

Les soupes

Une bonne soupe (*soto* en indonésien) avec de la viande rouge, de la volaille et d'autres garnitures peut servir d'entrée mais aussi constituer un repas complet. Celles composées de légumes et de poisson sont plutôt servies en accompagnement d'un plat principal. Il s'agit alors plus généralement de bouillons clairs aux ingrédients variés dans lesquels on retrouve la saveur des épices les plus courantes : piments, échalotes, ail, aromates, lemon-grass... Certains de ces bouillons sont colorés avec du curcuma. Lorsque le menu comprend une soupe, on en arrose de quelques cuillerées le riz, servi à chaque repas. Il est en effet rare de manger le riz sec. Les repas, s'ils ne comportent pas de soupe, sont au moins agrémentés de deux plats en sauce servant à mouiller le riz cuit à la vapeur.

Sop bayem
Soupe aux épinards

500 g d'épinards, lavés et hachés grossièrement
150 g de patates douces
épluchées et coupées en dés
1 l d'eau
2 échalotes pelées et coupées en anneaux
1 gousse d'ail pelée et coupée en fines tranches
1 piment vert
coupé en anneaux et vidé de ses graines
1 feuille d'eugénier
Sel

Chauffez l'eau contenant les échalotes, l'ail, le piment et la feuille d'eugénier. Ajoutez les patates douces, faites bouillir, puis baissez la flamme et laissez mijoter à feu doux pendant 10 minutes, couvercle fermé.
Ajoutez les épinards, salez et laissez mitonner encore quelques minutes à basse température.
Les feuilles d'épinard peuvent être remplacées dans cette recette par de l'ipomée aquatique, ou liseron d'eau.

Soto daging
Soupe au bœuf

500 g de viande de bœuf, de préférence dans l'épaule
2 l d'eau
1 cuil. à café de poivre moulu
1 bâtonnet de cannelle de 5 cm de long
3 clous de girofle
1/4 cuil. à café de noix muscade fraîchement râpée
6 échalotes pelées et hachées menu
2 gousses d'ail pelées et coupées en 4
2 cuil. à soupe d'huile
1 cuil. à café de sauce de soja
Sel

Pour la garniture :
2 brins de coriandre fraîche finement hachés
Oignons dorés coupés en anneaux
Le jus de 2 citrons verts

0
Pilez les échalotes et l'ail dans un mortier. Chauffez l'huile pour y faire cuire cette pâte ainsi que la sauce de soja et le court-bouillon de cuisson. Ajoutez la viande et chauffez de nouveau. Salez et laissez frémir encore 2 ou 3 minutes. Versez la soupe dans une jatte en terre, agrémentez de jus de citron vert, décorez de quelques brins de coriandre ciselés et des anneaux d'oignon bien dorés.

Soto ayam
(soupe au poulet)

Sop bayem
(soupe aux épinards)

Soto ayam
Soupe au poulet
(pour 4 ou 6 personnes)

1 poulet (environ 1 kg) prêt à cuire
1,5 l d'eau
Sel et poivre
100 g de vermicelles transparents (cheveux d'ange)
100 g de pousses de soja sans les racines
3 cuil. à soupe d'huile
1/2 cuil. à café de poivre moulu
1/4 cuil. à café de curcuma

Pour la pâte épicée:

8 échalotes pelées et hachées menu
2 gousses d'ail pelées et coupées en 4
2 noix des Moluques

Pour la garniture:

1 oignon nouveau haché
2 brins de coriandre fraîche finement ciselés
Oignons dorés coupés en anneaux

Plongez le poulet dans l'eau froide salée et poivrée, portez à ébullition puis laissez mijoter à feu doux. Une fois la viande cuite, sortez le poulet de l'eau, filtrez le court-bouillon et réservez-le. Détachez la viande des os et coupez-la en fines lamelles.

Plongez rapidement les vermicelles dans de l'eau bouillante, puis égouttez. Faites blanchir les pousses de soja à l'eau bouillante et laissez égoutter.

Préparez la pâte épicée: dans un mortier, pilez les échalotes, l'ail et les noix des Moluques. Chauffez l'huile et faites-y revenir la pâte épicée avec le poivre et le curcuma. Mélangez les morceaux de poulet à cette préparation, faites revenir et laissez mitonner 2 minutes.

Pour servir, disposez un peu de vermicelles, de soja et de poulet dans des bols individuels. Versez le court-bouillon fumant par dessus et garnissez d'oignon nouveau, de coriandre et d'oignons dorés.

Sop ikan pedas
Soupe de poisson épicée

500 g de poisson (maquereau-bonite ou mérou)
Jus d'un citron vert
3 cuil. à soupe d'huile
1 branche de lemon-grass légèrement écrasée
1 morceau de racine de *galanga* d'1 cm d'épaisseur, légèrement écrasé
1 feuille d'eugénier
1 l d'eau
Sel
6 à 8 caramboles *bilimbis* coupées dans la longueur

Pour la pâte épicée:

5 échalotes pelées et hachées
2 piments coupés en anneaux
2 gousses d'ail pelées et coupées en 4
1 tranche de gingembre d'1 cm d'épaisseur
1 tranche de curcuma frais d'1 cm d'épaisseur

Faites mariner le poisson pendant 15 minutes dans le jus de citron vert.

Pendant ce temps, préparez la pâte épicée: dans un mortier, pilez les échalotes, l'ail, les piments, le gingembre et le curcuma.

Chauffez l'huile dans une casserole et faites revenir la pâte épicée avec le lemon-grass, le *galanga* et la feuille d'eugénier jusqu'à ce que le parfum des épices se dégage. Ajoutez l'eau, portez à ébullition, puis baissez le feu. Ajoutez le poisson et salez. Cinq minutes avant que le poisson ne soit cuit, ajoutez les *bilimbis*, puis laissez mijoter.

Bien que ce plat porte le nom de soupe, il ne se mange pas à la cuillère. On verse un peu de cette soupe sur le riz pour le mouiller.

Belimbing wuluh

Le *bilimbi* (*Averrhoa bilimbi*) fait partie de la famille des caramboliers. Les fruits vert-jaune à verts, qui poussent à même le tronc et les branches, mesurent jusqu'à 7 cm de long et ressemblent un peu à des cornichons. Ils donnent aux plats dans lesquels on les retrouve une petite pointe aigre très agréable. Comme de nombreux fruits à la pulpe acidulée, ils sont recherchés pour confectionner des *manisan* soit conservés dans du sirop soit confits, ou encore roulés dans le sel, séchés au soleil et enduits d'une laque salée.

La médecine traditionnelle malaise sait également tirer profit du *belimbing wuluh*: un masque de purée de *bilimbi* avec du sel atténuera l'acné; une pâte confectionnée à base des feuilles calmera les démangeaisons; le jus fera baisser la fièvre et permettra aussi d'enlever les taches sur les tissus ou sur la peau.

Sop ikan pedas
(soupe de poisson épicée)

Les poissons

Comme il se doit dans un pays constitué d'îles et d'archipels, le poisson joue un rôle essentiel dans l'alimentation indonésienne. Il est le principal apport d'albumine et occupe dans les menus une place de choix, bien plus importante que celle des viandes. Générale-ment, on sert de petits poissons entiers plu-tôt qu'en darnes ou en filets.

Le poisson se déguste avec une sauce aro-matisée, nature sur le grill et servi avec du *sambal*. On peut le couvrir ou le farcir de plantes aromatiques, le griller, enroulé ou non dans une feuille de bananier. Coupé en filets, en dés, il peut aussi être assaisonné d'herbes, d'épices et enveloppé avec des lé-gumes dans une feuille de bananier afin d'être cuit à la vapeur. On pourra encore le cuisiner dans un lait de coco, dans du jus de tamarin ou dans une sauce fortement épicée dans laquelle on marie à volonté, et à forte dose, échalotes, ail, noix des Moluques, co-riandre, piments, feuilles d'eugénier, pulpe de tamarin, gingembre, lemon-grass, *ga-langa*, curcuma et jus de citron vert.

Les pêcheurs ne peuvent compter sur des prises régulières toute l'année que dans les zones où les îles sont assez massives pour atténuer l'effet des tempêtes saisonnières. Dans les régions où la mer est moins abritée, les bateaux restent au port de novembre à avril, pendant la saison des pluies. D'autre part, vous ne verrez jamais un bateau sortir les soirs de pleine lune car, même les en-fants le savent, les prises ces jours-là ne va-lent pas la peine qu'on se donne.

Les eaux entre l'ouest de Java et Bali offrent surtout aux pêcheurs de la sardine, dont la fameuse sardinelle des Indes (*Sardinella lon-giceps*; *lemuru* en indonésien). On trouvera aussi dans les filets des maquereaux, des poissons de corail, de petits requins et des thons. La plupart des sardines finissent à l'huile, dans des boîtes de conserve desti-nées en majeure partie au Japon.

Pêcher en Indonésie

Avant d'arriver sur les bancs de sable et les hauts fonds au large des côtes, les eaux sont souvent très poissonneuses. La pêche est une activité exercée un peu partout, le long des côtes, en haute mer, dans les nombreux

Les *Bugi*, peuple du sud-ouest des Célèbes, sont connus dans toute l'Indonésie pour les somptueuses peintures qui ornent leurs bateaux.

En comparaison, ce *jukung*, de 5 mètres de long pour à peine 50 centimètres de large, paraît bien frêle.

Ci-dessus : entre deux sorties en mer, les pêcheurs ramassent des algues. Séchées et hachées, elles seront vendues sous l'appellation *Agar-Agar*, puis préparées en gelée avec du sucre d'après une recette traditionnelle. On peut parfois les remplacer par de la gélatine.

cours d'eau, marais et lacs où la variété des poissons d'eau douce est impressionnante. Pour ne pas exposer l'approvisionnement des marchés aux aléas naturels, des fermes piscicoles ont été implantées notamment aux abords des grandes zones d'agglomération de la côte nord de Java, ainsi que dans l'est et dans l'ouest de cette île.
De nombreux coquillages habitent les récifs de corail qui entourent les îles, et le détroit de Malacca abonde en crustacés, à l'instar de presque tout l'archipel indonésien : sud de Singapour, détroit de Macassar, côte sud de Java et sud de l'Irian Jaya (Nouvelle-Guinée). On trouve aussi des mollusques : calmars ou concombres de mer. Les bateaux-pêcheries japonais, qui détiennent d'immenses concessions dans les régions orientales, représenteront bientôt un danger pour l'activité indonésienne, encore essentiellement artisanale.

Page de gauche : les *jukung* montés sur cales attendent la marée haute. Il existe plusieurs versions de ces bateaux étroits : pour un, deux ou trois pêcheurs.

Pepes ikan belida
Poisson grillé dans une feuille de bananier

1 maquereau (environ 500 g)
2 cuil. à soupe de pulpe de tamarin mélangée à 2 cuil. à soupe d'eau
2 cuil. à café de sucre roux
Sel
1 feuille de bananier blanchie
1 feuille de curcuma frais ciselée
2 branches de renouée (feuilles hachées)
3 cuil. à soupe d'huile

Pour la pâte épicée :

8 piments sans les graines et coupés en anneaux
4 échalotes pelées et hachées menu
2 gousses d'ail pelées et coupées en 4
1 tranche de racine de curcuma frais d'1 cm d'épaisseur
2 branches de lemon-grass (partie inférieure) coupées en fines rondelles
1 morceau de racine de *galanga* d'1 cm d'épaisseur

Préparez la pâte épicée : pilez-en tous les ingrédients, puis faites-la revenir dans l'huile chaude jusqu'à ce qu'elle dégage pleinement son arôme. Ajoutez le jus de tamarin, le sucre et le sel. Faites bouillir à feu doux pour réduire la sauce de manière à ce que sa consistance permette de l'étaler facilement. Retirez du feu et laissez refroidir. Coupez la feuille de bananier en un grand rectangle et étalez-y la moitié de la pâte épicée, du curcuma ciselé et de la renouée hachée. Posez le poisson sur ce lit et couvrez-le

avec le restant de la pâte et des herbes. Repliez la feuille sur le poisson de manière à former un petit paquet que vous fermerez à l'aide de cure-dents. Faites griller au charbon de bois ou sur un grill électrique pendant 25 à 30 minutes.

Vous pouvez remplacer la feuille de bananier par de l'aluminium. Il manquera certes l'un des nombreux parfums qui composent ce plat, mais la renouée (*daun kesum*) au fort goût d'eucalyptus offre déjà en elle-même une belle surprise au palais.

Lorsque l'aube enveloppe le rivage d'une clarté bleu-gris, les pêcheurs débarquent sur la plage les prises de la nuit.

Les poissons qui doivent être séchés sont préparés immédiatement après l'arrivée au port.

La conservation du poisson

Dès que le soleil pointe à l'horizon, les plages près des villages de pêcheurs s'animent. Les bateaux reviennent de leur nuit en mer et les familles attendent l'arrivée des équipages pour prendre le relais, préparer le poisson et effectuer tout le travail à terre. Les hommes déchargent le poisson et l'entassent dans de grands plats ronds peu profonds et faciles à porter sur la tête. Il sera aussitôt pesé avant d'être vendu directement sur la plage ou emporté vers les marchés locaux. Une grande partie de la prise sera également préparée par salaison et séchage pour être conservée à long terme. Très vite, le poisson frais sera cuit dans de grands bacs plats remplis d'eau salée bouillante, puis il séchera pendant quelque 15 heures au soleil. Le séchage est une opération délicate : si le poisson n'est pas bien sec, il risque de pourrir, mais chaque heure qu'il passe au soleil lui fait perdre du poids et donc de la valeur puisqu'il sera vendu au kilo.

Le requin et d'autres gros poissons sont souvent achetés par des usines installées sur la côte qui prennent en charge la salaison et le séchage. Dans ce cas, les poissons sont mis pendant trois jours dans de grandes cuves d'eau salée avant d'être nettoyés puis séchés au soleil.

Sambal ikan asin
Sambal au poisson séché

150 g de poisson séché
(un petit poisson entier ou un morceau de gros poisson)
3 cuil. à soupe d'huile
3 piments rouges frais sans les graines
3 piments verts frais sans les graines
2 gousses d'ail pelées et coupées en quatre
2 échalotes pelées et hachées menu
2 cuil. à café de pulpe de tamarin, mélangée à 3 cuil. à soupe d'eau
1 1/2 cuil. à café de sucre

Si vous avez acheté un petit poisson séché, laissez-le entier, sinon coupez le morceau de poisson en dés. Lavez le poisson et séchez-le dans un torchon. Chauffez 1 cuil. à soupe d'huile et faites-y dorer le poisson. Retirez du feu et réservez.
Pilez les piments, l'ail et les échalotes dans un mortier. Chauffez le restant d'huile pour y faire revenir cette pâte jusqu'à ce qu'elle dégage son arôme. Ajoutez le jus de tamarin, le poisson et le sucre. Mélangez et remuez pendant 1 minute, le temps que le sucre fonde.
Le *sambal ikan asin* étant très salé, de petites quantités suffisent à assaisonner les plats en leur donnant un goût hors du commun.

Dans le filet des pêcheurs

Poissons de mer
Aya kurik : thonine orientale (*Euthynnus affinis*).
Bawal : stromates et castanolines ; poissons de divers types, souvent très appréciés et chers en raison de leur finesse.
Cakalong : bonite vraie ou bonite à ventre rayé (*Katsuwonus pelamis*) ; chair moins sèche que la plupart des autres thons.
Cucut martil : requin marteau (*Sphyrna blochii*).
Kakap merah : vivaneau des mangroves ; poisson très apprécié.
Kembung : thazard de Commerson, maquereau du Pacifique fréquemment utilisé en cuisine indienne et indonésienne.
Kerapu : mérou ; les mérous rouges sont les meilleurs.
Madidihan : thon à nageoires jaunes ou thon albacore (*Thunnus albacares*).
Tajur, selayur : poisson-sabre ; les meilleurs morceaux se trouvent juste derrière la tête.
Tenggiri : thazard ponctué ou maquereau-bonite.
Tongkol : bonitou, également appelé thazard (*Auxis thazard*).

Poissons d'eau douce
Ikan lele : silure ; servi avec des sauces fortement épicées.
Ikan mas : carpes (*Cyprinus carpio*).
Tilapia : tilapie ou *tilapia* (famille des cichlidés) ; élevé en vivier.

L'eau salée est chauffée dans de grands baquets plats. C'est là que le poisson sera cuit.

Les petits poissons salés sont étalés sur de grandes plaques. Un bon séchage durera environ 15 heures. S'il se prolongeait, les poissons perdraient trop de poids.

Seuls les petits poissons sont séchés tels quels. Pour les plus gros, on coupe la tête et on ouvre le dos jusqu'à la nageoire caudale afin de les nettoyer et de les déployer au soleil tels des papillons.

Les crevettes

Les plus grosses sont des biens précieux pour les petits pêcheurs : les hôtels et les restaurants sont prêts à les acheter à tout moment, car ce sont des mets recherchés par une minorité de riches clients. Mais la plupart des Indonésiens ne s'offrent que rarement de telles délices. Généralement, ils ne peuvent s'offrir tout au plus qu'une poignée de petites crevettes pour accommoder un *nasi goreng*. Les crustacés sont le plus souvent vendus crus et entiers sur les marchés. Dans beaucoup de recettes, ils seront grillés ou frits dans leur carapace. Ce n'est que pour la cuisson à l'eau ou à la vapeur qu'on les décortiquera.

Udang bakar
Crevettes grillées

12 grosses crevettes
3 piments rouges frais coupés en anneaux
2 gousses d'ail pelées et coupées en 4
2 cuil. à café de pulpe de tamarin, mélangée à 2 cuil. à soupe d'eau
3 cuil. à soupe de sauce de soja
Sel
1 cuil. à café de sucre roux
1 cuil. à soupe d'huile

Ôtez la tête des crevettes, fendez la carapace sur le dos pour retirer la veine intestinale noire. Nettoyez les crustacés et réservez-les. Pilez les piments et l'ail dans un mortier. Ajoutez le jus de tamarin, la sauce de soja, le sel, le sucre et l'huile. Faites mariner les crevettes environ 30 minutes dans cette préparation, puis mettez-les à griller sur un barbecue classique ou électrique en les badigeonnant de sauce de temps à autre.

Gulai udang merah
Crevettes au lait de coco

500 g de grosses crevettes
3 ou 4 piments rouges frais coupés en anneaux
5 échalotes pelées et hachées menu
1 morceau de gingembre d'1 cm d'épaisseur
1/2 noix de coco râpée (250 g)
2 gousses d'ail pelées et coupées en 4
1 morceau de racine de *galanga* d'1 cm d'épaisseur, légèrement écrasé
1 branche de lemon-grass légèrement écrasée
1 petite feuille de curcuma
1 feuille de limettier hérissé
Sel
1 tomate coupée en rondelles

Ôtez les têtes des crevettes, nettoyez les queues et retirez la veine intestinale. Pilez les piments, les échalotes, le gingembre et l'ail dans un mortier. Pressez la noix de coco avec 50 cl d'eau pour en extraire le lait. Dans une poêle, portez à ébullition la pâte épicée, le lait de coco, le *galanga*, le lemon-grass, le curcuma et la feuille de limettier hérissé. Salez avant d'y plonger les crevettes et les rondelles de tomates. Laissez mijoter jusqu'à ce que les crevettes soient cuites.

Ci-contre : La chair de la crevette *udang harimau* est ferme et très savoureuse.

Udang garam asam
Crevettes à la sauce tamarin

500 g de grosses crevettes
5 piments rouges frais coupés en anneaux
2 morceaux de racine de *galanga* d'1 cm d'épaisseur
1 morceau de racine de curcuma d'1 cm d'épaisseur
1 morceau de pâte de crevettes (*trassi*)
5 noix des Moluques
8 cuil. à soupe d'huile
1 branche de lemon-grass légèrement écrasée
1 cuil. à soupe de pulpe de tamarin mélangée à 50 cl d'eau
1 1/2 cuil. à soupe de sucre
Sel

Détachez les queues de crevette, retirez la carapace et la veine intestinale, puis nettoyez la chair. Pilez les piments, le *galanga*, le curcuma, la pâte de crevettes et les noix des Moluques dans un mortier. Chauffez l'huile pour y faire revenir cette pâte épicée avec le lemon-grass jusqu'à ce que le parfum des épices se dégage. Réduisez le feu et ajoutez les queues de crevette avec le jus de tamarin, le sucre et le sel. Laissez mijoter 10 minutes.

Pais udang
Crevettes à la sauce piquante

500 g de petites crevettes décortiquées
1 morceau de gingembre
1 morceau de racine de *galanga*
2 piments rouges frais coupés en anneaux
2 noix des Moluques
3 morceaux de racine de curcuma
Sel
1 feuille de bananier blanchie à l'eau bouillante
1 brin de basilic finement ciselé
1 feuille d'eugénier

Dans un mortier, pilez le gingembre, le *galanga*, les piments, les noix des Moluques et le curcuma. Salez et mélangez avec les crevettes décortiquées. Répartissez l'ensemble sur la feuille de bananier coupée en rectangle, éparpillez le basilic ciselé et posez la feuille d'eugénier par-dessus. Repliez la feuille de bananier pour confectionner un petit paquet rectangle que vous fermerez à chaque extrémité par un bâtonnet en bois. Faites cuire à la vapeur pendant 15 minutes (la chair doit encore être ferme) puis passez au grill – charbon de bois ou électrique – pendant environ 10 minutes.

Pais udang (crevettes à la sauce piquante)

Les meilleures crevettes d'Indonésie et de Malaisie

Udang harimau (*Penaeus monodon*) : se reconnaît à sa robe noire à bandes transversales claires. Avec les *Tiger Prawns* (*P. semisulcatus*), elles comptent parmi les plus grandes : les premières atteignent jusqu'à 33 cm et les secondes environ 22 cm. (Les bêtes sont mesurées entières, de la tête à la queue ; les femelles sont parfois plus grandes que les mâles.) Les deux espèces sont particulièrement appréciées en Asie pour la finesse et la fermeté de leur chair.

Udang kulit keras (*Para peneopsis sculptilis*) : sa carapace extrêmement dure convient parfaitement pour une cuisson au grill. Cette crevette, que l'on rencontre parfois sur nos étals sous le nom anglais de *Cat Tiger*, peut mesurer jusqu'à 17 cm.

Udang merah ros (*Metapenaeus ensis*) :

Udang putih (*Penaeus merguiensis*) : la carapace assez souple de ce grand crustacé – environ 25 cm – se prête bien à la cuisson à la vapeur ou à l'étouffée. Son nom indonésien, que lui vaut la couleur de sa chair, signifie « crevette blanche ».

Udang susu (*Penaeus latisulcatus*) : se cuisine particulièrement bien au grill grâce à son épaisse carapace. Les pêcheurs la trouvent surtout dans les fonds sablonneux ou vaseux. Les femelles atteignent parfois 19 cm.

Cumi-cumi isi
(calmars farcis à la sauce piquante)

Les calmars

Par les nuits de pleine lune, les calmars remontent vers les eaux proches de la surface et les pêcheurs n'ont plus qu'à mettre les filets à la mer pour être certains de faire une bonne pêche. Lorsque les nuits sont plus noires, ils savent qu'il leur faudra éclairer les bateaux pour tromper les céphalopodes amoureux de la lumière et les forcer à sortir des profondeurs de l'océan.

Les calmars ont leur place réservée dans tous les menus de restaurant, car ils peuvent s'accommoder de multiples manières. On peut tout aussi bien les poêler après les avoir fait mariner dans quelques épices, les cuire dans une sauce de soja ou dans du lait de coco, ou encore les farcir. Leur forme les prédestine presque à ce mode de préparation. Il existe également une spécialité qui consiste à cuire le mollusque dans son encre.

Cumi-cumi goreng
(calmars frits)

Des calmars prêts à cuire

On considère comme normal, dans les pays occidentaux, de trouver les calmars prêts à cuire sur les étals. On pourrait presque dire qu'on « doit » les trouver ainsi chez son poissonnier, car il est plutôt rare de nos jours – à moins d'habiter près des côtes – d'acheter des calmars tout frais, pêchés dans la nuit et présentant encore leur tête et leurs tentacules. Pourtant, s'il vous est possible de les acheter ainsi, préférez le produit frais à celui prêt à cuisiner, même si cela vous demandera un peu plus de travail.

Une fois les calmars lavés, ôtez la peau mouchetée en saisissant le corps d'une main – fermement, mais avec précaution pour ne pas crever la poche d'encre, dont la taille et la forme dépendent de l'âge de l'animal. De l'autre main, attrapez les tentacules et la tête, puis tirez lentement et régulièrement de façon à détacher l'ensemble du corps. Les calmars possèdent une fine plaque transparente, comparable à l'os de seiche, qu'il faut retirer. Le corps doit être complètement vide. Les deux nageoires latérales sont, quant à elles, très faciles à couper.

Tranchez ensuite les tentacules au ras de la tête, à l'endroit où leur base forme comme un anneau. Au centre de cet anneau se trouve le bec qui permet au calmar de se nourrir. Tirez-le pour pouvoir le couper. (La plupart des recettes présentées ici n'utilisent que le corps, sans les tentacules.)

Cumi-cumi masak kecap
Calmars à la sauce de soja

500 g de calmars prêts à cuire
1 morceau de racine de curcuma d'1 cm d'épaisseur
1/4 cuil. à café de sel
3 cuil. à soupe de jus de citron vert
4 cuil. à soupe d'huile
2 lamelles de gingembre d'environ 2 mm d'épaisseur
3 gousses d'ail coupées en fines rondelles
10 échalotes pelées et coupées en fins anneaux
4 cuil. à soupe de sauce de soja

Entaillez les calmars en un ou deux endroits à chaque bout. Pilez le curcuma avec du sel, ajoutez 1 cuil. à soupe de jus de citron vert puis les calmars en remuant pour qu'ils soient bien enduits de la préparation. Faites chauffer 2 cuil. à soupe d'huile dans une poêle et faites-y revenir les calmars jusqu'à ce qu'ils soient à moitié cuits. (Pensez à couvrir la poêle pour éviter les projections.) Normalement, la sauce ne doit pas s'être entièrement évaporée. Retirez les calmars et réservez.

Dans une seconde poêle, faites chauffer le reste de l'huile et faites-y dorer le gingembre, l'ail et les échalotes. Versez la sauce de soja et ce qui reste de jus de citron vert. Ajoutez les calmars, mélangez et finissez la cuisson avant de servir aussitôt.

Dans la cuisine indonésienne, la sauce de soja utilisée est une sauce brune (*kecap manis*), plus douce et légèrement plus sucrée que celle que nous connaissons. Rien n'empêche cependant d'utiliser de la sauce de soja chinoise (*kecap asin*) qui est plus claire, plus forte et salée.

Cumi-cumi isi
Calmars farcis à la sauce piquante

8 calmars frais (avec têtes et tentacules)
3 cuil. à soupe d'huile
1/2 noix de coco râpée (250 g)
Sel

Pour la pâte épicée :

8 piments rouges frais coupés en anneaux
10 échalotes pelées et hachées menu
1/2 cuil. à café de pâtes aux crevettes (*trassi*)
4 noix des Moluques
1 branche de lemon-grass (partie inférieure uniquement) coupée en fines rondelles
2 lamelles de racine de *galanga* de 2 mm d'épaisseur

Pour la farce :

10 grosses crevettes, décortiquées
Tentacules des calmars
1 brin de coriandre fraîche finement ciselé
Sel
Poivre

Préparez la pâte épicée : pilez les piments, les échalotes, la pâte aux crevettes, les noix des Moluques, le lemon-grass et le *galanga* dans un mortier.

Pressez la noix de coco râpée avec 75 cl d'eau pour en extraire le lait. Réservez.

Préparez les calmars (voir encadré). Nettoyez soigneusement les tentacules. Salez abondamment l'intérieur des mollusques en frottant le sel sur la chair et réservez-les. Débitez les tentacules en tout petits morceaux et coupez les queues de crevette en dés de la même grosseur. Mélangez ces deux ingrédients, ajoutez les feuilles de coriandre, salez et poivrez. Remplissez les corps des calmars de cette farce et refermez-les aux deux extrémités avec des cure-dents.

Faites-les dorer rapidement dans l'huile pendant 2 ou 3 minutes. Faites chauffer le reste d'huile avec la pâte épicée jusqu'à ce que les épices dégagent leur arôme. Versez le lait de coco et relevez avec un peu de sel. Dès que le mélange bout, ajoutez les calmars et laissez mijoter jusqu'à ce que la sauce se soit pratiquement évaporée. Servez immédiatement.

Cumi-cumi goreng
Calmars frits

600 g de calmars, prêts à cuire
3 cuil. à soupe d'huile
1 cuil. à café de curcuma en poudre
1 branche de lemon-grass
2 tranches de tamarin séché trempées dans l'eau
Sel
1 cuil. à café de sucre roux

Pour la pâte épicée :

6 piments rouges frais coupés en anneaux
6 échalotes pelées et hachées menu
2 gousses d'ail pelées et coupées en 4
1 morceau de racine de *galanga* d'1 cm d'épaisseur
5 noix des Moluques

Pratiquez une ou deux entailles à chaque extrémité des calmars.

Préparez la pâte épicée : pilez les piments, les échalotes, l'ail, le *galanga* et les noix des Moluques dans un mortier. Faites chauffez l'huile dans une poêle et faites-y revenir la pâte épicée ainsi que le curcuma, le lemon-grass et les tranches de tamarin séché. Dès que les épices dégagent leur arôme, ajoutez le sel, le sucre et les calmars, puis remuez. Dès que ces derniers sont cuits, retirez la poêle du feu et servez aussitôt.

Il arrive que l'on fasse trop cuire les calmars qui deviennent alors un peu caoutchouteux. Laisser reposer le plat avant de le servir peut avoir le même effet. Pour éviter cela, surveillez toujours la cuisson de très près.

Gulai cumi-cumi
Calmars au lait de coco

500 g de calmars prêts à cuire
1/2 noix de coco râpée (250 g)
5 piments rouges frais coupés en anneaux
1/2 feuille de curcuma
2 tranches de tamarin séché trempées dans l'eau
1 brin de basilic
Sel

Pour la pâte épicée :

6 échalotes pelées et hachées menu
2 morceaux de racine de curcuma d'1 cm d'épaisseur
2 morceaux de gingembre d'1 cm d'épaisseur

Préparez la pâte épicée : dans un mortier, pilez les échalotes avec le curcuma et le gingembre.

Pressez la noix de coco râpée avec 50 cl d'eau pour en extraire le lait. Réservez.

Coupez les calmars en lanières et faites-les cuire à la poêle avec les piments, la moitié de la feuille de curcuma, les tranches de tamarin et la pâte épicée jusqu'à ce que toute l'eau se soit évaporée. Versez alors le lait de coco. Mélangez, salez et laissez mijoter jusqu'à ce que les calmars soient cuits et la sauce crémeuse. Servez aussitôt.

Poulets, poules et coqs

Dans la plupart des villages, les volailles vont et viennent à leur guise dans la journée. Pour la nuit, leurs propriétaires les enferment dans des paniers qu'ils suspendent à l'intérieur de la maison pour les protéger des rats. Ces volatiles habituellement très paisibles couvrent surtout les besoins personnels des villageois, mais sont également vendus sur les marchés.

Les coqs élevés spécialement pour le combat sont en revanche moins sympathiques. On en voit dans tous les villages où leurs propriétaires les gâtent particulièrement: bonne nourriture, petits bains, massages... Ils les promènent sous le bras et n'hésitent pas à leur donner des friandises comme on le ferait avec des animaux de compagnie. C'est lors des combats que l'enthousiasme atteint son paroxysme. À Bali, les combats de coqs ne sont normalement organisés que dans le cadre de rituels religieux, pour chas-

ser les mauvais esprits des alentours des temples. Ils font donc partie intégrante de festivités organisées dans les temples. Mais où vont les mauvais esprits ainsi chassés? Nul ne se le demande!

Peu avant le début du combat, les propriétaires arrivent avec leur coq sous le bras ou enfermé dans un panier, tentant de calmer leur bête par des caresses. Pour rehausser l'intérêt du jeu, les adversaires sont choisis selon des critères égalitaires. Les spectateurs forment un cercle qui grossit rapidement à mesure que les badauds arrivent. Certains coqs se montrent agressifs dès qu'ils entrevoient leurs adversaires potentiels. D'autres ont une réaction plus modérée. Lorsqu'un couple de combattants est sélectionné, les propriétaires les chaussent d'un éperon aiguisé et les paris sont ouverts. Dès le début du combat, le vacarme cesse et le silence règne. Les coqs sont mis face à face: piaillements courroucés, plumes qui volent, en un rien de temps le combat est fini. Le vaincu gît à terre, blessé, souvent mortellement. Son propriétaire le remportera chez lui où l'animal finira probablement dans la marmite. Une fois les gains payés, le prochain combat peut commencer.

Des grands éperons aiguisés rendent les attaques des coqs encore plus dangereuses.

L'éperon doit être fixé avec soin, de façon bien précise: le coq ne doit pas le perdre, mais ne doit pas non plus être gêné dans ses mouvements.

Beaucoup de coqs sont tellement agressifs qu'ils sautent immédiatement sur leur adversaire.

Le combat se termine souvent dans le sang pour les deux adversaires, voire par la mort de l'un d'eux.

Les Indonésiens adorent le poulet frit ou grillé (*ayam goreng*) et, comme pour tous les plats nationaux, il est impossible d'en donner la recette. En effet, il en existe une multitude de variantes ayant toutefois un point commun : le poulet n'est pas seulement plongé dans l'huile jusqu'à ce que la viande soit croquante. Avant d'être frit ou grillé, il cuit dans de l'eau ou du lait de coco (voire parfois du jus de tamarin ou de la sauce de soja) épicé et aromatisé. Le poulet est ainsi croustillant, mais tendre et juteux à l'intérieur.

Ayam goreng bumbu
poulet frit aux épices
(pour 4 à 6 personnes)

1 poulet (1 kg) découpé en morceaux
1 branche de lemon-grass légèrement écrasée
2 morceaux de feuilles d'eugénier
Sel, sucre
Huile pour friture
1 cuil. à soupe de graines de coriandre moulues

Pour la pâte épicée :

6 échalotes pelées et hachées menu
3 gousses d'ail pelées et coupées en 4
8 noix des Moluques
1 morceau de racine de *galanga* de 2 cm d'épaisseur
1 morceau de curcuma frais

Préparez la pâte épicée : dans un mortier, pilez les échalotes, l'ail, les noix des Moluques, le *galanga* et le curcuma. Dans une casserole, faites bouillir l'eau avec les morceaux de poulet, la pâte épicée, le lemon-grass, la feuille d'eugénier, le sel et le sucre. L'eau doit juste recouvrir les ingrédients. La cuisson doit durer jusqu'à ce que la viande soit à point et que l'eau se soit évaporée. Faites ensuite chauffer l'huile et faites-y dorer les morceaux de poulet. Laissez égoutter et servez avec les épices et la coriandre.

Ayam goreng Kalasan
Poulet frit à la mode Kalasan
(pour 4 à 6 personnes)

1 poulet (1 kg) prêt à cuire et coupé en 2
75 cl de jus de coco extrait d'une noix de coco tout juste arrivée à maturité (à défaut, en conserve)
5 échalotes pelées et hachées menu
3 gousses d'ail pelées et râpées
1 morceau de racine de *galanga* de 2 cm légèrement écrasé
1/4 cuil. à café de curcuma en poudre
Sel
Huile pour friture

Dans une casserole, faites chauffer le jus de coco contenant les échalotes, l'ail, le *galanga*, le curcuma, le sel et le poulet. Dès que celui-ci est cuit, retirez-le et laissez-le refroidir. Réservez le mélange d'épices. Faites chauffez l'huile pour y faire dorer le poulet. Pour servir, présentez les deux moitiés couvertes d'épices.

Battements d'aile et cris agressifs, les plumes volent. Le combat ne durera que quelques minutes.

Ayam goreng bumbu
(poulet frit aux épices)

Les viandes

Bœufs et buffles sont d'une grande utilité en Indonésie: animaux de trait, ils travaillent dans les champs, transportent personnes et marchandises; les vaches et les bufflonnes fournissent le lait; le fumier sert d'engrais. On les élève aussi tout simplement pour leur viande. Dans les régions où la saison sèche est de courte durée, où le sol est boueux et profond, comme à l'ouest de Java, les buffles sont à bien des égards irremplaçables. Les bœufs, en revanche, se rencontrent plus souvent dans les zones sèches où le sol plus léger est moins difficile à labourer. C'est le cas dans une grande partie de Java et sur les îles de Bali, Lombok et Madura. À ceux qui suivent les préceptes du dogme hindou, c'est-à-dire uniquement les Balinais, le culte hindou indonésien – contrairement à la règle indienne d'origine – autorise la consommation de viande de bœuf.

Le buffle étant bien moins tendre que le bœuf, les recettes ont été adaptées en tenant compte de cette différence: la cuisson est généralement plus longue et se fait à feu doux ou moyen. Dans l'une de ces recettes, le *rendang*, la viande mitonne dans un lait de coco avec des épices jusqu'à ce que le lait s'évapore presque entièrement et qu'il n'en reste plus que l'huile. En continuant à cuire dans cette huile, la viande prendra une belle couleur d'un brun foncé. Le parfum qui s'en dégage est délicieux. Le temps de cuisson étant particulièrement long, il est préférable de préparer le *rendang* en grandes quantités et d'en mettre une partie en conserve.

Le *rendang*: de la viande de buffle mijotée dans du lait de coco avec de la racine de *galanga*, du curcuma frais, du lemon-grass et une pâte épicée composée d'échalotes, de piments rouges, d'ail et de gingembre.

Dans presque toute l'Indonésie, on vous offrira des *satay*: de la viande marinée et vendue en brochettes dans les *warung*, des «mini-restos» ambulants, comme dans les grands restaurants. C'est un plat qui varie peu selon les régions. On y trouve en général du bœuf, du poulet et du mouton, ou encore des abats, dont les Indonésiens raffolent. Les Balinais préparent pour les fêtes des *satay* spéciaux avec du porc, du lait de coco, de la noix de coco râpée et des épices. Les meilleures brochettes sont cuites sur des braises de charbon de bois.

Saté manis
Brochettes de bœuf piquant

500 g de filet de bœuf coupé en dés ou en fines tranches
2 cuil. à café de coriandre moulue
1 cuil. à café de sucre de canne
Sel
1 cuil. à soupe de sauce de soja forte
2 cuil. à café de pulpe de tamarin mélangée à 2 cuil. à soupe d'eau
2 cuil. à soupe d'huile

Pour la pâte épicée:

6 échalotes pelées et hachées menu
2 gousses d'ail pelées et coupées en 4
3 piments rouges frais coupés en anneaux
1 morceau de racine de *galanga* d'1 cm d'épaisseur
1 morceau de racine de curcuma frais d'1 cm d'épaisseur
1 morceau de racine de gingembre d'1 cm d'épaisseur

Préparez la pâte épicée: pilez tous les ingrédients dans un mortier. Mélangez la pâte épicée avec la coriandre, le sucre, le sel, la sauce de soja, le jus de tamarin et l'huile. Laissez mariner les morceaux de bœuf une à deux heures dans la préparation. Embrochez la viande sur les bâtonnets de bambou (4 ou 5 morceaux par brochette), placez-les sur le grill électrique ou sur le barbecue et badigeonnez avec le reste de marinade. Servez avec une sauce aux arachides.

Sambal kacang
Sauce aux arachides

250 g de cacahuètes décortiquées
4 cuil. à soupe d'huile
1 cuil. à café de sucre de canne
1 cuil. à café de sauce de soja
1 cuil. à café de pulpe de tamarin mélangée à 1 cuil. à soupe d'eau
Sel

Pour la pâte épicée:

4 piments rouges frais sans les graines
4 échalotes pelées et hachées menu
2 gousses d'ail pelées et coupées en 4
1 morceau de pâte aux crevettes (*trassi*) d'1 cm

Préparez la pâte épicée: pilez tous les ingrédients dans un mortier. Faites griller les cacahuètes dans 2 cuil. à soupe d'huile, épongez le surplus d'huile après les avoir sorties de la poêle et laissez-les refroidir avant de les réduire en poudre. Chauffez le reste de l'huile pour y faire revenir la pâte épicée. Ajoutez le sucre, la sauce de soja, le jus de tamarin, le sel et 50 cl d'eau, puis portez à ébullition. Ajoutez les cacahuètes écrasées, baissez le feu et laissez mitonner en remuant jusqu'à ce que la sauce soit crémeuse.

Le porc est élevé et consommé uniquement dans les régions non musulmanes de l'Indonésie : îles de Bali, Lombok et Flores, pays Batak (Sumatra) et Toraja (archipel des Célèbes). Dans la plupart des villages, les habitants élèvent encore leurs propres cochons. En pays Batak, de nombreuses gargotes locales proposent en spécialité le *babi paggang*. Il s'agit de tripes de porc simplement salées et grillées à même la braise. On sert les morceaux de tripes avec une sauce salée chaude qui mêle sang de porc, piments, lemon-grass, oignons et jus de citron vert.

Le *babi guling* est un cochon de lait, de 3 à 6 mois, farci d'un mélange de piments, d'ail, d'oignon, de curcuma frais, de gingembre et de plantes aromatiques hachées. Pour le faire cuire, on recoud les deux morceaux du porc farci et on empale la pièce entière sur une longue pique de bois. Pour donner à la peau sa couleur mordorée, on la badigeonne d'une eau dans laquelle on a écrasé un morceau de curcuma frais. Le porc est cuit à la broche sur un brasier de charbon de bois ou sur un feu de bois et de noix de coco. La broche tourne en permanence, mais très lentement. La cuisson étant très longue, il peut se passer deux à trois heures avant que l'on puisse déguster, avec du riz, la viande et sa délicieuse farce.

Parfois, les marmites trahissent les (non-)appartenances religieuses. On n'y trouvera du porc que dans les régions qui ne sont pas musulmanes.

Les chèvres, quant à elles, ne sont que de piètres indices : leur présence signale tout au plus que leurs propriétaires ne sont pas végétariens et boivent du lait.

Les chèvres sont surtout élevées pour leur viande. En effet, le lait n'est considéré que comme une production secondaire. Sur les routes et dans les villages, on les verra souvent se promener librement et manger tout ce qui leur semble intéressant, ce en quoi elles diffèrent peu de leurs congénères européennes. La viande de chèvre est avant tout préparée en curry (*gulai*) et en brochettes (*satay*). Dans certaines occasions exceptionnelles, il arrive aussi qu'on la cuise à la broche. En indonésien, tout ce qui est cuit à la broche prend le nom de *guling*. Le *kambing guling* (méchoui de chèvre) est donc le pendant culinaire du *babi guling* dans les régions où l'on ne mange pas de porc.

Avant d'embrocher la chèvre, celle-ci est mise à mariner dans une préparation épicée contenant de la coriandre, du *galanga*, du poivre et du curcuma frais. Pendant la cuisson, la viande doit être régulièrement arrosée de marinade. Une jeune chèvre met environ une heure et demie à cuire sur la braise. On la sert avec une sauce aux arachides ou avec du *kecap* (sauce de soja).

Le *kambing guling*, méchoui de chèvre, peut nourrir une petite assemblée de trente convives.

Le rijstafel

Le *rijstafel* est une sorte de buffet qui n'est pas sans rappeler le *nasi Padang* de Sumatra. Les Peranakan (métis chinois) de Malaisie et de Singapour organisent également des banquets similaires appelés *tok panjang*.

Dans les foyers indonésiens traditionnels, il n'était pas rare autrefois de voir le riz servi avec une multitude de garnitures. Les planteurs hollandais n'hésitèrent pas, au siècle dernier, à surenchérir sur l'opulence de ces menus, ce qui leur permettait de faire montre de leur fortune lors des soirées. Les interminables préparatifs nécessaires à tous ces mets ne posaient aucun problème à une époque où les domestiques étaient employés en nombre par les colons.

Dans les maisons coloniales et les palais, chaque plat était apporté par un serviteur différent. De là est né le *rijstafel* actuel : onze jeunes femmes, menées par une dame plus mûre experte dans la préparation des plats, apportent ceux-ci en une sorte de défilé. La « chef de rang » sert à chaque invité une portion de riz ; les onze jeunes femmes la suivent et font de même avec les mets qu'elles portent pendant que l'experte explique les bienfaits de chacun d'eux. Lorsqu'arrive la dernière jeune femme, une dizaine de délices entourent déjà le riz.

Le repas commence par une soupe, puis par une assiette de crudités servies avec des *crackers* et diverses sauces. Vient ensuite le défilé des plats de résistance avec du poulet, du poisson, du bœuf, des légumes, des œufs et plusieurs types de *sambal*. Un dessert clôt le repas, suivi de près par un café ou un thé accompagné des célèbres confiseries indonésiennes, les *manisan* : gâteaux de riz sucrés ou petites douceurs au tamarin, par exemple. Bien qu'il ne soit pas impoli de se resservir, les convives sont généralement rassasiés avec les premières portions. Au temps des colonies, le *rijstafel* était servi dans les grands hôtels le dimanche à midi. Il n'est pas rare de nos jours que les hôtels de Singapour, comme le célèbre *Raffles*, offrent de tels festins tous les dimanches.

Le *rijstafel* était traditionnellement servi à une époque où un personnel nombreux pouvait effectuer tout le travail nécessaire. En effet, en ce temps-là, avoir à sa disposition une dizaine de serveuses n'était pas considéré comme un luxe.

Nasir putih : riz blanc précuit dans l'eau et dont la cuisson est achevée à la vapeur.

Kimlo : soupe de poulet avec champignons, carottes et poireaux, épicée avec des échalotes, de l'ail, des clous de girofle, de la noix muscade, de la sauce de soja et garnie d'anneaux d'oignons et de coriandre.

Tahu isi : tofu cuit à la vapeur et rempli d'une farce à base de poulet, de crevettes, de ciboulette de Chine et d'œufs battus. La sauce est une purée sucrée de piments et d'ail relevée avec du vinaigre.

Lalapan : ce plat de crudités avec deux sauces en accompagnement est plutôt d'origine occidentale. On le voit ici facilement aux longuets et au guacamole. La cuisine indonésienne est quant à elle représentée par le *sambal* et les beignets de crevettes et de poissons (*krupuk udang dan ikan*).

Ayam tim : poulet préparé dans un bouillon avec du gingembre, de l'anis étoilé, de l'échalote et de l'ail, servi avec des légumes verts et des carottes cuits séparément.

Ikan belado : filets de poisson coupés en morceaux et frits, accompagnés d'une sauce chaude de piments, d'échalotes, d'ail, de sucre et de vinaigre.

Dendeng ragi : tranches de bœuf maigre cuit à l'étouffée avec du sucre et de la coriandre, puis servies avec de la noix de coco râpée cuite dans un bouillon rehaussé de jus de tamarin et d'une sauce épicée (échalote, ail, coriandre, *galanga*, feuille d'eugénier et de lemon-grass). La cuisson se prolonge jusqu'à évaporation du liquide afin qu'il ne reste plus que l'huile de coco dans laquelle brunit la noix râpée.

Lumpia: nems frits, généralement farcis avec des carottes, du choux et des haricots verts sautés à la poêle.

Sate ayam dan sapi: brochettes de poulet et de bœuf marinées avec du *sambal kacang*, une sauce chaude composée de cacahuètes grillées, d'échalotes, d'ail, de pâte aux crevettes, de sucre, de soja, d'eau et de jus de tamarin.

Orak-arik campur: carottes râpées et pousses de soja cuites à l'étouffée, relevées avec de l'échalote, de l'ail, du sel, du poivre et liées avec de l'œuf battu.

Aneka sambal: parmi le choix des sauces, on présente souvent du *sambal tomat* (tomates, piments, échalotes, pâte aux crevettes, *galanga*), du *sambal goreng* (tomates, piments, échalotes, ail, sel, sucre), du *sambal trassi* (pâte aux crevettes, tomates, piments, sucre et jus de citron vert) et du *sambal bajak* (piments, *trassi*, sucre de palme, tomates, lemon-grass).

Acar campur: rondelles de carottes et de concombre blanchis dans une eau additionnée de vinaigre et contenant du sucre, du sel et un peu de piment en poudre.

Rempeyek: crackers aux arachides, avec ail et noix des Moluques, à base d'une pâte de farine de riz.

Sambal goreng dadar telur: morceaux d'omelette à la sauce pimentée aigre-douce avec pois-gourmands.

Serundeng: noix de coco râpée et grillée dans une poêle non huilée avec cacahuètes, échalote, ail, sucre et sel, en remuant constamment.

Les légumes

Les terres très riches et l'étendue des latitudes et des altitudes couvertes par l'archipel indonésien permettent de cultiver presque tous les légumes du monde. Dans le Berastagi, dans le nord de Sumatra, le climat frais et le sol volcanique conviennent, par exemple, à des variétés cultivées à l'origine en Europe : carottes, pommes de terre, haricots, concombres et courges, choux et maïs. Dans les régions plus basses, les champs seront plutôt réservés à la patate douce, au *taro*, au manioc, aux topinambours, aux arachides et au soja. Dans certaines parties du pays, on alterne avec succès les récoltes de soja et de riz. Les plaines de Java sont principalement occupées par des champs d'épinards, de liseron d'eau ou de toutes sortes de légumes-feuilles orientaux. Les piments, le gingembre, les herbes et autres ingrédients aromatiques qui assaisonnent la cuisine au quotidien sont la plupart du temps cultivés par chaque famille pour leur consommation personnelle.

Les légumes proposés par la cuisine indonésienne ne sont guère différents de ceux que l'on retrouve dans les casseroles et les assiettes en Malaisie ou à Singapour. Cette ville-État ne possédant d'ailleurs pas vraiment de surfaces cultivables, les légumes qu'on y mange sont souvent importés d'Indonésie.

Les types de préparation les plus courants sont soit la cuisson dans du lait de coco, dans une sauce aigre-douce à base de tamarin et de tomates, soit la cuisson sautée à la poêle avec des échalotes, de l'ail, des piments, des crevettes ou de la pâte aux crevettes (*trassi*). Les salades peuvent être composées uniquement à partir de crudités ou associer légumes crus et cuits. Elles sont servies avec du *sambal* ou avec une sauce piquante agrémentée de noix de coco râpée.

Outre tous ces légumes communs, on trouve en Indonésie des spécialités typiquement régionales comme les jeunes pousses ou les feuilles de patate douce, de *taro* et de manioc, les feuilles du *melinjo* (ou *daun pakis*) qui poussent à l'état sauvage dans les régions montagneuses de Java, Bali et Sumatra. Ces feuilles servent surtout à la consommation familiale et le voyageur qui mange uniquement dans les restaurants ou les hôtels n'a que peu de chance d'y goûter.

Acar kuning
Légumes marinés

200 g de carottes épluchées
200 g de concombre sans les graines
200 g de haricots verts équeutés et coupés
Sel
2 cuil. à soupe d'huile
10 échalotes rondes et de même calibre
25 cl d'eau
2 cuil. à soupe de vinaigre
1 cuil. à café de sucre

Pour la pâte épicée :

1 piment rouge frais coupé en anneaux
2 gousses d'ail pelées et coupées en 4
1 morceau de curcuma frais d'1 cm d'épaisseur
1 morceau de racine de gingembre d'1 cm d'épaisseur
3 noix des Moluques

Préparez la pâte épicée : pilez le piment, l'ail, le curcuma frais, le gingembre et les noix des Moluques dans un mortier.
Coupez les carottes et les concombres en bâtonnets de 4 cm de long sur 1 cm d'épaisseur, et les haricots, en morceaux de 4 cm de long environ. Salez les légumes coupés, mélangez-les et laissez-les tremper pendant 20 minutes dans l'eau. Rincez et laissez égoutter. Faites chauffer l'huile dans une casserole, puis ajoutez la pâte épicée. Remuez jusqu'à ce que l'arôme des épices se dégage, puis versez l'eau, le vinaigre et le sucre. Salez et portez à ébullition. Jetez alors les légumes dans le bouillon, y compris les échalotes, et remuez. Baissez le feu, laissez les légumes mijoter puis retirez-les dès qu'ils sont à moitié cuits.

L'*acar* ne se mange pas chaud. Dès que les légumes auront refroidi, on les placera dans le réfrigérateur où ils se conserveront plusieurs jours. Ce plat se sert plutôt en apéritif, avec d'autres spécialités qui aiguisent l'appétit.

Gulai daun ubi
Feuilles de patates douces au lait de coco

500 g de feuilles de patates douces (ou, à défaut, des épinards)
1/2 noix de coco râpée (250 g)
Sel

Pour la pâte épicée :

2 piments rouges frais coupés en anneaux
4 échalotes pelées et hachées menu
1 cuil. à soupe de crevettes séchées, à faire tremper brièvement

Préparez la pâte épicée : pilez les piments et les échalotes dans un mortier et ajoutez les crevettes.
Lavez les feuilles des patates douces et ôtez-en les tiges. Faites-les blanchir dans une eau légèrement salée, égouttez-les puis laissez-les refroidir. Coupez-les alors en bandes de 5 cm de large.
Pressez la noix de coco avec 75 cl d'eau pour en extraire le lait. Versez le lait de coco dans une casserole. Ajoutez les feuilles et la pâte épicée. Mélangez, salez et portez à ébullition. Réduisez le feu et laissez mijoter pendant 10 minutes en remuant souvent.

Acar kuning (légumes marinés)

Sayur lodeh
Légumes au lait de coco
(pour 2 ou 4 personnes)

150 g d'aubergines coupées en morceaux de 3 cm
1 noix de coco râpée (500 g)
1 feuille d'eugénier
1 morceau de racine de *galanga* d'1 cm d'épaisseur, légèrement écrasée
3 piments rouges frais coupés en anneaux
Sel
150 g de haricots-asperges (ou haricots kilomètres), coupés en morceaux de 2,5 cm
60 g de pousses de bambou (en conserve), rincées et coupées en tranches
100 g de chou coupés en lanières

Pour la pâte épicée :

2 échalotes pelées et hachées menu
1 gousse d'ail pelée et coupée en 4
1/4 cuil. à café de pâte aux crevettes (*trassi*)
2 noix des Moluques
1 cuil. à café de coriandre moulue

Préparez la pâte épicée : pilez les échalotes, l'ail, la pâte aux crevettes et les noix des Moluques dans un mortier, puis mélangez avec la coriandre moulue.
Plongez les morceaux d'aubergines dans de l'eau salée jusqu'à ce qu'ils aient ramolli, puis rincez-les et laissez égoutter.
Pressez la noix de coco râpée avec 75 cl d'eau pour en extraire le lait. Dans une casserole, portez à ébullition le lait de coco salé avec la pâte épicée, la feuille d'eugénier, le *galanga*, les piments. Baissez le feu, puis ajoutez les haricots et les pousses de bambou. Lorsque les haricots sont presque cuits, ajoutez les aubergines et le chou. Mélangez. Servez dès que les aubergines sont cuites.

Servi avec du *ketupat* (riz cuit dans une feuille de coco-tier), le *sayur lodeh* peut également constituer un repas entier. Dans ce cas, les proportions indiquées ne suffiront que pour deux personnes.

Tumis buncis
Poêlée de haricots verts

500 g de haricots verts équeutés
2 piments rouges frais
2 cuil. à soupe d'huile
3 échalotes pelées et coupées en anneaux
2 gousses d'ail pelées et coupées en fines tranches
4 cuil. à soupe d'eau
Sel
Poivre

Coupez les haricots et les piments en les biseautant. Faites chauffer l'huile dans un *wok* pour y faire revenir les échalotes, l'ail et les piments pendant 1 minute. Ajoutez les haricots, salez, poivrez et poursuivez la cuisson 2 minutes en faisant sauter les légumes. Allongez avec de l'eau, baissez le feu, couvrez le *wok* et laissez cuire à l'étouffée pendant 5 minutes. Retirez le couvercle, remuez les haricots et terminez la cuisson dans le *wok* découvert, jusqu'à ce que les haricots soient tendres mais encore un peu croquants.

Kacang asam pedas
Haricots-asperges à la sauce piquante

200 g de haricots-asperges (ou haricots kilomètres) équeutés
50 cl d'eau
Sel
150 g de crevettes décortiquées
2 tomates coupées en 4

Pour la pâte épicée :

4 échalotes pelées et hachées menu
1 gousse d'ail pelée et coupée en 4
4 piments rouges frais
1 tranche de racine de *galanga* de 5 mm d'épaisseur
1 tranche de racine de curcuma frais de 5 mm d'épaisseur
1 tranche de racine de gingembre de 2 mm d'épaisseur

Préparez la pâte épicée : pilez-en tous les ingrédients dans un mortier.
Coupez les haricots en morceaux de 5 cm. Délayez la pâte épicée dans une casserole contenant les 50 cl d'eau, salez et portez à ébullition. Faites cuire les crevettes et les tomates dans ce jus, puis ajoutez les haricots en laissant frémir doucement. Arrêtez la cuisson lorsque les légumes sont encore croquants.

Terung belado
Aubergines à la sauce pimentée

500 g d'aubergines longues et fines
Huile de friture
Jus de 4 citrons verts
Sel

Pour la pâte épicée :

4 piments rouges frais coupés en anneaux
4 piments verts frais coupés en anneaux
1 oignon pelé et haché menu

Préparez la pâte épicée : pilez les piments avec l'oignon. Ôtez les pédoncules des aubergines, puis coupez celles-ci dans la longueur jusqu'aux trois-quarts. Faites-les frire dans l'huile jusqu'à ce que leur chair soit cuite. Retirez-les, laissez-les égoutter puis disposez-les dans un plat. Faites chauffer 3 cuil. à soupe d'huile dans une poêle et faites-y revenir la pâte épicée après l'avoir salée. Versez le jus de citron vert, mélangez, ajoutez les aubergines frites et recouvrez de sauce. Servez aussitôt.

Tumis buncis (poêlée de haricots verts)

Le manioc

Si le riz constitue l'aliment de base des habitants des provinces occidentales d'Indonésie, le manioc (*Manihot esculenta*, *singkong* en indonésien et *ubi kayu* en malais), avec le *taro*, le maïs, le sagou et les bananes à cuire, lui a ravi cette place dans les territoires de l'est. On le prépare cuit à l'eau, à la vapeur ou, des heures durant, sur des pierres chaudes. Légume consistant, il accompagne les plats de viande ou de poisson au petit-déjeuner ou au déjeuner. Le manioc permet notamment aux Sud-Asiatiques de survivre lorsque les temps se font plus durs. Il est en effet très riche en amidon, mais aussi en albumine, en minéraux et en vitamine C.

Cru, le tubercule se conserve mal. Il doit donc être préparé rapidement. Pour cela, on l'épluche avant de le couper en petits morceaux et de le laisser sécher au soleil, sur des plaques chaudes. Les morceaux seront ensuite moulus en farine. Il existe une autre méthode de préparation consistant à moudre les morceaux de manioc humides. À la fin du processus, il ne reste plus que de la fécule sèche. On peut encore débiter les tubercules en fines tranches ou en lamelles pour en faire des chips. Pour la conservation, la préparation en farine demeure toutefois la plus efficace.

Le manioc peut aussi être mis à fermenter pour fabriquer du *tapé*, au goût naturellement sucré. Pour cela, les morceaux de tubercule épluchés sont tout d'abord cuits. Une fois refroidis, on les fait fermenter après avoir ajouté une levure spéciale (*ragi*). Au bout de deux jours, le *tapé* est prêt pour la consommation. L'*Es tapé* est le nom d'une boisson à base de ce manioc fermenté.

Pour la préparation de la farine, on ôte l'enveloppe extérieure du tubercule.

Getuk ubi
Manioc au sucre de palme

500 g de manioc épluché	
1/2 noix de coco râpée (200 g)	
150 g de sucre de palme	

Coupez les tubercules en petits morceaux et faites-les cuire dans l'eau salée. Laissez égoutter et séchez-les dans une poêle à petit feu. Faites cuire à la vapeur la noix de coco râpée et légèrement salée. Faites chauffer le sucre de palme dans 2 cuil. à soupe d'eau pour le transformer en sirop. Ôtez la partie fibreuse du manioc et réduisez la chair en purée. Ajoutez petit à petit le sirop. Versez la préparation dans un plat, égalisez la surface et pressez. Pour servir, coupez la pâte en quartiers que vous roulerez dans la noix de coco râpée.

Dans un deuxième temps, on coupe le manioc en petits morceaux en enlevant la partie fibreuse qui empêcherait de râper la chair.

Ici, les tubercules marron donnent des granulés qui seront moulus après séchage.

Kue talam ubi
Gâteau de manioc à la vapeur
(pour 6 à 8 personnes)

Pour la partie inférieure :

600 g de manioc râpé à laisser égoutter
1 feuille de bananier (ou, à défaut, du beurre)
1/2 noix de coco râpée (200 g)
2 cuil. à soupe de tapioca
225 g de sucre
Colorant alimentaire jaune ou vert

Pour la partie supérieure :

1 noix de coco râpée (500 g)
80 g de tapioca
50 g de farine de maïs
1/4 cuil. à café de sucre

Garnissez un plat à gratin (20 x 15 cm) d'une feuille de bananier, ou beurrez-le.
Préparez la partie inférieure : pressez la noix de coco avec 25 cl d'eau pour en extraire le lait. Dans une casserole, mélangez le manioc, le tapioca, le sucre et le lait de coco, puis ajoutez quelques gouttes de colorant. Faites cuire à feu doux en remuant constamment jusqu'à ce que la préparation épaississe. Versez-la alors dans le moule et poursuivez la cuisson à la vapeur pendant 20 minutes. La pâte sera à moitié cuite.
Préparez la partie supérieure : pressez la noix de coco râpée avec 75 cl d'eau pour extraire le lait de coco. Dans une casserole, mélangez le tapioca, la farine de maïs, le lait de coco et le sucre. Versez avec précaution cette préparation sur la première couche. Faites cuire à la vapeur pendant 25 minutes jusqu'à ce que le tout soit cuit. Laissez refroidir le gâteau puis coupez-le en parts carrées pour servir.

Ci-dessus : le manioc, qui a tendance à pourrir rapidement, peut être conservé un peu plus longtemps que la normale sous forme de *tapé*.

Kue bingka ubi
Gâteau de manioc au four
(pour 4 à 6 personnes)

500 g de manioc râpé à laisser égoutter
1 noix de coco râpée (450 g)
Beurre
180 g de sucre
1/4 cuil. à café de sel
1 œuf battu
27 cl de lait de coco épais
1 goutte d'essence de vanille

Préchauffez le four à 180 °C.
Pressez la noix de coco râpée sans y avoir ajouté d'eau. Il faut que vous obteniez au total 27 cl de lait de coco. Si la quantité obtenue par cette pression à sec ne suffisait pas, ajoutez un peu d'eau et pressez de nouveau jusqu'à obtenir autant de lait qu'il est nécessaire.
Beurrez un plat à gratin (18 x 18 cm) et faites-le chauffer au four pendant quelques minutes.
Dans un saladier, mixez le manioc, le sucre, le sel, l'œuf, le lait de coco et la vanille. Sortez le plat du four et versez-y la pâte ainsi obtenue. Faites cuire pendant environ 50 minutes jusqu'à ce que le gâteau soit bien ferme et sa croûte, légèrement dorée. Sortez-le alors du four et laissez-le refroidir.
Ne coupez les parts qu'une fois le gâteau complètement refroidi.

La vente de *tapé* dans les rues de certaines régions est un commerce très rentable.

Fécule et acide cyanhydrique

Le manioc appartient à la famille des euphorbes. Il est parcouru de canaux laticifères qui contiennent, selon les espèces et les conditions de croissance, une proportion variable d'un acide cyanhydrique très amer. Dès que la plante est abîmée de quelque manière que ce soit, l'enzyme présente dans les tissus se diffuse et libère cet acide cyanhydrique. C'est pour cette raison que le manioc est impropre à la consommation lorsqu'il est cru. En revanche, il peut être utilisé sans aucun problème lorsqu'il est cuit. Les amateurs de crudités ont donc tout intérêt à trouver un autre fournisseur de féculent.

Les salades

Dans les menus indonésiens, les salades n'annoncent pas les plats de résistance mais font partie des nombreux accompagnements servis avec le riz. On les déguste donc en alternance avec les autres mets, et non avant ou après ceux-ci. Il existe cependant quelques salades qui forment un plat : le *gado-gado*, qui constitue facilement à lui seul un repas ou du moins un en-cas copieux, la salade de fruits *asinan buah* ou celle de légumes appelée *asinan sayur*.

Ces salades indonésiennes sont essentiellement à base de crudités ou, parfois, de légumes croquants juste blanchis. La sauce est le plus souvent composée d'un jus de citron vert, de tamarin ou de vinaigre de riz. La touche exotique est apportée par les cacahuètes, la pâte aux crevettes, le sucre de palme ou des herbes tropicales.

Gado-gado
Salade de Java

(accompagnement pour 6 à 8 personnes, repas complet pour 4 personnes)

125 g de haricots-asperges coupés en morceaux de 2,5 cm
125 g de chou-fleur coupés en petits bouquets
125 g de chou haché grossièrement
125 g de pousses de soja
1 concombre coupé en rondelles
2 pommes de terre cuites, épluchées et coupées en rondelles
2 œufs durs coupés en tranches

Pour la sauce aux arachides :

1 cuil. à soupe de pulpe de tamarin
20 cl d'eau froide bouillie
1/4 cuil. à café de pâte aux crevettes (*trassi*)
6 piments rouges frais coupés en anneaux
250 g de cacahuètes broyées finement
2 cuil. à soupe de sucre de palme (ou, à défaut, du sucre de canne)
Sel

Pour la garniture :

Crackers aux crevettes (4 petits ou 2 grands)
Anneaux d'oignons dorés

Faites blanchir les haricots, le chou-fleur, le chou et les pousses de soja pour qu'ils soient cuits mais encore croquants. Disposez-les dans un plat avec le concombre, les pommes de terre et les œufs.

Préparez la sauce : mélangez la pulpe de tamarin avec 2 cuil. à soupe d'eau et pressez-la au travers d'une passoire. Faites revenir la pâte aux crevettes à sec dans une poêle. Pilez les piments et la pâte aux crevettes dans un mortier. Ajoutez le jus de tamarin, le restant d'eau et mélangez le tout avec les cacahuètes. Ajoutez le sucre de palme et le sel.

Attendez de servir, avec les *crackers* et les oignons, pour verser la sauce sur les légumes.

Asinan
Salade de fruits et légumes

2 carottes épluchées et coupées en bâtonnets
2 concombres épluchés et coupés en bâtonnets
125 g de chou coupé en lanières
200 g de pousses de soja sans les racines
2 carambole coupées en tranches
150 g de papayes coupées en tranches

Pour la sauce :

2 cuil. à soupe de sucre de palme (ou, à défaut, du sucre de canne)
2 cuil. à soupe d'eau
2 cuil. à soupe de crevettes séchées et trempées
2 piments rouges frais coupés en anneaux
4 piments des oiseaux
1 cuil. à café de sel
120 g de cacahuètes grillées concassées
225 ml de vinaigre (vinaigre de malt)

Préparez la sauce : délayez le sucre de palme dans l'eau. Pilez dans un mortier les crevettes, les piments rouges et les piments des oiseaux. Ajoutez le sel et les cacahuètes au fur et à mesure. Dans un saladier, mélangez cette pâte avec le vinaigre et le sirop de sucre de palme.

Ajoutez les fruits et les légumes coupés en petits morceaux, puis mélangez convenablement.

Vous pouvez aussi laisser mariner fruits et légumes dans du vinaigre pendant 1 heure et les égoutter avant de composer votre salade. Les étapes à suivre sont dans ce cas similaires à celles citées précédemment, si ce n'est qu'on augmente la proportion de sucre.

Vous pourrez combiner toutes sortes de légumes et de fruits. Veillez simplement à ce que la pulpe des fruits ne soit pas farineuse, mais ferme.

Gado-gado (salade de Java)

Asinan (salade de fruits et légumes)

Urap

Salade de légumes à la sauce coco
(pour 4 à 6 personnes)

125 g de pousses de soja sans les racines
125 g de haricots verts équeutés et coupés en morceaux d'1 cm de long
125 g de carottes épluchées et coupées en rondelles
125 g de chou râpé grossièrement

Pour la sauce :

1/2 noix de coco râpée (225 g)
Sel
Jus de 2 citrons verts

Pour la pâte épicée :

2 cuil. à soupe de crevettes séchées et trempées
5 piments rouges frais coupés en anneaux
1 gousse d'ail pelée et coupée en 4

Faites blanchir les légumes pendant 3 à 5 minutes et égouttez-les bien. Ils doivent être encore croquants.
Préparez la pâte épicée : pilez les crevettes, les piments et l'ail dans un mortier.
Dans une poêle, faites revenir à petit feu la noix de coco râpée et la pâte épicée. Salez et remuez en permanence jusqu'à ce que l'arôme se dégage.
Versez le tout dans un saladier, ajoutez le jus de citron et remuez. Ajoutez les légumes cuits et mélangez.
L'*urap* se prépare également avec des crudités râpées ou coupées en fines rondelles. Dans ce cas, la sauce est composée avec les mêmes ingrédients mais crus.

Anyang pakis

Salade aux pointes de fougère

500 g de *daun pakis* (pointes de fougère)
1/2 noix de coco râpée (200 g)
125 g de pousses de soja sans les racines
5 échalotes pelées et coupées en fines rondelles

Pour la pâte épicée :

5 piments rouges frais coupés en anneaux
1 tranche de racine de gingembre de 5 mm d'épaisseur
1 branche de lemon-grass (partie inférieure uniquement) coupée en fines rondelles
Pulpe d'1 citron vert
Sucre
Sel

Préparez la pâte épicée : pilez les piments, le gingembre, le lemon-grass et la pulpe du citron vert. Sucrez et salez à votre convenance.
Faites dorer la noix de coco râpée à sec dans une poêle et pilez-la avec les échalotes. Réservez.
Faites blanchir les pousses de soja et égouttez-les bien. Dans un saladier, mélangez la noix de coco et les échalotes pilées avec la pâte épicée, ainsi que les pousses de soja et les pointes de fougère.

Les marchés sont non seulement le lieu indispensable où s'approvisionner, mais aussi un superbe spectacle pour les yeux.

Les desserts

En Indonésie, un dessert n'est pas forcément sucré. D'ailleurs, on ne le déguste pas obligatoirement à la fin du repas. Les Indonésiens ont pris peu à peu plus de liberté par rapport aux menus figés des somptueux repas qui étaient servis à une certaine époque. Gâteaux de riz cuits à la vapeur, bananes grillées, salades de fruits : toutes ces merveilles sont aujourd'hui vendues dans de petits restaurants sur roues qui circulent dans les rues toute la journée. Un petit creux ? Il suffit de guetter la sonnette qui annonce leur arrivée. Les Indonésiens ont un joli mot pour désigner ces petits desserts que l'on savoure comme une pause : *cuci mulut*, qui signifie approximativement « s'inonder la bouche ».

Pisang goreng
Beignets de bananes

4 bananes (*pisang raja*)
250 g de farine de riz
15 cl d'eau
1/4 cuil. à café de sel
Huile de friture

Pétrissez la farine et l'eau pour obtenir une pâte à beignets. Salez légèrement. Faites chauffer un peu d'huile dans une poêle (même quantité que pour faire dorer des échalotes). Plongez les bananes dans la pâte et faites-les frire jusqu'à ce qu'elles soient bien dorées. Égouttez-les et servez aussitôt.

Pour une saveur encore plus exotique, préparez la pâte en remplaçant l'eau par du lait de coco. Vous pouvez bien sûr utiliser de la farine de blé, un œuf et de l'eau, mais la farine de riz donne des beignets beaucoup plus croustillants. Pour obtenir le même effet avec de la farine de blé, ajoutez-y de la farine de riz.

Onde-onde
Boulettes de riz gluant aux haricots

Pour la farce :
150 g de haricots verts secs, à laisser tremper une nuit
150 g de sucre
1 feuille de pandanus
Sel

Pour la pâte :
1/4 noix de coco râpée (100 g)
50 g de farine de maïs
200 g de farine de riz gluant
1 pincée de sel
100 g de graines de sésame
Huile de friture

Préparez la farce un jour à l'avance : videz l'eau dans laquelle trempent les haricots, rincez-les et égouttez-les. Versez-les dans une casserole et recouvrez-les d'eau pour les faire cuire jusqu'à ce que leur peau éclate. Ils ne doivent être qu'à moitié cuits. Retirez-les du feu, remuez avec une cuillère en bois pour détacher les peaux, puis rincez.

Pisang goreng (beignets de bananes)

Une fois les haricots débarrassés de leur enveloppe, faites-les cuire à la vapeur jusqu'à ce qu'ils soient bien tendres. Écrasez-les en purée avec du sucre et la feuille de pandanus. Salez. Mettez la préparation dans une poêle et faites évaporer toute l'eau qui reste, à feu doux, en remuant en permanence. Retirez la feuille de pandanus. Partagez la farce en 12 portions.

Le lendemain, préparez la pâte : pressez la noix de coco râpée avec 20 cl d'eau pour en extraire le lait. Mélangez farine de maïs et farine de riz gluant, salez et pétrissez en versant petit à petit le lait de coco pour lier la pâte. Travaillez celle-ci jusqu'à ce qu'elle ne colle plus. Partagez en 12 portions égales et aplatissez chacune au creux de la main pour former des galettes de 5 mm d'épaisseur que vous remplirez de farce avant de les refermer en forme de boulettes. Roulez celles-ci dans les graines de sésame pour que leur surface en soit recouverte, puis faites frire dans une huile pas trop chaude.

Il vous faudra probablement passer les graines de sésame au tamis et les trier pour les débarrasser d'éventuels cailloux et autres impuretés.

Urap pisang
Bananes à la noix de coco râpée

6 bananes à cuire bien mûres (*pisang kepok*)
1/3 noix de coco râpée (150 g)
1/4 cuil. à café de sel
1 1/4 cuil. à soupe de sucre

Lavez les bananes avec leur peau et faites-les cuire pendant 15 minutes à la vapeur. Épluchez-les et coupez-les en morceaux.
Mélangez la noix de coco râpée avec le sel et le sucre, puis roulez-y les morceaux de bananes. Servez.

Rujak
Salade de fruits à la sauce piquante
(pour 4 à 6 personnes)

1 ananas
1 mangue (choisissez un fruit pas tout à fait mûr)
1/2 igname
1/2 pomelo ou pamplemousse
1/2 concombre

Pour la sauce :
1/2 cuil. à café de pâte aux crevettes (*trassi*), à faire revenir dans une poêle sans huile avant de piler
2 piments rouges nettoyés et hachés menu
4 cuil. à soupe de sucre de palme (ou, à défaut, du sucre de canne)
2 cuil. à soupe de vinaigre de malt ou de jus de citron

Coupez l'ananas, la mangue et l'igname en petits morceaux. Épluchez le pomelo et détachez-en les quartiers. Partagez le concombre en deux, puis coupez les moitiés en lanières dans le sens de la longueur.
Préparez la sauce : faites revenir la pâte aux crevettes à sec dans une poêle, puis pilez-la. Mélangez-la ensuite avec tous les autres ingrédients de la sauce que vous verserez sur les fruits et les légumes au moment de servir.

Bien que ce dessert s'appelle « salade de fruits », il contient aussi des légumes tels que le concombre et l'igname. On peut y mettre n'importe quels fruits pour peu que leur chair soit ferme, pas trop mûre et non farineuse. Les fruits et légumes croquants sont ceux qui conviennent le mieux.

Urap pisang
(bananes à la noix de coco râpée)

Onde-onde
(boulettes de riz gluant aux haricots)

Du jus à couper au couteau

La nata de coco

Les lois physiques, chimiques et mécaniques naturelles permettent de transformer le jus de coco contenu à l'intérieur des jeunes noix de coco (à ne pas confondre avec le lait de coco tiré de la pulpe pressée) en un produit exceptionnel. Il suffit pour cela de lui ajouter du sucre et des ferments (bactéries d'acide acétique).

Comme pour la levure et le levain, l'alchimie ne se fait pas toute seule. Il faut d'abord créer un effet « starter » en mélangeant du sucre au jus.

Le jus de coco sucré est alors porté à ébullition. On le laissera ensuite reposer pendant cinq jours, avec des ferments, dans un bac rectangulaire couvert. Après quatre jours, le jus de coco commence à se solidifier et, au cinquième jour, il peut être retiré du bac. La couche de jus de coco gélifiée est découpée nette sur les bords et en surface pour ne pas risquer de rapporter du liquide de fermentation qui risquerait de gâcher la blancheur pure et laiteuse de la gelée. Les couches sont ensuite débitées à la machine en gros dés de 2 cm qui seront cuits pendant 10 minutes dans l'eau avant d'être stockés dans des récipients perforés. À ce stade, on place les récipients sous des presses qui les compriment progressivement pour leur faire rendre une partie de l'eau absorbée lors de la cuisson. En s'écoulant, le liquide entraîne les substances devenues trop acides. Ce processus est répété jusqu'à ce que la gelée soit d'un blanc translucide uniforme, d'une consistance solide et élastique qui rebondit sous les doigts et d'un goût qui chatouille agréablement nos papilles gustatives.

Les dés de gelée sont enfin pasteurisés dans un sirop préparé avec des feuilles de pandanus et de la vanille. Grâce à ce traitement, ils se conserveront jusqu'à deux ans. La *nata de coco*, produite à l'origine aux Philippines, est aujourd'hui exportée vers l'Asie et l'Europe.

Ci-contre : les couches de gelée de coco d'un blanc laiteux sont débitées en gros dés à la machine.

Pour que l'on puisse recueillir la gelée, le jus de coco est mélangé avec du sucre qui agit comme un « starter ».

Ainsi préparé, le jus de coco se solidifiera en reposant 5 jours dans des bacs plats avant d'être coupé en dés.

Les dés sont cuits 10 minutes à l'eau, puis stockés dans des récipients percés qui seront placés sous presse.

Avant que la gelée ne soit bonne à consommer, elle devra de nouveau être cuite et longuement pressée.

Pasteurisé et mélangé à du sirop, le produit final sera présenté de deux façons : cubes ou languettes.

Boissons fraîches

Air durian balanda : jus de corossol épineux (*sir-sak*), rafraîchissant et un peu acide.

Air jeruk nipis : jus de citron vert allongé avec de l'eau et mélangé avec du sirop dans chaque verre au moment de servir.

Bandung : sirop rose allongé avec du lait condensé.

Es apocat : purée d'avocats sucrée et allongée avec de l'eau.

Es buah, es campur : mélange varié de fruits, sirops, lait condensé et glace pilée.

Es cendol : fruit du jaquier et autres fruits mélangés dans un cocktail avec du sucre de palme, du lait de coco et des morceaux d'une sorte de gelée verte fabriquée à base de farine de haricots *mungo*. Il existe de nombreuses variantes de cette boisson, dont une avec des haricots rouges.

Es juice : cocktail de jus de fruits exotiques servi avec de la glace pilée.

Es tapé uli : boisson à base de riz et de manioc fermenté.

Markisah : sirop ou jus de fruits de la passion en bouteille, dilué avec de l'eau au moment de servir. On peut également réaliser un cocktail en ajoutant du jus de mangue et de *tamarillo*.

Salak juice : jus préparé à partir de l'essence des fleurs de *salak*.

Ci-contre : ce grand verre de *es cendol* se dégustera plus facilement à la cuillère.

On appelle *tuak* le vin de palme, c'est-à-dire le jus fermenté des boutons de fleur du palmier à sucre.

Transformé en *arak* par distillation, le vin de palme est très alcoolisé et à consommer modérément.

Les boissons

Pour se rafraîchir

La chaleur fait prospérer une multitude de petites boutiques de rue qui vendent des boissons rafraîchissantes et sucrées. Il est presque impossible de détacher ses yeux des carafes alignées côte à côte et remplies de sirops, laits ou jus de coco, jus de fruits et fruits en gelée de toutes sortes qui servent à réaliser ces cocktails non alcoolisés ressemblant parfois à de vrais desserts.

Le *tuak*

Le vin de palme se fabrique à partir du jus tiré des boutons de fleur du palmier à sucre (qui sert aussi de base au *gula jawa*, le sucre de palme). Choisir la bonne période pour la cueillette est essentiel : le jus pressé avec les fleurs fraîchement ramassées le matin se distingue de celui pressé en fin d'après-midi qui commencera à fermenter aussitôt. Le jus matinal est plus doux et contient moins d'alcool ; celui du soir est plus sec. Le *tuak* ayant tendance à tourner au vinaigre après deux ou trois jours, il faut absolument le boire frais. Il n'est produit que pour la consommation locale. En Malaisie et à Singapour, le vin de palme est vendu sous l'appellation *toddy*.

L'*arak*

Cet alcool est distillé à partir du *tuak* ou du vin de riz. La religion des Balinais ne leur en interdisant pas la consommation, une grande partie de la production se trouve sur l'île de Bali. L'*arak* fait maison est parfois si âpre que bien des Balinais lui préfèrent le *tuak* et vendent les bouteilles d'*arak* aux hôtels lorsqu'ils ne les destinent pas, comme habituellement en médecine traditionnelle, à un usage externe. On en utilise aussi une qualité médiocre dans les cérémonies religieuses car on suppose que les dieux et les démons ont une bien meilleure constitution que les humains, et surtout parce que cela coûte moins cher. Pour la distillation, un certain type de *tuak* est mélangé avec des fibres de noix de coco qui accélèrent la fermentation. Le vin distillé repose deux à trois jours. Lorsque la quantité de liquide est suffisante, on transvase celui-ci dans une marmite hermétique où il cuira et sera distillé. La première distillation est la meilleure. Les touristes de Bali connaissent cette boisson claire, incolore et fortement alcoolisée sous des noms de cocktail tels que *Arak Attack*, *Arak Coke*, *Arak Orange* ou encore *Arak Madu* (à base d'*arak* et de miel).

Le *brem Bali*

Le *brem*, le vin de riz, est fabriqué à partir de 75 % de riz gluant blanc et de 25 % de riz gluant noir (également distillé pour faire de l'*arak*). La fabrication commence par le nettoyage des grains qui sont ensuite mis à tremper pendant 24 heures, puis cuits à la vapeur pendant deux heures et demie dans de grandes marmites en aluminium. Pendant la cuisson, on verse de l'eau chaude sur le riz afin qu'il ne dessèche pas trop et on le remue pour qu'il cuise de façon uniforme. Après une phase d'évaporation, le riz est transvasé dans des corbeilles où il reposera et égouttera pendant quelques heures afin de retomber à la température ambiante. Ce n'est qu'alors que des cultures de levure sont ajoutées. Elles sont en effet trop sensibles à la chaleur pour agir efficacement lorsque le riz est brûlant. Le riz encore humide et préparé avec la levure est transvasé vers les marmites en aluminium où on le fait fermenter. Après cinq jours, le liquide qui a dégorgé peut déjà être recueilli et le riz pressé pour en extraire encore plus de jus. L'un et l'autre seront mélangés pour produire le futur « vin ». Le jus de riz doit encore fer-

Brem Bali prêt à la vente : bouteilles pleines, fermées et étiquetées telles que les touristes les connaissent.

menter 15 jours avant d'être mis à éclaircir dans des tonneaux en plastique où il reposera pendant la moitié de l'année. Commence alors la mise en bouteilles qui, comme l'encapsulage et l'étiquetage, est souvent effectuée à la main, la production étant surtout artisanale. Le produit fini est un vin doux à servir frais. Il peut être bu pur ou avec de l'*arak*. Lors des cérémonies religieuses, les Balinais donnent judicieusement en offrande un vin de moindre qualité.

Sanur Sunrise

1/2 dose de *brem Bali*
1 dose de vodka
1/2 dose de jus de citron vert

Versez le vin, la vodka et le jus de citron vert sur des glaçons dans un *shaker* et secouez. Servez avec une tranche d'orange dans des verres à cocktail.

Brem Sour

2 doses de *brem Bali*
1/2 dose de jus de citron vert

Versez le vin et le jus de citron vert sur des glaçons dans un *shaker* et secouez. Servez avec une tranche d'orange dans des verres à cocktail.

Le riz gluant blanc et noir trempe tout d'abord pendant 24 heures avant d'être cuit à la vapeur.

Après deux heures et demie de cuisson, le riz est à point, comme l'indiquent sa consistance et sa couleur.

Avant qu'on ne lui ajoute de la levure, il doit refroidir jusqu'à atteindre la température ambiante.

Voici les marmites dans lesquelles le riz fermentera encore cinq jours avant qu'on en tire le jus.

Ce jus, d'un rouge mordoré, donnera un vin légèrement alcoolisé (5°) qui sera ensuite mis en bouteille.

Les bouteilles seront encapsulées et étiquetées à la main. Elles sont dédiées à la déesse du riz : Devi 'Sri.

Du vin ! Qui l'eût cru ?

Sur l'île de Bali, la production de vin de palme et de riz a des origines culturelles séculaires. En revanche, qui s'attendrait ici à trouver du vin comme en France ? Pourtant, à Sanur, on produit du vin à partir de raisins cultivés à Singaraja, plus au Nord. Les débuts n'ont pas été simples et mère Nature ne se montrait pas très coopérante : le climat, qui présente ici tant d'avantages à bien des égards, ne convenait justement pas à la vigne plantée (*Vitis vinifera*). Les premières tentatives avec des variétés européennes échouèrent, car ces dernières avaient besoin pour leur floraison d'une période de froid qu'il est inutile d'espérer sous ces latitudes. Le cépage américain Isabella rouge, de type *Vitis labrusca*, a la particularité au contraire de fleurir parfois jusqu'à cinq fois en deux ans même si le climat reste chaud. On n'en tire certes qu'un léger rosé, mais il s'agit bien de vin. Aucun doute !

Les raisins sont foulés aux pieds et mis à fermenter jusqu'à ce que le contact entre le jus et les colorants naturels de la peau donne au vin sa couleur. Ce n'est qu'ensuite que l'on presse. Le moût est stocké dans des réservoirs équipés de conduites de refroidissement servant à abaisser la température au niveau nécessaire pour que les particules en suspension se déposent. Le moût ainsi clarifié est pompé pour être transvasé dans d'autres réservoirs où il fermentera pendant une semaine. Ces réservoirs ne sont pas isolés et le vin aura encore besoin de deux semaines pour se stabiliser à la bonne température. Pendant cette phase, il sera filtré deux ou trois fois. Après le deuxième filtrage, on lui ajoute du sucre. La dernière filtration se fait en milieu stérile avant la mise en bouteilles.

Après cinq ou six semaines, ce vin peut déjà être bu. On fabrique à partir du même raisin un vin mousseux. Ces deux types de produits sont vendus dans les hôtels et les restaurants locaux.

Le rosé, très léger, mis en cave à Bali, se distingue par sa robe claire.

ROSÉ

An aromatic medium dry tropical wine for all occasions.
Serve chilled.

Produced by Fa. "UDIYANA"
SANUR BALI

±11% Alc/Vol

750mL

PRODUCE OF INDONESIA

DEP. KES. RI. MD 100122002018

WINES

À l'occasion des grandes fêtes religieuses comme celle de la bénédiction annuelle du temple (odalan), les Balinaises apportent, en équilibre sur leur tête, des offrandes artistiquement arrangées en pièces montées.

Pour parvenir à modeler à la main ce genre de gâteaux, il faut une pâte spéciale et, surtout, beaucoup de pratique.

Les femmes préparent un mélange de farines avec de l'eau et une forte proportion de colorant alimentaire.

La pâte devra être pétrie énergiquement pour qu'elle acquière la bonne consistance et que la couleur soit bien répartie.

Ces gâteaux de riz hauts en couleur ne sont pas seulement des offrandes. Ils se savourent enrobés de noix de coco râpée.

Pour fabriquer un petit plateau, il faut des feuilles de cocotier souples coupées dans la longueur.

Les bandes qui seront tissées doivent être dépliées.

On les fait se chevaucher afin de former le fond du plateau.

Pour la fixation du fond, on détache la nervure médiane de quelques autres feuilles…

… pour coudre à petits points les bandes avec ce « fil » naturel.

Le fond du plateau est renforcé sur les bords.

On attache une bande artistiquement pliée pour former les côtés.

Une fois terminé, le plateau est parfois garni d'une feuille de bananier.

Les offrandes

À Bali, il n'est pas rare de découvrir en des endroits parfois insolites de petites offrandes multicolores. Les Balinais doivent en effet veiller à accorder toute l'attention qui convient aux nombreux dieux et esprits qui peuplent leur vie. C'est pourquoi à midi, lors de la préparation du repas, les femmes déposent, devant l'autel domestique et en d'autres points stratégiques de la maison, des coupelles en feuilles de cocotier contenant de la nourriture. On en trouvera ainsi parfois sur le seuil des portes… Les femmes consacrent beaucoup de temps à la fabrication et à la présentation de ces petites offrandes qui régalent les yeux lors de toutes les cérémonies religieuses, à l'occasion des naissances et des décès mais aussi lors des nombreuses bénédictions et purifications effectuées au temple.

Les longs préparatifs destinés aux fêtes font partie des tâches communautaires et les femmes se regroupent en *anyaman* (*alad*), tout comme les cultivateurs forment des *subak* pour s'occuper des rizières. Elles se réunissent pour préparer les gâteaux de riz, les offrandes pour le temple et en profitent pour jouer de la musique ou discuter des problèmes familiaux. Les *anyaman* ont donc à la fois un rôle religieux et social.

Les Indonésiennes sont très habiles à fabriquer des paniers et ornements avec de jeunes feuilles de cocotier. Coupées, pliées, tressées, celles-ci prendront la forme et la taille souhaitées. Les objets confectionnés contiendront gâteaux, fleurs et autres offrandes, ou serviront simplement de décorations lors de la fête des récoltes pour laquelle on décore des bambous (*pénjor*) avec des vanneries, des fruits, des gâteaux et du riz, tous symboles de fertilité.

Bali possède un nombre stupéfiant de temples. Outre celui de chaque quartier ou village, on en a construit pour chaque groupe de riziculteurs, de pêcheurs ou d'artisans de toutes sortes. Avec près de 20 000 temples répertoriés, la moyenne est de quatre lieux de culte par kilomètre carré, sans compter les autels privés, dressés dans les maisons. La nature des offrandes varie selon les circonstances et les événements. Les dons les plus beaux sont ceux offerts au temple en remerciement de quelque bienfait. Pour la bénédiction annuelle du temple, la fête de l'*odolan*, les gâteaux de riz, les fruits, les fleurs et les poulets rôtis sont superposés en de gigantesques pièces montées pouvant peser jusqu'à 20 kg, qui tiennent debout grâce à un support de bois placé au centre. Les femmes les portent au temple, en équilibre sur leur tête, accompagnées des tambours, des gongs et des cymbales. Étant donné la quantité de nourriture que cela représente, il est heureux que les dieux se contentent des essences spirituelles dégagées par les encens que le prêtre allume pour eux. Les Balinais ont ainsi la chance de pouvoir se restaurer une fois les cérémonies terminées.

Jajana (Jaja)

La pâte de ces gâteaux est composée d'un mélange de farine de riz gluant et de tapioca, lié avec de l'eau et du colorant alimentaire. Pour les confectionner, les femmes n'ont pas besoin de moules spéciaux. Même les formes les plus complexes sont modelées à la main, avec la seule aide d'une petite tige. Tous ces gâteaux, cuits à la vapeur, sont servis avec de la noix de coco râpée et du sucre de palme. De ce que les dieux ne se nourrissent pas, les fidèles se régalent.

Cet assortiment de gâteaux de riz hauts en couleurs et modelés à la main ne doit sa variété qu'à l'imagination de la cuisinière.

Glossaire

adas (indon.) : feuilles, fleurs et graines de fenouil utilisées comme épices. En Indonésie, les tubercules blancs ne se mangent pas en légumes.

asam (mal., indon.) : aigre.

asam tamarin (*Tamarindus indicus*) : la pulpe séchée de la gousse de cet arbre tropical sert d'acidifiant (voir **jus de tamarin**).

asam keping (mal. ; indon. : *asam gelugur*; chin. : *a shen pian*) : tranches de tamarin séchées.

bawang putih (indon.) : ail.

blacan (mal.) : voir **pâte aux crevettes**.

buah keluak (mal.) : graines de pangie (*Pangium edule*), arbre indigène de Java et Bali. À rincer plusieurs fois à l'eau fraîche avant consommation pour en éliminer les substances toxiques.

buah keras (mal. ; indon. : *kemiri*; chin. : *ma jia la*) : voir **noix des Moluques**.

buis de Chine (feuilles du) : feuilles vert foncé, de 4 à 5 cm de long, lancéolées et effilées (*Murraya koenigii*; chin. : *gah li ye*), dont les huiles essentielles donnent un arôme piquant. Pour faire pleinement ressortir leur arôme, on peut ajouter les feuilles à la cuisson pendant cinq minutes ou les faire revenir dans l'huile. Dans la cuisine indonésienne, elles sont souvent remplacées par des feuilles d'eugénier (*daun salam*).

bunga cengkih (mal. ; indon. : *bunga cengkeh*; chin. : *ding xiang*) : clous de girofle (*Syzygium aromaticum*), boutons floraux pleinement développés, mais non épanouis et séchés d'un arbre toujours vert des Moluques.

bunga kantan (mal. ; indon. : *honje*, *palang*; chin. : *xiang hua*) : le bouton du gingembre rouge (*Phaemeria speciosa*) sert d'ingrédient dans la préparation de salades et de currys.

cabe hijau, *cabe merah* (mal.) : piments verts et rouges.

calmars (*Teuthoidea*; indon. : *cumi-cumi*) : ils font partie des décapodes (huit bras assez courts munis de ventouses et deux longs bras préhensiles). Dans la cuisine asiatique, ainsi que dans la cuisine méditerranéenne, ces mollusques sont très prisés et par endroits, on en pêche déjà trop. La chair est ferme, elle devient cependant dure lorsqu'elle est mal cuisinée, en particulier si elle est cuite trop longtemps, à température trop élevée. Le calmar s'accommode particulièrement bien d'une farce.

cardamome (*Elatteria cardamomum*) : les capsules séminales séchées des inflorescences paniculées de cette plante vivace de 2 à 3 m s'utilisent comme condiment. La cardamome est originaire des régions chaudes et humides de l'Inde, du Sri Lanka et de la côte de Malabar. Son arôme est d'un piquant savoureux ; la cardamome moulue entre dans la composition des mélanges de curry.

cecur (mal. ; indon. : *kencur*; chin. : *sha jiang*) : cette racine de kaempférie (*Kaempferia galanga*) a un arôme similaire à celui du gingembre et est utilisée de façon semblable.

crevettes : étant donné le nombre de désignations et l'usage parfois erroné qu'il en est fait, nous avons opté dans les recettes pour le terme général de « crevettes », en ajoutant au besoin « grandes » ou « petites ». « Shrimps », « prawns », ou « gambas » sont tout au plus des désignations imprécises concernant leur taille et signifient tout simplement « crevettes » dans d'autres langues. Du point de vue zoologique, « scampi » désigne en revanche d'autres animaux appartenant à la famille des homaridés. Ils se distinguent par leur abdomen beaucoup plus développé et par leurs pinces plus grosses.

cumi-cumi (indon.) : voir **calmars**.

cumin de Malte (*Cuminum cyminum*; indon. : *jinten*) : herbe annuelle pouvant atteindre 50 cm de haut ; ses ombelles développent de minces schizocarpes gris jaunâtre légèrement arquées qui, séchées ou moulues, constituent un ingrédient essentiel à la fabrication des poudres de curry.

curcuma (*Curcuma domestica*; indon. : *kunyit*; chin. : *huang jiang*) : comme le gingembre, les rhizomes du curcuma, appelé aussi safran des Indes, sont utilisés frais mais on les trouve également dans le commerce en morceaux séchés et moulu. Le curcuma, ingrédient essentiel de la poudre de curry, donne aux plats une coloration jaune intense, une caractéristique que l'épice garde beaucoup plus longtemps que son arôme. Le jaune est une couleur sacrée dans tous les pays asiatiques et c'est la raison pour laquelle le curcuma est largement utilisé, en particulier pour les plats de fête. (Les recettes figurant dans ce livre précisent « curcuma » en poudre lorsque c'est le cas ; sinon, il s'agit de curcuma frais).

daun bawang (mal. ; indon.) : oignon nouveau (*Allium fistulosum*), comparable à celui que l'on trouve en Occident (chin. : *cong*).

daun jeruk purut (indon.) : voir **limettier hérissé**.

daun kari (mal.) : voir **buis de Chine**.

daun kemangi (indon.) : basilic.

daun kesum (mal. ; chin. : *ku wo ye*) : voir **renouée**.

daun ketumbar (mal.) : feuilles de coriandre (*Coriandrum sativum*; chin. : *yan sui ye*).

daun kunyit (mal. ; chin. : *huang jiang ye*) : feuilles de curcuma ou safran des Indes (*Curcuma domestica*), utilisées dans les currys ou pour envelopper du poisson à griller.

daun limau purut (mal. ; indon. : *daun jeruk purut*; chin. : *suan gan ye*) : voir **limettier hérissé**.

daun pandan (mal., indon.) : voir **pandanus**.

daun salam (indon.) : voir **eugénier**.

daun seladeri (mal.) : céleri coupé (*Apium graveolens*; indon. : *daun seledri*; chin. : *qin ca*).

daun selaseh (mal.) : basilic (*Ocimum basilikum*; indon. : *daun kemangi*), utilisé dans les currys.

egg jam : « confiture d'œufs » ; crème à base d'œufs, de sucre et de lait de coco, préparée au bain-marie, servie sur du pain grillé au petit déjeuner dans les *coffee shops* chinois, mais également ingrédient de petits gâteaux sucrés.

eugénier (*Eugenia polyantha*) : ses feuilles aromatiques (indon. : *daun salam*) légèrement acidulées sont utilisées en petites quantités ; elles ressemblent aux feuilles de laurier, mais il vaut mieux les remplacer par des feuilles du buis de Chine.

fermentation: 1. Transformation chimique de substances organiques sous l'influence d'enzymes existants ou ajoutés (ferments). Elle modifie non seulement l'aspect, mais également le goût, la consistance et la valeur nutritive des aliments. En fonction des agents de la fermentation et du produit final, on distingue, par exemple, les fermentations alcoolique, lactique et acétique. 2. Processus de transformation biochimique développant l'arôme, par exemple du thé ou du tabac.

galanga de l'Inde (*Alpinia galanga*, syn. *Galanga major*; indon.: *laos*; mal.: *langkuas*; chin.: lan jiang): l'arôme des rhizomes est très relevé, avec une légère note amère. S'utilise comme le gingembre, mais avec plus de modération.

gingembre (*Zingiber officinale*): les rhizomes (indon.: *jahe*) lisses gris clair à marron que l'on trouve dans le commerce ne possèdent déjà plus leur enveloppe liégeuse foncée. L'intérieur du rhizome est jaune clair et par endroits très fibreux. Son goût est agréablement frais et piquant mais avec l'âge, sa saveur piquante devient plus forte. Les rhizomes de gingembre de qualité ne devraient pas dater de plus d'un an.

gula melaka (mal.): voir **sucre de palme**.

gula jawa (indon.): voir **sucre de palme**.

halia muda (mal.; indon.: *jahe muda*; chin.: *nen jiang*): gingembre jeune, appelé également gingembre-tige.

halia tua (mal.; indon.: *jahe tua*; chin.: *jiang*): le rhizome mûr du gingembre a un goût plus prononcé.

H.P.-Sauce: abbréviation de *Houses of Parliament-Sauce*, un assaisonnement à base, entre autres, de tamarin, figues, raisins secs, dattes, épices orientales, poivre et vinaigre de malt. Elle est importée d'Angleterre.

jaquier (fruit du) (*Artocarpus heterophyllus*): on consomme généralement les enveloppes jaunes et charnues contenant les graines des fruits verts pouvant atteindre 50 kg, et se développant à même le tronc de cet arbre à feuillage persistant, originaire de l'Inde et de l'île de Sumatra. Pour la spécialité indonésienne appelée *gudeg*, on utilise des fruits pas encore mûrs.

jahe (indon.): voir **gingembre**.

jinten (indon.): voir **cumin de Malte**.

jus de coco: c'est le liquide aqueux situé à l'intérieur des jeunes noix de coco et qui s'épuise avec l'âge. Le jus de coco est une boisson rafraîchissante, ainsi que la base du nata de coco.

kayu manis (indon.): cannelle.

kemiri (indon.): voir **noix des Moluques**.

kencur (indon.): cette racine de kaempférie (*Kaempferia galanga*) possède un arôme semblable à celui du gingembre et est utilisée de la même façon.

kucai (mal.): ciboulette-ail ou ciboulette de Chine (*Allium tuberosum*), une intéressante combinaison des arômes de la ciboulette et de l'ail (chin.: *jiu cai*).

kunyit (indon.): voir **curcuma**.

kunyit basah (mal.): curcuma frais.

lada kering (mal.): piments séchés. Il vaut mieux les faire tremper dans de l'eau chaude avant emploi. Ils sont moins piquants sans leurs graines (indon.: *cabai/cabe kering*; chin.: *la jiao gan*).

lada merah/lada hijau (mal.): piments rouges et verts frais. Les piments allongés sont généralement plus piquants que les arrondis (indon.: *cabai/cabe merah/hijau*; chin.: *hong/qing la jiao*).

lait de coco: liquide obtenu à partir de la noix de coco râpée. Un première pression sans eau ou avec un peu d'eau donne un lait épais; en mélangeant, puis en pressant encore la même chair râpée avec de l'eau, on obtient un lait assez liquide. Quand les deux qualités de lait sont indiquées dans une recette, on emploie d'abord le lait le plus liquide puis, seulement en fin de la cuisson, le lait épais. Une noix de coco râpée avec sa peau marron donne environ 500 g de pulpe râpée (sans peau, cela fait environ 50 g de moins). Dans les magasins d'alimentation asiatique, différents produits de lait de coco concentré ou en poudre à délayer avec de l'eau sont également proposés.

laos (indon.): voir **galanga** de l'Inde.

langkuas (mal.): voir **galanga** de l'Inde.

lemon-grass (*Cymbopogon citratus*; mal.: *serai*): arbrisseau à racine épaisse, semblable à un oignon et à l'arôme citronné. Habituellement, on utilise seulement les 5 à 10 cm de l'extrémité inférieure, que l'on coupe en tranches minces pour les broyer ensuite, généralement avec d'autres épices, dans un mortier. Il est parfois indiqué dans les recettes d'utiliser la tige entière, mais on la retire généralement du plat avant de servir.

lentinus (*Lentinus edodes*; japonais: *shiitake*): champignon comestible à chapeau de 5 à 10 cm de diamètre, souvent excentrique, de couleur gris brunâtre à brun-rouge, souvent avec des écailles blanchâtres; lames serrées, d'abord blanchâtres, puis légèrement jaunes, enfin brun-rouge; pieds courts, généralement minces. Sa chair est ferme et sa saveur caractéristique du champignon; on les trouve frais et séchés.

limau kesturi (mal.): limette acide (*Citrus aurantiifolia*), à mince peau verte; on utilise son jus (indon.: *jeruk nipis*; chin.: *suan gan*).

limettier hérissé (feuilles de) (*Citrus hystrix*; mal.: *daun limau purut*): elle donnent un arôme acide aux currys ou aux grillades. On les trouve séchées, congelées et fraîches. Il est préférable de faire tremper les feuilles séchées pendant quelques minutes.

lyciet de Barbarie (*Lycium barbarum*): en médecine douce et dans la cuisine chinoises, ses fruits sont connus pour faire baisser la tension artérielle et le cholestérol, tonifier le foie et les reins, et améliorer la vision. Mais la liste de leurs applications est bien plus longue: on leur attribue également des vertus curatives en cas de lumbago, d'impotence et de troubles liés à la ménopause. La culture de cette plante ornementale rustique exige un sol alcalin, sablonneux, bien perméable et en situation ensoleillée. On ramasse les baies rouges en automne, puis on les fait sécher.

manis (mal.; indon.): doux.

noix des Moluques: appelée également aleurite (*Aleurites moluccana*), c'est une espèce de noix ressemblant à la noix de Macadamia, mais que l'on ne peut pas consommer crue, car elle contient des substances toxiques qui sont détruites quand on la fait chauffer. Les noix des Moluques sont dures et très oléifères; de petites quantités broyées servent à lier les sauces pour les plats au curry et en daube. L'arôme qu'elle donne aux aliments ne peut être confondu avec aucun autre; on peut éventuellement la remplacer par des amandes, des noix de Macadamia ou des noix du Brésil, mais l'effet ne sera jamais le même. Dans les magasins d'alimentation asiatique, on les trouve épluchées et emballées sous vide.

œufs de cent ans: œufs de cane ayant reposé pendant deux à quatre mois dans un mélange de calcaire, de cendre, de sel et de glume de riz, jusqu'à ce que le blanc soit d'un noir translucide et le jaune vert-gris. On en sert un quart ou un huitième, par exemple en garniture avec les entrées froides ou du *porridge* de riz ; c'est une spécialité chinoise.

ormeaux (*Haliotidae*) ou oreilles de mer : ils appartiennent à la famille des gastéropodes. Ils constituent un mets raffiné très recherché, et leurs populations sont déjà décimées. Il en existe une centaine d'espèces, répandues dans les zones de ressac de toutes les mers assez chaudes. La force d'aspiration de leur pied est telle qu'il est extrêmement difficile de les détacher des pierres et des rochers pour les ramasser. Leur chair ressemble à celle de la coquille Saint-Jacques en un peu plus ferme. S'ils sont mal préparés, par exemple trop cuits, leur chair durcit rapidement. Difficiles à trouver frais, les ormeaux s'achèteront séchés ou en conserve. En conserve, ils sont prêts à l'emploi ; il faut en revanche prévoir un long temps de préparation avant de pouvoir commencer à cuisiner les ormeaux séchés.

pala (indon.) : noix muscade.

pandanus (*Pandanus odorus, P. tectorius* ; chin. : *xiang lan ye*) : les minces feuilles lancéolées du pandanus (mal. et indon. : *daun pandan*) donnent principalement aux desserts un arôme rappelant la rose ou la vanille, et elles s'utilisent au moins autant que la vanille en Europe. Son jus vert sert de colorant.

pâte aux crevettes (mal. : *blacan* ; indon. : *trassi*) : de teinte foncée, elle a généralement une consistance rappelant celle des cubes à ajouter aux soupes ou aux sauces. Son odeur peut être un peu incommodante, mais ne doit pas rebuter, car la pâte s'utilise toujours en petites quantités et mariée à d'autres épices. Les palais occidentaux la trouveront peut-être trop salée dans les quantités indiquées. De plus, la variante malaise ou indonésienne, parfois difficile à trouver dans le commerce, devra être remplacée par un autre produit comparable, sri-lankais ou thaïlandais, dont la composition risque d'être légèrement différente. Il faudra donc l'employer avec beaucoup de prudence et tâtonner un peu pour trouver la juste mesure.

pâte épicée : il ne s'agit pas d'un mélange standard, mais d'une pâte dont les ingrédients varient toujours ; elle se compose d'épices sèches et humides, et n'obtient sa consistance caractéristique que broyée dans un mortier. Dans le cas idéal, tous les ingrédients se lient entre eux pour former une masse homogène (ce qui, il est vrai, se fait beaucoup plus facilement avec un robot ménager). Cette pâte est cuite dans de l'huile

chaude au début de la préparation, jusqu'à ce que tous les arômes se soient pleinement développés.

piments : la cuisine de l'Asie du Sud-Est utilise principalement de petits piments minces et généralement très piquants, verts ou rouges. On peut les rendre un peu moins piquants en retirant leurs graines. Ce faisant et en les lavant, il faut absolument éviter tout contact avec les muqueuses.

poivre du Japon : fruits capsulaires rougeâtres de *Zanthoxylum piperatum* séchés et débarrassés de leurs graines, sous forme de poivre floral dont l'arôme, outre des substances piquantes, contient également des composants citronnés.

poudre aux cinq épices : mélange chinois d'épices, composé à parts égales de poivre du Japon, d'anis étoilé, de cannelle, de clous de girofle et de fenouil, et utilisé de préférence dans les plats de viande.

renouée (*Polygonum odoratum* ; mal. : *daun-kesum*) : également appelée coriandre vietnamienne, cette herbe citronnée, poivrée et piquante s'utilise dans les sauces épaisses à la noix de coco.

riz gluant : riz à grains moyens et à teneur particulièrement élevée en amidon, dont la capacité à coller dépend cependant de sa préparation. Cuit à la vapeur, il reste granuleux, mais cuit dans deux fois plus d'eau que nécessaire et particulièrement longtemps, il forme une bouillie que l'on peut presque pétrir comme une pâte.

safran des Indes : voir **curcuma**.

sagou : ce produit est obtenu à partir de la moelle du sagoutier (*Metroxylon sagu*), dont on extrait la fécule pour la moudre et la transformer en farine. Pour fabriquer le sagou perlé que l'on trouve habituellement dans le commerce, la farine humidifiée est pressée dans des passoires spéciales ; de minuscules gouttelettes tombent sur des tôles brûlantes et oscillantes sur lesquelles roule la fécule en train de sécher et forme des grains arrondis. Le sagou peut se préparer de la même façon à partir de tapioca, fécule de la racine de manioc.

sauce d'huîtres : assaisonnement à base d'extrait d'huîtres, additionné de sucre, sel, farine de blé, fécule de maïs, caramel et eau, et utilisé dans les plats de légumes, viandes et poissons.

sauce de soja : c'est l'assaisonnement asiatique à base de graines de soja fermentées le plus connu. Outre de nombreuses variantes

aromatiques spécifiques, cette sauce existe sous deux formes : l'une assez foncée moins forte et l'autre, claire, plus salée.

serai (mal. ; indon. : *sereh* ; chin. : *xiang mao*) : lemon-grass.

sucre de palme (mal. : *gula melaka* ; indon. : *gula jawa*) : jus végétal sucré, bouilli et cristallisé, issu des inflorescences fermées de l'*arenga* ou palmier à sucre (*Arenga pinnata*) et du *nipa* (*Nypa fruticans*). Dans les recettes, il peut être remplacé par environ la moitié de sucre de canne, au pouvoir édulcorant plus fort.

tahu (indon.) : fromage de graines de soja ; voir *tofu*.

tamarin (jus de) : la pulpe dure marron foncé de la gousse du tamarin (*Tamarindus indicus*) est vendue, sous forme de bloc pressé, dans les magasins d'alimentation asiatique. On fait fondre la quantité indiquée dans la recette dans de l'eau bouillante puis on la presse bien ; le liquide acidulé obtenu est utilisé comme assaisonnement (il sert en outre à lier légèrement les ingrédients). L'acidité vient d'un mélange d'acides tartrique, citrique, lactique et malique, ainsi que de quelques autres composants, et constitue environ 20 % de la gousse. En Europe, on connaît le tamarin comme condiment faisant partie de la *Worcestersauce*. Le tamarin a un léger effet laxatif.

tempeh : sorte de fromage de soja fait de graines de soja fermentées, dont on reconnaît encore les contours dans le produit final, mais ayant perdu leur structure. En Indonésie, on consomme plus de *tempeh* que de *tofu*.

tofu : fromage de soja fabriqué à partir de lait de soja, issu de graines trempées, moulues puis cuites. Dans le commerce, on trouve du *tofu* mou, ferme ou fumé.

trassi (indon.) : voir **pâte aux crevettes**.

volvaires (*Volvariella volvacea*) : ces champignons marron foncé de la taille d'un œuf de pigeon sont cultivés sur un mélange de paille de riz et de terre et mûrissent en l'espace de 30 à 40 jours. Leur arôme est optimal lorsqu'ils sont consommés frais, mais en Europe, il faut se contenter, pour cette espèce, de champignons séchés ou en conserve.

wok : la forme de cette poêle permet à la chaleur de se répartir de façon régulière. Ses parois remontent à l'oblique et l'huile se concentre sur une petite surface au centre, ce qui permet aux ingrédients coupés en menus morceaux de cuire sans perdre leurs qualités, à condition de les remuer constamment.

Introduction à la pensée chinoise sur l'alimentation

Par Andrea Fülling

Qu'est-ce qu'une alimentation saine ? La réponse à cette question n'est pas la même en Chine et en Occident, où l'on classe les aliments en fonction de leurs substances nutritives et de leurs calories. Pour comprendre la théorie chinoise de l'alimentation, il est indispensable de se familiariser avec une terminologie que l'on retrouve dans toute la pensée chinoise et qui est le fruit de plusieurs millénaires d'observations et d'expériences.

Le *Yin* et le *Yang*

Le *Yin* et le *Yang* représentent les forces bipolaires agissant à tous les niveaux, dans le microcosme comme dans le macrocosme. Il ne s'agit nullement de les opposer dans le sens de l'être et du non-être ou du bien et du mal, mais de considérer que le *Yin* n'existe pas sans le *Yang* et inversement. Ils sont complémentaires et interdépendants. Le *Yin* et le *Yang* ne sont pas des unités de mesure constantes, mais sont à la base d'une alternance rythmique permanente. Le principe omniprésent est celui du relais, c'est-à-dire que le *Yin* et le *Yang* prédominent à tour de rôle.
Associé à la nuit, le *Yin* représente le côté féminin, l'obscurité, la tranquillité, le froid, la passivité. Associé au jour, le *Yang* représente le côté masculin, la clarté, la chaleur, l'activité. Agissant aussi bien dans le microcosme que dans le macrocosme, le *Yin* et le *Yang* régissent également le corps humain. Le *Yin* est à l'origine des substances corporelles telles que le sang, les liquides organiques, les tissus, les muscles et les os, tandis que le *Yang* fournit au corps toute l'énergie nécessaire à sa régulation thermique et à l'ensemble de ses fonctions. Par l'intermédiaire des méridiens, les organes reçoivent tout ce qui est nécessaire à leur bon fonctionnement.
Si le *Yin* et le *Yang* ne sont plus en harmonie, l'homme tombe malade. La médecine traditionnelle chinoise établit une distinction entre les troubles de nature *Yin* et ceux de nature *Yang*. En cas de troubles de nature *Yang*, le corps peut accuser, au stade initial de la maladie, un déficit en *Qi* (énergie), c'est-à-dire une perte d'énergie ou, à un stade plus avancé, un déficit en *Yang*, c'est-à-dire un manque absolu d'énergie. En revanche, lorsqu'il y a excès d'énergie ou de chaleur dans le corps, on parle de plénitude du *Yang*. Les troubles de nature *Yin*, quant à eux, entraînent soit une déficience au niveau du sang ou du *Yin*, soit une plénitude de *Yin*. La déficience au niveau du sang fait référence à toutes les maladies affectant la qualité, la quantité ou la fonction du sang. Si le *Yin* fait défaut, les liquides organiques sont plus ou moins réduits ; au contraire, s'il abonde, il y a accumulation de mucosités, d'eau ou de graisses dans le corps.

Le triple réchauffeur

Le triple réchauffeur, composé de trois foyers d'organes, permet la circulation de la chaleur et de l'énergie d'un organe à l'autre. L'une des fonctions de ce système consiste à puiser de l'énergie dans l'air que nous respirons et dans les aliments.
Le foyer inférieur est constitué par les reins et le foie. L'une de ses fonctions les plus importantes est la thésaurisation du *Yuan-Qi*, c'est-à-dire du *Qi* inné. Celui-ci n'est pas produit par les organes, mais donné à chaque être humain à sa naissance. Chaque jour, le corps perd un peu de ce *Yuan-Qi*, ce qui, pour les Chinois, expliquerait le processus de vieillissement. Lorsque le *Yuan-Qi* est épuisé, l'individu meurt. Sa qualité et sa quantité sont prédéterminées pour chaque individu, et par conséquent non renouvelables. Une bonne hygiène de vie, ainsi qu'une alimentation saine peuvent toutefois influencer la quantité de *Yuan-Qi* fournie par les reins.
Une autre fonction des reins consiste à transmettre l'énergie et la chaleur au foyer moyen constitué par l'estomac et par la rate. Grâce à cette énergie, ceux-ci peuvent extraire le *Qi* et le principe vital subtil des aliments. Ils produisent ainsi la première partie de l'énergie acquise.
De son côté, le foyer moyen transmet l'énergie au foyer supérieur, alimentant ainsi le cœur et les poumons. Il incombe à ceux-ci de produire la seconde partie de l'énergie acquise, en puisant de l'énergie dans l'air que nous respirons. Le *Qi* provenant des aliments et celui provenant de la respiration forment les deux composantes du *Qi* acquis. Plus l'organisme peut mettre de *Qi* à la disposition du corps, moins celui-ci puisera dans la source de son énergie innée (les reins), car les reins

thésaurisent aussi du *Qi* excédentaire issu du gain d'énergie acquise, qu'ils peuvent transmettre à l'organisme en cas de besoin.

Les effets thermiques des aliments

Les influences cosmiques sont présentes partout et les aliments ne font pas exception. Chaque aliment se distingue en outre par des effets énergétiques bien déterminés pouvant harmoniser, soutenir, mais également déséquilibrer les organes, leurs fonctions et le *Qi* qui s'écoule à travers ceux-ci.
Les Chinois classent les aliments selon cinq états énergétiques : très chaud, chaud, neutre, frais et froid.
On consomme des aliments très chauds pour prévenir ou combler un manque de *Yang*, car ils permettent de protéger le corps du froid. C'est aussi la raison pour laquelle on les préfère en hiver. Une personne souffrant du froid, même lorsqu'il ne fait pas très froid, devrait consommer davantage d'aliments de cette nature. Dans ce cas précis, les soupes de viande ou de légumes sont particulièrement efficaces. Mais une consommation excessive d'aliments très chauds nuit à la santé et peut entraîner un déficit de *Yin*.
Parmi les aliments très chauds, on compte par exemple le fenouil, la viande de mouton, les boissons à forte teneur en alcool, l'eau chaude, les épices piquantes telles que le piment et le poivre, mais également des épices moins fortes telles que les clous de girofle, la cannelle et la noix muscade. Certains poissons comme la perche, le saumon et la truite font partie des aliments chauds, ainsi que la volaille et le gibier ; la carotte, le potiron, le poireau, l'oignon, l'ail et les légumes d'hiver sont des légumes chauds ; parmi les épices chaudes, on compte la coriandre, le cumin, le paprika doux, le gingembre, la marjolaine, ainsi que toutes les épices séchées. Le vin rouge et le café font eux aussi partie des aliments chauds.
Les aliments les plus équilibrés pour le corps sont tous les aliments neutres, par exemple les céréales, la pomme de terre, la viande de bœuf et de porc, car ils ont sur le *Qi* un effet aussi harmonisant que stabilisant. Les céréales cuites en particulier, et surtout le maïs et le millet, contiennent une forme très harmonieuse de *Qi* et devraient

figurer dans presque tous nos menus. En revanche, les pommes de terre ne possèdent pas cette particularité. La viande de bœuf est tonifiante pour le sang et le *Qi* de la même façon ; le porc l'est également, mais dans une moindre mesure.

La plupart des légumes figurent parmi les aliments frais, par exemple les haricots, les champignons, les courgettes, les tomates, le chou chinois, les blettes et les fruits, ainsi que les produits laitiers comme le yaourt, le fromage et le beurre. Ils participent essentiellement à la composition du sang et des substances corporelles. Pour ce faire, les reins, la rate et les glandes endocrines doivent disposer de suffisamment d'énergie. Or, si l'apport d'énergie est insuffisant, le *Yang* vient inévitablement à manquer (ce sont surtout les femmes qui en souffrent). Il vaut donc mieux éviter les aliments de cette catégorie en automne et en hiver. Il en va de même, et dans une mesure encore plus importante, pour les aliments froids. En été, ils servent à protéger le corps de l'excès de chaleur et à empêcher ainsi une plénitude de *Yang*. Les fruits exotiques, mûrissant en été dans leur pays d'origine, devraient également être consommés chez nous essentiellement en été. Parmi les aliments froids figurent aussi la laitue, les infusions (de menthe ou de matricaire), le thé noir, l'eau minérale et toutes les boissons froides, la glace et le sel. Quand il fait très chaud, on a tendance à se nourrir principalement d'aliments froids. Mais c'est justement en été qu'il faut se garder d'une faiblesse d'énergie au niveau du foyer moyen (rate et estomac).

La règle d'or est d'essayer de composer son menu quotidien essentiellement avec des aliments neutres, chauds et frais. Les aliments très chauds et les aliments froids ne servent généralement que de compléments. En outre, une alimentation à base de légumes et de fruits de saison est très saine, et ceci n'est pas uniquement un point de vue chinois. Les indications sur l'effet thermique des aliments ne sont données qu'à titre général (la préparation culinaire étant susceptible de les modifier).

Les cinq éléments

Les cinq cycles de transformation sont soumis au principe du *Yin-Yang* et par conséquent aussi à la théorie des cinq éléments. Celle-ci est fondée sur la reconnaissance du fait que les processus naturels sont tributaires d'un système d'équilibre subtil entre les différents processus qui, selon la situation, ont un effet de soutien, de frein ou de blocage. Ces cinq éléments – le bois, le feu, la terre, le métal et l'eau – forment un autre système universel dans l'approche chinoise globale. Celui-ci permet d'expliquer les processus naturels et joue de ce fait un rôle important dans le choix et la composition de l'alimentation. Les cinq éléments se soutiennent, se freinent ou se bloquent mutuellement, selon la situation. À chaque élément correspond, entre autres, une saveur, une forme d'énergie, une couleur et un ou deux organes.

Ainsi, l'élément bois est associé à la saveur acide, au foie et à la vésicule biliaire, et à la couleur verte. Tous les aliments acides et/ou de couleur verte exercent donc un effet favorable sur les organes liés au bois, même s'ils appartiennent également à d'autres éléments en termes de saveur. Le canard, le poulet, l'oie, le blé, l'épeautre et le grain vert d'épeautre ont eux aussi un effet positif sur le foie et la vésicule biliaire. Les aliments à la saveur acide ont presque tous une énergie thermique rafraîchissante, ce qui équilibre le foie en cas de manque de liquides organiques et d'excès de chaleur. Quand on transpire beaucoup, les infusions d'églantine, de mauve ou d'hibiscus ont un effet rafraîchissant.

L'élément feu est associé à la saveur amère, au cœur et à l'intestin grêle, ainsi qu'à la couleur rouge. La saveur amère a une influence directe sur le système digestif. C'est la raison pour laquelle les apéritifs amers stimulent l'appétit, tandis que les liqueurs amères favorisent la digestion d'un repas lourd et riche en graisses. Les aliments froids de l'élément feu, qui possèdent en outre une énergie rafraîchissante, protègent de la chaleur au niveau du cœur et aident à la formation des liquides organiques, tandis que la saveur amère et chaude du cacao, du café et du vin rouge a un effet desséchant et protège le corps lorsqu'il fait froid et humide. La viande de mouton et la viande de chèvre, ainsi que le seigle, le sarrasin, les bigarreaux, le raisin rouge et le paprika, pour n'en citer que quelques-uns, sont associés à l'élément feu.

L'élément terre est associé à la saveur douce, à la rate et à l'estomac, ainsi qu'à la couleur jaune. Les aliments doux constituent le *Qi*, humidifient et harmonisent le corps et le renforcent. Mais attention, il faut savoir que les sucreries de fabrication industrielle ne font pas partie des aliments doux ; seuls les aliments non traités et préparés comme les céréales et les légumes au goût sucré – potirons, carottes ou patates douces par exemple – sont considérés comme des aliments doux. L'orge et le maïs renforcent particulièrement la rate et l'estomac. L'avoine permet d'équilibrer le *Qi* des organes associés à la terre. Les fruits et les légumes doux et froids ou frais humidifient et rafraîchissent. Un excès d'aliments doux et froids affaiblit le *Qi* de la rate et de l'estomac. La viande, les carottes, le fenouil et le potiron font partie des aliments doux et chauds, et c'est la raison pour laquelle ils ont un effet réchauffant et tonifiant sur les organes associés à la terre.

L'élément métal est associé à la saveur piquante, aux poumons et au gros intestin, ainsi qu'à la couleur blanche. Les aliments piquants et chauds aident à ouvrir les pores et protègent du froid. En cas de coup de froid, le vin chaud et l'infusion de gingembre sont des remèdes traditionnels efficaces, car le froid ayant pénétré dans le corps ne peut s'échapper que lorsque les pores s'ouvrent. Un excès d'aliments associés au métal provoque un échauffement excessif du corps pouvant avoir un effet nocif en particulier sur le foie. Les poumons réagissent à cet excès par la toux. Les aliments considérés comme piquants et rafraîchissants, tels que le chou-rave, le cresson, le radis ou le riz complet humectent les poumons et donnent également un joli teint.

L'eau constitue le dernier élément de ce cycle. Lui sont associés les reins et la vessie, la saveur salée, ainsi que la couleur noire. Le sel fluidifie les mucosités, il a un effet émollient et laxatif. Absorbé en quantité adéquate, il lie et augmente les liquides organiques, mais lorsqu'on en consomme trop, il assèche les organes, ce à quoi on peut remédier en mangeant des aliments de nature douce. Les aliments salés et chauds renforcent le *Yang* des reins. De nombreuses sortes de poissons et de fruits de mer ont cet effet thermique. Certaines légumineuses sont salées et neutres, et constituent le *Qi*. La saveur salée et rafraîchissante équilibre les liquides rénaux, tandis que la saveur salée et froide protège d'un excès de chaleur (feu) dans les reins. Parmi les aliments salés et froids figurent les crevettes, le caviar et l'eau minérale.

De cette façon, tous les aliments s'imbriquent selon un système complexe. Si l'on veut préparer un repas équilibré ou compensateur en tenant compte de ces critères et des données saisonnières, il faut parvenir à combiner différentes saveurs qui peuvent parfois être surprenantes pour un palais occidental habitué à une harmonie différente. Mais, selon la conception chinoise, l'effet produit par un repas a autant d'importance que sa saveur... un point de vue qui pourrait certainement aussi profiter aux habitudes alimentaires occidentales.

Remerciements

L'éditeur tient à exprimer ses vifs remerciements à toutes les personnes et tous les organismes ayant contribué, de façon anonyme ou non, à la réalisation de ce projet.

Singapour

Aziza's Restaurant
Charming Garden Restaurant Pte Ltd
Chin Nee Chin Confectionary
Chin Guan Hong (Sharksfin) Pte Ltd
Eng Soon Dry Bean Curd Mfg.Pte.Ltd.
Eu Yan Sang (Singapore) Pte Ltd
Everbloom Mushroom Pte Ltd
Gourmet Popiah, Coronation Shopping Plaza
Heng Lung Duck Farm
Hiap Giap Noodle Manufacturers
Hong Reng Tang Imperial Kitchen (S) Pte Ltd
 (Imperial Herbal Restaurant) Metropol Hotel
Horng Dar Marine Enterprise (Pte) Ltd
Zarina Ibrahim
Joo Chiat Bak Chang
Kaiyen Co. Pte. Ltd.
Kelong Thomson Restaurant
Khye Soon (Pte) Ltd
Kia Hiang Restaurant
King's Hotel
Lim Luan Seng Foods Industries Pte Ltd
Lim Seng Lee Duck Rice Restaurant
Raffles Hotel
See Lian Confectionary
Seng Choon Farm Pte Ltd
 Agro Technology Park
Sinchong Meheco Ltd, Pearls Centre
Singa Inn Seafood Restaurant
Sinsin Food Industries Pte Ltd
Siti Hawa Janamin
Soubrite Pte Ltd
Unicurd Food Company (Pte) Ltd
Mr. C. O. Wong, Onn Fat Hong

Malaisie

Hong Kat Yean, Bidor, Perak
Hup Soon Sing Co., Pangkor
Jabatan Perikanan Negeri Perak (State
 Fisheries Department)
Jabatan Pertanian Negeri Perak (State Agricultural Department)
Khasiba Enterprise, Perak Darul Ridzuan
Khim Tat Marine Products, Kuala Sepetang
Kulai Palm Oil Factory, Kulai, Johore
Lee Pineapple Co. Pte. Ltd., Johore
Maju Goat Farming & Trading Sdn. Bhd.,
 Selangor Darul Ehsan
Riviera Bay Resort, Malacca
Sarawak Cultural Village, Kuching, Sarawak,
 East Malaysia
Sin Tai Hing Oyster & Shrimp Sauce Factory
 Sdn. Bhd., Selangor Darul Efsan, West
 Malaysia
Sungai Palas Tea Estate, Cameron Highlands
Mr. Tan Ah Too; Pangkor
Toon Yew Fee & Sons Co., Ipoh

Indonésie

ATI, Medan, Sumatra Utara
Campur Sari, Yogyakarta
Mr. Hidayat, Jakarta
Huler Gabah ›DR‹, Tasikmalaya
Ibu Nihaya, Jakarta Timur
Kripik Balado, Padang
Margo Utomo (Homestay), Kalibaru
Oasis Restarant, Jakarta
Pengolahan Coklat, Medan, Sumatra Utara, &
 Pematang Siantar, Sumatra Utara
Perkebunan Helvetia, Medan, Sumatra Utara
Perusahaan Daerah Taru Martani, Yogyakarta
Pyramid Unta, Peceren Brastagi, Sumatra
 Utara
P.T. Sari Segar Husada, Pasir Putih, Tarahan,
 Lampung Selatan
Restaurant Garuda, Bandar Lampung
Taman Buah Mekarsari, Bogor
Toko Manisan Situ Indah, Cianjur Jabar
Fa. Udiyana, Sanur

Crédits photographiques

Toutes les photos:
© Könemann Verlagsgesellschaft/
Günter Beer

sauf:

pages 68/69 (grande photo) et 102 (en bas):
© Uli Franz, Cologne

page 100: © Michael Freeman, Londres

pages 34/35, 36, 44/45, 60/61, 70/71 (grande photo.), 72 (en bas), 73, 102 (en haut), 148/149, 151 (en bas), 156/157, 159 (petite photo), 164/165, 175 (à droite), 187, 188/189, 193 (à gauche, de haut en bas), 198/199, 204/205, 223 (en bas), 226/227, 268/269, 274 (en bas), 276/277, 286/287, 292/293:
© Könemann Verlagsgesellschaft/
Arena Studios Pte Ltd., Hartmut Gottschalk, Singapour

pages 32/33, 142/143: © Könemann Verlagsgesellschaft/ Klaus Arras Fotodesign, Cologne

pages 200, 201: Straits Times Library Pictures/Singapur Press Holding, Berita Harian, Singapour

pages 82 (grande photo), 83: © Hu Yong – Sigma, Paris

Index

Table
des recettes